普通高等教育国家级规划教材

（第五版）

整合营销传播理论与实务

卫军英 著

The Theory and Practice of Integrated Marketing Communication

首都经济贸易大学出版社
Capital University of Economics and Business Press
·北京·

图书在版编目(CIP)数据

整合营销传播理论与实务 / 卫军英著. -- 5版. --北京：首都经济贸易大学出版社，2021.9

ISBN 978-7-5638-3258-3

Ⅰ. ①整… Ⅱ. ①卫… Ⅲ. ①企业管理-市场营销学 Ⅳ. ①F274

中国版本图书馆 CIP 数据核字(2021)第 151092 号

整合营销传播理论与实务(第五版)

卫军英 著

Zhenghe Yingxiao Chuanbo Lilun Yu Shiwu

责任编辑 浩 南

封面设计 风得信·阿东 FondesyDesign

出版发行 首都经济贸易大学出版社

地 址 北京市朝阳区红庙 (邮编 100026)

电 话 (010)65976483 65065761 65071505(传真)

网 址 https://sjmcb.cueb.edu.cn

经 销 全国新华书店

照 排 北京砚祥志远激光照排技术有限公司

印 刷 人民日报印务有限责任公司

成品尺寸 170 毫米×240 毫米 1/16

字 数 393 千字

印 张 21.25

版 次 2006 年 8 月第 1 版 2009 年 8 月第 2 版
2012 年 8 月第 3 版 2017 年 9 月第 4 版
2021 年 9 月第 5 版

印 张 2025 年 7 月总第 19 次印刷

书 号 ISBN 978-7-5638-3258-3

定 价 49.00 元

第五版前言

自2017年本书第四版修订以来,我们所处的这个世界发生了两件具有全球性影响力的大事件,即2018年以来的中美贸易战和2020年以来的新冠肺炎疫情。受此影响,整个世界格局发生了巨大变化,过去30多年来的全球化进程似乎正在中断。所有这些令我再次思考,建立在一体化和多元化基础之上,以关系价值为核心的整合营销传播理论,是否还能适应新的环境?答案显然是肯定的,就在几天前,当我和一位创建知名品牌的业界人士谈及品牌价值投资的问题时,我曾提到本书中一个具有原创性的原则——品牌利益平衡法则。我将其看作整合营销传播理论的两大法则之一(另一个法则是"一致性协同性原则"),这是我在整合营销传播理论创建者舒尔茨(Schultz)教授提出的"speak with one voice"(一个声音,一种形象)基础上,所做出的一种策略性概括。进一步反思品牌利益平衡的内涵,它实际上表达的是,处于多维关系状态中的品牌,已经超越了简单的广告式形象传播,走向了与相关利益者的某种交流和互融,而在当今这个深受数字化和信息技术影响的时代,这种交流和互融似乎比过去更加具有迫切性。

当类似字节跳动这样的品牌深植于各种社群之中,并且用"抖音"之类的虚拟化关联帮助用户建构某种生存状态时,我们必然会意识到整合营销传播广泛的包容性指向,甚至可以从品牌的社会化角色,以及市场环境的建构,延展到全球化的国际关系。凡此种种,使得我更加坚信写作第一部整合营销传播著作时,我在开篇所写下的第一段话:

> 市场营销在20世纪最后10年所面临的严重挑战,主要来自两个方面:一是经济全球化所导致的全面竞争格局;二是信息时代多元选择的所形 成的新型传播障碍。21世纪更是如此。①

① 卫军英:《整合营销传播:观念与方法》,杭州:浙江大学出版社2005年版,第1页。

现在看来,近 20 年前的洞察依然具有一定的针对性。媒介预言家马歇尔·麦克卢汉(Marshall McLuhan)当年所讲的"地球村",在传播学的视野里早已成为一个现实;而营销学家西奥多·莱维特(Theodore Levitt)所说的"全球化"也已被实践证明。当网络和社交媒体已成为左右我们这个世界最大的引导力量时,多元共享正在为整个人类建立新的生存版图。即便是存在不同权力的操弄和人为的障碍,即便是存在各种跨文化的鸿沟,网络和智能技术的互联互通将不断将其消弭和跨越。而不论是中国的"微信"、美国的"脸书"(Facebook)这样的沟通工具,还是近期英国维珍(Virgin)品牌创始人理查德·布兰森(Richard Branson)完成的人类首次太空旅行,抑或是中国所推动的"一带一路"建设,以及对"人类命运共同体"的思考,前所未有的宏阔视界都进一步昭示了人类对个体作为孤立存在的巨大超越。也正因为如此,在我的视野里,整合营销传播早已超越狭隘的商业市场命题范畴,上升为一种系统性的思考方法。

如何更好地维护品牌关系,并进而提升品牌价值,关乎网络世界中的每一个节点,是每一个个体,每一个品牌,每一个组织,乃至每一个国家,都需要认真面对的问题。在 2006 年出版的《关系创造价值:整合营销传播的理论向度》一书中,我用《关系创造价值》作为主书名,概括了"整合营销传播的理论向度"①,这种带有创新性的研究思考,集中反映了对"整合营销传播首先是一种观念"的系统化认识②。其后,我又进一步强调了建设开放包容的整合营销传播体系的重要性③,试图通过形而上的思考方法,使整合营销传播理论超越单纯的商业范畴,从而构建一个基于人性和人的社会交互的基本逻辑和思维框架,形成生命之树常青的价值观念。虽然已过去多年,但是当初这种对整合营销传播基本价值的判断与追求,这种由本体论引导的方法论,依然有着某种本源性的认识意义。在中美贸易战中,我们看到中国民族品牌"华为"正如任正非所宣示的那种与世界融合,得到了广泛的社会认同;拜登成为美国总统之后,重整伙伴关系所采取的合纵连横手法,显示出其对整合价值观念的追捧。所有这一切都是整合策略的某种显示,因此我们说,作为对信息技术背景下世界格局和全新市场环境的体认,整合营销传播更加具有现实应用意义。

《整合营销传播理论与实务》作为"十一五"国家级规划教材,初版后受到国内高校相关专业教师和专家的关注,包括复旦大学、上海交通大学、浙江大学等在内的百余所高校都先后选用该书作为教材。这也鼓励我在过去几年多次

---

① 卫军英:《关系创造价值:整合营销传播的理论向度》,北京:中国传媒大学出版社 2006 年 9 月版。

② 卫军英:《整合营销传播作为一种观念》,香港《中国传媒报告》2004 年第 4 期。

③ 卫军英:《整合营销传播本土化过程中的理论提升》,香港《中国传媒报告》2006 年第 2 期。

修订本书，力求让本书在更加适应市场的同时，也提出新的思考。回顾近30年的营销传播教学实践与研究生涯，我认为最初在理论上启蒙并对我影响至深的一部著作是菲利普·科特勒（Philip Kotler）的《营销管理》，我从《营销管理》第5版开始几次购买此书。后来，科特勒又联手品牌管理专家凯文·莱恩·凯勒（Kevin Lane Keller）进行多次修订，我读到的该书最新版是其第15版，而最新版的内容与第5版截然不同。二人这种对市场节奏的紧密追随，也成为促动该书更新修订的动力，并示范性引导该书适应社会发展、技术演进和市场环境的变化。在进行《整合营销传播理论与实务》第五版的修订时，我深切感受到网络信息技术对品牌与人的关系的引导。比如，我们今天津津乐道的以手机作为物理载体的移动终端，还只是一种附着于人而移动的媒体终端，而随着数字化物联网完成对汽车行业的应用，自动驾驶技术的普遍化，汽车必将成为新型移动终端。显然这个移动终端将不同于手机，它的显著特点是终端载人移动。汽车也将不再是简单的交通工具，更重要的是，它将成为人们的主要生活空间，这个空间不仅具有多重媒体设施，而且完全可以替代办公和休息场所。这种变化对作为用户的个体和社群，乃至对整个社会和产业所引发的影响，都是很难想象的。又如，当区块链的功能导入整合营销传播领域，其分布式记账的去中心化特征又将如何助力各种相关利益者获利以及品牌关系的维护，引人深思。出于以上考虑，此次修订对一些案例的调整，主要侧重于增加有关数字化的品牌内容。

作为一本具有特色性的专业著作，本书有一个明显的特征，那就是历时性地对整合营销传播观点的鸟瞰和清晰梳理。本书的探究目光从理论发源地美国，延伸到欧洲的英语世界和德语世界，再汇集于最具活力的新兴市场中国，在理论嬗变中展示其不断走向实践并更加富有普适性的认识价值。这种全球性的视野，为研究的进一步深入提供了基础，也使得本书具有了第二个明显的特征——具有原创性的理论思考和操作模式创新。如前所述，本书在强调一致性协同性原则的同时，进一步提出价值平衡原则为整合营销传播的两大法则之一，这是对整合营销传播观念的再一次理性化提升。而围绕这种基本原则所建构的操作模型，也彻底解决了自舒尔茨和邓肯以来，一直没有得到很好阐释的操作难题。合理地解释概括现象，并能够帮助解决现实所提出的问题，这是检验理论有效性的实践法则。基于这种认识，本书的第三个显著特征凸显，即选取具有代表性的典型案例，尤其是对信息技术环境下品牌关系的创建和维护进行了具体生动的分析，并从案例的解说中展示出理论切合实践的魅力所在。我们不仅以此提供整合营销传播的实践操作借鉴，而且用以揭示整合营销传播的历史递延和发展必然。书中选取了发生在20世纪90年代初的英特尔进行案例分析，虽然案例发生在30年前，但是它却有力地表明，营销和营销传播中的经典，一如人性的永恒那样，不会因为时间的流逝而失去光华。灰色的理论也正是在这种超越具体现象的普遍性解释中，展示出生命之树绿色常青的恒久意义。

人类正站在智能化时代即将到来的门槛之上。自新石器时代以来，人类面临的所有矛盾的产生，根源都在于人自身发展的停滞不前，难以适应周边不断发展变化所形成的冲突，而现代科技的发展似乎正趋向于改变这种状况。跨界与融合、分享与共享、互动与参与，人类比过去任何时代都更加需要借助整合的力量。因此，我想重申6年前提出的一个命题，即在数字化的信息场域中审视整合营销传播，其未来将在三个层面上展开：空间整合与时间整合、技术整合与观念整合、价值共享与多元表达整合。也许只有这样，我们的个体和我们的品牌，乃至于我们所处的这个世界，才可能最终达成生生不息的和谐。

卫军英

2021年7月12日

杭州栖溪阁

目录 CONTENTS

第一章

整合营销传播理论嬗变

【本章重点及学习要求】

1. 传统营销的演变及其特点
2. 营销传播的概念和基本内涵
3. 整合营销传播兴起的社会与市场原因
4. 整合营销传播概念的演变发展
5. 整合营销传播理论的基本内涵
6. 整合营销传播概念层级与理论框架

第一节　大众营销时代的终结

虽然整合营销传播的兴起,是基于在多元化的市场和媒体传播中,寻求一种有效的营销传播方法,但是它在一定意义上揭示了大众营销所面临的困局。自从1992年美国西北大学舒尔茨(Don E. Schultz)教授等人确立这一理论概念,已经过去29年。这29年正好见证了大众营销由盛而衰的过程,而整合营销传播也正是在这一过程中,显示出具有极大包容性的适应性特质。所以对营销传播概念的回顾,也就是对传统营销传播时代的简单总结。

一、大众营销与营销传播概念的发展

具有规范意义的营销和营销传播起源于20世纪初,可以说20世纪完整地建构了传统营销的理论以及运作方式,并自始至终见证了其从发轫到式微、由盛而衰的过程。这里所说的传统营销时代,其实就是大众营销时代,它的突出标志就是通过大众媒体和大量渠道,面向大规模市场进行大范围的营销推广。在大众营销时代,最显著的营销力量就是广告,因此,以往营销传播的历史几乎就是广告和促销的演变史。当然,广告和促销作为规范的操作方法和营销传播最基本的表现形态,也受制于社会经济环境和传播环境的发展和变迁,从而展示出营销传播观念的发展演变。

作为一个传统而富有新意的概念,营销传播一直处在发展之中。营销传播的源头和主体构成无疑是促销(promotion),包括广告和各种销售促进方式,其中就系统性而言,广告则更加具有模式化的理论规范。早在20世纪前半叶,新兴的市场营销理论与广告观念的结合,逐渐使广告摆脱了单纯的叫卖状态,而进入一条不断规范化和理性化的发展轨道。在经典的市场营销著作中,营销组合(marketing mix)的一个重要构成就是营销沟通,也叫营销传播(marketing communication)。毫无疑问,这个概念是对传统意义上促销认识的发展,随着新兴的传播学理论的进一步引入和渗透,现在这个领域的许多专家和专业人员更加喜欢运用营销传播,而放弃使用促销这个术语。

理解营销传播这个概念,显然就必须关注它的两个组成部分:营销和传播。所谓营销,是指企业或者其他组织用以在自身或者客户之间创造价值转移(或交换)的一系列活动;传播或者沟通,是指思想传递以及不同个体之间或组织与个体之间建立共识的过程。将这两个概念综合加以认识,可以说营销传播就是指在一个品牌的营销组合中,通过建立与特定品牌的客户或者用户之间的共识而达成价值交换的所有要素的总和[①]。由此可见，营销传播是实现营销和品牌发展的基本要素，它的职责是在公司产品或品牌与其消费者之间建立某种共识，进而实现彼此之间的价值交换。所谓共识也就意味着双方之间不只是单纯的信息转移，还必须形成一种相互协调的意见平衡，因此，营销传播不论采取什么形式，它都不能摆脱对信息交流的依赖。

就这点而言，它比传统促销的基本含义要宽泛很多。传统促销组合中一般强调的是四个主要构成，即广告、公关宣传、销售促进以及人员推销，而且这些促销手段在运用过程中强调的是单向度的对销售对象的促销，注重于“推”（push）。而营销传播则有所不同，它注意到了这个过程中使双方达成共识的沟通过程，而且大大地扩展了这种沟通的手段。应该说，对营销要素的认识，从促销转向传播是一个具有革命性意义的转变。这个转变不仅大大扩充了市场营销的构成元素，而且也包含着一种对营销价值体系的全新认识。

营销传播观念是社会经济形态的折射和反映，它的发展是与市场演进相伴随而发生的。长期以来，广告在营销传播中担当着主要角色，几乎可以说，20世纪70年代以前的营销传播理论主要就是广告理论。其在发展过程中主要体现了三个阶段的演进：20世纪初到50年代产品推销时期的广告理论模式，20世纪60年代以创意革命为代表的转型期理论，以及20世纪70年代之后营销与传播整合期的现代广告理论模式。这种理论演变与20世纪前半叶整个经济和市场状况密切相关，它表现了不同市场模式下的营销追求。

20世纪初期是一个典型的产品经济时代，市场状况基本呈现为供不应求。制造商为了提供更多产品，控制生产、集中管理，并且对市场销售和社会购买力进行预测，从而使生产和营销规模得到了空前的发展。这是典型的产品时代。生产商考虑最多的是如何不断扩大生产规模，满足人们日益膨胀的需求缺口；销售商则更多的是考虑怎样才能够吸引更多消费者的兴趣，增加购买总量。直到30年代世界性经济危机爆发，市场购买能力下降，导致商品过剩、销售积压。第二次世界大战后，世界范围内经济全面复苏并飞速发展，商品日益丰富，市场格局也迅速由卖方市场转向买方市场。市场营销在这个时期先后经历了生产观念、产品观念到推销观念的演进。

20世纪60年代后，市场环境发生改变，真正意义上的买方市场正式形成。随着报业的发展，尤其是广播电视的高度普及，媒介环境变得更为复杂。加之运用广告来参与市场竞争的企业越来越多，专业从事广告代理的机构迅猛发展，使得广告业的产业环境变得错综复杂。在这种情况下，营

---

① ［美］特伦斯·A. 辛普：《整合营销沟通》，北京：中信出版社2003年版，第4页。

销传播的效果受到相当大的环境限制，其不可控因素日益增多。这个时期的营销传播实质上是对传统推销观念的沿袭、拓展和深化，风靡一时的创意革命也在这个时期应运而生。显然，这个时期的广告理论已经由单纯销售信息诉求，渐渐地向协调的信息表达方式过渡，它代表了营销传播理论对简单产品认识的提升。

20 世纪 70 年代开始，全球经济一体化与技术革命给社会经济和市场带来了巨大的变化：一是社会商品无限丰富，社会商品消费的需求和欲望被空前满足；产品生命周期缩短，更新换代加快。二是产品同质化现象严重，同类产品之间差异越来越小，甚至根本无法区分；科学技术的进步以及市场利益的驱使，也使得高速度仿制产品成为可能。三是社会生产规模化造成市场空间范围极大拓展。这一时期的市场营销发生了革命性变化，由传统的产品本位转向以消费者为本位的营销观念，把消费者的需求视作营销传播的出发点。

二、立足推销的传统营销观念

以大众营销为主导的传统营销观念，虽然也随着市场演进有过相应的变化，但归根结底都没有摆脱其推销的本质，只不过在不同发展阶段这种推销观念的侧重点有所不同而已。几乎涵盖整个 20 世纪的市场营销观念，要言之，大致经历了由生产观念进入产品观念、进而从推销观念迈入现代营销观念的演进，而营销传播观念（主要是广告理论）自然也深刻地打上了这种烙印。

（一）从生产观念到产品观念

产生于 20 世纪初期的生产观念，其特点是把企业的任务界定为生产各种产品，认为消费者只是喜爱那些随处可得、价格低廉的产品，因而企业的任务就是通过提高生产效益、降低生产成本来实现大规模的生产。在产品供应短缺或者是生产成本很高的 20 世纪初期，这种经营观念十分流行。那时候的企业只要埋头生产就可以，企业利润的实现完全来自于生产规模的扩大和生产成本的降低，因此销售并不是生产者急需解决的问题，也就无所谓广告和促销可言。但是，随着生产规模和市场范围的扩大，产品相对过剩，市场竞争也逐渐增多，于是产品观念逐步取代了原始的生产观念。

产品观念可以看作是生产观念的一种发展，其认为消费者喜欢高质量、多功能和具有某些特色的产品。因此，将工作重心集中在精心制作产品上，认为只要产品质量上乘，消费者总会出钱购买。这表现在广告销售观念上，就是以约翰·肯尼迪、克劳德·霍普金斯、阿尔伯特·拉斯克尔为代表的硬性推销派。这种理论主张广告必须提供一个切实的销售理由，讲清楚为什么消费者值得花钱购买广告所宣传的产品，而不是对广告语体的过多修饰。正如科特勒描述的，他们声称“我们制作最好的男人服装”，或者“我们生产最好的电视机”。①

与这一广告理论同时并存的，还有以西奥多·麦克马纳斯和雷蒙·罗比凯为代表的软性销售派。其广告理论把广告建立在消费者购买产品后拥有它或把它当作礼品所获得的满足感的基础之上。广告围绕暗示和联想展开，这种暗示和联想都在传递产品质量和声誉的完美印象，赞美它将提供给购物者的是拥有的喜悦。这是一种有别于硬推销的更微妙的软销售策略，旨在以暗示和联想所造成的强烈的感染力和诱惑力告诉消费者：这是那种会满足你的需要或满足你愿望的产品。②

（二）传统推销观念的集成

经典的营销广告理论，基本上就是传统推销观念的模式化集成。传统营销观念认为，消费者通常具有一种购买惰性或者抗拒心理，试图让消费者购买，就必须对其进行劝说，或者运用一系列促销行为诱使其购买。从这种观念出发，运用什么样的促销技巧，如何更有效地推销就成了问题的关键。在这一时期，具有代表性的广告理论是罗斯·瑞夫斯（Rosser Reeves）的USP理论和大卫·奥格威（David Ogilvy）的品牌形象理论。广告学研究中往往把这两种理论进行严格区分，认为前者是围绕产品进行诉求，后者则着力于赋予品牌形象。实际上，这两种理论都是建立在以产品为基点的营销传播基础上的。

USP理论作为产品时代的观念产物，其出发点是产品，核心是每个产品都具有某种独特性，所以广告沟通就是要找到这种独特性，并将其加以放大。瑞夫斯认为，只要找到并放大这种特征，就能够给产品确立独特的卖点。这里所谓的独特卖点，不仅指产品所具有的不同于同类产品的独特功能，也包括在同类产品的广告宣传中不曾提出和表现的特点。瑞夫斯称之为“率先得到USP”，并认为某产品一旦率先得到这一USP，其他同类产品是“不能只凭广告词窃取的”，除非是更新、更好并有更大广告投入的产品，如乐百氏纯净水所宣传的“27层净化”就是这样一种USP。

大卫·奥格威的品牌形象理论是对瑞夫斯观念的一种发展。他认为，随着产品和竞争的发展，仅仅从产品本身寻求独特因素并不足以为品牌建立个性形象。最大的威胁是大量同质化产品充斥市场，已经很难从产品本身寻找到什么差异性了，因此必须建立一种属于产品自身的个性形象。奥格威认为，产品就像人，也有自己的个性，比如严谨、开朗、贵族气息等。个性是品牌形象的核心，没有了个性，鲜明的品牌形象就很难树立。“致力在广告上梳理明确突出性格

① 参见［美］菲利普·科特勒：《营销管理》，上海：上海人民出版社1990年版，第24页。

② 参见张金海：《20世纪广告传播理论研究》，武汉：武汉大学出版社2002年版，第29页。

品牌形象的厂商会在市场上获得较大的占有率和利润”。“最终决定品牌市场地位的是品牌总体上的性格,而不是产品间微不足道的差异”。“品牌和品牌的相似点越多,选择品牌的理智考虑就越少”。由奥格威的这些表述我们可以发现,早期的品牌形象理论已经隐约涉及了产品或品牌的市场定位和消费者定位问题。这就指出了理论的新方向,并由此引发出广告运作与营销传播观念的划时代历史变革。

应该说,从瑞夫斯到奥格威,所确定的广告和营销沟通观念,代表了一种早期的传播思想,二者之间有着重大的差异。前者着眼于产品功能的诉求和实际事实的陈述,后者着眼于产品形象的塑造和情绪意象的营造;前者树立独特的产品功能,后者树立鲜明的品牌个性;前者重视消费者实际利益的获得,后者则重视消费者心理感受的满足。诚然二者本身有种种差异,但本质上仍有很多共同之处,即都是要为产品寻找一种独特因素。只不过瑞夫斯认为这种独特因素是建立在产品的物理特性之上的,通过对产品自身属性的挖掘就可以找到;而奥格威则认为这种独特性可以由人追加给产品,在某种意义上它可以是超越产品具象而存在的。值得注意的是,从思考的出发点来看,无论是瑞夫斯还是奥格威,他们的出发点都是产品,把产品作为第一要素。显然这种认识带有产品时代的烙印。

(三)现代营销观念的需求导向

营销观念认为,实现组织目标的关键在于正确确定目标市场需求和欲望,并且比竞争对手更有效、更有利地传送目标市场所期望满足的东西。营销观念与推销观念的根本不同在于,推销注重的是卖方需要,营销注重的是买方需要。推销从公司现有的产品出发,考虑的是如何让顾客接受它,以加速把产品变为现金;营销则从满足消费者需求出发,通过赢得消费者满意来获取利润。

现代营销观念崇尚需求至上,认为企业生产什么和销售什么的决定权不应该在公司手中,而应该在消费者手中。公司只有生产消费者所需要的产品,使消费者获益最大化,才可能赢得消费者并获取利润。提出需求第一是市场观念演变中的一次革命,它不仅解决了我们市场认识和营销传播的一个起点问题,而且回答了我们在战略规划中各个环节的落脚点问题。哈佛大学著名营销学家泰德·莱维特(Ted Levitt)在《营销近视》(*Marketing Myopia*)中对推销观念与营销观念做了深刻的比较:推销观念注重于卖方需要,营销观念则注重于买方需要。推销考虑的是如何把产品变成现金,而营销则考虑如何通过产品以及与创造、传送产品和最终消费产品有关的所有事情,来满足顾客的需要①。因此在

---

① 转引自[美]菲利普·科特勒、凯文·凯勒:《营销管理》,上海:上海人民出版社 2006 年版,第 16 页。

莱维特看来,企业的市场定义比企业的产品定义更重要。他认为企业经营必须被看成是一个顾客满足过程,而不是一个产品生产过程。产品是短暂的,而基本需求和顾客群则是永恒的。比如,马车公司在汽车问世后不久就会被淘汰,但同样一个公司,如果它明确自己的任务是提供交通工具,那么即使马车被淘汰,人们对交通工具的需求依然存在,它可以从马车转向汽车。这就是市场导向与产品导向的区别,而市场导向的依据就是需求。下面提及的营销要素由4P向4C的转化就是一个突出说明。

早在1960年,美国密西根大学的杰瑞·麦卡锡教授就提出了4P理论:product(产品),price(价格),passage(通路),promotion(促销)。几乎就在麦卡锡提出4P框架的同时,莱维特即针对当时流行的营销状况提醒道:"根本没有所谓的成长行业,只有消费者的需要,而消费者的需要随时都可能改变。"①莱维特的观点对传统市场营销的既有成规提出了挑战,比如福特汽车自认为自己的成功是来自于改变生产线、大量生产而降低了成本。但莱维特却认为,福特汽车成功的根本原因是其洞悉了当时社会对廉价运输工具潜在的巨大需求。他批评当时许多公司管理层花费大量精力在生产流程和其他企业经营层面,但是却忽视了追踪消费者的需要和欲望(wants)。尽管当时莱维特的观点并没有受到足够的重视,但是他却无疑为市场模式的变化提前敲响了警钟,此后的市场和营销背景的演变不断地对他的断言做出证明。

三、传统营销传播形态及现实困境

传统营销传播是相对于现代信息技术背景下的营销传播而言的,它代表了营销传播领域的一种信息传播惯性。传统营销传播得以盛行的一个前提是,由于营销和营销传播的主导权主要控制在制造商和渠道商手中,从而形成了营销和营销传播过程中的信息垄断和信息不对称。然而随着权力的下移,原来由制造商和渠道商所垄断的市场控制力量,分散为市场各个部分共有的权利,这就使得传统营销传播面临前所未有的困境。

(一)传统营销传播的基本形态

多年来,传统营销传播的一些基本方式自始至终并没有发生很大变化。正如广告、公共关系、销售促进以及人员推销等在传统营销沟通组合中扮演的重要角色,今天这种形式依然得到了广泛的运用。作为传统营销沟通的四种基本形式,这些不同的沟通形式各有自己独立的特色。随着市场背景的变化,人们对这些沟通形式的认识也在不断深化,各种沟通形式本身也在应用中融合和

① 转引自[美]舒尔茨,等:《整合营销传播》,呼和浩特:内蒙古人民出版社1999年版,第10页。

交叉。

1. 广告。广告是指特定主办人为达到确定利益目的,以媒体付费形式,对特定产品和服务所进行的非人员展示和促销活动。在现代营销中,广告因其普遍性和接触面广而成为公司与消费对象实现沟通的最常见方式。对广告的传统认识主要是局限于利用媒体付费形式进行商业沟通,所以广告就特指媒体广告。随着广告和促销的不断发展,广告观念也越来越宽泛,广义上的广告甚至包含了各种各样的以促销为目的的商业沟通。

2. 销售促进。销售促进作为现代营销的重要手段,从狭义而言,是指以即时销售为目的的短程销售刺激活动;从广义而言,凡是以创造消费者需要和欲望为目的的一切活动,均可列入促销范畴。销售促进的实际应用比较广泛,还包括了诸如陈列、展示、展览、示范表演等近乎媒介运作的形式。它的一个基本特征,就在于其比较短的周期以及对购买行为的额外刺激和奖励。销售促进有许多具体形式,这些形式都经过精心设计,用来激发较早或者较强的市场反应。销售促进的运用有着悠久的历史,近年来销售促进的费用在整个营销沟通支出中的比例不断上升,现在已经超越了单纯媒体广告的费用。究其原因,主要是因为市场竞争愈演愈烈,销售促进因其具有明显的短期效果而成为占有和保持市场的有力武器。另外,消费者希望从销售促进中得到更多实惠,经销商也要求进一步让利,加之媒体广告成本上升而媒体增加导致了媒体广告边际效应下降,从而使很多企业越来越倾向于选择销售促进。促销的大量运用还有一个显著原因,即过去单纯广告往往是以单向沟通为主,而促销在某种意义上是一种双向沟通。以往利用大众传播媒介,比较适合于无差别的大众市场,但是对于更加具有针对性的目标市场,促销则显得更加直接和有效。

3. 公关宣传。公关宣传是把公共关系的相关职能引入营销沟通之中,它集中于一般公共关系中立足于组织与外界形成良好沟通这一特性,用以促销企业及其产品。公关宣传作为一种有别于广告的促销工具,以不付费形式在媒体版面上安排有关公司商业方面的信息和新闻,或者通过其他形式使公司或者产品获得有利的展示,以达到与公司顾客或者潜在顾客的沟通,进而帮助实现特定的营销目标。公关宣传的沟通目标,就是有选择性地推出具有社会性和新闻价值的信息,为公司获得支持,包括产品促销和形象促销。相对于一般广告和促销而言,公关宣传对整个促销方案具有特殊的贡献:具有较高的新闻价值,有利于引起社会关注和塑造形象;可以刺激销售队伍和中间商,帮助激发其热情;以新闻报道的形式,相对于广告和促销具有明显的可信度;由于不需要支付媒体版面和时段费用,其成本远远低于广告和销售促进。由于公关宣传的这些特点,其倍受公司的青睐。但是,真正擅长于公关宣传的专家比单纯的营销专家和广告专家更难寻找，再加上公关宣传在许多方面受到限制，其操作难度往往比广告和促销更大。

4. 人员推销。人员推销是指雇用专门人员，在与一个或者多个可能买主的交流中实现沟通，促成交易，现在通常把人员推销与关系营销相提并论。人员推销与其他传播方式最显著的不同就在于，其信息是直接(通常是面对面地)从发送者流向接收者的。这种直接的人际传播，使发送者能够即时地收到并评价接收者的反馈信息。这种传播过程是典型的双向传播(在两个人或者两个群体之间)，它较之于前面所提及的其他沟通方式，可以使信息组织更加灵活，有更多的个性化色彩，从而更好地满足接收方的特定需求和需要。在公司的营销管理中，人员推销是不可缺少的角色。从事人员推销的个体有各种各样的称呼：售货员、推销员、销售代表、客户经理、营销顾问、销售工程师、地区代表等。实践证明，雇用高素质的营销代表是非常有效的，不仅能够顺利实现营销沟通，而且可以明显地创造销售业绩。当然，与其他营销沟通相比，人员推销的最大局限就是推销半径小，不可能针对庞大的目标群体，因此其营销沟通成本也相应太高。

(二)传统营销传播的大众营销属性

传统营销沟通方式虽然各有特点和不同的应用特征，但是如果对这些传统手段加以普遍性抽绎，我们会发现其中有许多值得统一关注的地方。而这些特征都体现了大众营销时代的共性因素。简单地加以归结，我们不难发现它们的一些共性因素。

其一，直线沟通。这是传统营销沟通的一个显著特点，几乎所有的传统营销传播工具在具体应用过程中，都表现为一种直线型传播。所谓直线型传播在这里包含着两层意思：一方面，其信息传达中信息目标的指向性非常明确，它毫不回避自己所包含的利益追求，一切信息传播的目标都是为了影响受众的态度或行为；另一方面，在传播环境的设定中，把信息与信息对象之间的关系看成是垂直对应的关系。这种垂直关系实际上也是由媒体现实决定的，因为传统营销传播侧重于使用大众传媒，而大众传媒本身并不具备多重性的互动特征，它只能够简单地对既定信息进行发布性传播。

其二，行为第一。传统营销传播在衡量传播效果时，一个显著的指标就是促成目标对象的行为反应，因此，它也成为媒介选择和媒介使用的基本取舍标准。建立在这种追求基础上的营销传播侧重于对象的直接行为反应，把促成交易达成作为单纯目的，简单地以目标顾客的购买行为考量营销传播和大众传媒的价值。简而言之，行为第一的营销传播建立在简单的交易关系之上，忽略了品牌与顾客之间的更进一步关系，其假设的前提是“信息促成顾客反应”，而不是“顾客选择性地评价各种信息”。

其三，信息单纯。由于单纯依赖“信息促成顾客反应”，所以传统营销传播格外关注营销传播中信息的有效性，同时对大众传媒的有偿使用这一特征，决定了它要充分考虑媒体信息传达的使用成本。因此，在运用大众媒体过程中，为了能够突出信息的价值，并减少大众传播过程中的噪声影响，传统营销传播把传播重点放在了信息本身的设计上。这一点在传统营销传播中格外突出，可以说传统营销传播的许多经典理论都多少与此相关。比如，罗斯·瑞夫斯所倡导的“独特的销售说辞”理论，就着力于为产品找到一个独一无二的诉求点。而各种创意理论也基本上都是围绕这点进行的。

传统营销传播中的这些特征尽管在今天看来依然有效，但是仅仅依赖这些却远远不够。同时我们也很容易发现其间存在的天然不足，简而言之，可以将其概括为三个方面：一是单向度；二是强制性；三是割裂营销与传播。单向度是因为它没有考虑到营销传播是公司及其产品、品牌与顾客之间的一种交流和对话，单纯的诉说完全可能只是“对牛弹琴”；强制性是因为这些信息在设计过程中，主要是以公司自身利益作为考虑的前提，各种为消费者设计的利益点其实都是一种变相诱惑消费者接受的强销说辞；把营销与传播割裂是因为其固守着传播只是整个营销过程中的一种促销手段，它的任务主要由各种营销沟通工具来承担，没有认识到整个营销过程本身就是一种沟通传播。

可以说，传统营销传播所表现出的这些天然的一致性因素，在突出其具有的强大的营销传播动力的同时，也揭示了在新的营销传播环境中，其本身在达成新的营销传播目标过程中，存在着这样那样的缺陷和不足。就像当年定位理论创建者之一的艾尔·里斯在《广告的衰落与公关的崛起》中历历数落的各种牢骚一样，以广告为代表的传统营销沟通方式面临着边际效益递减的问题，而且这种现象正在日趋加速。导致这种现象的一个最突出的事实便是，传统营销沟通方式在新的市场背景和信息环境下，其功能模式由于某种不适应性而受到了严峻挑战，并且这种挑战具有一种深刻的普遍性。

（三）传统营销传播的现实困境

建立在大众传媒基础上的传统营销传播，显然无法适应新的市场营销和信息传播，这种不适应不仅体现在单纯的效果层面，更是反映在了观念层面。比如，在传统的营销要素构成中，“传播”或者说“沟通”并没有受到足够的重视。在经典的营销理论中，代表营销传播的基本概念是“促销”（promotion）。按照这种认识，一个好的产品只需要适当的定价和相应的销售渠道，再配合以促销就可以达成市场营销目标，这就是麦卡锡教授所提出的著名的4P理论。但是4P理论在获得巨大成功的同时，也逐渐暴露出对营销现状的难以适应，所以其后营销学界不断有新的观点提出，有人提出要拓展传统的4P理论，提出了5P和6P理论。菲利普·科特勒（Philip Kotler）为了突出某些营销因素，在4P理论之外又增加了probing（调查），partitioning（分割），prioritizing（优先），positioning（定位），public relations（公关），political power（权力）等，从而构成了10P。只是不论后来的营销学家如何对4P理论进行补充，这种没有摆脱固有思维定式的研究终究无法根本上突破其本身的天然局限性。

一个显而易见的事实是，在这些营销模式中，营销传播的主体因素依然没有摆脱传统的促销意识，因此营销要素考虑得再全面也只不过是一种面向消费者及其关联环境的推销。从传播学角度看，这种建立在单纯促销基础上的营销沟通，无非是早期传播理论中的"子弹理论"（Bullet Theory）或者"皮下注射器理论"（Hypodermic Needle Theory）的一种折射。按照这种理论，促销对象也就是信息的目标受众被看作是一个个孤立的个体，很容易受到大众传播信息的影响乃至于成为传播者的靶子，但是现在无论是在传播学界还是营销学界，已经很少有人单纯地相信这种看法了。20世纪70年代之后，这种方法因为受到不断挑战而显得捉襟见肘，至少可以从以下几方面体现出来。

其一，从营销传播的目的来看，构建并维护稳定的客户关系是企业或品牌长期发展的必要保障。而以往的广告和营销传播不论出于怎样的考虑，其基本目的无外乎销售。这一点被传统广告大师们一再强调，从克劳德·霍普金斯、罗斯·瑞夫斯、大卫·奥格威一直到威廉·伯恩巴克莫不如此。霍普金斯认为："广告的唯一目的是实现销售。广告是否赢利，取决于广告引起的实际销售。"① 以注重表现形式强调引起注意而著名的广告天才伯恩巴克也有同样看法，他坚定地认为"广告界中的任何人如果说他的目的不是销售所广告的商品，他就是一个骗子"②。然而，在新的信息技术与市场背景下，这种一直以来被坚信不疑的传统营销传播理念已经面临严峻挑战，销售已经不再是广告和营销传播的唯一正确目的了。广告作为品牌与消费者接触的一种手段，必须要有利于促成品牌与消费者之间的和谐关系。进一步说，从战略意义上讲，广告乃至于任何营销传播已经不再是简单围绕销售的促销手段了，而是一种保持和消费者接触并达成沟通关系的传播手段。

其二，从传播的方向上看，现代营销传播要求的是立足于消费者需求基础之上的由外而内的双向交流。而传统营销传播则是典型的由内而外的实施方法。几乎所有的经典广告以及营销传播理论，都是首先强调信息本身的价值，其基本出发点立足于产品和营销者自身进行信息设计，主要采用"推"的手法向

---

① [美]克劳德·霍普金斯：《科学的广告》，北京：新华出版社1998年版，第180页。

② [美]丹·海金斯：《广告写作艺术》，北京：中国友谊出版公司1991年版，第6页。

消费者进行信息灌输。在这方面具有代表性的是罗斯·瑞夫斯和大卫·奥格威。在瑞夫斯看来,广告及营销传播必须要找到产品的某种超越性事实,因为"消费者只从一则广告中记取一件东西——一个强有力的许诺,或者一个强有力的概念"。① 同样,在广告及营销传播的信息内容和表达方式之间,大卫·奥格威的看法是内容具有决定性因素,他索性直截了当地认为,广告"说什么"比"怎样说"更重要。概括而言,传统营销传播的突出特点,就是把营销信息传递作为一种单方面的传达。广告立足于诉求,也就是说服潜在顾客;公关旨在宣传,侧重于对受众进行某种灌输;促销更是从当前利益出发,满足于一种简单的短程刺激。显然,这些并不是建立在了解目标对象特征和需求基础上的营销传播模式,因而不能和顾客达成互动性的交流,也就很难构建长期而稳定的顾客关系。

其三,从媒体的接触上看,传统营销传播所依赖的大众媒体表现出了其在营销传播中明显的局限性。随着媒体世界的变化,营销传播的通道也趋于多元化,大众媒体在延伸限度、稳定程度、完整性和可靠性等方面的缺陷决定单纯依靠大众媒体已经根本无法达成与消费者互馈式的交流沟通。这样看来,通过大众媒体实施传播运作未必是最佳手段,对于很多产品而言很可能还是效益成本最高的一种手段。因此,现代营销传播在保持各种沟通渠道协调一致的同时,还要选择属于自己的最佳传播沟通手段。

同时,传统营销传播通过大众媒体所传达给受众的是企业自我介绍和宣传之类的可控信息,如广告、销售推广、人员推销、销售材料、新闻发布、活动赞助等。但是在传播现实中,这部分信息很可能在消费者做出行为决策之前就被忽视了。而最需要注意的反而是那些来自于各种无法控制的传播途径的信息,如闲话流言、小道消息、商界评论、对手评论以及重大灾害等,这些往往对消费者的态度影响巨大。从这点来看,大众媒体也有其鞭长莫及的地方,因为它难以实现对那些不可控信息的控制与管理。

第二节 整合营销传播的兴起

整合营销传播在20世纪90年代兴起,与传统营销传播所暴露出的弊端密切相关。广告作为传统营销传播的支柱,主要依赖大众传媒进行单向传播诉求,不仅忽视了消费者的需求,而且缺少与消费者的交流与互动。因此,为

① [美]罗斯·瑞夫斯:《实效的广告》,呼和浩特:内蒙古人民出版社1999年版,第33页。

了更好地实现营销价值，就必须运用更加有效的方式与消费者实现良好的沟通。

一、整合营销传播兴起的宏观背景

严格地说，整合营销传播的提出和发展，并不是营销商或者消费者任何一方主动提出的要求，它完全是市场状态和信息环境发展的产物。新的市场环境和新的信息背景对营销和营销传播提出了新的要求，传统营销传播中以广告为主的单向式传播面临着严峻挑战，其相应的需要让位于多种传播管道和传播形式。

（一）社会动因与信息环境的变化

整合营销传播的兴起具有两大直接背景：社会环境与市场环境的发展；技术环境与媒体形态的演变。前者包括政治环境的变革与经济全球化：20 世纪 90 年代随着冷战结束和全球政治集团的解体，一个全面开放的全球社会和全球市场逐渐形成。与世界形势相一致的一个基本特征是“权力下移”，这意味着各种经济和市场壁垒随着政治军事对峙的崩溃而逐步走向开放。与此相伴随的是，媒体和传播渠道也开始走向多元化，人们不再从单一传播渠道了解各种资讯，也不仅仅只满足于对各种资讯具有充分的选择权，而是可以在对这些资讯进行选择和比较的过程中形成一种回应，并把这种回应反馈给对方。

在社会和市场发生深刻变迁的同时，信息技术发展也加速了这种变革的进程。新兴的具有潜力的信息媒体，以惊人的速度进入千家万户，而且媒体形式多种多样。这种变化包含着一个不能忽视的现象：媒体增加不只是简单的传统媒介数量变化，而且还意味着各种新型媒介的加入，尤其是互联网的崛起。它的出现，也许不仅仅是一种媒体形式的介入，更重要的还是一种生活方式的到来。几乎可以肯定地说，网络媒体在不远的将来将成为营销传播的主导。一个基本的依据就是，在大众媒体日渐衰微并为许许多多的分众媒体所取代的过程中，互联网具有的独特的交流和互动效应。

在信息渠道和信息流量大规模增加的同时，在信息传播过程中来自各方面的噪音也明显增加。对于市场营销来讲，传播和沟通的地位越来越突出，但是传播和沟通变得比以往更加困难。仅仅是为商品设计和制作出具有实在内容的信息还不够，你还必须小心翼翼地考虑受众将如何对待你所传达的信息。营销传播面临着一个头疼的问题，首先必须使自己的信息能够受到目标受众的关注，因为他们每人每天所接触的商业信息超过 1 500 条，任何缺乏吸引力的信息都必然被淹没在信息的海洋中。换句话说，决定信息价值的主动权已经不再是信源方向，而是信息接受者。在这种背景下，不论是广告、公关还是其他营销传播的信息手段，都必须进行有机地整合才可能发生效用，可以说，整合已经成为一种必然选择。

（二）营销传播对需求和沟通的关注

其实，早在舒尔茨教授等人提出整合营销传播理论的前三年，为了弥补传统营销价值体系的不足以适应新的市场背景，整合营销传播的另一个倡导者美国市场营销专家劳特朋（Robert F. Lauterborn）在1990年提出了一个新的概念——整合营销（integrated marketing），认为企业运营过程中的全部活动都需要以营销为核心，强调企业中的生产、财务、人事各部门要与营销相配合，以营销为目标，协同作业。因此原来的4P已经不能满足需要，20世纪90年代以来最为流行的新兴主张是4C：consumer（顾客欲望与需求），cost（满足欲望与需求的成本），convenience（购买的方便性），以及communication（沟通与传播）。在这样的营销价值体系中，有关营销沟通的要素依然存在，但是它却由“促销”转化为“沟通”，或者说“传播”。

而对于广告在营销传播过程中由“推销”到“沟通”的角色转变，似乎还可以回溯到更早的定位观念。客观地说，艾尔·里斯和杰克·特劳特提出的定位观念，虽然也是一种继承和扬弃，但是思考问题的出发点显然大不一样。其核心就在于，定位观念之中有一个明显的转换，过去那种从产品出发的思考模式被彻底改变为从消费者出发开始思考。也就是说，以往营销沟通强调的是“我具有某种特性”，现在定位所倡导的是“我可以满足你的某种要求”。这种意识不仅包含着古典经济学中对消费者主权的认同，更重要的是树立了需求第一的价值观念。毫无疑问，需求是导致人们动机和行为的基本依据，只有真正把握需求才可能在信息过剩的状态下，实现营销沟通中的主动把握。这一点也正好符合整个市场系统中权力下移时期的营销和传播特征。将定位理论的提出看作是一次革命性的转变，对于它的重要性而言毫不言过其实。因为从这个时期开始，市场营销或者说是营销传播彻底改变了它的角色定义。如果说过去只是简单地进行线性推销，目的在于卖出产品，那么从现在开始市场营销或许就是发现需求，努力寻找可以提供给市场的某种满足状态。因此相对而言，过去的营销传播着重于信息供应，而现在则必须要有信息交流，甚至随着信息流量和各种信息干扰的不断增加，营销传播必须进行信息整合。

曾经风靡一时并在20世纪80年代发展完善的企业形象识别系统CIS（Corporate Identity System，CIS）理论，可以说是对品牌形象和定位理论更高层面的整合与提升，也是更高层面的运用和实施。它强调从企业经营理念到精神文化，从员工行为到企业活动，从视觉识别的基本要素到所有应用要素，建构起具有高度同一性、独特性、可识别性的企业形象，并通过企业内部外部的信息整合达成企业内部和消费者的全面认同，从而提升企业市场地位，增加企业利润收入。在某种意义上，十多年后的整合营销传播理论，更是一种深刻的全方位的提升。整合营销传播最初强调的就是企业营销传播诸要素的系统整合，包括广告、销售促进、公共关系、人员推销、直接营销等，确定一致的传播目标，对准一致的目标受众，设计一致的传播信息，以产生最大的一致性影响。近年来，随着市场的发展与理论的不断深化，整合营销传播的内涵也越来越广泛和深入。它不仅是战术层面的系统要素整合，更重要的是它带来了营销传播中的观念变革。

二、整合营销传播的概念与内涵

整合营销传播已经广泛应用于市场实践，受到营销学界和传播学界的普遍接受，但是关于整合营销传播概念的解释，却从来没有形成一个确切的定义。为了更好地把握这一理论的实质，我们将从对其概念的理解以及内涵的变化展开整个论述的脉络。

（一）整合营销传播概念的演变

整合营销传播（Integrated Marketing Communication，IMC）作为一种新型的商业推广追求，起源于美国。事实上，我们无法确切地说明，整合性的营销传播方法运用具体从什么时候开始的，但正如在广告运作策略中一直强调媒介组合策略那样，公共关系组织甚至在其初创时期就意识到整合促销的价值。至少在20世纪80年代初期，在美国的市场营销领域，集合运用各种促销工具以达成更好的营销传播效果，就已经开始大行其道，而当时服务于那些著名品牌的广告商诸如奥美（Ogilvy & Mather）以及杨雅（Young & Rubican）等著名公司，也已开始构想“整合”的概念，而当时的称呼形形色色，如“管弦乐编曲”“全蛋”“新广告”“无缝传播”等，都在努力试图将传统广告与其他各种促销传播手段结合起来。①

最早给整合营销传播建立概念的是美国广告公司协会的一个工作组，它在20世纪90年代初期对整合营销传播的概念进行了如下定义：

> 这是一个营销传播计划概念，要求充分认识用来制订综合计划时所使用的各种带来附加值的传播手段——如普通广告、直接反应广告、销售促进和公共关系——并将之结合，提供具有良好清晰度、连贯

① ［英］大卫·佩克顿、阿曼达·布劳德里克：《整合营销传播》，北京：经济管理出版社2011年版，第19页。

性的信息，使传播影响力最大化①。

显然，这个定义的关键所在是致力于将各种促销形式结合起来加以运用，通过集合性发声使传播影响力达到最大化。按照这种理解，所有的广告和促销都处在整合营销传播（IMC）体系之中，其核心都是组合成“一个声音，一种形象”（speak with one voice）。为了进一步提升整合营销传播的战略属性及其理论实质，舒尔茨等人又提出了一种新的观点：

> 整合营销传播是发展和实施针对现有和潜在客户的各种劝说性沟通计划的长期过程。整合营销传播的目的是对特定沟通受众的行为实施实际影响或直接作用。整合营销传播认为，现有或潜在客户与产品或服务之间发生的一切有关品牌或公司的接触，都可能是将来信息的传递渠道。进一步说，整合营销传播运用与现有或潜在客户有关并可能为其接受的一切沟通形式。总之，整合营销传播的过程是从现有或潜在客户出发，反过来选择和界定劝说性沟通计划所采用的形式和方法。②

比之于前面的定义，这个定义的视野更为广阔，它代表了一种更成熟、更全面、更彻底的整合营销传播观念，即把消费者视为现行关系中的伙伴，将其作为参照对象，并接收消费者与品牌保持联系的多种方法。在这个意义上，整个营销过程中的每一个环节都在与消费者沟通，让消费者了解这项产品的价值，以及它是为什么样的人而设计。众所周知的广告、公关、促销、直效行销等，都是不同形式的沟通传播。但商品设计、包装、店堂陈列、店头促销及零售店头广告，也是沟通传播，是整个流程中的一环。甚至当产品售出之后，售后服务也成为一种传播。

从理论上提升整合营销传播并进一步做出卓越贡献的，是美国科罗拉多大学的汤姆·邓肯（Tom Duncan）博士。邓肯把研究的视角从简单整合各种营销传播工具，转化为对营销传播价值的考量。他认为，随着顾客和关系利益人对公司重要性的日渐显著，一种以顾客为中心的组织结构较之于以公司为核心的组织结构更加富有成效。因此，整合营销传播也就意味着顾客关系管理、一对一营销、整合营销、关系营销以及策略性的品牌信息传播等。这些营销传播模式虽然侧重有所不同，但是归根结底却是出于同一目的——获得、保持或者提升顾客与公司或者品牌的关系。因此汤姆·邓肯认为：

---

① ［美］乔治·E. 贝尔齐，等：《广告与促销：整合营销传播展望》，大连：东北财经大学出版社 2000 年版，第 13 页。

② 这个定义在 1993 年由舒尔茨教授所在的美国西北大学麦迪尔学院营销沟通课程教师共同提出，舒尔茨曾经引用并对此表示认同。然而在其最新著作中，他认为这个定义“在本质上是战略，在执行上是战术”。因此又提出了一个新的定义，强调“整合营销传播是业务的战略过程”。参见舒尔茨，等：《全球整合营销传播》，北京：中国财政经济出版社 2004 年版，第 65 页。

简单地说，整合营销传播是一个运用品牌价值管理客户关系的过程。具体而言，整合营销传播是一个交叉作用过程，一方面通过战略性地传递信息、运用数据库操作和有目的的对话来影响顾客和关系利益人，与此同时也创造和培养可获利的关系①。

企业和顾客之间是互相依赖、互相满足的关系。对于受市场利益驱动的企业而言，压倒一切的目的是培养愉快而忠诚的顾客，因为只有顾客（而非产品或其他）才是企业的命脉。这种认识促使企业纷纷从简单的交易性营销（transactional marketing）转向关系营销（relationship marketing），即在企业与顾客和其他利益相关者之间，建立、保持并稳固一种长远关系，进而实现信息及其他价值的相互交换。

（二）整合营销传播的基本内涵

我们考察不同的整合营销传播概念的目的，旨在于从中把握整合营销传播的内涵与实质所在。显然诸种表述不同的概念，对整合营销传播的理解并不是建立在一个层面上。如果说早期美国广告公司协会的概念，完全是着眼于各种促销手段的集合运用的话，那舒尔茨的概念则无非是将形形色色促销手段的范围加以扩大，再诉诸接触点应用以实现对顾客和潜在顾客的传播影响。

毫无疑问，由舒尔茨所主导的定义进一步深化了整合营销传播的内涵，但是在舒尔茨上述那个略显啰唆的定义中，并没有清晰明确地表达出整合营销传播的根本特质。虽然舒尔茨在他的概念中已经意识到了，广告和促销虽然依旧存在，但它们的任务已经有所转变，即从过去广告偏重于利用大众传媒向消费者实行单向诉求和灌输，将促销的重心放在激发和诱使，转向从顾客以及潜在顾客出发实施进一步沟通。但这在广告和现代营销哲学的发展中并没有什么新鲜意义，注重顾客和潜在顾客是广告营销保持不变的追求，而从消费者需求出发建立传播策略也是很明确的主张，比如更早的定位理论就十分强调消费者心理需求。事实上，整合营销传播如果仅仅停留于此，作为一种应用性营销传播理论它也就失去了其存在的价值。所以理论上需要对整合营销传播进行本质性界定，并由此提出相应的概念系统，并对此做出更加完整的说明。

在舒尔茨之后几乎所有的营销传播学界的专家们，甚至包括菲利普·科特勒、凯文·莱恩·凯勒这样的大师，对整合营销传播的认识都停留在所谓“企业整合协调其众多传播渠道，传达有关企业及其产品的清楚一致的信息”②。所有

---

① Tom Duncan. IMC: Using Advertising and Promotion to Build Brands, Copyright 2002 by the McGraw－Hill Companies Inc., p. 8.

② ［英］大卫·佩克顿、阿曼达·布劳德里克：《整合营销传播》，北京：经济管理出版社2011年版，第3页。

这些都很容易令人想到远早于IMC之前就风靡一时的企业形象识别系统CIS。其实CIS的形象识别就是通过广告、标识、商标、品牌、产品包装、企业内部环境布局等各种符号和媒体方式向受众传播确切统一的企业理念，其核心是创造“同一性”和达到“共识”，这显然也就是所谓的“一个声音，一种形象”。进一步看，这种“统一声音，统一形象”的做法，表面上是一种行之有效而又操作简单的方法，但是在实践中却很难真正落实。如果说过去还可以简单地抓住几个主要促销组合加以实现整合效果，但在新的营销传播环境中，尤其是在网络新媒体环境下，随着大量社交媒体和自媒体的导入，任何试图全面整合各种传播接触点的努力，都很容易陷入一种无所适从的整合困境。所有这些都说明，那种把整合营销传播的内涵，简单界定在媒体和传播手段上的观点，充其量只是对传统广告及促销手段的战术性操作整合，还谈不上是一种革命性的理论突破。

因此，我们特别认同汤姆·邓肯对整合营销传播的理解，也就是说，整合营销传播不仅仅是传播手段，甚至主要不是传播手段的变化，而是一种营销传播观念的变革。按照邓肯的视角，整合营销传播的终极追求在于品牌价值，传播和各种接触点的管理，说到底都是为了进一步提升品牌与顾客的关系，并通过这种关系提升进而使得品牌资产得以增值。邓肯不仅提出了整合营销传播的目的、核心任务，而且还指出了达成目的所遵循的路径。有必要特别指出的是，邓肯的整合营销传播观点，是在现代营销和品牌价值驱动下所形成的自然走向，也是整合营销传播实现理论提升的必然选择。他不仅摆脱了简单的传播工具叠加整合思维，而且通过系列化地整合营销传播概念，为整合营销传播的理论化和完整性勾画出了基本的轮廓。如果说舒尔茨等人的整合营销传播认识，还没有摆脱传统广告促销的影响追求，那么邓肯的认识则通过对品牌的追求，使得促销及整个营销只是成为品牌价值持续提升过程中所涵盖的一个方面，而利润则更只是品牌追求中自然而然的收获。

邓肯的概念涉及很多关键性概念，如品牌价值、品牌关系、交叉作用、数据库营销、战略性信息传递、有目的的对话、相关利益者、可获利的品牌关系等，可以说，正是这些关键性概念成为建构整合营销传播理论的支柱。这些概念不仅规定了整合营销传播的目的、整合营销传播的核心追求，而且也对整合营销传播的操作方式、工作范围、实现路径等进行了思考，从而使整合营销传播研究有可能在舒尔茨等人之后，形成一种更加有效的理论范式。事实上，关于整合营销传播内涵的认识是不断发展的，我们所倡导的是一种开放包容的整合营销传播观念，即它不是对传统营销传播观念的否定，而是对营销传播传统的发展与扬弃。与此同时，这种开放包容的整合营销传播观念，在确立其目标价值和核心理念的过程中，不断吸收市场和技术发展成就而创新自我，体现出对现实极大的柔性适应。

三、整合营销传播目标与工作内容

我们在这里将要回答的问题是：整合营销传播所追求的目标究竟是什么？通俗的表达就是，整合营销传播是用来干什么的。与此对应的是，整合营销传播运作中的工作内容是什么？显然在舒尔茨最初理论化这一概念时，并没有明确回答这个问题，其时他更多的还是把整合营销传播看作是一种操作方法，即便是后来从战略层面加以认识，也没有对此做出明确的说明。直到2000年之后，汤姆·邓肯才在他的论著中明确提出，整合营销传播的终极目标是建立"品牌资产"。

（一）整合营销传播的基本目标

单纯从品牌资产角度来认识整合营销传播目标，显然并不具有理论自身的本质性特征。因为随着现代营销对顾客利益的强调，专家学者们已经在以公司为中心向以顾客为中心的转变过程中提出了一系列的概念，诸如品牌营销、关系营销、客户关系管理、一对一营销等。虽然每个概念各自内涵不一，但它们都是基于一个共同的目标，即提升和增加公司的品牌价值，并维护和发展与顾客的关系。因此，单纯把"品牌资产"看作整合营销传播的目标，并不能完全表达这一理论的本质特征，正是在这个意义上，邓肯提出了整合营销传播有别于其他各种理论的特点所在。邓肯认为："整合营销传播是管理顾客关系的第一道程序，它的运用最为广泛。整合营销传播和其他以顾客为中心的营销的不同之处在于，它的基础是传播，传播是所有关系的核心。"①

由此，我们可以这样认识整合营销传播的目标，它的终极追求乃在于提升品牌价值，但就其工作本身来看，整合营销传播的核心任务则是运用传播手段，建立、维护和发展与顾客以及相关利益者之间的关系，这种关系也就是我们所说的品牌关系。在这里传播不仅是品牌关系的前提和基础，也是达成这种关系的基本手段。正是这一点确认了整合营销传播与其他各种营销和品牌理论的根本区别，进而也建立了整合营销传播的理论支点，限定了整合营销传播的工作内容。

（二）整合营销传播的工作内容

认识到整合营销传播的任务之后，自然而然也就明确了它的工作内容。事

---

① ［美］汤姆·邓肯：《整合营销传播：利用广告和促销建树品牌》，北京：中国财政经济出版社2004年版，第8页。

实上整合营销传播的概念内涵以及理论本质并不复杂，它所表达的核心思想也几乎是我们每一个人都能深切体会到的人生经验。我们只需反思一下自己的生活经历中所拥有的各种关系，当一个人受到外围许多人的拥戴与认同时，这个人的价值就体现得比较重要，而且这种价值还可以帮助他获得更多的优势资源。这种个人价值其实就类同于品牌价值，显然在这里个人价值的获得是基于这个人与外围的“关系”，那么这些关系是如何获得呢？我们进一步反思就会发现，所有这些关系的获得基本上都是基于传播而来的，是传播帮助你建立了这种关系，是传播帮助你维护了这种关系。当然在这里“传播”所体现出来的是其原有的内涵，即不仅仅是单纯的信息传递，还包含了信息之间的沟通和交流。

明白了上述这个道理，我们也就明白了整合营销传播的工作内容，即运用各种有效的传播手段，建立、维护和发展品牌与顾客以及相关利益者之间的关系。因此，任何把整合营销传播理论加以复杂化的做法，都是对整合营销传播的误解和歪曲，不仅不利于整合营销传播，而且不利于建立和维护持久的关系，亦即品牌的根本利益。

正因为整合营销传播的这一特点，它在运用传播建立和维护关系的过程中，就表现出了属于自己的专业特性。首先，从品牌价值属性出发，必须对相关信息进行有效的整合，包括对信息基本属性的确认以及保持信息的连贯性，以保证这些信息能够准确地体现品牌。只有这样才能保证顾客像是选择朋友一样，选择适合自身的品牌；其次，从维护顾客和相关利益者关系出发，整合营销传播过程中的信息传递不是单向度一次性的，而是一种交互式的往复性沟通，通过不断地交流和沟通保证关系的持续稳定。我们所说的整合营销传播的工作内容，简单说来就是：整合品牌信息，与顾客以及相关利益者进行良好的沟通和交流，以此维护关系，达成品牌利益。除此之外的各种辅助形式，无非都是围绕这种工作内容的战术手段。

第三节　整合观念与理论架构

理论架构不仅仅是一系列概念体系的辨识，更深层次上则是观念认识的突破。整合营销传播的理论架构也与其思维特征密切相关，认识这种思维架构有利于对整合营销的全面把握，以及在具体操作过程中对不同技术手段的灵活运用。

一、整合营销传播重构并超越顾客观念

在现代市场营销理念中，以顾客为导向已经成为一种共识，这也成为新媒

体时代营销传播的一种趋势性选择。在营销管理学界,从现代管理学之父彼得·德鲁克到营销学之父菲利浦·科特勒,都对此进行过确认。德鲁克甚至认为,市场营销的唯一目的就是培养愉快而忠诚的顾客。这种对顾客的重视在科特勒的营销观念中,直接转化为对需求的重视,即市场营销如何发现和满足消费者的欲望与需求。20世纪后期整合营销理论更是提出以需求至上的4C理论,代替传统的产品至上的4P理论,所谓需求,毫无疑问就是顾客的需求。随着网络新媒体的发展以及数字化对市场营销的影响,这种对顾客观念的认识更是受到了热烈追捧。然而从品牌发展的视野来看,我们所需要的真的是顾客吗?或者说我们所需要的仅仅是顾客吗?

(一)顾客导向和以需求为核心的市场观念

顾客观念又称为客户观念,亦即消费者观念。它是市场营销从生产观念—产品观念—推销观念,进一步转化而来的新型市场营销观念。按照这种观念,市场营销中实现组织目标的关键在于正确确定目标市场的需求和欲望,并且比竞争对手更有效、更有利地传送目标市场所期望满足的东西。营销观念与推销观念的根本不同在于,推销注重的是卖方需要,营销注重的是买方需要。推销从公司现有产品出发,考虑的是如何让顾客接受产品,以加速把产品变为现金;营销则从满足顾客需求出发,通过赢得顾客满意来获取利润。现代营销观念崇奉需求至上,企业生产什么和销售什么的决定权不应该在公司手中,而应该在顾客手中。公司只有生产消费者需要的产品,使顾客获益最大化,才可能赢得顾客并获取利润。

(二)顾客观念的反省和需求意识的重构

直到目前为止,这种顾客观念仍旧是市场营销和营销传播所奉行的坚定理念,显然对于市场营销而言它具有显著的效益性,以及在营销管理过程的可操作性。与此相应的是传统营销中的广告,在营销传播中由"推销"到"沟通"的革命性角色转变则开始于定位观念的提出。客观地说,艾尔·里斯和杰克·特劳特提出的定位观念,虽然也是一种对传统营销观念的继承和扬弃,但是思考问题的出发点显然大不一样。其核心就在于,定位观念之中有一个明显的转换,过去那种从产品出发的思考模式被彻底转变为从顾客出发的思考模式。也就是说,以往营销沟通强调的是"我具有某种特性",现在定位所倡导的是"我可以满足你的某种要求"。这种意识不仅包含着古典经济学中对顾客主权的认同,更重要的是树立了需求第一的价值观念。毫无疑问,需求是导致人们动机和行为的基本依据,只有真正把握需求才可能在信息过剩的状态下,实现营销沟通中的主动把握。

我们需要反思的问题是,现代营销观念中包括定位理论,无论是"顾客"、

"客户"或者是"消费者",其营销和传播的指向都十分明确而且单纯,就是"那些使用或者购买产品的人或组织"。如果我们放大这种意识,就会发现它在本质上并没有完全摆脱传统的推销意识,其所做的无非只是从"强销式"推销,转化为某种"对应性"满足而已。这种逻辑依然是:"我"聆听并发现"你"的需求—根据"你"的需求创造出满足性产品—在满足"你"需求的同时实现"我"的价值。显然把市场营销和营销传播的核心价值定义于销售目标的达成,这种认识似乎无可非议。但是,如果从更广阔的视野来看待市场营销和营销传播,把营销和营销传播不仅仅局限于简单的经济意义,还包括某种超越单纯经济利益的更深层次的社会化追求,那么我们对"顾客"或者"客户"以及"消费者"的理解,可能就不能局限于"那些购买产品的对象"。而事实上,即便是从"购买产品"的角度审视,市场营销和营销传播所要直面的对象,也不仅仅是顾客或者客户这样的消费者。这就涉及品牌及品牌关系,因此在这里,整合营销传播引入了一个全新的概念,即相关利益者或者关系利益人。

舒尔茨所开创的整合营销传播理论,有一个基本命题——营销即传播,传播即营销,二者相互统一,不可分割。所以营销过程也是传播过程,传播过程也是营销过程,任何缺乏传播沟通的营销都是不完整的营销,本质上也无法实现营销的价值,这点在网络新媒体时代更是如此。之所以这样说是因为直接影响营销的关系,已经超越了简单的顾客或消费者关系,任何营销和营销传播所要处理的关系都不仅仅是顾客或消费者关系,我们把这种关系叫作品牌关系,也就是说,这种关系涉及一个品牌和它外围所有关联者的关系。在这里我们很乐意引入一个互联网概念——用户。"用户"这一概念不仅超越了以往营销和营销传播中常用的客户及消费者的概念,而且也超越了媒体传播中习惯使用的"受众"概念。在互联网世界中,"用户"既是某种技术或者产品的使用者,也是其所传递信息的接触者,因此既有作为直接消费者的"客户"概念,也可能是未必有商业消费行为却可能产生影响的信息关联。所以我们把"用户"界定为在品牌传播中,一切可能与品牌发生关联关系的对象,即便这种对象并不购买或消费你的产品及品牌,但是他仍旧可以对你的产品或者品牌产生影响。这点我们只需一个简单的例子就可以说明,一位动物保护人士可能并不是豪华皮草的消费者,但是其言行对某一个皮草品牌的营销与传播却同样可以产生影响。

正是在这个意义上,我们提出在进行品牌营销和整合传播的过程中,顾客需求并不是唯一考虑的因素,在这里"需求"应该超越简单的顾客需求,还包括所有与品牌发生关联的相关利益者的诉求。比如,在政府和社会倡导环保和可持续发展的背景下,当一个品牌通过创新实现绿色发展和更好的资源利用,它就会得到政府和社会组织更多的支持。显然此处政府也处在品牌的相关利益链条上，虽然政府并不是品牌消费者，但是品牌发展涉及政府的政策需求。因此，整合营销传播不仅仅要从经济角度认识需求，还要从社会角度认识需求。必须考虑那些即便对产品或者品牌没有直接需要，但是其社会诉求中包含了对产品或品牌的某种价值需求的人。反过来，对企业和品牌而言，它们的需求也同样不仅仅是顾客或消费者，还包括所有可能影响品牌的关联者。

二、整合营销传播的概念层级与理论架构

在上述有关整合营销传播概念的叙述中，我们可以看出人们对这一概念内涵认识的不断深化。我曾简单地将整合营销传播的性质表述为"关系创造价值"①，这一表述对整合营销传播观念的基本解释是：以品牌价值作为终极追求，运用不同接触形态达成沟通性传播，进而提升和强化品牌与顾客以及相关利益者之间的关系，由此引导建构的各种营销传播形态，即整合营销传播。这一表述扬弃了舒尔茨以来有关整合营销传播的研究成果，着重以邓肯的整合营销传播思想作为参照，强调了整合营销传播作为一种理论的普适属性，既反映了整合营销传播对象的内涵及其基本归属，同时也表现了整合营销传播在外延上的包容性。正是在这种认识的基础上，我们对整合营销传播系列概念进行归纳，将其分为一级概念和次级概念。

（一）整合营销传播的一级概念与次级概念

所谓一级概念和次级概念只是一种相对的提法，它们所表达的是在整合营销传播及其理论建构中，不同概念所处的整合营销传播引导层次。我们把对于整合营销传播具有本质规定性和宏观性指导意义的概念，称之为一级概念，而将一级概念之下的各种概念称之为次级概念。一级概念通常提出整合营销传播的根本任务，同时也规定了整合营销传播的必然方向；次级概念则从属于一级概念，是一级概念指导下的战略规划和战术方法的运用。一级概念和次级概念的有序排列组合，架构了完整的整合营销传播理论体系。

按照前面对整合营销传播概念及其内涵发展的表述，以及我们对整合营销传播的本质性归纳，作为一种理论体系，整合营销传播涉及的主要概念有：品牌价值、品牌资产、品牌关系、品牌接触点、数据库营销、战略性信息传递、有目的的对话、相关利益者、可获利的品牌关系等。显然在这里品牌价值或者说品牌资产作为一种终极追求，应该属于整合营销传播的一级概念。品牌资产是邓肯借用 20 世纪 80 年代以来的品牌研究术语，对整合营销传播终极价值的表达，

---

① 参见卫军英：《关系创造价值：整合营销传播理论向度》，北京：中国传媒大学出版社 2006 年版，第 52 - 54 页。

鉴于品牌资产很大程度上表现为无形状态，我们在这里以“品牌价值”加以取代。处于品牌价值之下的各种概念，就是整合营销传播的次级概念。应该指出的是，在各种管理理论尤其是品牌理论研究中，品牌价值追求并不是整合营销传播所独有的，但是对营销思想的发展而言，营销追求的归旨无非是两大类，一类是近期追求以销售为目的，一类是长期追求以品牌为目的。以销售为目的虽然可以创造短期利益，但并不一定能够保证长期利益，而以品牌为目的则很大程度上兼顾了长期目标与短期利益的统一，有鉴于此，整合营销传播的终极追求也必然是品牌追求。

（二）整合营销传播概念层级的基本框架

运用概念形式为整合营销传播架构一个完整的理论框架，显然并不是一件轻松的事情，因为任何简单的概念演绎都可能有疏漏。舒尔茨在初创整合营销传播理论时，已经意识到营销传播过程中多种接触形态的问题，而汤姆·邓肯把整合营销传播建立关系的终极追求归结为品牌资产，并使其所涵盖的范围大大突破了一般的企业与顾客之间的关系，因此，整合营销传播关系不仅仅是一种单纯的公司与顾客之间的对话，而且还是公司与所有关联系统的交流。这里邓肯创造性地提出了“关系利益人”（stakeholders）这一概念，也超越了舒尔茨一直强调的“顾客和潜在顾客”的指向。显然相关利益者不仅仅是股东，还包括员工、商业伙伴、社区，甚至是政府、新闻机构等多种与公司具有关联性的群体。而品牌资产在很大意义上正是由这种关系构建。为此邓肯提出了一个简单的品牌资产方程式，参见图1－1。

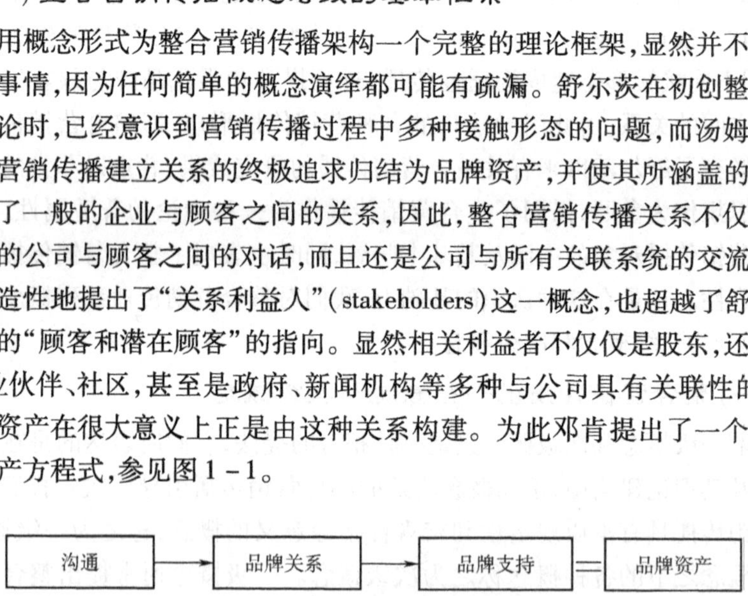

图1－1　邓肯品牌资产方程式

如前所述，品牌资产从整合营销传播角度看就是品牌价值，在管理学范畴中品牌资产属于一种综合资源，但这种资源的有效应用却来自于营销传播。邓肯对品牌资产的理解更多的是基于营销传播的角度，按照这种认识，品牌资产主要来源于公司与顾客以及关系利益人之间的关系，而这种关系主要是通过沟通建立的。很多时候公司所注重的往往是内部成本缩减和运营效益加强，但是却忘记了他们的一举一动或者是无所行动，对顾客和关系利益人都具有某种程度的意义。事实也是如此，一个人或者是一个组织不可能不与外界进行沟通，有存在就有信息，有信息就有传播，这是一个无法抹杀的事实。正是从这个意义上讲，传播和沟通成为品牌资产经营的关键所在。我们结合邓肯的品牌资产方程式，并根据整合营销传播战略与战术的统一，对其主要概念加以分析，大致确立了一个比较清晰的整合营销传播概念层级框架，参见图 1－2。

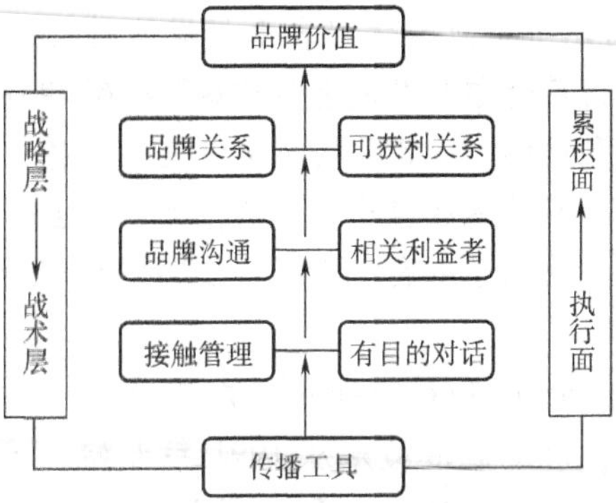

图 1－2　整合营销传播理论框架

毫无疑问，在这个框架中，作为一级概念的品牌价值处于最高层级，它既是整合营销传播过程中从操作到提升不断累积的终极追求，同时又是整合营销传播从战略层到战术层运作的指导。处于这个概念体系中的各种主要概念显然都属于次级概念，当然这些次级概念还仅仅只是一些主要概念，并不是整合营销传播运作中的全部概念。在后面章节的论述中，还将涉及整合营销传播中的原则和多种模型工具，与此同时也必然会涉及更多的战术概念。但必须指出的是，所有的战术运作及其概念和工具的演绎，都是基于这个基本框架建立的，因此未来的描述将是对这个基本概念框架的进一步理解，以及这个框架在具体操作过程中的有效应用。为了有利于更加清晰地认识整合营销传播，我们特意在本章把英特尔（Intel）作为本书的第一个案例加以分析。其中一个很重要的目的就在于揭示整合营销传播的历史递延和发展必然。虽然这个发生在 20 世纪 90 年代初期的案例距今已经有 30 年，但是作为营销和营销传播中的经典，一如人性的永恒那样，并不会随着时间的流逝而失去价值。

案例分析

英特尔的品牌整合路径

英特尔（Intel）以生产电脑的中央处理器而闻名，全世界 80% 的个人电脑使用的是英特尔生产的微处理器芯片，它已经成为当今世界 IT 产业最为著名的品牌之一。虽然生产一系列微处理器是英特尔多年以来始终如一的业务，但是市场最初对它的品牌认同并不像今天这样。早期英特尔的微处理器是通过它的数字代码标识的，早在20世纪80年代个人电脑开始流行时，人们就知道286，386，486——英特尔用不同的数字表示相应的科技水准，它的微处理器横扫整个电脑市场。然而英特尔却并没有为这些“×86”申请商标注册，事实上数字本身也不能成为一种商标，“×86”也仅仅代表了一种产品的科技含量，因此许多类似的公司都不约而同地在自己生产的微处理器上标示出“×86”的字眼。英特尔巨大的市场份额受到了蚕食。于是，一场精心策划的品牌运动开始在全球推广。

这项运动就是著名的“Intel Inside”（内有英特尔）。英特尔的整合营销传播活动是从1991年开始的，它的做法是，要求众多的电脑生产商，如IBM、康柏（Compaq）、戴尔（Dell）、通路电脑（Gateway）在所生产销售的电脑中，其说明书、包装和广告上都增加“Intel Inside”的商标。作为报答，英特尔将从它们的销售额中，划出最高3%的返利给这些电脑生产商，作为联合广告补助。而如果同业将“Intel Inside”商标印在售出的电脑包装上，那么它们将获得的回扣高达5%。可以说，这种双管齐下的整合策略，远远超出了一般广告运动的影响，它不仅极大地提高了英特尔的知名度，而且使英特尔的形象从单纯芯片制造商转变为质量领袖。当每一个下游电脑生产商在它的产品或者包装上注明“Intel Inside”标识时，实际上都在向消费者传输着这样一个信念：购买内有英特尔处理器的电脑，无论从技术含量还是稳定性上都是一个深思熟虑的选择。这样，英特尔通过这项整合运动，不但稳定了它和下游生产商、经销商的关系，而且也与消费者达成了一种默契，这些都直接反映到了其品牌价值之上。

图1-3　英特尔商标

为了扩大这项活动的影响面，英特尔同时还斥巨资开展了一场声势浩大的广告运动。它运用电视、报纸以及大量的印刷广告等形式，并把“Intel Inside”设计成一个有特色的商标，面向整个社会集中宣传。这项计划从一开始其广告预算就是每年一亿美元，明显的结果是在短短18个月内，仅仅出于这项计划之下的“Intel Inside”广告，总量就高达90 000多则，如果把这些广告份数换算成曝光次数，据估计可能高达100亿次。根据调查，就在这短短的18个月里，电脑的商业用户中，知道英特尔的人数，从原来的46%骤然上升到80%，这个巨大的增长幅度相当于其他品牌数十年的努力结果。然而最重要的还不在于此，最根本的一点是英特尔的品牌价值在大幅度提升的同时，其市场份额也大幅提升。仅仅在 1992 年，即"Intel Inside"广告推出之后一年，英特尔的全球销售额就增长了 63%。就在英特尔处理器电脑风靡全球之时，那些因为没有采用英特尔处理器的电脑却必须折价出售。这项持续的运动给英特尔带来了巨大的利益，在运动推广开始的 1991 年，英特尔公司的市值仅仅是 100 亿元。到十年后的 2001 年，它的市值增加了 26 倍达到 2 600 亿元。2002 年国际品牌公司 Interbrand 根据权威调查进行评估，美国《商业周刊》评选出年度最有价值的"全球品牌 100 强"，英特尔的品牌价值为 306 亿美元，居于可口可乐(696 亿美元)、微软(640 亿美元)、IBM(512 亿美元)和通用电器(413 亿美元)之后，名列全球最有价值品牌第五位。

在"Intel Inside"活动之后，它的整合营销传播活动一直没有停止。几乎在后来的每一次战略性营销中，英特尔都在强化自己的品牌。从"英特尔有颗奔腾的心"，到迅驰无线移动平台，"英特尔无处不在"。正如英特尔首席执行官克雷格·巴雷特(Craig Barrett)所说的那样，公司将积极寻找 PC 之外的商业机会。也许未来英特尔的芯片将会出现在各种数字设备中，从手机到平面电视，再到便携式影视播放器和家庭无线网络甚至是诊断设备。如果这些新的市场能够得到进一步开发，它将为公司带来新的收益。一切都来自于品牌的整合与创新。

"Intel Inside"是一个典型的整合营销传播活动，尽管在 1991 年整合营销传播还没有得到充分的认识，大家也没有意识到英特尔实际上所做的是一项地道的整合营销传播创举，但事实上其操作过程却完整地体现了整合营销传播的精髓：通过一致性的信息传播突出了英特尔品牌，不仅巧妙地把自己从同类产品中区分开来，而且使这种隐藏在电脑里面的部件，跳出个人电脑的框架，进入到消费者的视野中。不仅大大扩大了自己的市场，而且通过强化品牌增加了产品附加值，使消费者心服口服地愿意付出更多的价钱去购买产品。在这场整合营销传播运动中，每一步都可以看出英特尔的精心设计。

其一是对品牌价值的确认。英特尔认识到，要想建立自己的竞争优势，必须强化品牌资源与营销链中各个环节的稳定关系，尤其是得到个人电脑的终端用户认同，为此第一步是确立品牌商标。最初英特尔曾打算保护它的产品编号，使自己不再受到竞争对手的侵犯，但是这种试图把编号变为品牌商标的做法被联邦法院驳回，最后那些"×86"编号只能是作为芯片发展水准的代名词。因此，英特尔必须为自己创立一个商标，这个商标不仅能够使自己与其他产品区分开来，而且还必须能够有效地实现品牌资源的整合，为此它创立了"Intel Inside"。这个商标的好处就在于它突出了英特尔品牌本身，同时又不仅仅是一个简单的区分符号，还明确地传达了一种信念，包含了对营销价值链的整合意识。也就是说,这个商标的确立本身就是基于对市场以及未来开发策略的考虑。

其二是渠道和技术传播的有力推动。对此英特尔采取两个方面的策略:一方面通过营销渠道,实现多层级的渠道传播;另一方面借助渠道宣传,强化消费者对这种技术产品的认识。电脑微处理器是一个高技术产品,它和电脑的其他许多组件一样,隐藏在电脑中并没有真切被消费者感觉到。英特尔要求电脑生产商在自己的包装和说明中,特别强调"Intel Inside",这不仅突出了英特尔的品牌,而且也相应地强调了这个组件对电脑的重要性。而且渠道传播对于技术性产品具有特别的引导价值,当普通的电脑购买者冲着所谓"奔Ⅲ""奔Ⅳ"而来时,绝大部分的购买者并不十分清楚这个被称作是"微处理器"的电脑部件其具体工作程序是怎样的,而英特尔的微处理器与其他品牌又有什么不同。尽管不断有技术人员在解释,事实上还是有很多消费者依然不明白,"微处理器"到底是什么东西。从消费者角度分析,一个简单的理由可能是:这些电脑制造商,如IBM、康柏等,它们花那么多钱做广告,告诉大家自己采用的是英特尔处理器,这些电脑公司显然不是笨蛋,这个被称作"微处理器"的东西一定很重要。

其三是媒体和各种接触点的整合。"Intel Inside"这个商标被完整地套用在各种营销传播活动中,英特尔一方面通过各种广告不断强化它,另一方面专门为它设计了公关、促销以及各种内外传播活动。可以说无论是生产商、渠道商、消费者、媒介、金融机构,还是股东和员工,都对此认识十分清楚,并且各方面统一认识也有助于形成合力。这样英特尔就首先完成了操作层面上的整合,即有利于创造出"一个声音,一种形象"的整合形象,并且在此后的媒体策略中使之不断延伸,体现了整合营销传播的一致性原则。

当然,如果说英特尔的整合营销传播仅限于此,那还只不过是形式意义上的整合。事实上英特尔所做的是整合营销传播从形式到本质的整合。正如舒尔茨教授所说的那样,这项计划跨越了多项传统的销售与营销范畴①。英特尔在这项活动中,尽量发展与电脑制造商、渠道商等各个方面的关系。通过优厚的激励措施,有效地保证了营销链中各个环节的利益平衡,并以此与相关利益者建立了良好的品牌关系。这种激励措施不仅体现在合作广告中,而且还体现在对整个下游环节的推动中,如果没有这些使生产商和渠道商完美结合的措施,英特尔的整合计划必然会大打折扣。因此直到今天,无论是在电脑制造商、渠道商,还是在电脑消费者那里,英特尔的微处理器都占据着不可动摇的地位。

整合营销传播是一项综合性的战略运作,很多情况下它会超出单纯的营销

---

① [美]舒尔茨,等:《整合营销传播:创造企业价值的五大关键步骤》,北京:清华大学出版社2013年版,第37页。

或者传播范畴，如实施整合营销传播涉及的组织层级和财务支持。从英特尔的案例中，这些都得到了良好处理。从内部来说，英特尔通过最高层的坚定决心，有效地把研究、生产、管理、物流整合起来，使每一个环节都成为对“Intel Inside”的强大支持因素，使整合营销传播不只是一个单纯的营销传播计划，而是一个关乎整个企业运营的品牌发展战略。最后为了保证计划实施，英特尔提供了坚实的财务支持，在这项活动推进的1991—1993年，英特尔为了建立品牌资产耗资5亿美元进行市场推广。对于整个市场而言，推广的受益者不仅是英特尔，也不仅是电脑生产商和渠道商，更重要的还有消费者。当消费者从不同的传播渠道获得英特尔品牌信息时，便坚定不移地相信英特尔就是最好的微处理器品牌，并在购买中获得了相应的价值满足，因此，英特尔在创造品牌价值的同时也为消费者创造了消费价值。

案例来源：卫军英：《整合营销传播典例》，杭州：浙江大学出版社2008年版。

思考题

1. 现代营销观念与推销观念相比有什么不同？
2. 传统营销传播在新的市场环境下面临哪些困境和挑战？
3. 如何理解从4P到4C的转化？
4. 比较整合营销传播概念的表述，分析其有什么异同与发展？
5. 为什么说整合营销传播是对顾客观念的超越？
6. 整合营销传播理论体系由哪些基本概念构成？
7. 英特尔的品牌行动有哪些整合营销传播特色？
8. 你认为英特尔案例的经典性表现在哪里？

第二章

整合营销传播基本策略

【本章重点及学习要求】

1. 整合营销传播理论的发展过程
2. 舒尔茨与整合营销传播的早期观点
3. 早期整合营销传播理论的历史局限
4. 邓肯整合营销传播理论的核心
5. 整合营销传播观念及在中国的发展
6. 整合营销传播的一致性协同性原则

第一节 理论视角与方法演化

整合营销传播从其诞生之始就是面向应用层面的，所以自舒尔茨以来的诸多学者和专家们，都试图为整合营销传播总结一套行之有效的操作方法。然而这种努力的效果并不明显，因此直到今天整合营销传播在应用层面，仍旧呈现为多元形态，这在一定层面体现了其丰富性和普适性。

一、舒尔茨与整合营销传播的早期观点

舒尔茨等人以4C理论作为基本营销视角，提出了一个新的命题——营销即传播，传播即营销，二者共为一体，缺一不可。因此，营销传播已经不是单一的营销手段的运用，而是多重营销传播方式的有效整合。与此同时，由于不同营销信息资讯的传播影响，营销传播整合也不仅仅限于传统的广告、促销、人员推销以及公关宣传等方式，还包含了形形色色的"接触"和一对一的沟通等。为此，整合营销传播既是一种操作层面上的执行战术，即把不同的营销传播和接触点有效地整合起来，从而实现"一个声音，一种形象"的传播最大化效果；另一方面整合营销传播作为一种过程整合，也表现为一种战略管理方式，用以制定、优化、执行并评价可协调的、可测度的、有说服力的品牌传播计划，这些活动的受众包括消费者、顾客、潜在顾客、内部和外部受众及其他目标。

作为整合营销传播理论的创立者和倡导者，舒尔茨的主要贡献在于建立营销传播中的整合理念，尤其是面向消费者的传播手段整合，并将其提升到长期的战略运作层面。为了提升整合营销传播的实际运作能力，舒尔茨在他的著作中对整合营销传播的内容和流程做了相应的说明。他认为整合传播包含了在公司水平上的整合与在品牌层面上的整合两个方面①，两者的关系如图2-1所示。

无论是就现有状况，还是就整合所需要的过程而言，任何公司或者品牌都不可能一夜之间达成整合，一般而言必须经过四个阶段的协调，才能够实现整个系统的优化。这四个阶段不只是停留在战术层面，而是把战术追求与战略一致性加以统一的系统化的协调，具体如图2-2所示。

① 参见[美]舒尔茨、凯奇：《全球整合营销传播》，北京：中国财政经济出版社2004年版，第61页。

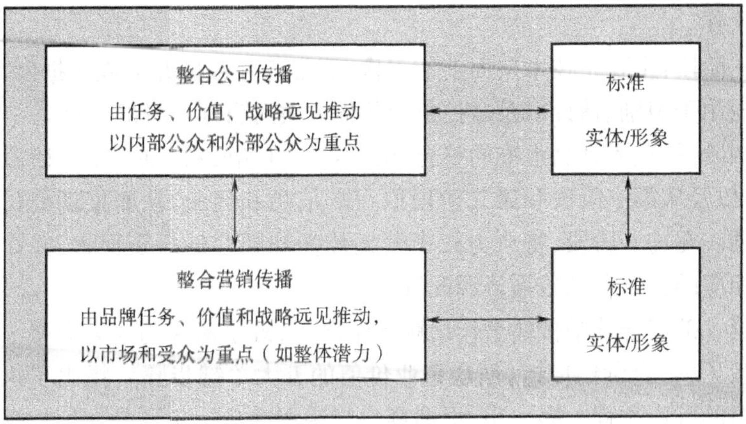

图 2－1　整合的不同层面:公司传播与营销传播

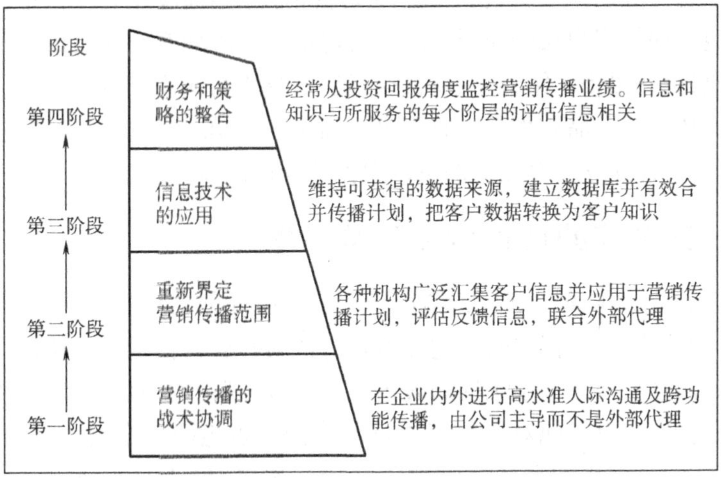

图 2－2　整合营销传播中系统协调的不同阶段

第一阶段:战术协调阶段,计划以及工作的重点放在最基本的"一个声音,一种形象"之上,各种营销传播要素,如广告、公共关系、销售促进、网络营销等在此加以整合。各方面可以努力使所有促销因素保持连贯性和协同性,以求效益的最大化,还可以引导代理公司通过多种媒介增加受众接触品牌的机会。信息内容也许有所不同,但是同样的核心价值却会得到不断地重复。

第二阶段:采取从外到内(和从内到外)的观点,通常都是把顾客认知作为重点,观察所有的潜在接触机会,即客户与产品、服务、品牌或公司接触的可能性。各个方面从双重角度出发思考整合传播，并把传播与公众需求相结合，同时交换伙伴。

第三阶段：主要是技术层面上的工作，汇集各种数据并形成数据库，进而把这些数据用于识别、估计以及监控整合传播方案对目标市场的影响。

第四阶段：进入到高水准的整合，由此重点开始转移，部署上一阶段的营销数据库，以及从第一阶段和第二阶段取得的信息和经验，从而推动公司和营销战略规划。在这一阶段，将合力权衡营销传播和顾客的投资回报，并在此基础上完成相应的整合营销传播资源配置。

在第一部整合营销传播著作出版十年之后，舒尔茨又与夫人海蒂·舒尔茨一起出版了《整合营销传播：创造企业价值的五大关键步骤》，提出了执行整合营销传播的五步流程。第一步：识别客户与潜在客户。主要是如何根据行为界定客户和潜在客户。第二步：评估客户与潜在客户的价值。主要包括如何判定客户与客户群的财务价值，并在此基础上整合与对等互惠的伙伴关系。第三步：规划信息与激励。主要包括如何规划营销传播渠道，并规划营销传播的内容。第四步：评估客户投资回报率。主要包括评估短期客户投资回报率和评估长期客户投资回报率。第五步：项目执行后的分析与未来规划。除了项目本身分析之外，还包括了品牌发展方向分析。显然舒尔茨努力想通过这五个步骤，为整合营销传播建立一套完整的可以遵循的操作流程。

二、舒尔茨的理论贡献及其局限

毫无疑问，舒尔茨对整合营销传播理论具有开创之功，虽然作为开创者其理论思考和系统性尚有欠缺，但这并不妨碍他为整合营销传播勾画出了基本的理论形态，而且在他并非系统性的表述中，闪耀出理论的光彩。其实，检视舒尔茨的理论，我们会发现他对传统营销及营销传播思想的一个很大推动，就在于他提出了一个很重要的命题，这就是"营销即传播，传播即营销"，二者合二为一。这个命题在市场营销和营销传播领域具有一种划时代的理论意义，虽然这在市场营销现实中已经得到确认，但是直到今天它所受到的关注和重视程度，远远不及它在事件中所表现出来的重要程度。

舒尔茨有关整合营销传播的论述很多，但是就理论高度而言，其相关论述似乎都不如这一命题更加具有普遍性。可惜的是，舒尔茨提出这个命题之后，在其著作中并没有明确解释其含义，也没有进一步延展整个论述，那也使得舒尔茨失去了在更高层面上建构理论体系的机会。营销与传播合二为一本身揭示了一个很重要的现实，那就是现代营销已经进入到物质体验和信息体验共存的时代，任何以4P为代表的单纯基于物质形态的营销，都不可能真正实现营销价值。如果说传统的营销是开发出好的产品，并给予其适当的定价，辅以相应的销售渠道并配合强力的促销，营销价值就可以基本实现，那么现在这一些已远远不够，甚至难以行通。因为消费者所面对的产品或者品牌大都很少具有差别性，它们在功能和使用价值上同质化的程度，与其促销和广告上的雷同模式无出二致。消费者也许注意到了产品或者品牌的信息，但是在购买的最后一刻也许又放弃了这种产品或品牌；也许消费者已经购买并且使用产品，但是使用经验和接触感觉却导致再次购买时的重新选择。甚至有时候依靠大量广告和促销所建立的消费者认可，很可能由于消费者亲友之间轻描淡写的一句话便全部归零。种种迹象揭示了这样一个现实：按照消费者需求形成产品、价格、通路和促销信息，这些似乎都不难完成，但是仅仅凭借这些却没有与消费者实现良好的沟通，营销价值也无法实现。

从现代营销视角来看，所谓4C 理论本质上是一种建立在消费者感知与体验基础之上的营销。处于4C 中的每一个要素，其间无不内含着“传播沟通”的元素，因此，营销价值的实现在很大意义上取决于传播。“营销即传播，传播即营销”还意味着，以往在营销专家们认识中的各种单纯的营销元素，本身也都是传播元素。最直接的就是产品、价格、渠道这些要素，每一种要素都包含了信息基因，当其在与顾客进行接触之后，都会实现相应的信息传播和沟通，所以在整合营销传播中它们无一不是传播元素。然而舒尔茨在构建理论的时候却疏忽了这一点，他在没有解决本体层面的认识之际，就把注意力放在了对具体流程和操作层面的关注，这导致他的认识“只能停留在与消费者行为紧密关联的营销工具上，仅仅具有工具性意义”①，因此他的理论缺少形而上的高度，以至于操作层面也摆脱不了传统营销传播的固有藩篱。

正因为这样，舒尔茨的整合营销传播虽然具有概念上的创新，但是在具体应用中却往往被认为是“新瓶装旧酒”，这与其整合营销传播观念中的思维局限有关。舒尔茨的障碍主要来自战略层面和战术层面的抵牾和难以界定，进而导致了操作中整合价值观念没有得到充分展现，实际上这个矛盾自舒尔茨提出这个概念以来就一直存在。进入21 世纪，舒尔茨本人曾经多次来华布道，宣传其整合营销传播观点，但仅就整合营销传播的概念表述每次都有所不同，这也在一定程度上折射出他的认识矛盾。实际上，舒尔茨在提出整合营销传播概念时，虽然尚没有得到充分论证，但是最初的认识是基于对市场变化的整体思考，这也就是我们前面所说的“营销与传播共为一体”。他在认识到对媒介整合协调必然性的同时，也希望从更高层面上对此有所超越，因此又提出整合营销传播

---

① 段淳林：《整合品牌传播》，广州：世界图书出版公司广东分公司2014 年版，第63 页。

是一种具有战略意义的指导思想。但是由于认识局限,舒尔茨不能解释这种战略思想的具体应用形态,于是他的进一步推演往往又落入传统的窠臼,以至于无法区分战略与战术之间相互蕴涵的包容性所在。

这一方面是因为整合营销传播本身处于不断发展之中,另一方面也表现了它缺少更高层面的理论观照,所以没有上升到更具有普遍性的抽象层面。舒尔茨的表述曾经纠结于"战略"和"战术"的界定,也就是多年以后他所说的整合营销传播"在本质上是战略,在执行上是战术"。为此他特别强调"整合营销传播是业务的战略过程"①。美国西北大学整合营销传播系(舒尔茨整合理论的发源地)主任克拉克教授曾问中国学者:"整合营销传播是一种理论还是一种观点?"很明显理论与观点判然有别,这种自我怀疑也反映了舒尔茨思想矛盾的核心。这导致了他往往在具体叙述时难免会模糊了战略层面与战术层面的区分。也正因为这样,我们看他所提出的五大关键步骤,总觉得有一种似曾相识的感觉,其本质无非就是传统的广告营销策划流程。他的第一步和第二步,其实和传统营销中进行市场细分确立目标消费者毫无二致;第三步也就是制定信息战略和设计信息战术的方法,在以往无非就是广告和促销计划;第四步所谓评估客户投资回报率,类似于一般营销预算中的投入产出法,是对营销传播策略的一种财务控制;第五步作为对营销传播的项目评估,也是一般营销传播中既有的一种程序。当然,尽管舒尔茨的理论中存在诸多的局限,但这并不妨碍他所开创和倡导的整合营销传播在新的市场环境下具有强大的生命力。

三、邓肯对整合营销传播理论的体系化建设

继舒尔茨之后,对整合营销传播理论做出进一步推进的,是来自美国科罗拉多大学的汤姆·邓肯博士。作为整合营销传播理论的重要代表人物之一,邓肯创办了美国科罗拉多大学整合营销传播研究所,并在这里展开了卓越的研究。在整合营销传播研究领域,汤姆·邓肯堪称是与舒尔茨并驾齐驱的大师,虽然比之于多年来四处布道的舒尔茨,这位不事远足的学者似乎并不耀眼,但是他的整合营销传播研究成果却注定将影响未来。

(一)邓肯对整合营销传播的理论贡献

尽管舒尔茨作为整合营销传播理论的开创者,在自己的著作中已经提及整合营销传播的价值和一些关键性的术语,但是总体来看,舒尔茨的研究还是片段式的,没有形成一个比较严密的理论构架。虽然这与他初创这一理论时期的市场环境和研究基础等方面的因素有关,但也不能回避舒尔茨本人在研究中未能

① [美]舒尔茨,等:《全球整合营销传播》,北京:中国财政经济出版社2004年版,第65页。

做出更加抽象式提升的局限，也许正是如此才会给邓肯留下了更多的理论空间。

邓肯在进入大学担任教职之前，已经从事广告行业15年，他从著名的李奥贝纳广告公司开始自己的职业生涯，先后担任过多个营销和营销传播职务，并曾为许多著名企业和品牌提供咨询。邓肯关于整合营销传播研究的著作主要有：《品牌至尊：利用整合营销创作终极价值》（*Driving Brand Value*）、《广告与整合营销传播原理》（*Principles of Advertising and IMC*），以及《整合营销传播：利用广告和促销建树品牌》（*IMC：Using Advertising and Promotion to Build Brands*）等。20世纪80年代之后，随着品牌管理和品牌资产日趋受到重视，几乎和整合营销传播理论相并行，品牌理论的研究也进入到一个新的阶段。而汤姆·邓肯的研究就是基于品牌视角，对整合营销传播进行整体鸟瞰，从而更加系统地建构了整合营销传播的理论框架。正因为如此，当邓肯的研究发表之后，舒尔茨为此曾欣喜地表示："终于有人将整合营销传播的理论提升到一个新的高度。"① 由此可见舒尔茨对邓肯进一步发展整合营销传播理论的认同。邓肯对整合营销传播理论体系的建树主要体现在两个方面。

1. 提出整合营销传播的基本目标与终极价值追求。任何理论都是对具体现象的一种抽绎，本身具有对现象的概括能力和解释能力，并进而能将其用于具体实践的指导。学科理论的建立则要求具有相应的体系性框架，有其必然的逻辑秩序，以及能够对理论核心观点加以阐释的关键术语。整合营销传播作为一种应用型管理思想，其理论形态实际上必须回答三个相互递延的逻辑问题：整合营销传播是什么？它可以用来做什么？怎么做才可以达成效果？简而言之就是整合营销传播的目标、内涵以及应用方式。如果说舒尔茨所做的还只是现象描述，那么邓肯则是致力于这个方向并取得了可喜的收获。

正如我们在本书开篇所言，邓肯认为，随着顾客和关系利益人对公司重要性的日渐显著，一种以顾客为中心的组织结构较之于以公司为核心的组织结构更加富有成效。因此，整合营销传播也就意味着顾客关系管理、一对一营销、整合营销、关系营销以及策略性的品牌信息传播等。所以整合营销传播的基本工作，就是运用传播沟通建构品牌关系，并进而通过这种关系的强化和提升，最终实现品牌资产的不断升值。很显然，邓肯在此界定了整合营销传播的终极价值，即将建立关系的终极追求归结为提升品牌资产。毫无疑问，这种对终极价值的理解是对舒尔茨以来有关整合营销传播认识的进一步发展，他为整合营销传播的发展方向确立了基本的坐标和目标指向，自然也就找到了理论的落脚点

---

① 引自[美]汤姆·邓肯、桑德拉·莫里亚蒂：《品牌至尊：利用整合营销创造终极价值》，北京：华夏出版社2000年版，封底推荐。

所在。

我们已经提及邓肯所提出的品牌资产方程式(参见图1-1),从中可知他对整合营销传播的理解超出了简单的信息传播视角,其间包含了一种全面信息整合的意识。在管理学范畴中,品牌资产属于一种综合资源,但这种资源的有效应用却来自于营销传播。邓肯对品牌资产的理解更多的是基于营销传播的角度,按照这种认识,品牌资产主要来源于公司与顾客以及关系利益人之间的关系,而这种关系主要是通过沟通建立的。很多时候公司所注重的往往是内部成本缩减和营运效益加强,但是却忘记了他们的一举一动或者是无所行动,对顾客和关系利益人都具有某种程度的意义。事实也是如此,一个人或者是一个组织不可能不与外在进行沟通,有存在就有信息,有信息就有传播,这是一个无法抹杀的事实。从这个意义上讲,传播和沟通成为品牌资产经营的关键所在。在这个方程式中,沟通和传播是建立品牌资产的前提,是品牌关系的驾驭者。因为信息无所不在,关系利益人可以利用这些信息自动整合出有关品牌的一连串信息,并以此作为他们对品牌关系的理解,从而也决定了其对品牌的支持程度。把这些关系利益人对品牌的支持程度累积起来,就构成了品牌资产。

任何一种具有概括力的理论,都应该可以清晰简单地加以表述。而邓肯的品牌资产方程式,就是采用最简单的逻辑方式,对整合营销传播理论体系所做的概括。显然,提出终极价值追求的概念,是对整合营销传播基本目标的一种深化和提升。它意味着在新的市场背景下,营销以及营销传播已经合二为一,而所有的营销及营销传播都处在互动式信息回馈中;同时作为一种战略协同,组织的每一个组成部分都不可避免地面临着营销传播的任务,因此各个管理部门和管理层级也责无旁贷地成为营销传播的角色。在这个过程中,如果营销传播没有达成与关系利益人的正向促动,增加其与组织或者品牌联系的稳定性,那么营销传播不但毫无价值,而且完全可能是一个负值。这样一来,不仅现实的营销目标无法实现,而且长远的市场目标更无从谈起。

2. 基于目标规定对整合营销传播概念体系的完善。基本目标和终极价值追求的确立,必然涉及理论应用中的各种相关性联系。因此,邓肯认为品牌并不是如很多公司所侧重的那样,只是通常意义上的包装名称和商标。因为这些公司忽略了一个真相:真正的品牌其实是存在于关系利益人的内心和想法之中的。换言之,即公司拥有品牌名称和商标所有权,但品牌的真正拥有者却是关系利益人。而关系利益人心目中的品牌,由其本身整合诸多品牌信息而成,因此,凡是没有主动进行品牌信息整合的公司,无异于是将这个过程的决定权让给了它的关系利益人。[1] "关系利益人"即"相关利益者"(stakeholders),必须着重强调的是,邓肯创造性地引入这一概念,不仅对于完善整合营销传播理论体系,而且对于拓展整合营销传播视角,都具有极大的开拓意义。

应该说,由于品牌资产的提出,整合营销传播理论所涵盖的范围大大突破了一般的企业与顾客之间的关系,整合营销传播关系因此也不仅仅是一种单纯的公司与顾客之间的对话,而且还是公司与所有关联系统的交流。在邓肯提出品牌的"相关利益者"这一概念中,显然品牌的相关利益者不仅仅是股东,还包括员工、商业伙伴、社区,甚至是政府、新闻机构等多种与公司具有关联性的群体。而品牌资产在很大意义上正是由这种关系构建的。

至此我们发现,运用品牌资产方程式所勾画出来的整合营销传播逻辑体系,可以很清晰地将整合营销传播的系列概念加以串联。处在这一理论最高层面上的是品牌资产,接下来依次就是:品牌资产即品牌价值,以及各种价值测量方法;品牌关系以及由此延展开来的各种品牌概念要素,诸如品牌认同、品牌忠诚、品牌黏度等;相关利益者及其他的主要组成,诸如顾客、员工、股东、政府、媒介、社区等各种相关对象。而传播沟通在整合营销传播的特色性表述中,已经不仅仅是简单的媒体信息问题,它更重要的是涉及接触点及其管理问题。接触点本质上是品牌与顾客以及相关利益者进行沟通和维护关系维的具体方式,因此,可以直接将理论层面的认识导入到应用层面,这样不仅各种相应的营销传播和媒介创意理念被引入,邓肯所提出的交叉作用以及数据库应用也自然而然地归于其中。

(二)邓肯关于整合营销传播模式方法的探索

在建立整合营销传播理论以及概念体系的同时,邓肯还将这种理论认识运用于整合营销传播的实践指导,探索其在操作层面的应用模式。在具体应用中除了吸收传统营销传播以及现有品牌理论之外,邓肯的创新主要体现在三个方面。

1. 整合营销传播的信息整合三角。接触点管理是整合营销传播中的一个重要内容,它所涉及的已经不仅仅是信息的制作与设计因素,更重要的还是信息关联与信息控制模式。因此,在对接触点管理中,一定要了解不同信息之间的影响和相互作用,清楚各种信息的传播通道和交流模式,梳理出不同信息构成的基本因素及其关系脉络,以便达成有效控制和管理。邓肯和莫里亚蒂针对这些信息的整合管理,提出了一个整合不同品牌信息的整合三角(参见图 2-3)。

---

① [美]汤姆·邓肯、桑德拉·莫里亚蒂:《品牌至尊:利用整合营销创造终极价值》,北京:华夏出版社 2000 年版,第 11 页。

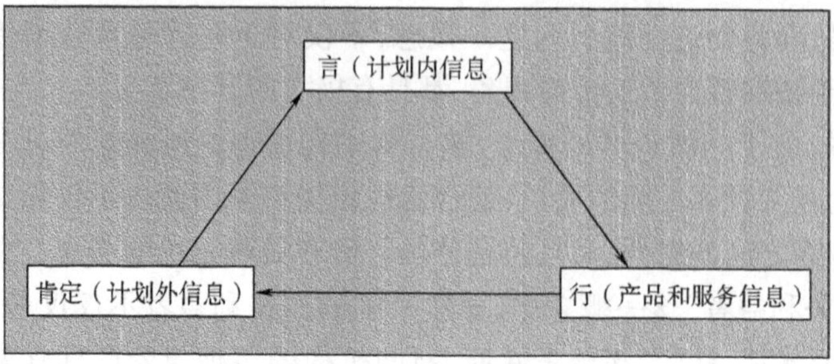

图2－3　邓肯的信息整合三角

在这个整合三角中，“言”代表计划内信息，是企业的自我介绍和宣传；“行”代表产品和服务信息，是企业见诸现实的具体行为；“肯定”代表计划外信息，属于“落实”信息，是他人对企业言行的肯定或者否定。如果一个品牌实现了其制造者的承诺，他人也对此做出肯定，那么这个整合就具有建设性意义。为了强化整合营销传播效果，邓肯建议企业在整合过程中要注意三个方面：保证定位一致；加强企业与顾客及其他利益相关者之间有意识的相互作用；在这种关系中积极采取对各方负责的态度。这既是整合营销传播努力的目标，也有利于有效管理不同的接触信息点，并以此加强企业与其他利益相关者之间的关系，进而培植其忠诚，最终形成品牌资产。

邓肯的整合三角中提到整合信息的三种存在方式：计划内信息、计划外信息、产品和服务信息。计划内信息是“言”，属于企业的自我宣传；产品和服务信息是“行”，是品牌见诸实际的行为；计划外信息是“肯定”，属于外在对于品牌信息的肯定或者否定。可见产品、价格、渠道不仅本身具有信息构成，而且也是一个传播通道。就像一个产品的款式包装是一种传播一样，它采取什么样的价格定位，运用什么样的渠道，这本身也传达了一种品牌信息。

2. 实现有目的对话的五个要素。任何有目的的对话都应该体现出一种互动机制，整合营销传播为了保证传播系统中的互动交流，5R可以说是基本的要素。5R着眼于消费者与公司两个方面，具体指的是消费者寻求追索（recourse）、认可（recognition）和回应（responsiveness），从公司方面则是为了强化（reinforce）消费者支持，必须采取尊重（respect）的态度与其展开对话。

追索是就顾客为了寻求规避风险而关注反馈途径而言的，比如所购买的产品出现问题，或者客户在使用中发生障碍，应该如何从营销者那里得到回复，可以得到什么样的回复。它所涉及的首要问题就是简便的联络方式，任何客户所希望的都是反馈信息简单方便，一个公司或者品牌接受反馈的方式越是容易，就越是能够得到顾客的青睐，这也便于发展顾客对公司的支持关系。很多著名的大公司虽然品牌经营卓有成效，但是在便于客户追索联系方面却并不方便，这就影响了顾客的稳定性。追索的另一方面就是要有简单的解决方法，不少公司虽然追索联系的途径很简单，只需要打个电话或者是发个邮件就可以了，但是客户要解决问题却必须填写大量的表格、找到发票、自费托运产品，然后就是漫长的等待。所有这些都会给客户带来烦恼，并直接影响客户与公司的关系。因此现在很多公司都非常注意客户的追索权利，比如中国电信为了保证客户服务，开通各种客户信息反馈通道，以保证客户问题能够及时得到解决。相对于那些给客户设置各种追索障碍的公司和品牌，无条件地简化顾客追索可以降低客户的购买风险，而其只是以很小的代价换来客户长期的品牌忠诚。

认可指的是顾客和其他股东对公司或者品牌的心理感觉。一个顾客一旦购买了公司产品或者选择了某个品牌，那么他自然就与公司建立了某种联系，并在心理上把自己与公司或者品牌相提并论，如果公司或者品牌没有认可这种关系，那么就会导致顾客内心的失落，进而失去这种联系甚至导致顾客流失。比如，一个经常光顾某一餐馆的顾客，希望自己能够得到一点优惠，他有可能说："我是这里的常客，为什么没有一点折扣或者优惠措施?"如果餐馆对此视若不见，那么顾客就会感觉自己的忠诚没有得到认可，在失望之余很可能改变自己的选择。认可通常需要了解消费者的交易历史，并在未来交易中充分考虑这些，这样才会取得良好效果。一些公司或者品牌为老顾客建立档案并发放会员卡，其目的就是使那些经常购买者得到特殊认可和特殊关注。

响应是对话的进一步。仅仅给消费者提供免费电话或者电子邮件，以便于他们能很容易地与公司联络，这只是追索途径还不是响应。响应指的是公司或者品牌聆听消费者的反馈意见，并且根据消费者的特点和消费历史与消费者进行交流，进而与消费者一起探讨直到问题获得比较圆满的解决，或者对下一步行为达成一致性看法。比如，美的空调客户服务热线随时接受顾客查询，并且承诺 24 小时上门服务，使大多数顾客的问题都可以得到圆满解决。在顾客获得服务以后，其售后电话又进一步向顾客求得证实，这种做法有效地加强了公司和顾客之间的关系。

尊重意味着公司或者品牌在维护与客户以及潜在消费者之间关系的同时，真正把他们看作是超越产品或者品牌的朋友。营销传播中有一种很难避免的心理，那就是在与客户或者潜在消费者沟通的时候，出发点不能摆脱单纯对产品或者品牌的推介。换句话说，就是在营销人员那里，产品或者品牌的重要性超过了顾客或者潜在消费者，这其实是对顾客或潜在消费者的不尊重。这种不尊重的表现之一就是，营销人员反复向顾客或者潜在消费者推介产品或品牌，大量品牌信息充斥在顾客周围，各种接触方式络绎不绝，似乎是要用品牌关系窒息顾客或者潜在消费者；另一方面，为了维护顾客关系，在与顾客接触中，营销人员不遗余力地讨好顾客或者潜在消费者。一个突出的例子是，有些公司为了保持与客户的密切联系，一方面有电话访问，同时又有工作人员上门，再直邮各种函件，还要发送电子邮件。这种做法实际上是对顾客或者潜在消费者的一种不尊重，因为它表面上看是要密切保持关系，但是这种做法却给消费者带来了直接的困扰。因为过多的品牌信息在消费者看来，就像是垃圾邮件一样，会使顾客或者潜在消费者感到厌恶甚至弃之而去。因此，所谓尊重顾客或者潜在消费者，就是要在与其信息接触中真正把彼此之间的关系，看作是超越单纯利益的关系，使信息接触成为一种愉快的体验，并且令人回味。

强化主要是针对完成购买或者信息接收之后的顾客或者潜在消费者而言的，已经发生的行为可能产生的结果具有满意或者不满意两种倾向，运用传播加强这种满意倾向就是强化。消费行为学已经证明的一个突出事实是，很多关注某种产品或者品牌信息的人，往往是已经拥有这种产品或者品牌的顾客。之所以这样，是因为消费者在完成购买之后，往往有一种进一步求证心理，尤其是希望能够得到对自己先前购买决策的继续肯定信息，以此来回避或者稀释可能的风险预期。有时候消费者做出非理性的购买行为，在做出决策之后又会产生某种认知不协调的后悔心理，购买的物品越是昂贵这种心理越突出。比如，一位女士在商场争购氛围中购买了一件价格不菲的时装，回到家里想到所付出的价钱很可能产生一种后悔心理，这种心理进而导致她对所购买时装产生消极看法。在这种情况下，营销传播中的强化因素就显得格外重要，强化有利于增加顾客的正向认知，并可以使其摆脱由于认知不协调所产生的后悔，这对于建立长期关系也不失为一个机会。

营销传播中有目的地对话必须要顾及这五个因素，因为正是这五个因素使得整合营销传播中的对话不仅仅具有明确的方向，而且促使传播中对话和反馈不断朝着正向发展，有利于进一步加强品牌和顾客之间的关系。

3. 邓肯的整合营销传播模式。这些层次揭示了整合营销传播活动的领域：从狭隘封闭的企业独自走向开放互动的交流对话，最后从内到外产生一种渗透到整个组织之中并驱动一切的企业文化。① 邓肯认为整合营销传播是一个持续增加销售、利润和品牌权益的过程，为此他提出了一个有效的整合营销传播模型（参见图2－4）。

① 参见［美］汤姆·邓肯、桑德拉·莫里亚蒂：《品牌至尊：利用整合营销创造终极价值》，北京：华夏出版社2000年版。

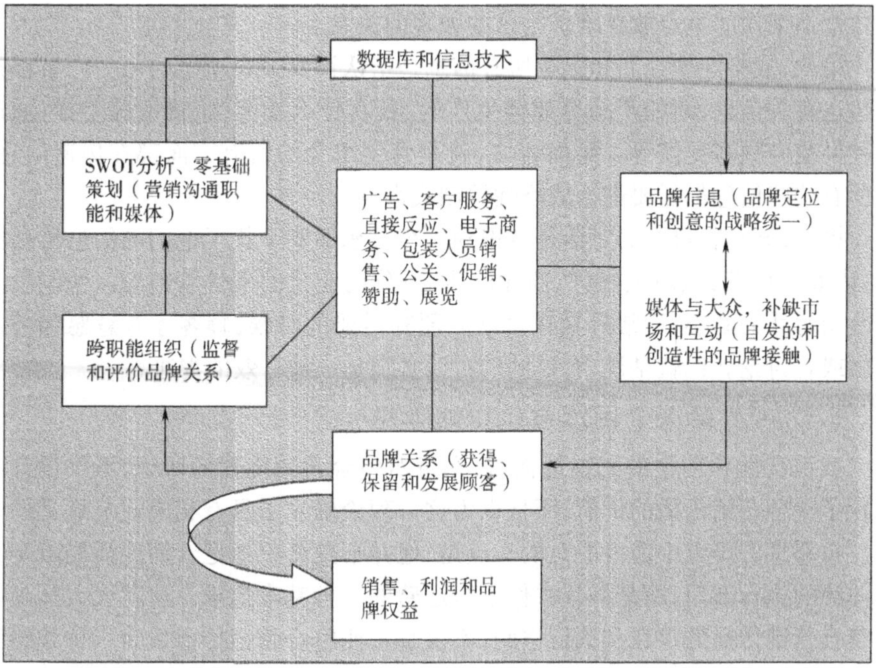

图 2-4　整合营销传播持续增加销售、利润和品牌权益

邓肯的研究涉及几个必须明确的概念。①

第一，跨职能过程是指公司所有可能接触到顾客的主要部门（以及外部传播机构），必须在计划和监督品牌关系方面加强通力合作。通常顾客并不仅仅只是接受营销传播信息影响，因此一个跨职能过程涵盖公司不同部门，以及服务于同一品牌的外部机构的管理人员，并对公司公布给现有顾客、潜在顾客和其他股东的信息加以计划和管理，同时也从他们那里接收到所有反馈的信息。

第二，创造和培养相关利益者指的是吸引新的顾客，找到与他们沟通的新方式，以便于公司进一步满足顾客要求。顾客及相关利益者满足感越强，其所回报给公司的生意和支持就越多。这种培养不仅仅是留住顾客和相关利益者，还包含增加他们对公司产品的购买行为和支持。每个相关利益团体都通过不同方式影响着公司。

第三，可获利的顾客关系非常具体，因为对公司而言并不是所有的关系都具有相同的价值。比如，有些顾客就可能在购买数量、种类和所要求的服务上，

① 参见［美］汤姆·邓肯：《整合营销传播：利用广告和促销建树品牌》，北京：中国财政经济出版社 2004 年版，第 8-10 页。

比其他顾客让公司获利更多。整合营销传播应该确认获利更多的顾客，并把大多数营销工作的重点放在维护与这些顾客的关系上。

第四，战略性地控制和影响所有信息是指认识到公司所做的每一件事都是在传达有关信息，诸如产品是如何生产的，具有什么功能，定价情况怎样，通过何种渠道向顾客提供等。简而言之，就是营销组合的所有方面都在传递信息，而所有这些信息都需要进行战略性控制或影响。

第五，鼓励有目的的对话是意识到顾客厌恶那些干扰了他们的信息传递方式，诸如电话营销、垃圾邮件、商业广告、过分商业化的事件营销等。他们没有和公司对话的耐心，通常只是在自己方便和需要的时候，顾客才有意愿和公司接触或者讨论。也就是说，有目的的对话必须是一种有效的沟通。

（三）邓肯的整合困惑与组织性障碍

就系统性和理论的完整性而言，邓肯对整合营销传播的认识，不仅提升和深化了整合营销传播的价值，而且也为这一理论确立了具有相应规范意义的坐标。在邓肯的研究中值得注意的一点是，他并不是简单地把营销传播局限于某一单纯的执行部门，而是将其看作组织运营的一种基本追求。这就大大地延展了整合营销传播的存在和执行空间，不仅真正使整合营销传播成为一种战略意义上的协同和整合，而且也使其上升成为一种超越单纯利益目标的价值追求。正是在这个意义上，我们发现整合营销传播不仅没有停留在营销传播的操作层面，甚至也不局限于某种运营战略，它甚至具有更高的社会价值和方法论意义。

拓宽整合营销传播视野和操作范围无疑是对理论普适性的巨大贡献，但随着这种涵盖面的扩张，一个不可回避的问题也随之而来，这就使整合营销传播的难度大大增加。因此，即便是邓肯本人也不得不承认，“整合营销传播只是整合体系中的冰山一角”“要想增强长期有利的品牌关系，单靠进行整合营销传播是绝对不够的”。他认为，要想使整合营销传播得到普遍运用，就必须在根本上改变组织的体制和优先顺序①。在这里整合营销传播已经上升为一种思想方法和管理运作工具，而正是因为整合营销传播涉及多种信息关系，其“着眼并且影响所有品牌信息，它不仅是营销传播信息，因为非营销传播信息在影响购买决策时比营销信息更有影响力”②。这种略有抵牾的认识实际上正是整合营销传播在理论上得到普遍认同，在应用中却很难获致普遍成效的矛盾现状的集中折射。按照邓肯的观点，整合营销传播的终极价值在于品牌资产，而品牌资产

---

① ［美］汤姆·邓肯、桑德拉·莫里亚蒂：《品牌至尊：利用整合营销创造终极价值》，北京：华夏出版社2000年版，第5－6页。

② 参见［美］汤姆·邓肯：《整合营销传播：利用广告和促销建树品牌》，北京：中国财政经济出版社2004年版，前言。

则代表了一种长远利益，所以应该成为企业追求的根本目标。然而现行的企业结构，无论是整体的组织形态还是基本的经营目标，都不是遵循这种指导思想建构的。现行企业组织形态的扁平化结构，基本上都是围绕经营效益也就是利润目标设置的，每个部门都有其明确而不同的运营目的，而每个部门之间的不同追求，很多时候会形成某种冲突和不协调，从而阻碍品牌利益最大化这一根本价值取向。为此，邓肯在设想整合营销传播模式和工作流程时，曾经提出由公司最高层管理整合营销传播，或者在公司层面建立整合营销传播协调机构，以用于统一协调管理企业部门之间的不同诉求，将其加以整合导入品牌资产的范畴之中。

然而现实似乎并不尽如人意，一个基本的事实是，企业虽然从学者的研究中看到整合营销传播的价值，但是并不打算完全照搬学者的建议，"因为现有的按特定功能与技术组建的企业生意运转良好，利润一直在提高，股东价值达到了最高点，为什么要在一切运转良好时改变经营构架呢？"① 所以邓肯所遇到的障碍主要是组织性障碍，当然这种组织性障碍的核心，乃在于他扩大整合营销传播内涵并模糊了其与整个企业运营的界限，甚至当其把整合营销传播的终极追求无条件地归之于品牌资产时，有意无意地忽略了品牌资产其实是企业运营中各种要素的集合，既不是整合营销传播所特有的价值追求，也不是仅仅依靠整合营销传播就能够独立达成的目标。

检视邓肯所遭遇到的困惑，虽然与舒尔茨遭遇的困惑有所不同，但是从本质上说他们所犯的错误都属于思维方法上的偏差。这种偏差在很大程度上来自某种思维缺陷，或者说是理论在走向完善过程中不可避免的不足。要言之，其缺陷的共性在于两个方面：其一是缺少更高的理论统摄性，对整合营销传播的认识还没有上升到更高的方法论层面，因此难以形成具有普适性的指导思想；其二是二者都不免基于直接功利性追求，在没有完全解决理论统摄之际，就试图为整合营销传播寻找某种简约化模式，结果必然导致这种模式缺少规范性应用价值。虽然邓肯也提醒"请记住每一个企业对整合营销传播需求是独特的"，但我们只能将此归结为美国学者在整体思维和理性思维方面的缺乏。在舒尔茨和邓肯之外，还有不少美国学者致力于整合营销传播研究，但是大体而言都没有能够摆脱他们二位所建立的基本构架，所以也没有体现出相应的创新。也许正因为这个原因，当我们进一步观察整合营销传播思想时，必然就会将探究的目光越过美国，从欧洲和中国的整合营销传播研究中，寻找具有借鉴意义的发现。

---

① 林升栋：《整合营销传播：中国观点》，载《中国广告》2006 年第 1 期，第 57－59 页。

四、整合营销传播理论研究的欧洲视域

相对于美国学者容易蹈入了某种实证主义陷阱而言，富于思辨精神的欧洲学者身上似乎更多了一些形而上的抽象意识。欧洲的整合营销传播研究最早的成果是1995年英国出版的朗·林顿（Lon Linton）和凯文·莫雷（Kevin Morley）的《整合营销传播》，书中对IMC理论在欧洲的适用性进行了研究。其后菲利普·凯奇的《21世纪企业沟通》、克里斯·费尔的《整合市场传播》以及曼弗雷德·布鲁恩（Manfred Bruhn）的《传播政策》等著作也相继出版。在欧洲，整合营销传播研究具有代表意义的学者，主要是曼弗雷德·布鲁恩教授和大卫·佩克顿（David Pickton）教授。

（一）德语世界的整合营销传播研究圣经

鲜为国人所知的德国学者曼弗雷德·布鲁恩教授，是欧洲德语世界整合营销传播理论研究的代表人物。作为瑞士巴赛尔大学经济系及经济学研究中心主任，布鲁恩同时受聘为德国慕尼黑工业大学荣誉教授，在该校教授EMBA课程。他还担任多家跨国公司的顾问，如德国贝塔斯曼基金会、宝马集团、戴姆勒·克莱斯勒、德意志银行、瑞士诺华制药、英国移动运营商Orange集团、瑞士利可乐集团、德国大众汽车和瑞士罗氏公司等。他在企业战略管理、传播政策、品牌政策、关系营销、服务管理和营销、质量管理和内部营销等领域的二十多部著作，均堪称这些研究领域的权威之作。其1997年出版的《传播政策：传播在企业中的系统运用》（*Systematischer Einsatz der Kommunikation fur Unternehmen*）一书，出版后又经过多次修订，被誉为德语国家整合传播的“圣经”。

布鲁恩的研究视角十分开阔，他从不同角度对企业传播进行探入研究，以整合—系统—决策为导向，又切入经济学和行为学的观点，体现了起点之高度和思想的深邃。布鲁恩在他的著作中，将整合的理念提升到战略性、艺术性的政策层面。其研究立足于企业传播层面，不仅解释了整合传播的基本原理和操作程序，而且以大量的案例解析展示了实践中的整合营销传播策略和参考性模版。布鲁恩认为整合传播的核心是整合传播战略方案，以此“连接企业所有内部和外部的传播工具，把各种传播源组合起来，打造一个完整统一的企业形象”①。因此，他的研究摆脱了对整合营销无限度的外延，着力于从企业传播的不同层面展开全方位的研究。相对于舒尔茨和邓肯而言，布鲁恩对整合营销传播框架的认识，超过了对具体整合营销传播工具的依赖。特别值得强调的是，

---

① ［德］曼弗雷德·布鲁恩：《传播政策：传播在企业中的系统运用》，上海：复旦大学出版社2005年版，前言。

布鲁恩的研究视角非常集中，即立足于企业传播，严格将这种整合限定在传播范畴之中，这既有利于把所有与企业传播相关的传播工具和传播方法统一考察，而且也避免了整合营销传播范围扩张所带来的无所适从，这似乎更接近于理论对应用层面的观念性指导。

（二）英国整合营销传播研究的标杆

大卫·佩克顿身兼《营销传播》和《营销情报和策划》杂志的编辑委员，并且拥有多年的营销传播咨询经验。由他和阿斯顿商学院营销学的高级讲师阿曼达·布劳德里克（Amanda Broderick）一起合著的《整合营销传播》一书，对欧洲和国际方面的案例给予了极大的经验主义关注，被认为在营销传播领域为进行相关性及应用性研究提供了重要方法，同时并没有因此而放弃理论深度和理论思考。佩克顿认真研究了美国学者舒尔茨、邓肯、辛普（Shimp）、科特勒（Kotler）、贝茨（Betts）等人的整合营销传播观点，认为他们的理论虽然各自不同，但却都是基于将所有营销传播活动整合在一起，无外乎是整合各种推广组合要素的过程。这虽然足以被视为一个恰当的定义，但却未能突出整合营销传播拥有的一些重要特性。因此他认为："整合营销传播是管理和组织所有代理商的过程，是一个跨接相关目标受众点的营销传播活动，以便更好地获得品牌已执行的管理过程。"①

正是基于这种认识，佩克顿比之于舒尔茨和邓肯等人的研究，其研究体系显得宽泛许多。佩克顿的研究主要表现在三个层面上：第一个层面是基于传播主体、传播载体、传播环境等要素，以品牌及关系管理为指向，是对整合营销传播过程的研究；第二个层面致力于整合营销传播的策划管理，从应用操作角度提出了一个 RABOSTIC 模型：R（研究分析），A（目标受众），B（预算），O（目标），S（战略），T（战术），I（执行），C（控制）；第三个层面是按照他所理解的"管理和组织所有代理商"，即从整合营销传播角度，对企业内部与外部参与市场营销的所有个人与机构加以分析，实际上也是对各种媒体或非媒体接触形态的一种管理。佩克顿的研究体现出对此前研究成果的吸收，并在此基础上增加了相应的模型和量化成分，因而显得逻辑架构更加完备一些。但从整体上看，佩克顿的研究还是对舒尔茨和邓肯研究的一种重复验证，虽然间或有一些新的认识，却并没有超越美国学者所建立的框架。

五、整合营销传播理论研究的中国启蒙

相对于美国和欧洲的整合营销传播研究，中国学者的研究则起步比较晚。

---

① ［英］大卫·佩克顿、阿曼达·布劳德里克：《整合营销传播》，北京：经济管理出版社 2011 年版，第 22 页。

中国营销传播学界对整合营销传播的认识,始于1997年从台湾地区引入舒尔茨等人的《整合营销传播》著作,显然这部著作为中国的广告人带来一个新的视角。然而这种新的视角在当时主要局限于广告学领域,其后很长一段时间对于当时略显浮躁的中国学术界而言,不仅公开的研究成果少得可怜,而且整合营销传播术语更多还只是流于一种时髦的概念和标签。

国内第一部整合营销传播著作是《整合营销传播战略研究》,作者申光龙是刚刚获得南开大学管理学博士学位的韩国学者。他以学位论文的形式对整合营销传播进行系统研究,但是由于作者学科背景和语言表述方面的限制,该书出版之后并没有得到相应的关注。显然国人对整合营销传播的注意点还停留在初步认知中,这决定了相当一段时间,中国学者对于整合营销传播的研究也停留在引介阶段。国内也着力引介美国整合营销传播著作,比较典型的是两位年轻的学者黄鹏和何西军。

他们在翻译和引进美国整合营销传播著作的同时,还研究了十年来美国公开发表出版的整合营销传播研究论著,系统地描述和梳理了整合营销传播研究的现状。① 也有学者从学术理论建构角度,系统论述了美国20年来整合营销传播研究的发展。② 然而限于中国营销传播学界长期以来理论研究的浮泛,以及理论原创性和创新方面的欠缺,在舒尔茨的著作引入中国后的相当一段时间里,关于整合营销传播的研究还停留在简单的介绍方面。更为甚者,由于先天性的实践欠缺以及对中国市场发展的隔膜,学术界也曾出现过怀疑整合营销传播是否适用于中国的声音。但是真正从理论的系统性和完整性入手,以及致力于理论的实践应用,则始于卫军英自2004年以来的整合营销传播系列研究。在连续发表十多篇专业论文的同时,卫军英先后出版了《整合营销传播:观念与方法》(2005)、《关系创造价值:整合营销传播的理论向度》(2006)、《整合营销传播理论与实务》(2006)、《整合营销传播典例》(2008),以及《品牌营销管理》(2010)等系列著作,为整合营销传播研究建构了一个更为宏阔的理论构架,其核心在于从更加具有思辨的层面上提出"整合营销传播首先是一种观念"③,并借以建立"开放包容的整合营销传播体系"④。应该说,正是由于这种系列性研究,在显露出中国学者理论个性的同时,也将整合营销传播理论大幅度向前推进了一步。

---

① 黄鹏、何西军:《美国"整合营销传播"的研究现状》,载《中国广告》2008年第3期。

② 黄迎新:《理论建构与理论批评的互动——美国整合营销传播理论研究二十年综述》,载《中国地质大学学报》(社会科学版)20十年第3期。

③ 卫军英:《整合营销传播作为一种观念》,载《中国传媒报告》2004年第4期。

④ 卫军英:《整合营销传播本土化过程中的理论提升》,载《中国传媒报告》2006年第4期。

随着中国高校整合营销传播课程的普及,2013 年以来更多的教材和著作相继出版。但总体而言,基本上还是对已有整合营销传播理论的介绍,虽然间有独到论述,但总体上缺少理论性的突破。这一时期值得注意的是对整合营销传播中品牌观点的关注,具有代表性的是段淳林的《整合品牌传播:从 IMC 到 IBC 理论建构》。段淳林在研究中关注到近年来网络和社交媒体对品牌的影响,围绕品牌关系和品牌价值着力研究。尤其是对品牌公共性的认识涉及品牌资产的社会化转变,提出品牌功能从差异符号转为价值载体、品牌拥有者从私有到公有、品牌资产从企业资产转为社会化资产、品牌关系由顾客关系转为社会关系,从而带来品牌运作中相应的角色变化,即企业与广告公司成为消费者的品牌维护代理人,而品牌共鸣共同维护品牌资产。这无疑进一步展示了品牌研究的广阔性,她进而认为,整合营销传播还停留在传统阶段,应该由整合品牌传播所取代,这从她的副书名“从 IMC 到 IBC 理论建构”可窥见一斑。① 当然,无论是 IMC 还是 IBC 本身只是一种表述的差异,而本质上都指向整合营销传播的核心价值在于品牌关系的营造。

第二节　战略整合的基本原则

相对于传统营销传播方式,整合营销传播更加侧重通过组织有序性规划实现其战略目标。如果说观念主要是思维方法和指导思想的话,那么战略则是在这种观念指导下,对整合营销传播全局所进行的全面规划和策略性把握。战略在本质上是某种思维方式在决策层面的系统化整合,所以对战略的认识必先涉及整合的基点以及原则与必然取向。

一、整合营销传播战略确立的基点

按照我们对整合营销传播本质的理解,毫无疑问,整合营销传播是战略性的品牌管理,它既涉及品牌传播过程中的方式方法,也涉及品牌运行维护中的各种协调工作。如果说以往的营销传播策略,在进行战略规划过程时,通常是以市场分析和数据研究作为出发点,一步步展开策略规划的话,那么整合营销传播观念指导下的战略规划,则以品牌价值作为自己的核心和工作基点。换句话说,整合营销传播的出发点不是简单的市场数据和各种消费行为的资料分析,而是品牌本身所呈现的基本状态以及对品牌价值的权衡。

---

① 参见段淳林:《整合品牌传播:从 IMC 到 IBC 理论建构》,广州:世界图书出版公司广东分公司 2014 年版,第 168 页。

所谓品牌的基本状态，主要是指在进行战略规划时品牌传播以及品牌关系的实际状况，包括品牌传播的影响效果、品牌关系的维护情况、品牌接触以及品牌认同等。在此基础上所大致勾勒出的品牌现状，就是我们所说的品牌基本状态。当然这里会相应涉及一些市场和消费行为数据，但这些数据并不是整合营销传播的基点，而是对品牌基本现状的资料性支持。整合营销传播战略是一项具有根本性的思考，它不但具有一般长期战略的宏观性，以及运作性策略的可实施性，而且还体现出对品牌价值的永久性思考。因此，从战略制定的角度看，整合营销传播的基点不仅包括了对品牌基本状态的认识，还联系到了对品牌价值取向，也就是我们所说的对终极追求的思考。品牌价值取向是一个综合性的概念，它超越了通常意义上以公司、产品、符号等实体形态呈现的品牌特征，既包括了品牌的内涵与品牌文化，也包含了品牌理念中所倡导的目标追求。从根本上讲，品牌价值取决于顾客以及相关利益者的认同程度，因此，品牌价值取向的核心实际上就是品牌在达成这种认同中，所形成的必然走势以及具有可能性的期望值所在。

综上所述，整合营销传播的战略基点是品牌现实与品牌目标的统一，是品牌基本状态与品牌价值追求的结合。所以在整合营销传播战略制定过程中，要围绕这一基点从现实性与目的性相统一的角度进行思考，始于品牌也终于品牌。当然这个由始而终的过程，就是品牌价值的提升过程，自然也是战略规划的过程。

二、整合的一致性协同性原则

显然，整合营销传播战略规划要保证现实性与目的性统一，就不仅要保证整个过程的协调，而且还要保证过程中各个方面的协调，而一致性协同性是整合营销传播的基础，因此也成为整合营销传播走向实施的最基本原则。整合营销传播就像是一个包容着不同乐器的交响乐团，它横跨不同部门和不同机构，拥有多重营销传播功能并以多种接触方式使用多种媒体，而所有这些的出发点和根本追求都在于提升品牌价值。因此，在整合营销传播的运作中，不论是就其工作目的还是就其工作性质而言，从战略到战术，从规划到执行，都必须要保证各个方面的一致协同，而其中最重要的组织和管理工作就是进行协调使之保持一致。如果要简单地从管理角度对整合营销传播进行概括，保持一致性协同性是整合营销传播最显著的特征，因此我们将其称之为整合营销传播的原则。

（一）营销传播对一致性的长期追求

事实上一致性是广告传播长期的经验积累，它包含了相应的心理学和传播学动因。在早期广告人那里，诸如罗斯·瑞夫斯所提出的“独特的销售说辞”(Unique Selling Proposition, USP)，大卫·奥格威所倡导的品牌形象，乃至于后来艾尔·里斯和杰克·特劳特提出的定位理论，其间无不包含了对一致性协同性的追求。在罗斯·瑞夫斯的广告生涯中，曾经有过一个风趣而又十分贴切的故事。有一次，瑞夫斯和他的一个著名客户泛舟于风光旖旎的加勒比海，客户曾半开玩笑地问他：“你的公司有700人，而你在过去的17年中，却一直为我刊登同样的一则广告，我想要知道，你那700人都在做些什么？”罗斯·瑞夫斯毫不迟疑地回答：“他们的工作，就是不让你的广告部改变这个广告。”这种有点让人难以置信的固执坚持，其实就是在追求广告诉求的一致性。只不过从总的倾向上来看，早期广告大师们的这些追求大多还停留在简单的操作层面。只有在进入整合营销传播阶段，这种一致性的要求才从简单的应用层面进入到战略性的原则指导。随着营销传播环境的日趋复杂化，各种接触方式所形成的信息以及各种信息的内涵往往出现混乱甚至是相互抵牾，因此必须采用某种方式使信息具有一致性。这是因为一致性不仅可以降低不同营销传播过程中的自我消耗，而且在减少营销传播成本的同时还能够使品牌信息更加清晰。

营销传播观念的演进是一个不断丰富和发展的过程，每一种新的观念都是对过去观念的总结和继承，并在此基础上有所扬弃。任何一种新观念的产生，都不是突如其来的，而是在渐进过程中逐步明晰化。这种观念之所以在明晰之际特别具有爆发力，很重要一个原因就是催生这种观念的基本动因成为外在环境的主导力量，在此背景下，这种观念就具有了对环境的最大适应性。从传统的大众媒体过渡到网络信息媒体，随着媒体形态的变化，在品牌传播中保持一致性的要求越来越高，同样实现这一要求的难度也越来越大。

所谓一致性可以从两个方面去看：其一是信息统一，所有传播管道和所有接触点都必须达成一致；其二是信息连续，在传播过程中所有传播管道和所有接触点要有连贯性，不能前后不一。营销传播所面对的一个基本挑战就是，如何在战略上发展品牌定位和确定形象，同时又要保持这些承载形象的品牌信息互相连贯，正如通常所说的那样，整合营销传播要“一个声音，一种形象”示人，这是整合营销传播的最基本层次，它要求在发起活动时所有的广告、促销、赞助、宣传、直接反应和包装都要表现出同样的面貌，给受众同样的感觉。这样一来，由于媒体互动，彼此之间的信息会受到进一步强化。这一点看起来很简单，但是在实际操作中并不容易。因为要求所有的营销传播使用完全相同的信息，这几乎是一种无法实现的要求，各种媒体形式不同，即便是在编制相同信息时，所选用的符号形式也有所差异，比如报纸媒体和电视媒体对同一信息就采用不同的方式。

（二）营销传播通过协同性实现整合

如果说一致性强调的是整合营销传播对各种接触点的信息以及行为方式的处理，那么协同性则侧重于整合营销传播中对不同机构和行为角色的协调，并通过这种协调体现出相应的整合效应。这种协调包含三个方面：一是对各种传播机构以及不同接触点的管理协调，协调内容主要是确保传播接触的有序性；二是对品牌的相关利益者关系的协调，其主要任务是保证相关利益者之间的利益平衡；三是公司内部各职能部门的工作协调，以保证品牌优先和品牌利益最大化。

不同媒体符号形式和不同接触时机的差异所提出的进一步要求就是要保持策略的一致性和连续性，这就必须运用协同化方式统一协调各种媒介和非媒介的品牌接触。这种策略连续性既有信息开发层面上的定位，也有战略管理层面上的协同。协同性与一致性是一个问题的两个方面，其要求各个相关媒体和不同传播管道在传达品牌信息时，要互相之间有所协作，能够保持配合，如同交响乐团中的不同器乐手那样。

在整合营销传播运作中，对于品牌和公司战略分析得越深，保持一致性的协调就变得越重要。在整合营销传播体系的底部，所有传播建立的基石都是公司使命、企业文化和核心价值，接下来是公司的商业哲学，最后是各种基本品牌战略元素，如产品和服务绩效、品牌身份和品牌定位等。整合营销传播管理中的协同性，就是努力通过良好的团队合作形式，依靠组织努力和相互配合，把核心价值贯穿到营销层面并体现在营销传播层面，这也可以说是一致性协同性的集中体现。

第三节　整合观念与多元路径

整合营销传播虽然遵循一定的整合原则，但并不能将其看作是一成不变的僵硬操作模式。整合营销传播在运用中所表现出的灵活性，充分体现了它对变化多端的市场的适应性，而这也正是在整合营销传播观念指导下，战术运用中可以实现多元路径的一种体现。

一、整合营销传播观念及其开放包容体系

强调整合营销传播观念，是将 IMC 理论具体应用于实践的一种必然选择。早在 2005 年中国学者就简单地对此加以概括，将整合营销传播的本质凝缩为“关系创造价值”①。这一表述对整合营销传播观念的基本解释就是：以品牌价

① 卫军英：《关系创造价值：整合营销传播理论向度》，北京：中国传媒大学出版社 2006 年版，第 52 – 54 页。

值作为终极追求，运用不同接触形态达成沟通性传播，进而提升和强化品牌与顾客以及相关利益者之间的关系，由此引导建构的各种营销传播形态，即整合营销传播。

整合营销传播观念实际上是对舒尔茨以来整合营销传播研究精华的提炼，并在此基础上加以创造性的继承和扬弃。所谓整合营销传播观念，它首先不是一种固定模式，而是一种具有指导意义的观察方法和指导思想。换句话说，只要从整合营销传播观念出发，随时随地都可以将其贯彻到具体操作实践之中。[①]也正因此，在市场营销和营销传播运作中，整合营销传播所激发的首先是来自观念和指导思想层面的变革，而不是具体的操作手段的变化，这种观念转化几乎改变了长期以来所形成的有关营销传播的各种思维定式。整合营销传播观念的变革主要体现为：重新审视营销传播的目的；改变了以往营销传播的方向；接触概念超越了媒体时空限制。[②] 这种理解具有极大的包容性和广延性，因此并不是简单地将其应用于操作层面上。

整合营销传播观念着重以邓肯的研究作为参照，强调了整合营销传播作为一种理论的普适属性，既反映了整合营销传播对象的内涵及其基本归属，同时也表现了整合营销传播在外延上的包容性。因此，必须从观念和理论抽象的高度体现其整合的普适性和统摄价值，在不断吸收技术创新以及营销传播发展成果的同时，保持整合营销传播理论的生机和生命活力。正是由于意识到“对于舒尔茨和邓肯而言，整合营销传播理论虽然面临着操作层面上的具体挑战，其实挑战并不在理论本身，而在于他们抽绎和界定理论过程中自身蹈入了某种实证主义陷阱”[③]。所以在对舒尔茨、邓肯等人观点继承的同时，卫军英的研究扬弃了他们思想中僵硬的一面，从而在一定程度上解决了长期以来整合营销传播理论与操作之间的矛盾，并以此为基点建立了具有开放包容性的整合营销传播理论体系。他认为整合营销传播观念的确立，是对传统营销传播观念的一种延展和综合，其间既有对传统营销传播模式的继承，同时也表现出了自身前所未有的创新价值。将各种媒体或非媒体传播形式进行简单协调以获得协同效果，这或许只是其最浅层次的理解，只有当整合营销传播进入更深阶段时，具有革命意义的观念变革才开始展现出它的魅力。可以说，正是这种观念的变革，最终引导营销传播从价值到方法的根本转变。

① 卫军英：《整合营销传播：观念与方法》，杭州：浙江大学出版社 2005 年版，第 438 页。

② 卫军英：《整合营销传播中的观念变革》，载《浙江大学学报》2006 年第 1 期。

③ 卫军英：《整合营销传播理论的调适性演变》，载《广告学报》2006 年第 10 期。

二、整合营销传播面临网络信息时代的创新

网络信息技术的发展深刻地影响了营销传播，当人与人、品牌与顾客、信息与用户、个体与组织，都成为无所不在的互联互通的网络节点时，也许来自每个节点的追求都无法摆脱对彼此之间关系的依赖。而整合营销传播的功能以及它所终极追求的，恰恰就是对这种关系的强化和提升，并以此创造出相应的价值。显然如何在这种势态下维护良好的品牌关系，已经不仅仅是一个简单的商业问题，也是一个受到普遍关注的社会问题。因此，整合营销传播本身也从单纯的营销传播层面，上升为具有普遍社会需求的价值属性，与其说它是一种具有商业属性的运作模式，不如说它所代表的是一种完整的社会沟通理念。有中国学者对此曾做了系统性的研究，强调网络与数字环境下的品牌本质是双向互动关系，所以应该建立以整合品牌传播为特征的价值实现方式。[①] 这实际上就是整合营销传播观念的延伸。实际上邓肯早在 1999 年"写给教师"的话中就已说明：虽然标题是"整合营销传播"，但是有人把它称为"整合品牌传播""客户关系管理"，甚至"整合公司传播"。这是因为这些叫法都有一个共同的特性——以顾客为中心。毫无疑问，整合营销传播仍在进化，每一位写作关于整合营销传播的人对它的定义都有一些细微的差别。[②] 由此可见整合营销传播的开放包容性特征，以及其内在的始终如一。

所幸的是舒尔茨教授也意识到了这一点，这位整合营销传播理论创始人指出：要取得 IMC 的整合效果，关键还是要把顾客价值整合进企业的价值和战略，必须兼顾两者——顾客利益和企业目标。我们原先的营销聚焦于市场和顾客的研究，希望从顾客那里赚取尽可能多的钱。但网络的发展使得顾客可以接触到很多信息，也了解获得产品或服务信息的途径，如果对产品和服务不满，会通过网络进行传播，所以企业就不能像从前一样，而是要学会与顾客"分享价值"(share value)，并通过洞察顾客的需求，让顾客与企业共同创造价值。[③] 显然，这里涉及整合营销传播的核心问题——品牌价值，而"分享价值"就不能仅仅局限于简单的沟通手段的整合，也不能仅仅停留在单纯的利益考量上，还必须通过整合建立更高层次上的交流与共识。因此作为价值导向型的整合营销传播，在网络和信息技术环境中将是一种前所未有的全面整合，在这种整合趋势中，原

---

① 参见段淳林：《整合品牌传播：从 IMC 到 IBC 理论建构》，广州：世界图书出版公司广东分公司 2014 年版，第 250 - 255 页。

② [美]汤姆·邓肯：《整合营销传播：利用广告和促销建树品牌》，北京：中国财政经济出版社 2004 年版，前言。

③ 转引自薛敏芝：《大数据时代的整合营销传播——对唐·舒尔茨教授最新研究的评述》，载《中国广告》2014 年第 1 期。

来侧重不同促销工具或各种“代理商”的手段整合，必然让位于人本主义的观念与价值整合。

基于网络技术形态的营销传播，将彻底改变传统营销传播中各个不同组织及其端点的孤立状态，使那种各自封闭的孤立存在转化为一种多元性共处。所以整合将不再是如同过去那样，用某种线性方式去串联不同的“代理商”，而是品牌与所有的“代理商”共同存在于一个场域之中，彼此拥有共同的沟通形态和连接端口。在这样一种连接场域中，过去基于媒体表现形态的很多营销传播方式，展示出了新的融合，这种融合打破了所谓“广告”“公关”“直销”“展示”“赞助”等营销工具的边界，也改变了过去那种品牌传播实际上是品牌通过媒体接触向公众进行传播的格局，品牌的所有信息都处于全面展示中。因此，在互联网状态下，如果还停留于传统的方法整合，显然无法实现整合营销传播的根本价值，也无法真正洞察整合营销传播的真谛所在。所以我们必须从观念出发，通过融入网络和信息技术为包容的整合营销传播研究注入新的内涵。

显然，连接多种接触点，运用数字化手段通过互动性传播沟通，对品牌关系和品牌价值进行动态管理，依然是整合营销传播的基本任务。但是当品牌与用户作为一种平等角色，在网络场域中呈现出具有某种共享性互动形态时，我们会发现，过去那种本质上没有摆脱自我设计的信息整合创意，只是简单地停留在传统的传播“内容”和“渠道”整合上，并未真正上升到对价值的整合。在这里，价值整合所指的“价值”，则不仅停留在传统意义上的品牌价值上，更多的还是用户的“分享价值”。分享价值来自于品牌与用户之间的“互馈”，在很大程度上它超越既定内容而呈现为“体验”，所以“过程即内容”应该是整合营销传播中必须关注的一个重要问题，而所谓过程，就是网络场域中一切时间与空间，所有接触与关系的全景体现。

当我们在网络信息场域中审视整合营销传播时，整合将主要指向三个基本层面：空间整合与时间整合、技术整合与观念整合、价值共享与多元表达整合。空间整合与时间整合，涉及如何使虚拟空间与实体空间中的品牌内容与品牌信息，在时间维度上体现出其价值的同构性；而技术整合与观念整合，则涉及对传统媒体和传统促销形态的超越，信息技术成为整合观念和价值认同的载体；至于价值共享与多元表达整合，显然是开放包容的最好阐释，网络和信息技术的发展，已经在技术形态上实现了过去难以企及的渠道整合，但这种整合却颠覆了既有的思维定式，即呈现于整合空间和时间维度上的，不再是一厢情愿的品牌理想，所谓“一个声音，一种形象”，很可能是不同用户对品牌内容的自我表达和不断丰富，在这种趋势之中，整合所应该做的工作，就是与用户一起共同分享。也许这就是整合营销传播研究所面临的现实，也是未来研究应该着重关注的焦点所在。

三、整合营销传播观念的运作形态

显然，整合营销传播价值的实现，在于从观念形态导向运作形态，与实际操作进行全面的对接。就理论本身而言，任何有价值的理论，都应该可以付诸实践，并在实践应用中得到充分的验证。而这一点恰好是整合营销传播观念对舒尔茨、邓肯以来的整合营销传播理论的一个发展，也是整合营销传播理论在发展中展示其生命力的一种体现。关于整合营销传播观念的操作性应用，可从图2－5模型中加以认识。

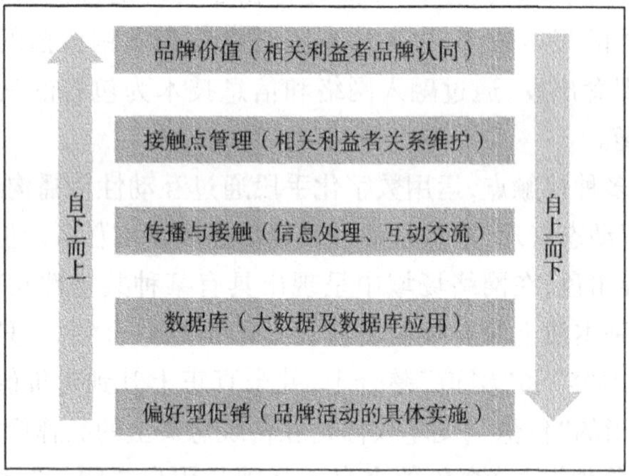

图2－5　整合营销传播观念导向模型

这是一个极为简单清晰的整合营销传播观念运作模型。在这个模型之中，自上而下是整合营销传播观念模式的建构，以及观念指导下的整合过程演绎；自下而上则是在具体的营销传播活动之中对品牌价值的追求，即所有营销传播活动必须具有品牌偏好性，并最终实现品牌价值的提升。为了更为清晰简洁地介绍整合营销传播观念，并将这个观念模型付诸应用，我们将引入一个关于奢侈品品牌促销的案例。这个案例原本是2009年3月上旬本书作者在浙江大学软件学院给媒体技术研究生上课时，突发奇想所举的一个案例。虽然只是一个假定性案例，但是其间所表达的整合营销传播思想却很典型，我们可以从中看到在不同的观念之下所延伸出来的两种截然不同的操作思路。

案例分析

一个奢侈品品牌的促销假设

由于前晚24点才从机场赶到酒店，洗澡后打开电视只是匆匆一瞥，看到正在播出的是东方台的品牌栏目《头脑风暴》。一路劳顿未及细看，节目中似乎有个嘉宾正讲到了奢侈品品牌LV(路易·威登)，说是其某个产品原价28 000元，受金融危机影响现在降价到15 000元，虽然降价力度空前，但是购买者仍然十分零落。次日上午给学生上课，由此突发奇想讲到"整合营销传播观念"。我的看法很简单，如果LV只是这样简单地采取降价手法，试图刺激销售，这不仅不符合整合营销传播观念，也不利于品牌利益。

促销在传统的营销观念中就是一种短程刺激，因此所有的促销本质上就在于让利多少。正因为这样，很多商家和品牌每当促销的时候，往往把价格作为撒手锏，热衷于通过价格来拉动销售，但是却忽略了在很多时候这种降价策略不但无助于销售，而且还有害于品牌。奢侈品品牌大幅度降价，无非是希望对现有顾客和潜在顾客给予刺激，促成消费者的大量购买和集中购买，然而从营销逻辑而言，其结果肯定是得不偿失。一个基本的假设是：购买28 000元奢侈品皮包的顾客，肯定不能被看作是一般的工薪阶层，而对于购买这一品牌的顾客来说，奢侈品品牌本身所带来的情感满足，要远远大于其功能满足。也就是说，顾客对其品牌的认同，很大程度上来自于奢侈品品牌的高价和高端顾客的稀少。在这种情况下，其品牌采取降价措施，而且降价幅度接近50%，这在一定意义上不仅伤害了原有顾客的品牌感情，而且不利于对潜在顾客的扩展。也有人认为这种降价有利于扩大市场，但是一个皮包即便是从28 000元降到15 000元，市场本身的承受力仍旧有限，而且降得越低，市场越是萎缩。因为当你一步一步把自己的价格降到一般品牌那样的水平，就意味着你进入了一个竞争更加激烈的大众消费领域，不仅无法保持原来的高端群体，而且更加不能保证原有的利润空间。其结果是高端的老顾客抛弃你，而大众化的顾客也怀疑你原来那么高的价格中，不知隐藏了多少暴利的猫腻。

那么，难道像这样一个奢侈品品牌就不能降价促销吗？答案当然是否定的。问题的关键是它必须找到有利于自己品牌利益的降价促销策略。对此我们从整合营销传播角度提出了自己的看法。在整合营销传播视野里，营销即传播，传播即营销。因此销售已经不仅仅是单纯的销售刺激手法，而是作为一种有效的营销沟通工具。整合营销传播的核心和终极价值追求并不是简单的销售,而是通过传播沟通构建良好的品牌关系,并以此提升品牌价值。因此它的一个基本的思想便是,对顾客的获取与保留一样重要,甚至从培养忠诚顾客的角度看,保留比获取更加有价值。因此作为一个消费群体比较追捧的奢侈品品牌,在降价促销时首先必须考虑的是,如何能够更好地保留并激励老顾客,通过促销适当地增加老顾客的品牌忠诚感,同时有效地实现销售目标。我的设想是,这个品牌完全没有必要那样大规模的降价,它所要做的应该是与老顾客进行一次情感沟通。作为一个价值数万元的产品,其顾客数量应该很少,而且它当然也应该为那些花费数万元买它一个皮包的顾客建立顾客档案,这也就是我们通常所说的数据库。整合营销传播尤其侧重数据库营销,最简单的做法就是,给数据库里的这些奢侈品购买者每人发一封信,当然信的设计可以很温馨,信的内容可以这样写:

亲爱的××小姐:感谢您多年来对我们的关爱,在这美好的春天,我们愿意为您送上一份薄礼,借此表达我们对您的关怀和敬意……随信附上礼券一张,价值人民币10 000元,凭此券在×年×月×日之前,可以在我们的品牌专柜购买指定品牌(原价28 000元)云云。

我们可以设想一下这封信发出后所引发的效果。

(1)收到信的这位女士肯定倍感温馨,因为这个一直让自己自豪的奢侈品牌,真的把自己当作是品牌家族的一员了。

(2)这张赠券同样也令这位女士倍感欣喜,因为这是价值10 000元的赠券啊,这个数目实在令人心动。

(3)因为这封信和这个赠券,这位女士进一步增加了对这一品牌的认同和忠诚,她不仅自己会一如既往地眷顾,而且还会向她的朋友推介这个品牌。

(4)因为10 000元的赠券毕竟不是小数目,所以这位可爱的女士肯定不会信手丢掉的,而是会好好地考虑如何使用这张赠券。

(5)后面的结果很可能只有两种:一个是自己再买一个包,第一个包花了她28 000元,这个只需要实际支付18 000元就可以了,因此她觉得很值,一连数天心情非常愉快;另一方面自己有包了不想再买,那么就把赠券送给最要好的小姐妹(送小姐妹10 000元啊),让小姐妹也去买一个这么奢侈的包。

(6)如果是后者,那么这一奢侈品品牌的影响得到了进一步扩展,那个用赠券购买了包的小姐妹,不仅加入了品牌顾客的行列,而且很可能和她一起成为这个品牌的拥戴盟友。

回过头来再看看这个奢侈品牌收获的是什么。因为赠券面值是10 000元,小于它原来的接近50%的促销幅度,因此它没有因为这次忠诚促销而损失更多利润，反而还比原来收益要更多一些。此外，它的促销不仅没有损害品牌形象，而且还大大地促进了品牌形象，既巩固了老顾客，也发展了新顾客。更重要的是，由于促销中注入了情感投资因素，使得老顾客从一般品牌拥戴者上升为品牌忠诚者，而品牌忠诚者在日常生活和消费中的示范作用，以及她对这个品牌的热情推介，都远远大于这个品牌本身广告促销的推广作用。这就是整合营销传播所带来的巨大反差，正因为我们是从另一个视角看待问题，我们把所有的营销传播活动都看作是对品牌关系的一种促进，因此任何一次促销活动的出发点，都不是出于简单的销售刺激考虑，而是在于提升品牌关系并进而提升价值。

从这个案例中我们可以发现一些非常具有意义的概念，以及这些概念的具体运用：品牌价值、顾客关系、多种接触形态、互动和交流、数据库运用、偏好型促销等。可以说，所有这些具有价值性的概念，都属于整合营销传播理论中的核心观念。具体阐释如下。

（1）品牌价值追求。这个案例设计的出发点就是对原来的降价促销形式加以改变，把简单的通过降价提升销售业绩的促销目标改为对品牌价值的维护与提升。我们认为，现代人所做出的购买选择，事实上都是一种品牌选择，所以单纯的降价未必能够产生良好的市场收益。作为一个具有极大品牌认同度的奢侈品品牌，则尤其要注意通过品牌本身的影响力来获取市场收益，尽量避免采取简单的折价形式对品牌造成不良影响。

（2）品牌关系维护。对于 LV 这样的品牌而言，提升品牌价值的主要方式就是不断强化和维护品牌与消费者之间的关系，提升顾客的品牌忠诚度。在这里十分重要的一点便是怎样有效地维护老顾客对品牌的感情，进而通过忠诚用户的影响增加销售并开发新的客户。显然我们在论述关系营销时关于“保留”与“获取”的观点，可以在这里得到进一步的证实。

（3）多种接触形态。这是整合营销传播在操作中的一个重要路径，它撇开了传统的以大众传媒为主要手段的传播接收方式，根据品牌与顾客以及关系利益人的沟通特点进行选择，找到了一个比较适合自身、适合当时市场状况的沟通方式。这个案例中与对象的接触点可以体现在几方面：信函、赠券、口碑传播等。

（4）互动与交流。整合营销传播过程中的品牌传播不能被看作是单向的信息传达，也不像传统营销传播模式中从“信源”到“信宿”那么简单。欲提升品牌价值、维护品牌关系，就必须做好品牌与顾客的对话与交流。因此，在新的传播环境下，互动交流显得尤其重要。信函虽然很简单，但分明是一种定向沟通，代表了品牌与顾客之间的互动。而忠实顾客对周边的义务宣传，则更是一种具有双向意义的平等沟通。

(5)数据库的运用。随着市场的不断细分,大众营销越来越趋于定向营销,对于像LV这样的奢侈品而言,其客户更是位于消费顶端的极少部分。因此,对于这部分顾客而言,数据库的运用无论是详细程度还是使用效果都比一般产品要更加充分。数据库不仅可以提升营销的精准度,而且还便于分析顾客消费行为,根据顾客需要为其设定对应的品牌活动,从而更加有利于品牌关系的维护。

(6)偏好型促销。这个概念也是基于品牌价值和品牌关系维护而来的,它与传统促销的最大区别在于其将促销的短程刺激与品牌态度的长效利益相结合。事实上传统促销在大多数情况下是一个赚吆喝的赔钱买卖,它的收益远远不像想象的那么好。偏好性促销的好处是,既避免了传统促销对品牌形象的损害,又恰到好处地照顾了顾客对品牌的情感需要。

案例来源:卫军英:科学网博客《一个奢侈品牌的促销假设》,http://blog.sciencenet.cn/,2009-3-19。

思考题

1. 谈谈你对舒尔茨整合营销传播思想的理解。
2. 邓肯对整合营销传播的理论贡献主要是什么?
3. 信息整合三角中“言”“行”“肯定”三者的关系是怎样的?
4. 整合营销传播的终极价值是什么?
5. 为什么整合营销传播要坚持一致性协同性原则?
6. 如何理解整合营销传播的开放包容性体系?
7. 如何理解整合营销传播的观念模型?
8. 奢侈品案例中的整合营销传播观念体现在哪里?

第三章

整合营销传播战术应用

【本章重点及学习要求】

1. 由外而内的整合营销传播操作方向
2. 战略性整合的基本导向和内容
3. 整合的战略与战术融合性模型
4. 整合计划决策中的战略与战术影响
5. 零基计划与整合营销传播策略开发
6. 战术整合的主要特点和方法

第一节　整合起点与操作方向

从战略层面进入到战术层面，最先面临的就是执行过程中的流程问题。整合营销传播的操作流程基本上就是三大步节奏：确立方向、规划内容、选择渠道。整合营销传播的起点和操作方向，处在战术流程的起始阶段，是对整合营销传播具体的操作方法的描述。

一、确立明确的整合营销传播方向

整合营销传播的方向指的是营销传播过程中的信息指向，它不仅涉及信息传播的流动特点，更重要的是还代表了整合所蕴含的核心意义。在有关营销传播的论述中，经常会看到由内而外和由外而内的表述，这实际上是对以往营销传播的某种概括。

（一）由内而外与由外而内

从营销传播的发展来看，以广告为代表的传统营销传播，大体上所采取的是由内而外的运作方式，即公司根据产品或者品牌特征，在市场分析的基础上，进行相应的品牌定位策划，并依此制定信息，提出适当的创意。然后，以大众媒体为主导，向受众进行强制性灌输。由内而外的营销传播，在本质上是长期以来推销观念的延续，即站在公司产品或者品牌的角度，向消费者进行由此及彼的推销。这种由内而外的模式，最具有代表意义的如宝洁公司，该公司是以大众传媒广告建构其品牌的经典。

而整合营销传播的运作方向，则显然不同于传统营销传播，这一点在舒尔茨最初的整合营销传播著作中已提及，他认为整合营销传播是一种由外而内的传播，这一点此后又为邓肯进一步强调。所谓由外而内的传播，就是从对象出发，设计传播信息和传播方式，其实这一点也是现代营销的基本共识。表面上看，传统营销传播也关注市场及消费者与传播对象，但是其营销传播初衷和出发点，都是基于产品推销的需要，所以信息设计和创意模式都包含强销和灌输倾向的诉求式。显然，诸如宝洁这样的品牌建构方式，在今天的市场背景和传媒环境中，已经丧失了继续获得成功的基础。由内而外的营销传播在网络信息环境中对市场的最大不适应性，就在于其营销传播形态本身的限制，主要表现在营销传播的信息内容以及表现方式等方面。比如，它无法真正与营销传播对象实现沟通式互动，其创意和信息设计基本停留在简单的重复上，不能创造更进一步的营销体验等。当然，所有这些除了观念本身原因外，技术因素也是一个重要原因。

这里需要指出的是,由内而外和由外而内只是一种提法,在实际运营中很多时候可能并没有明显地表现出来。但是一旦基于品牌价值追求的整合营销传播观念确立之后,由外而内就成了一种自然而然的选择,更何况在大多数情况下,品牌关系的建构是由内而外与由外而内融合运作的。

(二)整合营销传播的运作方向

由外而内的营销传播改变了原有的操作定势,它把出发点和落脚点都放在对象身上,所有的营销传播行为最终都是为了提升品牌价值,而品牌价值的核心在于品牌关系。所谓品牌关系就不单纯是品牌自身所要表达的理念,而是品牌与顾客以及相关利益者之间达成的共识,因此,无论是创建品牌还是维护品牌,首先要考虑的都是品牌相关利益者。由外而内的运作方向如图 3 - 1 所示。

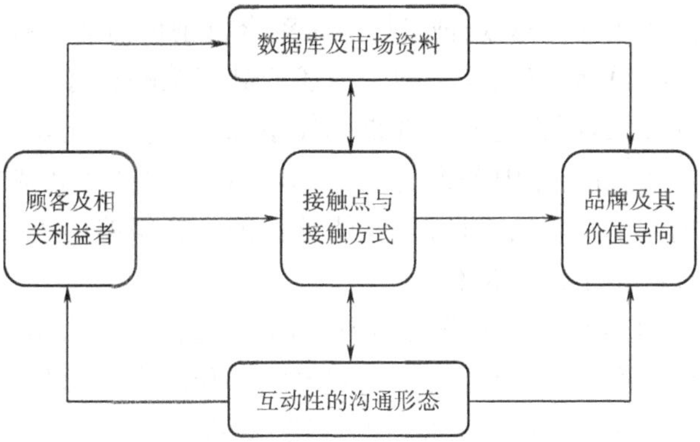

图 3 - 1 由外而内的营销传播形态

在这个由外而内的营销传播形态中,处于左端的是顾客以及相关利益者,包括其需求、欲望、习惯、兴趣等要素;处在中间的接触点和接触方式,则表现为适应于左端并能够与右端相匹配的接触形态;处在右端的品牌价值导向,就是品牌与顾客及相关利益者达成共识的一致性发展倾向。在这种营销传播方向性流程中,数据库及市场资料所提供的,既有顾客及相关利益者的各种资讯,也有市场环境中的各种关联信息,同时还包含了品牌资源的各种数据资料。所有这些资料在整合营销传播过程中,又都处在不断优化和积极更新中。正是在此基础上,品牌与顾客及相关利益者经过优化选择,借助彼此认可的接触方式,形成了互动性的沟通形态。

二、整合的出发点与落脚点

整合营销传播的终极指向是提升品牌价值,而它的立足点也是基于品牌现实，因此，品牌既是整合营销传播的起点，也是整合营销传播的终点。但是起点和终点的一致性，并不代表二者之间没有区别。概而言之，所谓终极指向更大程度上表达的是一种价值取向，其概念所指往往具有某种抽象性。当我们说整合营销传播的终极追求是提升品牌价值时，那就意味着我们认同这是一种以品牌价值为导向的营销传播思维方法。在这里，品牌价值追求不仅是建构整合营销传播思维体系的核心，而且也是所有欲实行整合营销传播策略者的基本追求。换言之，这个终极追求代表的是整合营销传播的普遍价值，它对于整合营销传播具有指导意义，但并不意味着制定策略时可以用作具体的战略或者战术目标。

通常情况下，我们所说的战略目标，主要是指组织机构在整合营销传播中所制定的宏观战略。宏观战略既有长期的持续策略，也有某种阶段性的集中策略。虽然这种战略是遵循品牌价值法则的，但是作为组织机构的运作性战略，必然有其自身欲达成的目标，这种目标就是整合营销传播的战略目标。通常整合营销传播的战略目标，应该是一种可描述的品牌策略目标，不仅可以感性地加以说明，而且可以运用相应的品牌指标体系加以衡量。比如，对接触点的安排与处理、对顾客评价与品牌关系的确定、对品牌认同度和品牌黏度的测量与评估等。只有确立了基本战略目标，才能够保证整合策略的进一步展开，并在此基础上把战略应用于具体战术。

因为品牌价值本身就是关系的体现，而关系建构也成为品牌的全部内容，所以无论从哪个角度看，整合营销传播的出发点和落脚点都是一致的，即所谓的顾客与相关利益人。我们对出发点的描述是：基于品牌关系建设和维护的顾客和相关利益者认识；对落脚点的描述则是：强化品牌与顾客及相关利益者关系，有效地提升品牌价值。由此可见，出发点和落脚点是一致的，并不是说二者之间毫无差异，而是实现了某种提升和强化。

这里的一致只是讲在出发愿景与达成目标之间必须保持统一协调，这恰好是整合营销传播观念所表现出来的强大统摄力。在某种意义上，这是对传统营销传播方式，乃至于传播史上各种经典传播模式的一种反思和扬弃。所以在整合营销传播中，传统线性传播的单向方式都将为多向性、互动性、融入性的传播形态所替代。处于整合营销传播观念统摄下的操作流程和全部程式，彼此之间形成了一个流动互馈的品牌信息和关系价值共享场域，整合营销传播的任务就是在这个场域中处理好各种关系节点。

第二节　战略整合的战术延伸

整合营销传播既是一种思维方法，也是一种具有极强操作性的实践策略，整合运用成功与否，很重要的一个因素就是如何实现战略与战术的统一。为此，必须要全面考虑战略层面的核心要求以及战术层面的诸种要素，并寻找战略层与战术层相互叠合的融合区间。

一、整合战略规划的三个导向性内容

战略规划是保证战略有效性和可实施性的基础，是战略思想的规范性形式，它通常以规范的书面形态加以体现。整合营销传播战略规划，至少必须包含三个大的方面。

（一）确立整合营销传播的战略目标

为整合营销传播战略设立一个欲以达成的基本品牌目标，这个目标既可以是一种综合性的发展目标，也可以是一项持续性的单纯目标。前者如通过强化顾客和相关利益者的关系，综合性地提升品牌价值，并运用实证性指标加以衡量；后者诸如运用长期一致的广告整合策略，保证品牌定位的清晰性。目标的提出是基于对品牌整合现状的认识，这种认识可以来自于常规的市场调研，也可以来自数据库和大数据分析，甚至是来自品牌决策者对品牌现状的感受以及未来期望。

（二）整合基本方式及相应的融合空间

在确立战略目标之后，还必须做出两个重要选择：一是为整合选择相应的路径，即为实现战略目标提出基本的整合方式。因为战略目标与品牌现状、品牌环境等因素的不同，实现整合目标的路径选择自然也各有不同。二是要明确战略与战术之间的融合空间，即战略运作的观念如何战术性地加以体现，这是整合路径从形式要素上升到内容的一种本质性考量。比如，当战略目标确定为强化顾客的品牌黏性后，根据现有品牌资源把基本整合方式确定为网络互动与现场沟通，那么下一步就要有一个具有引导性的互动沟通思路，以保证互动沟通能按照既定战略加以贯彻。这既不是停留于观念性的思考，也不是具体的战术规划，我们把这一部分叫作战略与战术的融合空间。

（三）整合战略的周期范围与财务支持

所谓周期范围是就整合营销传播战略持续的时间空间而言的。一项具体的战略运作虽然也有可能是一个相当长周期的战略，但是都是围绕既定目标制定的，随着目标的达成或者环境的改变，战略本身也面临调整的需要。比如，英特尔公司的"Intel Inside"(内有英特尔)品牌整合战略规划,最初就提出用一年的时间,运用报纸、电视以及大量的印刷形式向整个社会集中宣传其品牌。为了支持这项计划,英特尔提出的最初预算是每年投入一亿美元(1991 年)。两年之后,当英特尔已经家喻户晓后,它又不断提升自己,提出了"英特尔有颗奔腾的心",用以为其品牌注入新的活力。

二、整合的战略与战术融合性模型

在本书的第二章中我们曾经介绍了一些具有代表性的整合营销传播研究专家,比如美国的舒尔茨、邓肯以及欧洲德语世界的曼弗雷德·布鲁恩、英国的大卫·佩克顿等人。事实上他们每个人在自己的创新发展中,都曾提出相应的整合营销传播战略模型,尤其是汤姆·邓肯和大卫·佩克顿,他们的整合营销传播研究体系基本上是围绕自己的模型而建立的,而这些模型基本上就属于规划性的战略思考模型。相对而言,邓肯的思考最具有本体认识意义。但是也毋庸讳言,这些大师级研究专家建立的整合营销传播模型,由于对整合营销传播观念认识的历史局限,基本上还停留在早期营销策划和广告传播模型的改造和延展之上,大多数情况下都还仅仅流于一种对程序的描述。

为了更加有效地进行整合营销传播观念操作,2012 年我们就曾通过具体案例演绎,提出了一个基于整合营销传播观念的运作模型①,并通过这个模型实现了战略与战术之间的有效融合(参见图 3-2)。

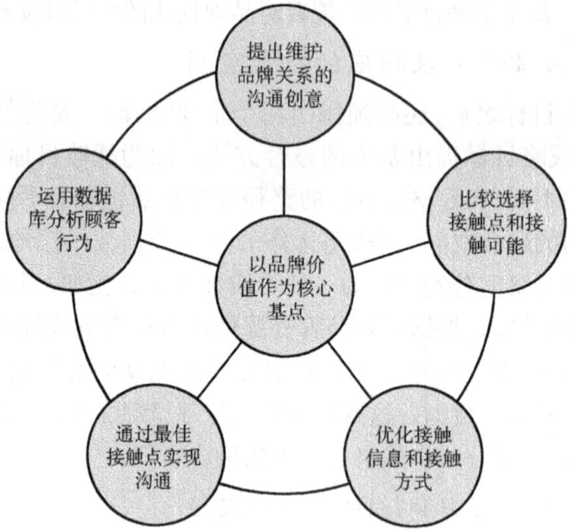

图 3-2 整合营销传播过程操作模型

① 卫军英:《整合营销传播理论与实务》(第三版),北京:首都经济贸易大学出版社 2012 年版,第 330 页。

我们试图通过这个模型图来概括整合营销传播观念及其运作方式，其间不但简单地说明了基于整合营销传播观念的操作思想，而且简洁地说明了在这种观念指导下如何进行整合营销传播。我们可以看出，在这个模型中，处于最核心地位的是品牌价值，也就是我们所说的以品牌价值作为整合营销传播的基点，这也是我们一再强调的，品牌价值是整合营销传播起点与目标的统一，是整合营销传播区别于以往其他营销传播方式的一个根本性差异。它不仅可以体现在战略规划中，也可以具体体现在战术形式的运作中。

其一，注重用数据库分析顾客及关系利益人。这里对数据库的强调具有两重含义，既是为整合营销传播策略提供实证性支持，又是为整合营销传播策略提供可操作的运作方法。随着网络和信息技术的发展愈来愈充分，尤其是进入了大数据时代，很多传统的市场研究方式已经无法对个性化、碎片化的市场提供支持，所以必须依靠新的方式实现整合营销传播的社会化连接。

其二，从维护品牌关系出发，提出沟通创意。显然，实现整合营销传播的任何沟通创意，都涉及了我们所说的基点与目标，而市场营销乃至于所有品牌的可持续性，其根本就在于处理好顾客与相关利益者的关系，所以当整合营销传播战略趋于战术实施时，就必须界定沟通性战术运作的核心，这就是维护和提升品牌关系。实际上在这一阶段，整合营销传播已经开始进入战略与战术的融合区。

其三，排列出各种可能的接触点和接触状态。当整合营销传播策略规划进入到这个层面时，虽然战略性因素依然存在，但实际上战术性的考量已经大于战略性的考量。接触点管理是整合营销传播极为重要的一个特征，而对具体接触点的排列组合，不仅是战略认识的需要，也是进一步战术运作的需要。

其四，对各种接触点进行比较评价选择。这是对前一步骤的延展，显然已经进入到战术运作层面。如同传统营销传播对大众媒体的依赖一样，整合营销传播中的接触点是品牌信息的传递途径，也是维护品牌关系的连接点。但与传统营销传播主要依赖大众传媒不同的是，整合营销传播中的接触点无论是其广度还是深度，都远远超过了大众媒体，所以良好有效的沟通整合必须进行比较、评价和选择。

其五，通过最佳接触点实现沟通目标。目标是战略指向的终点，也是对基点的回馈和确认。但正如我们所说的那样，任何战略性或战术性目标，都具有相应的周期性，而品牌价值的提升是永远的追求。而且随着品牌环境的变化，各种影响因素也不断出现，所以周期性的目标往往也是下一个周期的起点。

这个模型的核心是品牌价值，而围绕品牌价值的各项整合营销传播要素，都是战略性思考及其战术性的融合。显然这个模型图将是我们对整合营销传播观念梳理的基本依据，其主要内涵可以进行如下表述：不是一维性的单项延伸，而是一个相互递补的循环系统，周而复始不断提升。在一定程度上它所体现的正是开放包容的整合营销传播观念，拥有周而复始生生不息的恒久魅力。

三、整合计划决策中的战略与战术影响

从整合营销传播角度看，战略与战术在本质上并没有区别，不同的只是整体与局部、长期性与阶段性之间的差异。实施整合营销传播自然需要有一份书面形式的计划，这就像是交响乐团合奏需要准备乐谱那样。但是，一个整合营销传播计划到底应该是什么样子的？目前似乎还没有形成一定的章法。大体上讲，就是这个计划应该包含的内容，必须阐述什么时候采用什么营销传播职能和媒体手段，并且要将其运用到怎样的一种程度。从这个意义上说，一个整合营销传播计划可以简单到一个小型零售商脑子里有条理的一组想法，也可以是一项需要耗费巨资的洋洋数万言的品牌规划报告。但是不论这个计划形式如何，正如我们前面所说的那样，它都必须包含三个基本要素：目标、战略和战术。所以整合营销传播的具体操作计划，实际上就是战略思想的具体化，因为它不仅规划短期行为，同时也规划长期行为。图 3－3 就是计划决策的战略影响和战术影响关系。

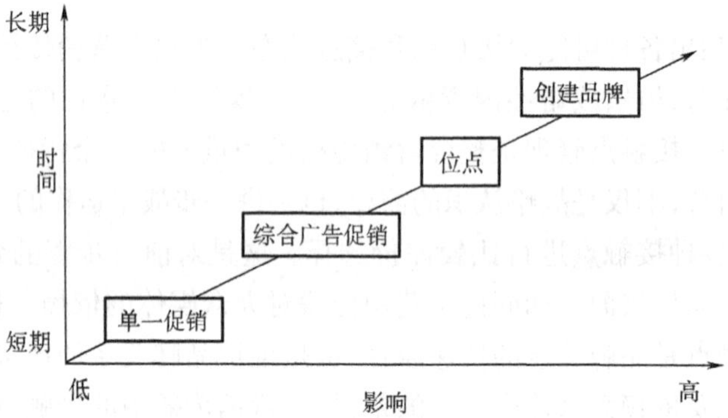

图 3－3　计划决策的战略影响和战术影响关系

这是美国营销学家拉里（Larry Percy）提出的一个计划模式，今天看来这个模式本身存在着某种先天性不足。该模型是对简单广告时代的整合思考，把整合营销传播等同于一般性的操作工具，忽略了观念指导下的整合影响，比如，单一促销并不排除创建品牌，而其所产生的影响，往往也有可能是长期的。[①] 从

① ［美］Larry Percy：《整合行销传播策略》，台湾：远流出版事业股份有限公司 2004 年版，第 13 页。

图3－3中可以看出，一项单一的促销活动往往具有相对的短期效应，而一项综合性的广告促销计划则具有较为长期和广泛的影响力。品牌定位更是一项长期的工作，对品牌推广具有极为重要的制约作用。正因为这样，在制订计划时必须把握好三项关键性的任务并处理好它们之间的关系，即确立目标、制定战略和选择战术的关系。所谓目标，就是整合营销传播所欲实现的愿望，战略是为实现目标所采取的策略，战术则是为实施一项战略必须采用的特定行为。

（一）如何确立整合营销传播的目标

确立目标的主旨是要明白应该完成什么任务，以便明确组织的努力方向，建立绩效评估的标准。决策人员在进行资金分配时，需要知晓准确的投资回报率，而目标恰好描述了其所期望的这个答案。与此同时，目标还可以作为一种传播和整合的工具，用以保证每个参与品牌建设和营销传播的工作人员，都可以将注意力集中在共同的追求之上。

正如我们在整合营销传播策略流程中所讲的那样，目标市场在一开始就已经被界定，所以通常情况下在计划中只是根据这个目标市场开始进一步的工作。当然，需要假定的目标必须在计划规定的范围内能够完成，合理的目标要详细、明确、量化、可操作，并且要具有挑战性。一个计划越是详细就越具有操作价值。例如，对于一个公司来说，与其制定一个“增加15%的品牌认知度”的目标，倒不如制定一个“增加15%的对品牌优质保证的认知度”这样的目标，因为后者比前者更加具体且更加便于测量。目标应该尽量用数字加以说明，这是因为数字不会说谎，当其被量化之后也就容易确定它是否已经顺利达成。许多公司或者品牌在制定目标时犯的最常见的错误是，只提出一些方向性的目标而没有将其量化，这就导致了目标界定的模糊性。就好像提高1个点的认知度和提高10个点的认知度都是提高，但是提高1个点却很难说是达到了提高认知度的目标。

（二）目标指导下的战略描述与战术选择

制定战略通常是一个极为重要的方向性抉择，它是对整合营销传播基本思路的完整和清晰表述。很多缺乏实际操作经验的营销传播人员，经常会错误地认为只要简单选择一种特定营销传播职能，或者是进行方向性的表述，就可以组成一套行之有效的战略。比如，很多人都会简单地概括自己的战略计划为“发挥品牌优势”。这种描述虽然没有错，但是却并不构成战略，因为它没有包含如何发挥品牌优势的构想。一个完整的战略，既要有方向性构想，也要有达成这个方向性目标的有力形式。所以，更加合理的战略表述似乎可以是：运用消费者现场，使用结果进行比较评价，通过现身说法展示品牌的优越性所在。与前面相比，这个表述显得更加明确，其之所以是一种战略性表述就在于它不仅指出了发挥品牌优势的方向,而且也包含了如何才能发挥品牌优势的做法。

与战略关注长期行为有所不同,战术着眼于短期行动计划的制订,它是用来贯彻战略思想的执行细节。战术细节是在战略被执行时制定的,它涉及具体的运用问题。例如,广告为了完成战略目标,要有一个特定的广告语或者广告标题,设计具体的广告图像和表现风格等。其他如模特选用、图像色调、印刷版式、媒体时间、人员安排等,都在战术考虑之内。任何整合营销传播计划的完成,都不仅仅是战略的正确,同时也是战术周到的结果。因此,仅是战略正确却没有可靠的执行保证,只能是纸上谈兵。成败在于细节,正如管理学的鼻祖彼得·德鲁克所言,管理的本质不在于知而在于行。战略解决知的问题,而战术的落脚点却是行。所以一个整合营销传播计划往往是开始于战略,结束于战术。

四、整合策略的开发基础:零基计划

整合营销传播的主要职能是帮助组织获得、保持和扩大顾客群,因此,所有的目标和战略都是直接或者间接地围绕目标、战略和战术这三个方面设计的。比较有难度的是,如何能够使品牌获得顾客与相关利益者的支持,即在吸引顾客持续地购买这个品牌的同时,还必须使该品牌与市场中的其他相关利益者保持良好的关系。

(一)零基计划的基本形式

任何形式的整合营销传播在达成这些目标的过程中,都不可回避地面临着一个事实,即市场背景在不断发生变化,因此,每个计划的制订都是一种全新的规划,这就是所谓的零起点计划(即零基计划)。也就是说,要基于现有的品牌和市场环境来确定目标和战略计划,现有条件在这里被看作是零起点。它意味着整个计划不是对过去计划的简单重复,而是在新的市场背景和新的品牌位置下对营销传播功能提出的新要求,如表 3-1 所示。

表 3-1　零基计划过程

步骤	描述
1. SWOT 分析	总结内部的(优势、劣势)和外部的(机会、威胁)有关品牌的条件;确定过去一年里所运用的营销传播职能和媒体形式的成功之处
2. 目标市场和品牌关系	细分各种不同的顾客和潜在顾客,确定应该定位于哪些人群及其程度如何
3. 确定营销传播目标	明确必须要完成哪些营销传播计划
4. 发展战略和基本原理	确定应该用哪种营销传播职能以及运用程度;选择品牌信息和承载工具;对每个战略用一条基本原理加以支持

续表

步骤	描述
5. 确定预算	确定全部营销预算为多少,然后确定这些资金在所选定的营销传播职能之间如何分配
6. 确定时间	明确每个营销传播计划开始和结束的时间
7. 测试营销传播组合	着手进行营销传播测试,努力发现更有效的整合营销传播方法
8. 评估绩效	监督和评估整个整合营销传播工作,以此确定绩效和职责

零基计划意味着在制订计划的开始阶段就要考虑需要做些什么,而不是如同过去经常所做的那样,仅仅重复执行略加调整的计划。零基计划较之于其他种类的计划,需要花费更多的精力,同时也更加具有挑战性。零基计划归纳出了整合营销传播进行策略开发的基本步骤,这个步骤作为一种计划过程,可以普遍地适用于各种类型的传播对象,包括顾客、企业和品牌、不同类型的公司、各种服务提供者和制造商以及非营利性的组织机构。完整的零基计划主要分为两大部分,即战略开发和战术达成。战略开发的起点就是 SWOT 分析,也就是我们接下来要论述的内容。

(二)零基计划中的 SWOT 运用

整合营销传播作为一项极具目的性的系统化操作程序,要求实施者能够从战略角度对事实进行分类并排出优先次序,以作为计划的依据。SWOT 分析主要关注四个要素:影响产品或者品牌的组织内部优势(strengths)和劣势(weaknesses),以及组织外部条件的机会(opportunities)和威胁(threats)。

其一,基于 SWOT 分析的策略性计划。在 SWOT 分析中,一个明显的特点是分析视角是由外而内的,从顾客立场出发而不是依靠内部的判断来分析公司、品牌和竞争环境的状况,这正是现代营销所强调的 4C 观点的具体体现。通过直接了解顾客对于品牌优势劣势的认识,寻找产生这种结果的主要原因,努力达到扬长避短的效果。图 3 - 4 是 SWOT 分析活动计划的参照图。

显然在这四个要素中,内部要素指的是所有那些在公司控制范围内的事物,两种构成要素的具体含义分别是:优势——竞争优势,凭借资源公司能够提供很多利益,而这些利益是竞争对手所没有的,或者达不到同一效果水平;劣势——竞争劣势,消费者所认识到的公司竞争对手的优势范围。外部要素指的是那些公司很少能够控制或者无法控制的事物(偶尔也会产生影响),主要包括竞争活动、法律和规则、技术创新、行业影响、社会经济环境和市场环境变化等。外部要素的具体含义分别是:机会——能够积极地改变顾客对公司产品或者品

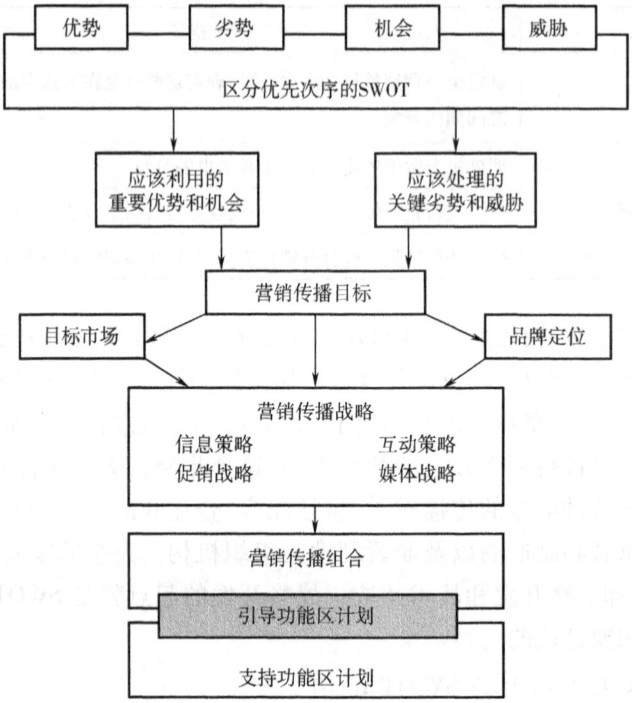

图3-4　基于SWOT的策略计划

牌的态度和行为的社会经济环境和市场环境;威胁——能够减少顾客认识价值或产品吸引力的市场环境,或者是导致更高的制造和供应成本的市场条件。

其二,应用SWOT因素的优先次序。显然SWOT分析不仅找到了优势和劣势以及问题与机会,它还为进一步的工作步骤提供了参考。所以企业或者品牌在具体分析其SWOT之后,就会发现每一个方面都不止有一个要素,而是会有很多不同的要素。但是现实却是有限制的,不可能所有的要素都受到同样程度的处理,必须要有一个优先次序。所以下一步工作就是根据其中的事实,排列优先次序,在排列的过程中需要考虑以下几个主要的因素:

(1)如果某一劣势或者威胁没有得到及时处理,会对品牌关系和品牌资产带来的实际损失。

(2)如果某一优势或者机会能够被利用,会因此获得的实际收益。

(3)处理和利用每个SWOT因素所需要的成本。

(4)处理和利用每个SWOT因素所需要的时间。

在次序排列中要结合上面的标准,依据产品类别和公司长期目标衡量其重要性,对这些因素可以采取打分的方式加以排列先后顺序,可以参考图3-5。

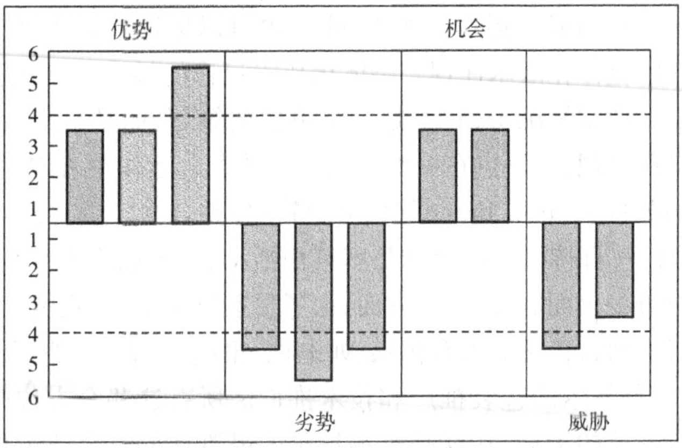

图 3－5　SWOT 分析优先解决次序示意图

图中每个 SWOT 要素都用深色方形加以标出，在操作上可以划一条中线，然后根据分数强度在中线的上下方分别画出临界线，需要利用的优势和机会放在中线的上方，需要克服的威胁和劣势放在中线下方。那些超出临界线的部分，就是最需要优先利用或者处理的部分。SWOT 顺序经过排列之后，公司就可以以此为依据建立目标，确定扬长避短的具体项目。SWOT 分析是在整合营销传播计划中帮助了解客户、认识市场的最佳工具。

第三节　战术整合模式与路径

考察战术运作路径是为了便于在实践中有效地进行整合营销传播操作，从而更好地体现整合营销传播的应用价值。大多数情况下，整合营销传播的战略与战术并不能截然分开，这正如舒尔茨所说的那样，整合营销传播在本质上是战略，在执行上是战术。所以我们对整合营销传播战术路径进行分类，只能是对实际战术运作的简单归纳而已。

一、整合战术运作的主要类型及基本含义

如果说战略偏重在整体谋划上，那么战术则主要体现在对整体谋划的执行上。从大的视野来看，整合营销传播的战术运作千姿百态异彩纷呈，为了便于叙述以及应用指导，我们从一般意义上将其分为三种运作路径，即整体化战术路径、集成式战术路径和散点式战术路径。

整体化战术运作路径，通常是指策略指导下体系化的整合操作方法，是整合

战略在操作层面的整体运行。它虽然是战术执行，但往往是在一个比较完整的周期中展开一系列的战术运作。所以，我们也可以把这种整体化的战术路径，叫作战略运作的整体化战术体现。整体化战术运作的最大特点，就在于战略关照与统一规划。通常情况下，它不是一个单独的策划，而是一个大型战略策划的系列战术操作呈现，这一点在一些周期较长的整合运作中表现尤其突出。典型的如著名的英特尔"Intel Inside"（内有英特尔）整合推广运动，这项在20世纪90年代初开始，一直持续了四年的品牌策划活动，一方面作为一个完整的战略构想而在全球市场全面展开，另一方面，为了贯彻整个战略，在战术运用上又分为不同的形式。通过传统的大众传媒，如电视、报纸、杂志、户外等，其中尤其值得推崇的，就是英特尔的包装推广和技术推广。所有这些全方位的推进，都包含了一个确定不移的策略，那就是对英特尔的品牌认同。由此可见，所谓整体化战术运作实质上就是整体战略的综合体现。

如果说整体化的战术运作，还偏重于统一的战略执行的话，那么相对而言，集成化战术运作和散点式战术运作，则更能体现整合营销传播的战术运作特点。在某种意义上，我们所讲的集成式和散点式战术运作路径，实际上就是从战术角度对战略手段的具体应用。所谓集成式战术运作，大多数情况下指的是针对某种周期性、阶段性品牌目标所采取的整合营销运作战术集合。它与整体式运作的区别主要在于，后者是更高层面上的具有宏观性的整合，而集成式战术运作则是中观层面上的整合。对于一般品牌策划而言，与集成式战术运作同样重要的是普遍应用的散点式战术运作。对于许多日常从事营销和品牌策划的人而言，如何做好散点式整合运作，似乎更加具有现实意义。

二、整体化战术运作及其主要特点

整体化战术运作既然是对整合营销传播战略的一种具体贯彻，那么作为统一指导下的个体运作集合，它必然会明显体现出战略的整体化特征，我们可以将这种特点大致归结为两大类型。

（一）统一战略关照下的战术规划

统一战略关照下的成本规划是一般整合营销传播策划中最为常见的做法，类似于我们通常所说的整体策划。所有的整体策划都会提出相应的策略执行方式，这种执行方式就是我们所说的统一战略关照下的战术应用。它的特点是经过周密的分析判断之后，提出相应的品牌发展目标，然后再根据目标确立较长周期的运作规划。由于战略性的品牌目标往往比较笼统，在具体战术运作中，则需要对更加笼统的目标加以精细化和具体化。比如，战略目标可能是"全面提升品牌的社会认同"，但是在战术运作中则可能细化为"增加品牌形象的美誉度”“进一步提升品牌与顾客及相关利益者的关系”等。因此，战略性目标关照下的战术运作，往往不是一项单纯的战术行动，一般都是多项战术运作的统一配合。

典型的案例是当英特尔提出它的阶段性品牌战略后，为了贯彻其战略构想，英特尔注册了“Intel Inside”商标，然后通过这个商标的鲜明标志展开了全方位的媒体传播。在所有的战术运用中，当时最有效的是电脑包装。它要求众多的电脑生产商，如IBM、康柏(Compaq)、戴尔(Dell)、通路电脑(Gateway)等，在其所生产销售的电脑中，从说明书、外包装箱和广告上，都增加“Intel Inside”(内有英特尔)的标志。作为报答，英特尔将从它们的销售额中划出高达3%的返利给这些公司，用作联合推广的营销补助，而如果这些同业将这个标志印在了出售电脑的外包装箱上，返利则更是高达5%。几年之后，随着英特尔的市场领袖地位越来越稳固，这项出色的推广活动也成为整合营销传播战略贯彻的战术运作经典。

(二)观念引导下的整体操作路径

战略关照下的战术运作，与其说是战术行为，还不如说是战略行为的战术体现。正因为这样，它要求在规划运作的思路上必须完整统一，如同一个交响乐团的不同乐手，彼此之间相互配合构成一个完美的乐队。不同的方法往往代表不同的接触形态，每种接触之间都要有所互补、互为强化，相互之间不能产生矛盾和抵牾，以免给整合造成不必要的损耗。因此，战略关照下的战术运作，特别强调思路与方法之间的协调，强调观念引导下的整体操作。

典型的比如中国的联想，在其国际化战略发展过程中，很重要的一个策略就是提升品牌认知和品牌价值。为此联想展开了一系列战略指导下的战术运作，诸如将原来的英文商标“Legend”改为“Lenovo”，用“Le”代表“Legend”的缩写，而“nove”在拉丁文中则意味着创新；在清晰的品牌理念指导下，联想通过收购IBM个人电脑Think，运用品牌背书，借船出海；通过都灵冬奥会和北京奥运会，联想在提升全球知名度的同时，也强化了品牌的国际化认知和理念认同。毫无疑问，这些都是联想品牌观念整体推进中的具体运作，每一个步骤既是一项完美的战术运作，又都恰好地体现了整体战略思路的统一性。

三、集成式战术运作的基本特点

集成式整合运作对品牌发展要求更加具体清晰，比如在进行战术运作时它往往会提出明确的整合目标。为了实现这个目标，它不会把自己的战术行动局限在一个简单的运作环节，而是集合不同的战术手段，达到共同而又确切的品牌目标。所以集成化战术运作有一些明显的特点。

（一）集成化战术运作是综合性的战术应用

虽然集成化战术运作可大可小、可长可短，但是不论怎么样它都不会是一个单独战术行为，而是多个战术行为的集合。具体比如小米是一家以互联网思维介入制造业的公司，虽然它最初的主导产品是小米手机，但即便是在技术开发和营销传播中，小米也努力体现它的互联网个性。为了强调其具有互联网个性，小米把许多互联网要素引入到制造业中。在小米的品牌推广中，典型的如小米的销售采取网上预定方法，打通用户与品牌之间的直接联系，通过 MIUI、"米聊"等构成用户与品牌之间的网络参与形态，凸显小米在单纯产品功能之外的价值感，它运用系列方法强调一种"参与感"。

（二）集成化战术运作中的分列式操作

所谓分列式操作，指的是集合式战术运作中，各个不同战术手段的独立运作形态。整合营销传播在运作中，在集成化战术应用中，每项战术措施在保持集成所具有的共性操作特点的同时，还体现出一些属于自己的个性化的运作特点，我们将这种独立的运作行为称为分列式操作。分列式操作中的各个分支具有自身的独立性，因此有时候各个分支看上去似乎并不紧密相扣，但是从这些分支中所体现的目标却是比较清晰一致的，用通俗的话讲就是形散神不散。对分列中的各个部分而言，如果说集成是一种合的话，分列则是一种相对独立的分。可以说，每个具体的战术运作，都以各自的相对独立性，构成一个独立完整的战术行为。这些独立的战术行为，在各自的运作中本身就是一个完整的品牌策划运作，它们往往承担着品牌策略在某一个方面的价值要素。

（三）集成式运作中分与合的关系

在集成式运作中有一点必须强调的是，在具体操作过程中一定要处理好分与合、个体与集成之间的关系。所谓分当然是指每个战术行为作为独立的个体化操作，如前所述，这种独立的战术行为，本身就是一个相对完整的品牌策划。但是值得注意的是，任何独立的品牌策划都不能脱离整体追求，而且作为总的集合行动中的一个分支，它必须有利于强化集合式运作的特点，也就是起到 $1+1>2$ 的整合效果。

我们仍旧以小米案例加以说明。正是为了更加清晰化强调其品牌属性，小米的联合创始人黎万强还专门出版了一本著作——《参与感：小米口碑营销内部手册》，由小米董事长雷军亲自作序。这部著作出版后受到市场和营销学界的关注和热捧，与其说它是对小米品牌行为的总结，还不如说是小米为强调其品牌价值所进行的一项战术运作。表面上看，图书出版似乎是一种带有学术气质的专业活动，但正是这种独特的带有学术气质的活动，强化了小米品牌所推崇的用户参与意识,也使其品牌所具有的创新特点以及所蕴含的互联网价值感得到了正向度的提升。

从小米的案例中可以看出,集成化战术运作虽然是一个个独立战术的分列式运作,但是战术与战术之间具有相应的关联性。所以集成化战术运作,一定要把握好分与合的关系,也就是要充分形成个体与集成之间的呼应。所谓个体之分,只是为了增加独立运作的自由度,而集体之合则是独立运作中必须体现的共性追求。

四、散点式战术运作的主要特点

散点式运作与集成式运作的最大不同是,它是品牌日常运作中的个体化战术行为,而未必是完整的战术系列组合中的一个分列式组成。通常情况下,散点式战术运作具有以下几个方面的特点。

(一)去中心化

去中心化指的是散点式战术运作,通常未必是处于整合营销传播运动的核心区域或者是战略运作周期之中,更多的是呈现于品牌的日常运营之中。所以散点式运作所担负的责任,很多时候就是日常的维护和偶然的促销。

(二)自发性和偶然性

由于散点式运作通常是一种单独性的个体策划,或者是日常的促销或品牌运作维护,因此很多时候带有一定的自发性和偶然性。所谓自发性,是指它是品牌整合观念的一种自然自觉的行为呈现,在很多情况下具有相应的日常惯性。而偶然性则指的是,很多时候有些品牌传播活动,并不在既有的整合营销传播计划之中,比如突发性事件或者受到某种临时邀约的公益活动以及即时促销行动等。

(三)零散化与无规程

由于散点式战术运作具有去中心化、自发性和偶然性等特点,这就决定了这种整合营销传播战术运作形式,必然呈现出某种零散化和无规程特征。它既不是经过周密计划的完整的整合营销传播行为,也不是精心策划的有序的系列活动,其表现形式很可能只是某一个简单的细节,或者是一次简单的应对。但即便是这种看似非常局部的去中心化,带有相当自发性和偶然性的零散无规程活动,在本质上也是一种整合营销传播接触管理,所以也涉及整合营销传播观念的贯彻。而这一点,也正是我们下面所要强调的。

五、整合战术运作中的观念整合

我们之所以强调整合营销传播首先是一种观念,就是于整合营销传播不仅可以运用于各种有序化、系列化的战略战术之中，同样也可以贯彻于公司经营以及品牌发展的日常运作之中。这就是说，当我们把品牌价值作为终极追求，试图通过品牌价值的提升获得相应的利益回报时，几乎所有的工作都必须有利于提升品牌价值。

所以不论何种战术运作方式，在运作中都必须由整合营销传播观念统摄。整合营销传播的战术运作具有很大的灵活性和多样化，即在任何时间点和任何相关状态中，所有可能涉及品牌关系和品牌价值的接触点和接触方式，都包含了相应的整合营销传播特质。在这种状态下所体现出的整合观念，未必围绕某一既定的品牌整合目标，甚至也不是系统性的整合策划活动，其对活动方式、时间、范围、人力资源、经费预算等相关要素，都具有极大的灵活性，甚至不会提出明确的专门要求。比如，散点式的整合营销传播运作，除了各种零星的营销传播活动外，还包括了许许多多的日常品牌接触。比如，在整合营销传播观念中，接触点管理是一个很重要的整合营销传播路径，而接触点涉及品牌的方方面面，就像是银行的客户结算窗口、酒店的 WiFi 服务之类接触点，都大大超出了营销传播部门的日常工作范畴，它的工作几乎不涉及专门的营销传播预算，但却是一个很重要的顾客品牌认知和品牌关系维护的路径。所有这类与品牌相关的接触点都具有明显的自发性和偶然性特征，都可以看作是整合营销传播去中心化和零散化的体现。

具体而言，就是对每一个接触点的管理，都是为了维护品牌关系、提升品牌价值；每一次偶然的战术行为，都应该与整体的品牌利益相关联，成为品牌价值提升的一个契机。其实这一点大卫·奥格威在 20 世纪 60 年代就已经认识到，他在提及广告的品牌形象策略时说："每一个广告都应被看作是对品牌形象的贡献。如果你采取了这种态度，当今的很多问题都能得到解决。"[①] 显然广告也是整合营销传播的手段之一，所以从建立品牌形象的角度来说，每一则广告都应该传达一致性的品牌信息，以此为整个品牌建立持久稳定的形象。许多具有长期历史的优秀品牌，也正是以传统广告形式确立了自己的品牌形象，诸如宝洁公司、百事可乐等。百事可乐自 20 世纪中期确立了年轻富有活力的品牌调性以来，此后 70 多年来几乎从未改变过这一品牌基调，百事在广告中一直坚持"年轻一代的选择"诉求，而它在对代言人的选择、对促销活动的赞助等方面，同样都体现了对这种品牌属性的彰显。

---

① [美]大卫·奥格威：《一个广告人的自白》，北京：中国友谊出版公司 1997 年版，第 89 页。

案例分析

吉利国际化中的品牌战略与产品发展

英国品牌评估机构 Brand Finance 发布的2020年全球品牌组合价值最高的十大汽车集团中,吉利成为唯一上榜的中国汽车品牌。

从"造老百姓买得起的好车"到"造每个人的精品车",从2002年拿到国家的轿车生产资质,到2010年收购沃尔沃轿车公司,再到近年来实施全球化产品战略,吉利已经初步形成规模庞大的跨国汽车集团。我们从吉利不到20年的发展历程中做出的一个又一个关键举动,可以看到吉利在品牌战略和产品策略上的精心谋划。

关键词一:同级别多产品战略;占股;合营

2003年,吉利汽车第一代——通用凯越 Excelle 上市发布,以10万~15万元价格叩响原本由捷达、桑塔纳和富康三强占据的主要市场;同年上市的吉利豪情 SRV,打着"造老百姓买得起的好车"口号,价格定位在5万~7万元,外观模仿大奔前隔栅和富康的二厢造型,开始全面进军二线以下城市的家庭轿车市场。

这一时期,吉利的车型基本以 A 级以下家轿 Sedan 为主,未敢有 B 级及以上的突破,以吉利和华普两个品牌的同级别多产品战略发展自己的"一亩三分田"。以生产19.3万辆汽车的峰值年2006年为例,当年全国汽车总体产量为370万辆,吉利市场占有率达5.2%,但吉利拥有12款车型,其中销量贡献最大的也仅自由舰(6.4万辆),单车效率之低可见一斑。

"敢闯"的个性造就了吉利国际化的第一步,2006年,吉利同英国锰铜公司(Manganese Bronze)合营,将自己下属华普(Maple)汽车品牌更名为英伦汽车(Englon)品牌,引进伦敦"1948年造型"出租车 TX4 进行本土化装配和营销试水,主攻大都市的出租车市场,并在2009年启用,产品线延伸至深圳、广州、宁波等地区。由于这种车在欧洲被定义为基于轿车平台的厢式车 CDV(Car-Derived Van),因此按照国家标准实际属于广义乘用车范畴,如同 Nissan 的 NV200或金杯9座面包车。受造型结构老旧、布置无创新、售价偏高(近20万元)等影响,这种车只适合在特定场合使用,市场并不普及,产品始终处于不温不火的状态。但是,这次尝试为吉利以后进军英国大客户市场打下了基础。

关键词二:品牌整合;收购;造型突破

2008年的全球金融危机对国内车市造成了影响,导致车市消费力疲软和生产规模收缩，这才催生了2009年的汽车消费刺激政策，以扶持小排量车，而吉利借着政策东风，当年国内市场的销量达31万辆，同比增幅72%。同年，吉利野心初现，进行品牌产品战略整合，逐步淡化以公司命名产品品牌，引入全球鹰(Gleagle)品牌和帝豪(Emgrand)品牌，整合下属车型，导入新产品，产生了良好的规模效应。

但当时Aisin/ZF等变速箱的原始设备制造商OEM对国产品牌的配套壁垒让各自主品牌苦恼不已。为此，吉利"敢闯"的个性又一次显现，其放眼海外市场，谋求出路。2009年3月27日，吉利在澳大利亚DSI公司宣布破产后40天内，敲定了收购事项，并在四个月后以7 000万澳元取得DSI公司全部股权，完成收购行动。吉利自2012年始将DSI的6AT变速箱装备安装在帝豪EC7等车型上，缩小同合资同级产品的竞争差距。不仅如此，吉利也希望以中国制造的成本优势增强DSI的产品竞争力，推广配套其他自主品牌，通过抱团和"共赢"的方式，试图打破日系/德系变速箱的技术壁垒。虽然有少数厂家响应，但当时各自主品牌或是被母公司合资外方施压，或是出于对关键零部件采购更加谨慎的考虑，均未及时响应，以至于吉利未能拓宽国内市场，并受高研发和制造成本困扰。几年后，连吉利自身的自动变速箱也转向格特拉克(Getrag)的6速双离合器自动变速箱。

收购DSI的后一年，也就是2010年8月2日，正值上海世博会备受关注之时，突然爆出吉利完成福特汽车公司旗下沃尔沃轿车公司全部股权收购的消息，当时这一事件饱受争议。

吉利的目光是具有前瞻性的。可能早已嗅到了全球化的气息，这家浙江民营企业总共花了27亿美元收购被福特抛弃的北欧豪华品牌和它所拥有的专利，但之后的几年并没有吞并它，而是使其独立运作，因为吉利有宽裕的时间逐步地吸收消化沃尔沃的专利技术。吉利制定了严密的产品战略规划。

其一，产品规划获益。2012年吉利同沃尔沃签署汽车平台化合作协议，为吉利欧洲的研发和造型中心提供技术背书。今天我们熟知的紧凑型模块化基础架构(CMA)平台就是当时协议中涉及的内容。之后才有了品牌领客(Lynk-Co)以01(SUV)、02(Sedan NB)、03(Crossover)、04(Sedan HB)等为代号的后续车型。

其二，产品配套体系获益。50%的吉利博越18TD发动机零部件由沃尔沃的发动机供应商提供。另外，博世(Bosch)为吉利提供ACC自适应巡航、预测性紧急制动系统、最新装配量产车的多功能摄像头等。

其三，收购给吉利带来全新技术支持、人员输入、新的品牌理念和运作思路的，使产品脱胎换骨。以全新旗舰车造型为例，吉利直接聘请沃尔沃设计副总

图3-6　吉利产品配套体系

裁彼得·霍布里设计吉利全新GC9(上市时改名为博瑞),其时代感和高端体验比肩同时代的合资品牌拳头产品,上市当年即获得良好的市场反响,提升了吉利品牌的档次感。

此外,2012年10月进入破产保护程序后的英国锰铜被吉利收购,后者唯一的商业模块伦敦出租车公司(LTC)进驻吉利。近些年,吉利通过追资建设位于英国考文垂的安斯蒂工厂和投资吉利英国前沿研发中心(两者总共3亿英镑),进行TX4的后续车型TX5的研发和制造,并于2015年更新伦敦的老款车型。此外,全新一代的TX5新能源车款和搭载沃尔沃新能源技术的轻型商用车也将启用LEVC新标识并从工厂下线。

关键词三:品牌再度整合;销量和品牌力提升

2014年4月18日,吉利在北京举办了以"聚合未来"为主题的品牌发布活动,宣布了新的品牌架构和标识,把帝豪、全球鹰、英伦三个子品牌汇聚为统一的吉利品牌,将原先品牌下的车型根据级别重新注入吉利品牌下各个系列中。另外,吉利实施新车型平台化战略,公布FE/CMA/KC三个平台覆盖A-/A/A+/B级别的所有乘用车车型。

吉利理顺下属品牌和产品的从属关系后,2015年销量开始飞速提升,达到53.9万辆,同比增幅26%,2016年达到76.6万辆,2017年实现破纪录的124万辆。而车型数目,由原先2014年的20款在售车型,下降到2017年的10款,其单车效率和资源利用率均排在自主品牌前列。

2017年5月24日,吉利以12亿美元的价格收购DRB旗下宝腾控股(PROTON Holding)49.9%的股份以及英国豪华跑车品牌路特斯集团(Lotus Group)51%的股份,成为宝腾汽车的独家外资战略合作伙伴。2017年7月,吉利宣布与美国泰拉夫加(Terrafugia)飞行汽车公司达成最终协议,收购泰拉夫加的全部业务及资产。吉利董事长李书福表示,将在2023年发布全球首辆垂直起降飞行汽车计划。虽然这场交易在产品规划上短期内没有商业规模化意义,但是对于品牌传播策略却未必不是一种创新性尝试。

2017年底，吉利不仅拥有100%的沃尔沃汽车股权，而且还拥有沃尔沃集团8.2%的股权，成为其第一大持股股东，并拥有15.6%的投票权。作为一家具有全球战略眼光的中国汽车企业，吉利的脚步一直没有停止。2018年初春，吉利以9.69%的持股成为奔驰母公司戴姆勒的第一大股东。显然吉利的国际化步伐在不断加快。吉利充分运用国际收购战略，通过新业务来整合资源，实现优势互补。吉利的崛起，对于中国汽车品牌而言也是一种全球梦想的开始。

案例来源：改编自吉利公司网站及其他网络资料。

思考题

1. 如何理解整合营销传播由外而内的操作方向？
2. 怎样实现整合营销传播战略与战术之间的融合？
3. 试以具体案例分析整合营销传播过程中的操作模型。
4. 运用零基计划对整合营销传播开发有何意义？
5. 战术整合模式的三种主要路径有什么不同？
6. 整合营销传播的战术整合是如何体现战略意图的？
7. 试述吉利汽车品牌从本土走向世界过程中的策略运用。
8. 试结合吉利汽车现状谈谈应该如何应用整合营销传播。

第四章

相关利益者与品牌价值

【本章重点及学习要求】

1. 品牌观念与品牌内涵的完整认识
2. 品牌认同所包含的五个方面
3. 品牌利益平衡是整合的基本法则
4. 品牌关系的内涵与基本构成
5. 相关利益者及品牌关系层级
6. 品牌黏度与品牌忠诚度的建立

第一节　整合营销的终极追求

整合营销传播是建立品牌关系的最佳手段,而通过建立关系实现品牌价值,正是整合营销传播的终极追求。事实上,当公司或者品牌把自己的营销目标界定为与顾客之间的关系追求时,它就必须找到一种适当的方式来完成这一使命,在对各种方式进行评估之后,专家们认定最切实际的便是整合营销传播。

一、品牌观念与品牌基本内涵

品牌(brand)究竟是什么?它是一个实在的具象之物,还是一种抽象的感觉?表面上看,品牌似乎只是一个比较抽象的元素,但是在市场竞争中,由于同质化的存在,通过产品本身特点进行差异化划分,几乎已经没有任何价值。与此同时,在消费心理和消费行为中,纯粹产品使用价值对顾客的支配,已经渐渐地被感觉因素所取代。通常消费者在进行选择时,首先追求的是一种高感度产品属性,这种属性大多由品牌所暗示。营销学家辛迪·莱瑞在其所著《销售的象征》中说:

> 现代商品被认为本质上是一种心理事物,既象征着个人的属性及目标,也象征着社会的模式及竞争……所有的商业物品都具有象征性特点,而进行采购则涉及评价——无论是含蓄的还是明确的——以便决定这种象征适合与否。①

简单地说,任何一个产品,除了能够给予消费者一定的使用价值满足之外,更重要的是可以给消费者带来情感上的满足。消费者在使用一个产品时,除了认可它的功利价值以外,还通过它完成了一定的情感体验。产品作为一种纯粹的功能体现,一般只能对消费者达成使用价值上的满足,而只有品牌在满足使用价值的同时也满足了情感价值,所以与其说品牌是具体之物还不如说是一种感觉。然而这种品牌感觉究竟是什么,却很少有人能说清楚,这也许是现代商品和市场营销中最复杂的一种现象了。品牌一旦形成,似乎就产生了一种神奇的魔力,消费者青睐品牌,市场也在追逐品牌,一个品牌可以轻而易举地获得超过社会平均利润的收益,于是从消费者到企业再到广告商对品牌都倾注了极大的热情。

对品牌的概念理解至今众说不一。美国营销协会(American Marketing As-

---

① [美]R. Batra,等:《广告管理》,北京:清华大学出版社1999年版,第215页。

sociation)对品牌的定义是:品牌是一种名称、术语、标记、符号或设计,或是它们的组合运用,其目的是借以辨认某个销售者或者某群销售者的产品或服务,并使之同竞争对手的产品或服务区别开来。[①] 除此之外,关于品牌的定义还很多,各种说法都触及品牌的实质,但是却并没有一种普遍认同的定义。在以往对品牌的理解中,涉及几个相关概念:产品、名称、商标。为了完整理解品牌,我们不妨对这几个概念加以辨析。

首先是产品。产品指的是企业或组织根据社会需要而设计、生产,并向社会提供的物化劳动成果或者各种需求供应形态。它是以直接满足人类需求而存在的,具有一定的功用特征,不论物质产品还是精神产品都是如此。科特勒把产品分为十种基本类型,认为:"产品是能够提供给市场以满足需要和欲望的任何东西。产品在市场上包括实体商品、服务、体验、事件、人物、地点、财产、组织、信息和观念。"[②] 按照这个界定,通常所说的产品包含了三个方面的内容:核心要素,即解决具体问题的使用价值;表现形式,即有形产品,如质量、特点、样式、品牌、包装等;产品附加值,如相关附属的信息、服务和利益。

与品牌相关的另一个概念是名称,可以分为产品名称和品牌名称。产品名称是人类的共有资源,一般不作为品牌名称或者注册商标使用,如汽车、电视、衣服等。但品牌名称则具有专用性,为品牌独自拥有。品牌名称,顾名思义,就是指品牌的文字符号形式,它涵盖了产品和公司的一些文化属性内容,是产品和企业多种特质的识别工具,也是方便记忆的工具。通常名称具有文字、语音、图形等符号性特征。商标就是企业组织运用文字、语音、色彩、字形、图案等元素来表征自己品牌的法律界定。商标一经国家商标认证机构注册确认,其拥有人就具有了该商标的各项使用权利,受法律保护,在知识产权范围中,未经许可他人不可使用,商标具有排他性。

从这些理解中我们可以得出简单结论:品牌不仅仅意味着产品。因为单纯的产品在大多数情况下无法进行区分,而人们的选择通常并不是产品而是品牌。这是因为一个品牌不仅仅代表了产品本身,而且还代表了由产品所关联的一切顾客感知,而公司所提供给消费者的也不仅仅是产品或服务,还有更多的集合因素。这些整体的产品集合所传达给顾客的感知,就是品牌内容。正如我们看到或者想到奔驰汽车、香奈尔香水时候,我们所产生的联想要远远大于对这类产品的认识。所以邓肯认为:"品牌即指所有可以区分本公司和竞争对手

① [美]菲利普·科特勒、凯文·凯勒:《营销管理》(第12版),上海:上海人民出版社2006年版,第304页。

② [美]菲利普·科特勒、凯文·凯勒:《营销管理》(第12版),上海:上海人民出版社2006年版,第414页。

的产品的信息和经验的综合并为人所感知的内容。”①

在这里，品牌包含了一定的真实可感成分，它是产品物质特性的体现，而且因为品牌的原因，使得这种产品功用成分有了可以辨认的具体线索，如相应的品牌标志、颜色、包装等，这些都属于品牌的可识别性所在。但是对于顾客来讲，这些远远不是品牌的全部，甚至也不是重要内容所在，因为可识别性成分只是一种简单的区隔方式，而严格意义上说，品牌并不是一个物质实体，而是存在于顾客头脑中的完整鲜明的集合对象，它的存在依赖的是品牌传达给顾客的一系列与品牌相关的信息、经验和联系。所以从某种意义上讲，与其说品牌是一种真实的具象之物，还不如说品牌是一种经验性的心理感觉。正是由于感觉因素的存在，即便是具有相同使用功能的产品，也完全可以具有不同的感觉功能，因而也就导致了它们之间的价值不同，有时候这种价值甚至远远大于它们可以被理性认识到的差别。比如，对于时尚女性来说，一件名牌时装它的价格可能是一件同样时尚但却并不出名时装的数十倍，但是对于购买者而言，似乎感觉前者价格高是理所应当。

任何具有品牌的产品，它所提供给消费者的都不仅仅是单纯的功能价值，而且还有一种感觉价值。也就是说，顾客在选择一个品牌时，不仅仅考虑其所带来的实惠，更重要的是还选择它所带来的情感体验，而品牌的完整价值则是这两种价值的统一，同时在更大意义上，感觉价值超过了功能价值。所有的商业物品都具有象征性特点，既象征着个人的属性及目标，也象征着社会的模式及竞争。因此，人们对商品的选择实际上就是对品牌的选择。

二、品牌视角与品牌认同

大卫·艾克在他的著作中提出了品牌认同的概念，他认为以往品牌认同往往被狭隘化，很多人即便没有简单地把品牌与产品或者商标相提并论，也常常简单地把品牌认同等同于品牌形象或者品牌定位。其实品牌形象代表的是人们如何看待这个品牌，品牌定位只是经常向消费者宣传的那一部分品牌特征，至于品牌认同则是品牌管理人希望顾客乃至于社会如何去看待这个品牌。所以，相对于前两者而言，品牌认同是一个经过整合的品牌信息系统。那么，如何理解完整的品牌信息系统？那就是品牌不仅仅是产品、商标，它还代表了一种文化，是与此相关的产品、人、企业、符号的综合体现。图4－1是一个观察品牌的完整视角。

---

① ［美］汤姆·邓肯：《整合营销传播：利用广告和促销建树品牌》，北京：中国财政经济出版社2004年版，第13页。

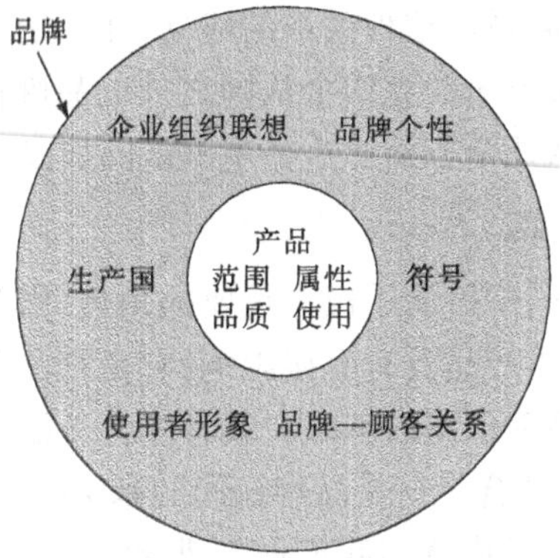

图 4－1　完整的品牌视角

在这个完整的品牌视角里，我们可以发现至少六个层次的认识：

(1)核心部分：品牌就是产品，还包括了它的原产地(或生产国)概念。

(2)除此之外，品牌认同的基础还必须包含：品牌就是企业、品牌就是人、品牌就是符号。

(3)一个成功的品牌，不仅要具有好用价值，而且还要能够激发顾客的感情。

(4)成功品牌在建立信用的同时，也要建立在消费者心目中的价值感。

(5)它还必须能够兼顾品牌认同在企业内外的角色。

(6)品牌特色比品牌定位、品牌核心的特点要丰富。

我们之所以说品牌代表了一种文化，就是试图从企业的品牌追求和消费者的品牌认识相统一角度来认识品牌这一复杂现象，而品牌认同恰好对此做了解释。因为品牌认同不仅仅是企业单方面的品牌追求，同时也是消费者对品牌的解释。所以当这种认同达到外在与内在的切合之际，也就是一个独特的品牌消费文化的诞生，诸如可口可乐、微软、苹果、华为、阿里巴巴等，都可看作是这种由品牌认同所催生出来的品牌文化代表。正因为这样，“品牌认同是品牌最根本性的东西，不会随着环境、品牌定位和品牌宣传策略的变化而变化，它让品牌长期保持它的独特性。……强调品牌的建立与维护，实际上就是以资产价值为核心来建立品牌永久的生命力”[①]。我们仔细剖析这种品牌认同现象，其实也就是对品牌所代表的消费关系和消费文化的认识。

大卫·艾克所提出的品牌认同，主要包括了四个全然不同的重要概念，即品牌是产品、品牌是企业、品牌是人、品牌是符号。这四个不同的概念几乎囊括了品牌相关的各个方面，虽然有所不同，但是其目的却非常一致，它不仅让品牌更加清晰、丰富、与众不同，而且帮助品牌完整地建立了与顾客及相关利益者乃

① 张金海：《20 世纪广告传播理论研究》，武汉：武汉大学出版社 2002 年版，第 120 页。

至于和整个社会的紧密联系。这种关系的建立,在界定品牌内涵和建构品牌关系的同时,也延伸出了大卫·艾克四个认同之外的品牌价值认同。对此我们结合大卫·艾克的认识,从几个方面对这些基本认同加以进一步阐释。

(一)品牌就是产品

这个概念在品牌认同中扮演了极为重要的角色,因为这些属性和特征对消费者满意程度和是否购买产品具有直接影响,它是把品牌与顾客相互连接的基本物质需要,因此也是品牌认同的基础。其具体含义如下。

1. 品牌与产品类别结合。这是品牌认同的基本要素之一,在这里品牌往往代表了一个产品种类,它意味着当我们向消费者提到一个品牌时,消费者就会联想到什么样的产品。比如提到阿里巴巴和淘宝,消费者就会联想到网购和电子商务;提到"奔驰"品牌,就会联想到汽车;提到"可口可乐"品牌,就会联想到饮料。

2. 品牌与产品品质结合。产品品质所代表的是产品属性中相对突出的某些因素,诸如高档、高附加值、质量可靠等。通常当产品的某项属性特别突出时,这项属性也就容易成为该产品品质的最基本因素。比如,同样是化妆品品牌,克里斯蒂(CD)、雅芳(Avon)、卡尔文·克莱恩(CK)等不同品牌,就代表了不同的产品品质。

3. 品牌与产品用途结合。产品用途是就产品实际使用而言的,这是消费者与产品最基本的结合方式。将品牌与产品用途相结合,就是试图建立品牌与消费者之间的直线反应关系,期望消费者在需要某类产品时,能直接联想到品牌。比如,宝洁公司把海飞丝洗发水与去头屑密切联系在一起,格力就是致力于空调产品。

4. 品牌与使用者结合。这是基于对目标市场的确认所建立的品牌认同,直接使品牌与消费对象的需求特征相统一,是一种由外向内的建立品牌认同的方式。其最大的特征是可以突出产品品质带来的特别承诺。比如,耐克为突出运动特征,将高品质与现代感、使用者个性追求相结合;腾讯"微信"则利用社交媒体创新,将自己与现代人移动社群联系在一起。

5. 品牌与产地相结合。产地(或者生产国)对某种类型产品具有明显的形象暗示作用,比如中国丝绸、瑞士手表、法国香水、德国制造、新西兰牛奶等。通常情况下,这些国家或者产地都是这些产品的发源地,或者是因为生产这些产品而出名。产地的专属象征通常具有品牌背书功能,因此把品牌与生产地相结合,有利于大大提升产品的品质形象。

(二)品牌就是企业

把品牌与企业相联系,是对品牌形象的进一步丰富和充实,也是品牌认同中关系营销的集中体现。简单地说，品牌就是企业要突出的是品牌中的企业属性而不是产品属性，并借以丰富消费者的品牌联想，有利于建立品牌信誉以及顾客与公司和品牌之间的长期关系。比如，苹果公司在品牌中注入自己不断创新的企业理念，以此代表一种追求科技领先和对使用者的关怀。企业与品牌的密切结合，目的就是引发组织联想与产品联想，通过联想把组织本身的一些优势要素转化为品牌要素。这些优势通常主要体现在以下三个方面。

其一，企业的管理品质。这是以产品品质追求为基础元素所建立的企业优势，它包含了企业的开发、生产、营销、服务等一系列运转过程。这个过程既是企业内部机构的自我运转，也是企业与外部社会的互相交融。良好有效的管理过程，不但可以使企业提高效率，保证产品或者服务效果，而且可以为顾客和相关利益者带来相应的利益。比如，当我们提及华为品牌时，不仅会想到它的产品创新和技术领先，同样也会联想到华为的企业文化，以及它通过企业管理所形成的强大市场竞争力。

其二，企业的创新精神。创新精神是企业通过产品或者服务引导发展方向的一种具体体现。正如传播学家罗杰斯（Everett M. Rogers）所说的，创新是一种被个人或其他采纳单位视为新颖的观念、实践或事物。他将技术创新特性概括为五个方面：相对优越性、相容性、复杂性、可分性、可传播性。[①] 显然，企业的技术创新是企业为了更加适应市场需要所采取的一种积极行为，它的明确优势使其具有极强的传播效果。比如，谷歌虽然创建不过二十几年，但却一直处在新技术领先地位，其创新能力受到了顾客和社会的普遍认同，这种企业属性被引入到品牌认同之中，使其具有一种超越传统品牌领先科技潮流的巨大号召力。

其三，企业的社会责任。企业的社会责任感包含了企业在更广阔背景上的活动范围，比如企业的社区关系、环保意识、公益活动，往往涉及企业价值观念和理想追求。具有社会责任感的企业，是抛弃了唯利是图逐利本性的企业，它在顾客和关系利益者心目中的地位也是崇高受人尊敬的，其最高上升阶段就是邓肯所说的“世界公民”。比如，微软公司的创始人比尔·盖茨所建立的“盖茨夫妇基金会”就是全球最大的慈善基金，其致力于缩小富国和穷国在卫生保健方面的差距，确保卫生保健领域取得能挽救生命的技术进展，并将这些技术提供给最需要的人。

（三）品牌就是人

这一认同把品牌引向更加广阔丰富的观察思考空间，从这个角度来认识，

---

① ［美］罗杰斯：《创新散布》（Diffusion of Innovations），参见张国良主编《20 世纪传播学经典文本》，上海：复旦大学出版社 2003 年版，第 326 页。

我们会发现品牌的内涵更加丰富有趣。所谓品牌是人,就是说品牌像人一样,有品位、风格、风趣、幽默、智慧、成熟、青春等特性。这些认识应该是从奥格威开始就已经基本确立,早在创意革命时期,杰出的广告人通过自己的创作在实践中使之进一步发展。今天在品牌认同视野中重新审视这个观点,我们发现无论其内涵还是外延都变得更为丰富了。这是因为它不仅代表了品牌的个性因素,而且也展示了品牌与顾客之间的相互对应关系。具体来说,就是消费者在这种认同中发现品牌个性的同时,也发现了自我并且主动地把自我与特定品牌个性相关联,这也正是“品牌是人”最具意义之所在。对于品牌,大卫·艾克的看法是:

其一,消费者会选择符合自己认同,或者能够表达自己认同的品牌。就像兰蔻和美宝莲都是巴黎化妆品巨头欧莱雅旗下品牌,从广告摄影用光角度看,兰蔻的用光很立体,整个面部很有层次感,彩妆也会显得很有质感,着力营造高端精品形象,因此相对应的它的消费者也是那些高贵、不趋附时尚且具有品位的女性;而美宝莲则永远走在纽约时尚的最前沿,似乎追求的是让每一个爱美的女性都可以拥有,其跳跃的色彩和耀眼的星光是追逐时尚的女性尚佳的选择,相对大众化的价格,再加上一定的品牌知名度,很容易被年轻消费者认同。

其二,一个人的认同往往会涉及其与外围的关系。这里可以从两个方面加以理解:一方面,这种认同决定了它与顾客之间的关系;另一方面,这种认同又会影响品牌拥有者的社会关系。比如,日高是户外休闲体育品牌,拥有日高产品的顾客,一方面会感觉它是自己的户外活动伙伴,另一方面一些有同样爱好的年轻人又会以品牌为纽带找到共同语言。

其三,品牌认同有利于加强产品属性,使产品功能更加强大。由于品牌与顾客之间的密切关联,在其相互认同中,消费者存在着明显的心理偏好,这使得品牌所代表的产品也具有某种不同凡响的意义。比如,大多数情况下,消费者总是倾向于认为自己喜欢的品牌所代表的产品比不喜欢的品牌的要好,这种感觉可以具体体现在产品功能、包装、外形等物理属性上。

(四)品牌就是符号

这一点似乎最容易理解,因为所有品牌的基本外化形式就是符号(标识)。品牌符号包括了音、形、字、色等基础要素,以及与这些符号相关联的所有隐喻。它着重于对人的感官形成直觉刺激,在大多数情况下,人们提及品牌首先意识到的是这种品牌的外化形式。成功的品牌符号系统是品牌精神和品牌价值的集中折射。尤其是一些历史悠久倍受欢迎的品牌,或者是具有深刻市场影响力的强势品牌,其所带给消费者的精神感受,很大意义上就来自于它的符号形式。比如,受年轻一族追捧的耐克运动鞋、具有深厚中国传统文化和地域色彩的酒类品牌茅台和五粮液等。

所以，运用品牌符号实现品牌认同，就需要品牌在直觉形象上既符合消费者的认知特性，又能够完整地传达品牌本身的内在信息。同时品牌符号要鲜明、具有视觉和听觉冲击力，便于消费者识别和记忆，并能够激发消费者对它的向往。

（五）品牌就是价值

品牌价值构成主要来自两个方面：一是生产者的各种生产和劳动投入要素，二是市场的认可要素。既代表品牌物质形态和使用性的物理价值，又代表品牌精神象征和情感体验的心理价值。所以，品牌价值认同，就是顾客和相关利益者对品牌所表达的利益、文化、观念、情感和体验等因素的接受程度。

品牌价值认同的基础是物质意义上的商品或者服务属性，但本质上应该是与品牌相关的期望价值和心理价值的总和。在现实中，任何一个有价值的品牌，都不是一个单纯意义上的产品或者服务项目，而是上述各种认同形态的集中体现。这就如同无论是卡地亚饰品还是华为智能手机，在消费者的使用体验中都包含了相应的综合感受。也正因为这样，在传统的品牌神话中，可口可乐才会被看作是美国文化的象征；而苹果和它的创始人乔布斯，也成了具有偶像意义的品牌创新代表。

在对品牌认同的理解中，我们发现，不论是哪种认同形式归根结底其中所表现的都是品牌与顾客之间的关系，一个品牌如果失去了这种与顾客之间的关系，那么品牌本身也就失去了意义。所以说，品牌认同既是品牌经营中主动追求的一种价值认同，也是顾客和关系利益者对品牌的一种认同评价。这个通过“品牌—顾客”所建构的关系形态，其核心在于品牌看待顾客的方式，以及顾客与品牌所达成的关系程度。

三、品牌形象与品牌资产

虽然品牌和品牌资产已经成为一个被人津津乐道的战略术语，各种品牌机构甚至为不同品牌提出了许多精确量化的评估值，但是品牌管理专家对此似乎并不完全认同。既然品牌价值不能准确估算，而且也不能作为操作计划参考，那应该如何看待品牌及品牌资源的价值？对此我们的基本倾向是：品牌作为一种无形资产，其资产价值更多体现为品牌形象等一系列象征性资源，这种资源渗透在企业的各个层面，并且成为整个营销价值链中的一种整合资源。

（一）品牌形象的含义

大卫·奥格威率先提出了“品牌形象”这个概念。在其后几十年，随着研究的不断深化，对品牌形象的理解由最初强调各种影响因素，到20世纪七八十年代的基于消费者心智、态度和情感的研究，再到品牌层次的探讨，目前更多地转向品牌形象的跨国传播、带来的资产价值收益以及有效管理等方面的问题。

对于品牌形象的定义，因研究者侧重点的不同而有不同的界定。我们可以将其简单地理解为由品牌所暗示的象征意义，是品牌所引发的联想。一般而言，品牌形象应该具有差异化、亲和力和持久力三个主要特征，既要与竞争对手有明显的区分，又能赢得消费者的普遍认同，而且可以做到在传播推广中的稳定与一致性。例如，百事可乐创立时，为与可口可乐进行区分，将品牌定位于"新一代的选择"，多年来坚持走明星代言诠释品牌形象的路线，从而获取了市场成功。

品牌形象主要会受到以下三个方面的影响。

第一，产品或服务提供者的形象。通常与公司或者其代表人物的形象有关，比如，谷歌公司（Google Inc.）与其搜索引擎品牌、乔布斯与苹果公司（Apple Inc.）品牌、马云与阿里巴巴品牌等，其间都具有密切的形象关联。而曾几何时，索尼、松下和东芝电器在国际市场上的成功也很大程度上得益于消费者对日本在科技方面领先地位的联想，国家地域、企业历史、领导人的个人魅力等因素都会作用于品牌形象。

第二，产品使用者的形象。通过使用者自身形象与产品联结起来形成品牌形象，有两种主要的情况：一是"真实自我形象"，即通过产品使用者内心深处对自己的认知结果来联想品牌形象，往往借助于合适的代言人或消费者自身来表现。比如，中国联通在推广"新时空"品牌时聘请姚明做形象代言人，其以产品消费者的口吻说出"我爱篮球，我爱新时空"即是例证。二是"理想自我形象"，通过产品使用者对自己的期许，也就是希望使用产品后可以得到什么利益来联想品牌形象。例如，大胆借用敏感话题做宣传主题的贝纳通，就是因为给目标受众虚拟了一种特立独行、自由反叛的形象而迅速打开了市场。

第三，产品服务本身的形象。从产品或提供的服务本身寻找品牌的独特优势，塑造与众不同的形象。例如，网易结合产品利益点设计了形象广告，南方航空公司通过细致周到的服务形象来表现品牌内涵。

作为消费者认知品牌内涵的直观外化的表现形式，品牌形象不仅可以发挥强大的消费号召作用，实现有效的情感沟通，而且可以借助这种交流培养受众的品牌忠诚，继而增加品牌的价值。

（二）品牌资产的价值评估

一切品牌的价值都是建立在对品牌资产的确认之上的。但是究竟如何具体把握品牌资产，却非常困难。正如大卫·艾克所言："品牌的价值无法精确地评估，但可以大略地估算。由于误差很大，这些估算不能用于评估营销计划，只能说明创造了多少品牌资产。这些估算还不能为制定品牌创建计划和编制预算提供参考。"①

1. 消费者品牌资产认识的四个视角。一个首要的问题就是品牌资产是什么？按照大卫·艾克的定义，品牌资产被界定为与品牌名称和符号相联系的、附加在产品或服务上的品牌财产，而这些财产从消费者的认知角度可以分为四个方面：品牌知名度、品质认定度、品牌联想和品牌忠诚度。除此之外，市场占有率以及价格、通道也是重要的参照值。② 可以说，在所有这些参照指标中，除了市场指标可以确定说明，其他指标或多或少处在相对模糊的状态之中。

品牌知名度可以反映出品牌在消费者心目中的能见度，在品牌资产中它代表了顾客对品牌的熟悉程度。对有些产品而言，它可以影响顾客的认知和口味，知名度就是购买的驱动力。但是对有些产品或者品牌而言，知名度并不能代表消费者的认同，即这个指标所代表的消费者评价，比如有很多品牌虽然名气很大，但是消费者在购买时并不买账，或者是名气与消费者好感形成了反差。出现这种情况就说明，知名度需要通过其他指标来进一步确认，比如把知名度与美誉度或者指名率相结合，以确定知名度的有效性。通常一个品牌创造知名度并不难，一般仅仅通过简单的重复式广告或者其他营销传播手法就可以达成，但是要把知名度引向更高一层则需要更多努力。

品牌联想度可以说是所有把顾客与品牌相互联系的事物，包括了顾客的想象、产品的归属、使用的场合、企业联想、品牌个性符号等。通常情况下，这种联想既有企业或者品牌由于自身特征所建立起来的联想元素，又有消费者根据自己的经验和生活阅历的自由联想。公司及其品牌所追求的是相关的有利联想，其品牌管理工作也大多是发展什么样的联想，怎样使用这些联想，并且适当地把这些联想与品牌结合起来。

品质认定是品牌联想的特殊形式，它不仅涉及品牌的联想程度，而且直接关乎市场对品牌的形象评价，品质认定对于创造品牌价差效应关系极大。品质认定几乎适用于所有品牌类型，通常消费者在选择时不论是否有意识都会对品牌进行品质判断，在判断中把品牌分为优等/一般/劣等、高品质/低品质、最佳品质/最低品质、一致性品质/非一致性品质等。

2. 品牌资产评估的不确定性。之所以说品牌资产具有相当的模糊性，主要是因为相关指标都来自于消费者的感性关联，而消费者在具体评价时往往非常感性，与此同时，相关的评价方法和评价体系也并不能完全排除认知中的不确定因素。比如，当我们向消费者了解对某个品牌的满意程度时，可能会用一个

---

① [美]大卫·艾克：《品牌领导》，北京：新华出版社 2001 年版，第 18 页。

② [美]大卫·艾克：《品牌经营法则》，呼和浩特：内蒙古人民出版社 1998 年版，第 238 页。

相对的程度表示方式:很好—好——一般—差—很差(或者用数字形式:3,2,1,0,-1,-2,-3)。但是在大多数情况下,这种满意程度划分越是细致,消费者越是感觉无所适从。因为大多数情况下,消费者所钟爱的品牌并不是一成不变的,对于同一类产品的忠诚品牌也不止一个,在这种情况下他们很难给自己的判断做出确切的评估层级。另外,即便是消费者做出了相应的评价层级,也会因为其各自之间的差异和对不同品牌的感情成分而显得十分含糊。而对于品牌管理者来说,究竟这个3,2,1或者是-1,-2,-3可以折算为多少资产价值,也并没有一个可以精确换算的方法。所以品牌资产中这些重要的指标值,表面上看来非常明晰,其实也有很大的不确定性。当然,模糊和不确定性并不是说品牌资产不重要,而是说需要一种更加清晰直白的逻辑。

大卫·艾克认为可以从以下方面着手:首先,必须分清品牌为每个主要产品带来的市场收益;其次,将受益归为几个类型:一是品牌;二是场地、设备等固定资产;三是其他无形资产,如人员、系统、制作工序和专利权等。属于固定资产的收益一般很容易衡量,其回报比较稳定。属于品牌的收益经过资本化,为品牌在相应的产品市场提供了价值,把不同产品市场上的品牌价值累计起来就获得了品牌的总价值。收益均衡则是指品牌收益与其他无形资产收益,这些无形资产的收益有时候也是品牌资产的一部分。

正因为这样,一些世界性的品牌组织根据不同品牌现实所做出的评价往往并不相同,这体现在公司的并购市场上,由于品牌的原因所产生的虚拟资产往往波动很大。品牌价值也因此成为一个变数,其不确定性成分很可能给整个经营带来被动,对此我们应该有一个清醒的认识。

四、品牌价值优化与资源整合

很多时候,品牌管理专家和品牌传播专家对品牌价值的看法并不完全一样。邓肯对品牌资产的理解更多的是基于营销传播的角度,认为品牌资产主要来源于公司与顾客以及关系利益人之间的关系,而这种关系主要是通过沟通建立的。可以说,这种基于关系的品牌资产主要是一种感性资产。这种感性资产的来源主要是两方面,即生产者对品牌的输入和品牌对消费者的输出,如图4-2所示。

图4-2展示了一个确切的现实,即品牌作为一个中枢纽带,几乎把所有的营销元素都连接了起来。它揭示了品牌在企业的整个营销系统中,已经成为一个具有最大包容性和最广关联性的价值核心。如果说整个企业营销系统代表着一个有序的实现价值获得利润的程序,那么品牌就是这个程序中帮助企业实现最佳效应的基本元素。品牌贯穿于整个营销活动,对于企业而言它可以有序

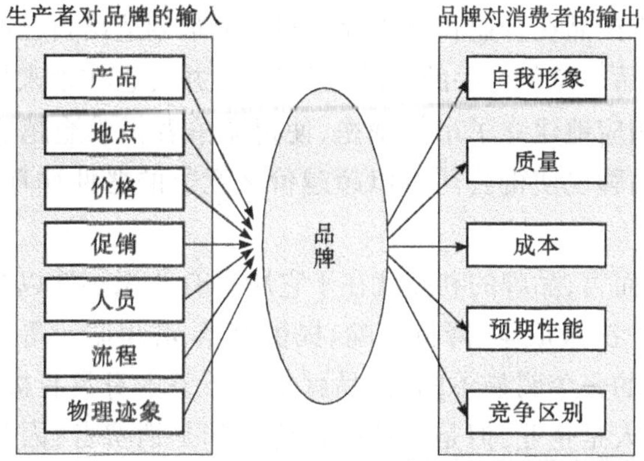

图 4－2　品牌成为一个有效的连接

地把相关工作程序整合起来，经过平衡把企业的核心竞争力转化为竞争优势；对于消费者和相关利益群体而言，品牌就像是一个信息模块，它把各种相关信息都储存在一个“文件名”下，消费者以此获取各种有价值的信息资源。尽管汤姆·邓肯主张在整合营销传播中“用价值范畴的比喻来解释品牌关系和品牌资产的形成，及如何使企业成功经营的方式，要比传统的价值链有帮助”①。但是，从程序分析角度，我们仍旧不妨引入著名的价值链理论来对这一程序加以分析和解释。企业价值链理论的提出者是哈佛大学著名的战略管理专家迈克尔·波特（Michael E. Porter）教授，在对企业竞争优势的研究中他认为：

> 每一个企业都是用来进行设计、生产、销售、交货以及对产品起辅助作用的各种活动的集合体。所有这些活动都可以用价值链表示出来……虽然同一产业内的企业有相似的价值链，但竞争对手的价值链常常有所不同……竞争者价值链之间的差异是竞争优势的一个来源。②

按照波特的说法，在企业所进行的各种价值活动中，并不是所有的行为都可以创造竞争优势，因此必须识别那些具有差异性的创造竞争优势的价值。如果说在整个企业价值链构成中，营销既是企业价值链中一个价值环节，同时又是一个自成系统的价值链，那么品牌则可以说是这个价值链中最具有统合力的核心元素，因为品牌具有其他任何元素都不具备的关联能力，并且通过这种关联恰当地显示出自己的歧异性和竞争优势所在。波特认为这种“联系可以通过最优化和协调一致这两种方式带来竞争优势。联系常反映出为实现企业总体

① ［美］汤姆·邓肯、桑德拉·莫里亚蒂：《品牌至尊：利用整合营销创造终极价值》，北京：华夏出版社 2000 年版，第 12 页。

② ［美］迈克尔·波特：《竞争优势》，北京：华夏出版社 1997 年版，第 36 页。

目标的活动之间的权衡取舍”①。很明显，如果没有品牌来进行统合，面对众多的竞争对手，一个产品在企业和消费者之间将很难创造出自己的竞争优势。因为正是品牌将商品与竞争对手的产品区分开来，并且它在带来规模经济和范围经济的同时，也相应地建立了市场壁垒，使得竞争者很难逾越这种障碍形成竞争冲击。另外，品牌也使得公司可以超越价格竞争的恶性循环，有利于保持公司利益稳定性。

对于消费者而言，品牌的利益就在于它所具有的识别性以及它所带来的其他价值，诸如减少决策成本、降低风险、提供保障、心里暗示等。与企业价值链中其他价值因素的一个明显不同是，品牌价值环节本身具有极大的伸张空间，虽然品牌的发起人是企业，但是品牌的认定者却是消费者，因此这种认定带有极大的感性因素。这样一来，较之于其他的价值环节，创建品牌价值本身也就更加具有创造性成分。从战略角度看，品牌为营销管理发挥创造力提供了一个中心点。科特勒认为，创造性就是将迄今为止并不相关但却熟知的对象联系起来，从而形成创造性的洞察力。营销管理中所遇到的困难，就是产品和品牌开发，经常是一个团队努力的过程，要在这个过程中保持创造性活动的一贯性并不容易。一个非常重要的观念就是，在品牌开发和管理中，必须坚持努力把大量的商业活动整合起来，从这个意义上来说，完整的营销价值链必须以品牌作为纽带建立起自己的营销传播体系。

第二节　品牌的利益平衡法则

品牌的利益平衡是整合营销传播中至关重要的一个问题，因此我们将其界定为整合营销传播的一项根本法则。它涉及整合营销传播从理论观念、战略思维到具体战术运作的全过程，也是整合营销传播有别于其他营销传播的一个显著不同。这就意味着，任何整合营销传播行为，在实践操作中都不能背离这一原则。

一、品牌利益平衡的内涵与必然性

品牌利益平衡法则与我们在第二章第一节所提出的一致性协同性原则，堪称整合营销传播的两大原则。如果说一致性协同性是对应整合营销传播的方法论而言的话，那么品牌利益平衡就是对应整合营销传播的本体论而言的。整

① ［美］迈克尔·波特：《竞争优势》，北京：华夏出版社1997年版，第48页。

合营销传播观点认为,在当今市场背景下,绝大部分企业或品牌的首要追求并不是开发市场而是维护市场,即维护好与现有顾客和相关利益者的关系。如何维护好与现有顾客和相关利益者的关系?在很大意义上,这个关系平等的重要前提就是相互之间的利益平衡。汤姆·邓肯把整合营销传播的终极价值归之于品牌资产,我们以此为前提并将其与品牌理论相融合,曾简单地将整合营销传播的观念概括为六个字"关系创造价值"。[①] 这里的所谓"关系"就是品牌与相关利益者之间的关系,而价值就是由关系所营造的品牌价值。

相关利益者也叫关系利益人,在整合营销传播中运用这一概念是邓肯的一大贡献。它超越了以往营销中专注于顾客和消费者,以及传播学对信息传递目标受众的认识局限,从一个更加广阔的时空范畴中看待品牌的关系形态。在本书第一章中我们曾经介绍过品牌相关利益者构成,圈层式图示和简单说明具体参见图4-4。所以当我们论及品牌利益平衡的基本内涵时,就是说要想保持整合营销传播过程中品牌关系的不断优化,关键要从关注单纯的品牌利益,提升到关注整个相关利益者的利益,并通过相应的沟通和协调机制保持品牌相关者之间的利益平衡。所谓利益平衡,本质上是一种价值获得感的平衡,我们可以从几个方面对此加以理解。

其一,品牌利益平衡包含了多维度的价值关系,品牌关联群体超越传统的产业上下游供销链,延伸到品牌的社会的不同利益层面。从产品以及消费者利益的角度看,它所反映的是品牌运营中的商业价值,即品牌给利益交换各方所带来的共同收益,任何有价值的品牌都必须拥有可获利的品牌关系;从品牌的社会和文化属性来看,它表明品牌作为一种充分的社会化元素,必须与整个社会建构一种和谐关系,从而使品牌与社会处在一个正相关的认同状态。比如,一个品牌也可能很注重为它的消费者创造突出的个性体验,但是却忽略了噪音对周边社区的环境所造成的影响,从而形成顾客群体满足与周边群体不满的冲突,这也不符合品牌利益平衡的原则。

其二,品牌拥有者及相关利益者都应该在品牌价值中获得相应的收益,这种收益包括物质性的使用价值和精神性的情感价值。品牌特质不同,其所提供的价值满足形态不同,但在整体上应该具有相应的平衡性。比如,一些著名的奢侈品品牌,虽然使用价值与价格并不完全吻合,但是其带给消费者的心理体验却在很大程度上弥补了价格与使用价值的差异,从而形成一种新的价值平衡。

其三,品牌利益平衡在一定程度上反映了某种投入产出特征,即不论是

① 卫军英:《关系创造价值:整合营销传播的理论向度》,北京:中国传媒大学出版社2006年版。

消费者个体还是其他相关利益者，乃至于品牌所处的整个社会，其对品牌的关注以及价值的认同，都受到从品牌中获益的影响。如果产业链中的任一环节失去了相应的利益和价值获得，就有可能导致品牌的天平发生倾斜和不稳定。比如，一个品牌如果不切实际地提高自身的获益，就有可能导致其上下游的不满。同样一个社会化的品牌，如果没有为社会带来良好的预期，也不会受到社会所给予的相应的关注。

品牌利益平衡是维护品牌关系以及品牌持续性发展的根本法则，保持品牌利益平衡在为品牌提供发展的内驱动力的同时，也为品牌营造了良好的运行环境，并成为延续品牌生命力的一种保证。但是在现实中，许多企业在品牌发展中往往忽略了与顾客及相关利益者之间的利益平衡。尤其是一些处于强势状态的品牌，其拥有者往往从自我利益出发，在与消费者及外围关系达成的过程中，过于关注自身的利润获得，长此以往必然会失去忠实顾客的拥戴。这一点不仅体现在新兴企业身上，很多具有相当品牌价值的跨国企业也曾经因为不适当的利润关注，忽略了品牌关系中与顾客利益之间的平衡，结果导致了品牌关系和整合传播中的障碍。

二、保持品牌利益平衡的基本方法

品牌利益平衡法则的一个显著特点是，它所关注的利益并不只是品牌拥有人的利益，也关注所有品牌相关方的利益。因此就品牌利益平衡而言，其实质首先不在于营销收益，而在于对不同品牌利益群体的价值创造。从这一立足点出发，保持品牌利益平衡的基本方法，不外乎以下三个方面。

（一）品牌利益共享式

要认识到品牌虽然在商标意义上属于品牌拥有者单方，但是从品牌关系的角度来看，它是品牌相关利益者乃至于整个社会的共享对象。以品牌为纽带形成了一个利益共享系统，使品牌消费者、公司员工、供应商、销售商等相关利益群体，乃至于社会各界都能从品牌增长中获得收益。比如，阿里巴巴是一个著名的互联网电子商务品牌，它的总部设在浙江杭州，旗下拥有淘宝、天猫、支付宝、余额宝、阿里云等多个子品牌。多年来，阿里巴巴在发展中注重把企业自身利益与相关利益者利益相统一，淘宝的发展不但给小微电商带来了很大的商业机遇，而且也为一般消费者带来了很大的方便，同时拉动了相关制造业和以快递为主的服务业；为了更进一步规范和提升，又推出支付宝完善金融支持，推出天猫保证电商品质的提升。这些从 B2C 到 C2B 到 C2B2S 的模式转化，使得阿里巴巴线上线下各方都获得了相应的利益，而阿里巴巴在自身品牌提升的同时，也为整个电子商务乃至于社会带来了一定的获益。阿里巴巴的发展不单单是企业品牌和电商消费的发展，其所在地杭州市的产业转型也得益于阿里巴巴，并在就业、税收和国际知名度上获得了很大的回报。所以阿里巴巴的品牌模式，实际上是一种放大了的利益共享方式。

（二）品牌体验代入式

品牌的价值并不单纯取决于品牌拥有的商业投入和使用价值，还取决于相关利益者和社会的感情倾向和认同程度。因此，维护品牌利益平衡，就应该关注这种对品牌的情感投入，创造具有情感体验性的品牌运行模式，努力提升品牌各利益相关方的共享体验。比如，可口可乐作为一个具有世界影响力的传统品牌，为了保持与社会前进同步，通过营销传播实现了某种共享体验，继2013年推出昵称瓶，2014年推出歌词瓶之后，2015年又推出集经典电影和电视中的经典台词的台词瓶。不仅拉近了这一经典品牌与时代的距离，而且可以为年轻一代创造了强大的代入感。试想当你买到一瓶包装上印有你的名字或者昵称，以“随风奔跑，自由是方向”为你的人生加以注解时，你得到的是一种远远超越产品超值的快乐感和自豪感。

（三）品牌互动对话式

品牌对话和互动方式是实现品牌利益和达成品牌价值平衡的具体路径，在现代品牌运行中，互动对话是不可或缺的必然选择，无论采取什么策略，互动对话都是品牌发展的前提。互动对话意味着品牌与顾客以及相关利益方，采取平等的方式展开交流活动，通过相互沟通寻求最佳平衡点。过去由于渠道和媒体的限制，企业的营销和品牌传播往往借助于中间商和大众传媒，这在一定程度上限制了互动与对话，即便是有个别的对话往往也显得很零星。信息技术的发展为品牌互动对话创造了前所未有的可能，互动式对话几乎在任何类型的企业和品牌之间都可以实现，尤其是网络和数据库，不仅使得精准营销成为可能，也为品牌实现即时对话与互动提供了便利的条件。所以有效地采取互动式对话，就能够更好地保证品牌及相关利益者的利益所得。

由于品牌消费本身不仅体现为使用价值，而且还是一种心理体验，消费者在很大程度上愿意为他们的心理满足付出更多的价格。所以保持品牌利益平衡的基本方法，既涉及直接经济利益和使用价值，同时也涉及品牌共享中的情感体验和沟通价值。从经济利益和使用价值的角度看，品牌发展的主导者必须具有与顾客及外围群体的利益共享意识，尤其是要注意经营管理中对交易成本的控制，不能在自己获利的同时把更多的投入转嫁到消费者及其他利益链条上；在沟通中也力戒一厢情愿的自我宣传，认为只需通过广告等诸多投入就可以创造出著名品牌，而所有的投入都将从品牌的超额效益中得到相应的回报。

三、利益平衡点及平衡的层级与优先次序

这里涉及的是利益平衡原则应用中的具体操作方法,包括对平衡点的确定、平衡层级的把握以及优先次序的确认。之所以强调这些概念,其目的在于保证整合营销传播中,基于利益平衡原则的操作,可以具有模式化特点。

其一,平衡点。平衡点指的是整合营销传播过程,为了保证整合所涉及的相关利益者在价值获得方面比较适度,必须确认一个各方都能接受的利益基准点,我们把这个利益基准点称之为平衡点。举例而言,一个充分市场化的品牌在其营销过程中,为了保证品牌价值链上各方的共同利益,在进行品牌定价时就必须遵循市场法则,具体考虑不同利益方的接受可能。比如,韩国的三星手机作为全球领先的著名品牌,长期采取高端定价方式,但是三星品牌的外围认知却与其价格定位存在一定距离。随着 2016 年 8 月三星 Note 7 发生爆炸,其间由于三星处理失当,导致三星手机全球性的品牌危机,从中也折射出利益平衡点对品牌价值的影响。

其二,平衡层级。平衡层级指的是在利益平衡原则应用过程中,应该予以设定的利益层次,这个层级既包括利益涉及面,也包括利益权重,即不同的利益点往往关系到各种不同的利益层面。我们按照这种认识,将品牌利益平衡的层级划分为三种:基本层—特殊层—自主层。比如,品牌的价格对象就是中间商和顾客,这是相关利益者中至关重要的部分,同时它又是品牌的直接收益和利润来源。因而价格是关乎品牌最为重要的利益共同体的基本问题,所以价格在利益平衡中处在至关重要的基本层面。又比如,品牌沟通中对媒体等信息渠道的选择,以及对相关体验活动的设计,往往因为时间、空间以及对象的变化,具有局部性的特别要求,这些都非品牌利益平衡中的普遍问题,可以采取特别方式分别对待,或者根据具体情况自主处理。

其三,优先次序。优先次序指的是整合营销传播在价值对应和利益平衡过程中,对具体问题和各项事务的处理顺序。由于具体问题涉及方方面面,且涉及不同品牌之间的问题也各有不同,所以优先次序只能提出原则性建议。从整合营销传播来看,当营销与传播共为一体时,实施有效的品牌沟通对话,就成为最为优先考虑的问题之一,不论是考虑到物质利益还是心理性价值,第一步必须是与顾客以及相关利益者实现平等的沟通对话。而有价值的平等沟通对话,有赖于互动沟通的整合营销传播机制,在这个机制里必须确保品牌与各方相关利益群体都拥有充分的信息表达。在建立有效的沟通对话机制之后,下一步的就是对各相关利益者的利益考虑,包括消费者利益、营销共同体利益、社会利益等。品牌本身所处的阶段不同,往往对利益考虑的落脚点不同。比如,一个处

在市场开拓初期的品牌，为了迅速完成自己的市场认同和社会认知，往往会把寻求最佳营销传播方法放在优先考虑的位置；而一个渠道、价格和社会认知都处于稳定阶段的品牌，在已经获得相应市场收益的同时，如果注重品牌的技术提升和对社会的回报，则很可能会为品牌带来更多的社会认同。

四、构建以品牌为中心的整合体系

品牌已经不仅仅是一个名称或者符号，在整个市场营销价值链中它既是一个可以协调各种价值关系的核心元素，也如邓肯所言是整合营销传播的终极价值追求。因为品牌涉及营销组合中的所有要素，甚至很多地方超出了一般营销的范畴，所以我们不能只从战术上看待它，仅仅把它当作是超市货架上用来区分同类产品的设计工具。相反，要把它看作是营销活动的中心，是指导人们如何获得消费者满意这一管理过程的思考方法。整合营销传播中的一个重要任务，就是围绕品牌规划整合传播体系。对此邓肯建议要注意三个方面：首先，企业的整合过程要保证定位一致；其次，要加强企业与顾客或其他相关利益者之间有意识地互动；最后，在这个关系构架中要积极保持对各方负责的态度。图4－3就是这种整合营销传播战略构架的宏观模式。

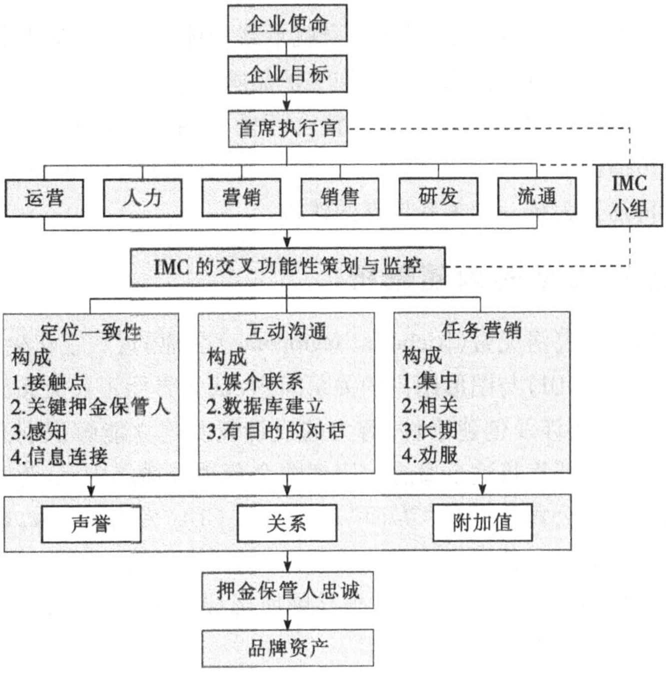

图4－3　整合营销传播的宏观管理模式

在这个模式中，押金保管人，也就是顾客和相关利益者。按照邓肯的说法，顾客和关系利益人与品牌之间的关系构成了品牌资产，这些顾客与关系利益者才是品牌资产的真正拥有者，在某种意义上，他们可以说是品牌资产的押金保管人。很明显，这是一个广义的整合营销传播战略构架，在这个模式中传播成为营销组合的主导，甚至成为整个战略构架中的一个整合性驱动力量，并自始至终贯穿于整个组织之中。其中整合营销传播的努力目标就是加强企业与顾客以及相关利益者的关系，并进而培植押金保管人的忠诚，最终形成品牌资产。在这里品牌关系既是终极目标，也是贯穿整合营销传播体系之中始终如一的核心理念。虽然考虑到现代企业的管理模式和操作规范，邓肯的构想在实际应用中仍然面临着艰难的适应性，因而也不无理想化色彩。但是他所倡导的这种观念却很明确，即整合营销传播通过对品牌关系的追求，可以扩大企业的资源，并天然地把企业的传播活动与企业的目标结果相联系，从而真正达到资源整合的目的。

第三节　建立稳定的消费关系

品牌价值取决于品牌关系，品牌本身就承载和体现了与顾客及相关利益者的这种特殊关系。通过传播沟通营造和维护品牌关系，并使这种关系不断加以强化，进而实现品牌价值的提升，这是整合营销传播的核心理念和思维逻辑。没有良好的传播沟通，品牌关系就无从谈起，因此品牌的黏性也在很大程度上，依赖营销与传播互为统一的关系形态的建构。

一、品牌关系的内涵剖析

尼古拉斯·尼葛洛庞蒂（Nicholas Negroponte）在他的《数字化生存》中提出了计算机“界面”（GUI）与图形用户的关系问题，认为界面不仅关系到计算机的外表和感觉，而且还涉及创建个性、智力的设计以及建立能够识别人类情感表达的机器。汤姆·邓肯将这个概念运用到整合营销传播之中，认为营销传播可以看作是消费者与公司之间的“界面”。“界面”GUI（发音 Gooey，意思是甜美的、黏性的）表示沟通是使二者之间连接起来的纽带，所以在消费者与品牌之间存在一个黏性界面，也就是说消费者与品牌所形成的关系具有黏性特征，即在消费者与品牌之间存在着某种忠诚。

关系的价值在一般营销理论中并没有得到足够的重视。早期的 4P 理论，注重从产品出发实现营销价值；现代营销虽然有所改变，但即便是在 4C 理论中，作为第一位要素存在的仍然是需求，而这种需求第一位的考虑，也是为满足消费者的需求和欲望。整合营销传播虽然是建立在这种营销理论之上的，但是它所包含的一个基本原则，却超越了单纯的消费者需求。这就是在创建并传播品牌信息时，不仅要考虑消费者（顾客），而且还要考虑众多的群体（相关利益者），因为他们都能影响公司的利益。因此在整合营销传播的关系指向中，主要就是品牌与顾客及相关利益者之间的关系。

严格地说，相关利益者已经包含了顾客，但是由于习惯上顾客总是被置于现代营销的顶端之上，因此把顾客与相关利益者并提，有利于引起对其他相关利益群体的注意。图 4－4 是品牌关系中顾客及相关利益者的构成状态，从中可以看出相关利益群体对品牌关系的重要性。

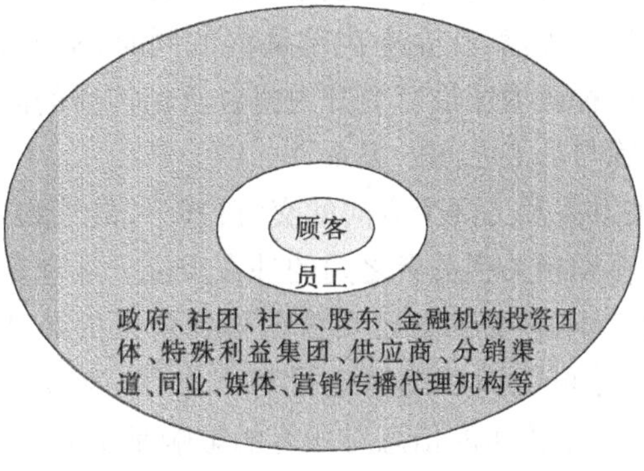

图 4－4　品牌关系中相关利益群体的存在层级

按照这个品牌相关利益群体模型，显然在品牌关系中处于核心地位的是顾客群体，其次是员工。其他相关利益群体包括政府、社团、股东、社区、媒体、供应商、分销渠道、金融投资团体、特殊利益集团以及营销传播组织等，这些相关利益群体根据不同行业和公司所处的不同阶段，其关系重要性以及对品牌的影响也有所不同。我们将分别对这些关系加以具体剖析。

第一层次：顾客。在所有的相关利益群体中，顾客处于品牌关系的核心，是品牌最重要的相关利益群体。这是因为顾客作为营销终端，他们对品牌的支持与否直接决定了品牌能否获得销售与盈利。现代市场营销把顾客需求作为营销出发点，也是基于这一认识，因此，整合营销传播中要建立的首先就是品牌与顾客之间的关系。

由于顾客本身处于不断的变化和重组之中，来自不同渠道的各种信息无时无刻不在冲击着他们，因此，要建立与顾客之间的良好关系，就必须保持流畅的传播反馈渠道，通过经常性的具有深度的沟通，迅速了解顾客不断变化的需要和需求，把握顾客关注焦点的变化。在这里沟通成为构建"品牌—顾客关系"的最重要手段，一个品牌越是能和顾客形成良好的沟通，就越是能够得到顾客的认同，良好的沟通有利于把顾客纳入公司或者品牌的计划与运作之中。毫无疑问，在沟通过程中采取什么样的沟通手段和沟通管道，在这里至关重要。

第二个层次：员工。以往在营销传播过程中，公司或者品牌大多关注外部关系，很容易忽略内部关系，员工关系往往被当作是公司内部管理问题看待。20 世纪 80 年代，伴随着品牌形象理论的深入发展，在一种新型营销传播形式 CIS 流行之际，这种关系形式被上升到一个新的层次。企业形象识别系统强调从企业经营理念到企业精神文化，从员工行为到企业活动，从视觉识别的基本要素到全部应用视觉识别要素，系统地构建一种具有高度同一性、独特性、可识别性的企业形象识别系统，以此树立起高度统一而又极富个性的企业形象，并通过对内对外的一致性传播，在企业内部认同的同时，实现消费者对企业形象的全面认同。但是这种认识还没有上升为整合营销传播的高度，也没有意识到要构建公司或者品牌与员工之间的关系。

实际上，员工关系涉及了两个方向的交流：其一，员工和公司之间的内部交流；其二，员工与顾客和相关利益者之间的外在交流。从理论上讲，只有当员工真正了解了他们的工作、感受到自己在公司得到公正待遇、体会到自己是公司队伍中的一员，他们才可能满腔热情地投身工作，并为顾客提供一流的服务。从信息传播角度看，员工传达的信息对顾客的影响是十分重要的。整合营销传播鼓励并促进顾客与公司进行交流，这就意味着有更多的顾客将要与公司员工进行沟通。因此，如果在员工这一环出现障碍，公司或者品牌将会为此付出巨大的代价。

第三层次：其他相关利益者。除了顾客和员工外，其他相关利益群体也会对公司发展产生很大影响。一般来说，维持与其他相关利益群体的关系，并不属于营销的任务，但是由于在营销过程中，这些相关利益群体或多或少会从不同方面对公司或者品牌产生影响，所以整合营销传播必须要考虑与这一群体的沟通。

对于大多数公司和品牌而言，在生产和经营过程中有两个相关利益群体是必须要面对的，这就是供应商和分销商。它们分别代表公司及其品牌流转的上游与下游，直接关联到公司或者品牌存在的可能性。因此，近些年来，在利益相关群体中的地位显得越来越重要。至于政府、媒体、股东、投资商，甚至是竞争对手等，他们不仅涉及政策以及许多具有社会意义的宏观问题，而且由此形成的社会影响也不可忽视。

在这些相关利益者中，媒体和政府关系通常比较受到重视，这是因为它们一方面具有政策性的监督调控能力，一方面又可以直接影响社会舆论。公司或者品牌为了获得其支持往往主动采取措施，以保证这种关系处于良性状态。相对而言，公司或者品牌在其他关系利益者的处理上可能不及前者，尤其是对一些特殊利益群体，比如社区、环保等，但是要切记，这些相关利益群体合作与否，同样会影响到公司及其品牌关系。股东、投资部门既是公司的投资者，也是品牌的拥有者，它们对品牌的关注与品牌持有人一样，而且由其所扩散的信息也许要大于公司自身。除此之外，还有一个并没有引起注意的相关利益者，那就是同业之间。通常同业往往被看作是竞争对手，实际上同业除了对抗性竞争之外，还共同拥有维护市场的责任。

顾客和相关利益者关系构成了品牌关系的内涵，维护品牌关系也就是维护品牌与顾客和相关利益者之间的关系。在整合营销传播中，一切沟通信息和传播手段都必须保证有利于这种关系的建设。这里需要注意的一个情况是，通常公司或者品牌信息都是针对核心相关利益者即顾客设计的，但是在传播尤其是大众传播过程中，接触到这些信息的却不仅仅是顾客，而是所有核心相关利益者。同时，相关利益者之间通常具有相互重叠现象，比如，一个公司的股票持有者有可能是该公司品牌的消费者，同时还可能又是政府或者媒体部门的工作人员。就像在商业银行中，90%以上的雇员同时也是自己所在银行的顾客。整合营销传播中一定要兼顾到这种相关利益者的交叉重叠，品牌信息的设计也要努力保证被所有相关利益者接受，并尽量保持信息的一致性。

二、建立品牌关系的基本前提

虽然我们也认同品牌和品牌资产的实质是顾客与品牌之间的关系，但是实际上，由于品牌现象十分复杂，在不同层次上涉及品牌概念时其含义往往并不一样，这一点在企业操作过程中表现得格外突出。大多数情况下，品牌仅仅是一种以符号为代表的区隔方式，也是创造超出平均利润的获利手段。显然，任何品牌必须要具有一定的获利能力，这是一个极为重要的问题，否则这个品牌不论多么知名，都将失去存在的前提。当然，这种获利并不是品牌持有人单方的索取，而是与顾客之间的利益平衡。正如舒尔茨所说的，只有当“品牌对于顾客的价值和顾客对于品牌的价值趋于平衡时，品牌才会随着时间的流逝而逐渐成长并大获全胜”①。这一点很多企业并不十分明白。

一些具有相当品牌价值的跨国企业也曾经因为不适当的利润关注，忽略了品牌关系中与顾客利益之间的平衡，结果导致品牌关系和整合传播出现障碍。

---

① [美]唐·舒尔茨，等：《论品牌》，北京：人民邮电出版社2005年版，第47页。

一切品牌不论它如何构建自己的关系,或者对品牌概念如何理解,都不应忽视这样一个事实:品牌的创建和维护需要资金,而且很大意义上创建和维护品牌的成本要大于一般性交易,品牌必须要同时能够增加销售或者降低经营成本。如果一个品牌在创立过程中或者在维持顾客关系过程中,试图把自己的主要追求或者多余成本转嫁到顾客身上,那么最终结果只能是失去顾客。

我们可以从21世纪初两个世界著名的跨国品牌蚕食中国市场,并与中国本土品牌的竞争对立中加以说明。在日化产品中,过去宝洁和联合利华在中国市场上占有绝对领先地位,但是这种优势在进入21世纪后受到了明显的挑战。比如洗衣粉这个产品,曾几何时在宝洁公司和联合利华的夹击之下,中国本土品牌纷纷丢盔撂甲甚至是改换门庭。但是随后几年,一个来自浙江丽水的中国本土品牌纳爱斯开始崛起,明显地使这两个世界超级品牌感受到了市场的压力。当时纳爱斯在全国19个省共有30家委托加工企业,除了对这些企业的生产进行控制以外,公司高层也时常到这些企业交流,与管理者沟通。通过这种方式,纳爱斯把自己的管理文化渗透到了这些企业中。在这30家加工厂名单中,赫然在列的竟有德国汉高在华的4个洗涤剂生产厂和宝洁的2个工厂,这些原本隶属于世界著名日化品牌的生产企业,在中国竟然沦为纳爱斯的OEM厂,变成了中国厂商的打工仔,无可奈何地看着他们的生产线每天生产着纳爱斯的产品,而后者的产品投入销售又在抢夺着它们的市场份额。甚至有报道说因为这种委托加工,徐州汉高洗涤剂有限公司脱离了亏损4 000万元的窘境扭亏为盈。难怪2002年10月著名的《远东经济评论》的两位名叫卡比·勒吉特(Karby Leggett)和彼德·沃纳科特(Peter Wonacott)的作者要这样看了:

> 联合利华在中国投资已经有16年了,它的肥皂、洗衣粉在中国获得了广泛的使用,在很多年的时间里,它的主要竞争对手是宝洁和庄臣,这两家也在中国进行了很大投资。但是在过去三年时间里,私有企业浙江纳爱斯超过了联合利华成为中国洗衣粉行业的老大,纳爱斯发言人表示:"这来自低生产成本和高品质。"联合利华发言人也表示:"我们的主要竞争对手是中国的私有企业。"

如果简单从品牌资产和品牌所产生的附加值,即高于行业平均利润这个惯例来看,显然不能理解这个明显带着一些土气的中国品牌,怎么可能创造出这样大大领先于世界著名品牌的效益。曾经有人将之归结为纳爱斯的价格策略,其实最初运用价格杀手的并不是纳爱斯,而是与宝洁齐名的联合利华。早在1999年11月,联合利华第一个在行业内发动降价,并借此一举成功取代宝洁,成为行业龙头。当时联合利华借两款奥妙洗衣粉新推出之际实施全面降价,降幅分别达到40%和30%,这个价格当时仅相当于主要对手的一半左右。联合利华中国总部市场董事陈继钧在接受《21 世纪经济报道》记者采访时候婉转地表示:“如果价格长期背离市场需求,产品就必将被消费者淘汰。”显然他明白,过去跨国品牌在这些缺乏技术内涵的日用品上,维持超高价格并不符合市场需要。对此陈继均直截了当地说:“我认为我们当时的市场定位有些偏差!”在实施降价策略以后,按照他的说法是“我们也没想到,洗衣粉月销售量大幅度增加,整整比原来增长了四倍以上”。当时奥妙的广告采用一贯手法,以城市知识女性做模特形象,广告一直在试图说服你:

你用过奥妙吗?没有。试试看。奥妙挺好的。价格贵吗?不贵。

据同期调查,降价后的奥妙洗衣粉在全国各主要城市的零售都出现了连续热销,奥妙品牌市场占有率翻了一番,把老对手宝洁公司也甩在了后面。然而,就在 2001 年 4 月,昔日洗衣粉市场的龙头宝洁公司,不甘于自己的地位被抢夺,再加上又受到了中国本土企业的冲击,于是在全国范围内拉开了降价序幕,其旗下品牌汰渍洗衣粉一下子也从 6 元多下降到 3.5 元。而纳爱斯通过广告洗牌所拉开的降价行动,也在这个时候大规模推开:“只选对的,不买贵的。”很快蚕食了不少市场份额,并顺利跃上中国洗衣粉销售的头把交椅。

这场硝烟弥漫的洗衣粉品牌大战表面上看,是各家品牌之间为了角逐市场老大而采取的一次价格拼杀,但是透过竞争表象我们发现其间包含着错综复杂的品牌价值之争。宝洁与联合利华在进入中国市场之初,都不约而同地采取了以高端市场为主打的高价策略,而所有维持高价的基础其实很简单:跨国公司的品牌形象。从出发点上讲,跨国品牌在这个时期主要追求的首先是自己的利润,即如何利用市场和消费者认知的不成熟获取高额暴利。显然,这种行为违背了品牌关系中所要求的必须保持与消费者之间利益平衡的原则,因此,随着市场和消费者对产品认识的不断深化,消费者发现了品牌关系中所存在的承诺脱节。而对于洗衣粉这样的低技术含量产品而言,兑现承诺维持消费者关系的方式主要就是基本产品功能和销售价格,这也是最终这些企业不得不选择降低价格以保持消费者购买忠诚度的根本理由,正如联合利华市场董事所说的,“我认为我们当时的市场定位有些偏差!”汤姆·邓肯在谈及有利可图的品牌关系时认为:

当顾客被诱导去购买他们不需要或者不想购买的商品时,公司拿来冒险的不仅是名誉。首先被诱导的顾客最后总是比自愿购买的顾客满意度低,因此他们更有可能要求退货或者要求另外的服务,这些都会增加运营的开支。其次失望的顾客可能会成为宣传品牌缺点的代言人。第三,他们绝少再次购买,因此这次销售就变成了一次性销售而非品牌关系的开始,这个首次(也是唯一一次)销售的投资效用就消失了。①

有鉴于此,邓肯从品牌计划益处和顾客可以从品牌关系中获利上认识到这种有利可图的品牌计划。正如我们前面所列举的洗衣粉品牌竞争案例一样,他认为公司可获利的品牌计划,主要来自于销售的增长和成本的降低。这种可盈利的品牌与顾客关系,如表 4-1 所示,具体表现在以下几个方面。

表 4-1 可盈利的顾客关系

对成本的影响	对销售/利润的影响
1. 与现有顾客交易成本较低	1. 忠诚顾客的购买更多
2. 顾客关系可以分期分摊顾客获得成本	2. 忠诚增加了长期顾客的价值
3. 品牌拥护者的忠诚减少了宣传费用	3. 顾客流失的减少增加了销售
4. 引导满意顾客比较容易	4. 失望顾客可能散布不利言论影响利润

其一,与现有顾客交易成本较低。这点在第一章已经谈及,西尔斯(Sears)的研究发现,与新顾客的交易成本要高于老顾客 20 倍。关于成本差异的各种调查数据可能有所不同,但是结论并没有什么两样。

其二,顾客关系可以分期分摊顾客获得成本。品牌与顾客之间的获得成本取决于这种关系的维持周期,也就是说当顾客不再购买这个品牌时,公司的投资回报就基本结束了。例如,一个品牌获得了一个新顾客,如果其购买周期是一年,则获得成本在 12 个月内平摊,如果其购买周期是三年,则成本在 36 个月内平摊。

其三,品牌忠诚者不但可以减少宣传费用并且也容易把握。这是因为品牌忠诚者通常对品牌比较了解,而且满意程度也比较高,对他们的宣传不仅仅远远低于潜在客户和一般顾客,而且他们自己也往往会成为品牌的宣传者。由于这些顾客与品牌之间良好的关系,在沟通过程中往往比较容易把握。

其四,忠诚度是品牌与顾客关系中的最高价值。通常每一位顾客带给公司的利润会随着时间而增加,而且有研究表明,顾客与品牌维持关系的时间越长,则越愿意支付价格溢价,终身顾客是品牌最为珍贵的资产。

其五,顾客流失所带来的影响。有研究发现,减少 5% 的顾客流失在平均顾客使用年限中会使利润上升 35% ~95% 。而且流失的顾客也会造成其他顾客流失,与此同时,顾客流失往往是因为不满意因素所致,因此这种流失就不仅仅是财务上的成本利润问题,还包括了顾客本身的口碑传播影响。

① [美]汤姆·邓肯:《整合营销传播:利用广告和促销建树品牌》,北京:中国财政经济出版社 2004 年版,第 63 页。

由此可见，可获利的品牌关系，其实质就是要保持品牌利益与顾客利益的平衡，只有首先考虑到顾客如何从品牌关系中获得利益，才能保证品牌从中获得利益。简而言之，顾客从品牌关系中所获的具体利益主要体现在四个方面。

1. 降低风险。科特勒称之为消费者的“可觉察风险”[①]，这里的风险主要是指消费者所负担的购买风险。[②] 一般而言，许多购买都具有一定的风险负担，通常消费者无法确定其购买后果，所以往往会心有顾及。这种风险大小变化主要取决于几方面：冒这一风险所支付的货币数量、不确定的比例以及消费者的自信程度等。按照经济学家的研究结果：消费者的满意度＝实际价值/顾客期望值。[③] 也就是说，如果实际值大于期望值，其满意指数就会超过1，在实际值确定的情况下，只要能够降低期望值就能够增加满意度。所以良好的品牌关系可以避免消费者的风险负担。

2. 减少成本。在消费者的购买过程中，对于成本的支出往往只考虑货币支出部分，这其实这并不全面。购买不仅仅需要花费金钱而且还需要花费时间和精力，这些时间和精力也是消费者的成本。如果消费者能够对公司或者品牌比较了解，并且保持和特定品牌之间的良好关系，那么在购买时就会减少选择的过程，同样也就是减少了成本。不仅日常消费中是这样，在B2B交易中也是如此，B2B交易往往要花费大量时间和精力考察分析甚至是试用，其成本更大。良好的品牌关系在减少决策成本的同时，还可能获得来自品牌的额外补偿。

3. 提高效率。主要是指公司及其品牌对顾客的服务效率。随着关系销售的深入，公司或者品牌与顾客的关系不再是简单的交易关系，很大意义上这种品牌关系是建立在信用基础上的。实施整合营销传播的公司品牌，首要因素就是对顾客的区隔和辨认，其结果是对个性的认知和工作效率的提高。比如，一个公司通过顾客数据库确认了其顾客身份，那么接下来的交易就十分迅速，不需要信用认证以及姓名、住址、电话和其他证明的确认。

4. 增加联系。联系这里是指顾客与品牌之间除了长期的关系外与日俱增的感情联系。在品牌与顾客关系中，很多成分属于感情的因素，顾客拥有一个品牌的时间越长，就越是容易产生一种对该品牌的拥有感，尤其是对那些更能够体现社会性特征的品牌。如果这个品牌在社会上广受尊重，顾客也会从中分享到荣誉。

---

① [美]菲力普·科特勒：《营销管理》，上海：上海人民出版社1999年版，第184页。

② 参见卫军英：《广告：超越初级追求》，载《新闻与传播研究》2003年第4期，第47页。

③ [美]保罗·萨谬尔森，等：《经济学》，北京：华夏出版社1999年版，第72页。

三、由关系程度所反映的品牌黏性

所谓品牌黏性就是指品牌对顾客以及相关利益者的吸附能力，一个品牌越是能够吸引顾客及相关利益者，那么我们就可以认为其品牌黏性越强。品牌黏性本质上就是品牌关系程度的一种折射，正如我们所说的，品牌价值就是品牌与顾客和关系利益者的关系程度，这种关系程度也有一系列相关的评价指标，通过这些指标我们可以解构和分析品牌资产的价值，这些指标体现在品牌黏性上，主要就是三个衡量尺度：信任、强度、忠诚。

（一）信任

信任指的是一个公司在顾客和关系利益者那里所取的信用程度。在竞争性市场上，顾客对特定品牌的选择往往依赖于信任，选择了品牌也就意味着选择了信任。而信任的基础就是公司是否兑现了它的承诺，即它对所有相关利益群体是否保持诚实。公司或品牌的信誉取决于顾客和相关利益者的信任，通常情况下信任的建立比信任的消失要困难得多。由于市场竞争的激烈和复杂，一个公司或者品牌需要运用大量的时间和资金，通过各种传播渠道反复沟通证明，才有可能获得顾客和关系利益者的信任，但是不幸的是，这种历经艰难建立起来的信任稍不留心就很容易丧失。比如，一个顾客对某个品牌产生了信任，但是在购买使用中却发现该品牌在某一点上并不比竞争对手优越，于是他会认为该品牌所承诺的那种优势完全是一种虚伪的欺骗。因此，建立品牌信任有几个关系要关注：满意度，指品牌对相关利益者期望值的满足程度；一致性，指营销传播中各种接触所传达的信息统一性；可接近性，指顾客和相关利益者获得求助的简捷方便程度；反应灵敏性，指顾客反馈问题是否能够得到迅速解决；责任感，顾客希望感受到公司的服务是发自内心而不是仅仅为了完成销售；亲和力，指品牌对顾客和相关利益者的情感吸引；喜爱，指顾客和相关利益者对品牌的偏好。

（二）强度

强度指的是品牌与相关利益者之间可以衡量的关系程度。正如人与人之间不同交往程度的人际关系一样，品牌关系也具有不同程度。这种关系的强度因顾客和产品种类而各有区别，并且随着关系的强烈程度可以划分为多个层级。图4－5所表示的就是品牌关系程度层级。

在这个模型中，品牌关系的强度是由下往上逐级增强的，从最底部的“了解”向上升至“顾客是品牌的拥护者”，通常公司或者品牌在每一个层级中都有部分顾客，一般情况下，层级越向上递进，则顾客数目也就相应地越少。在这种强度层级中，关系程度往往是顾客和关系利益者对品牌强烈的情感认同，通常那些品牌的拥护者只占顾客总数的很少比例，而公司或者品牌的目标，就是尽

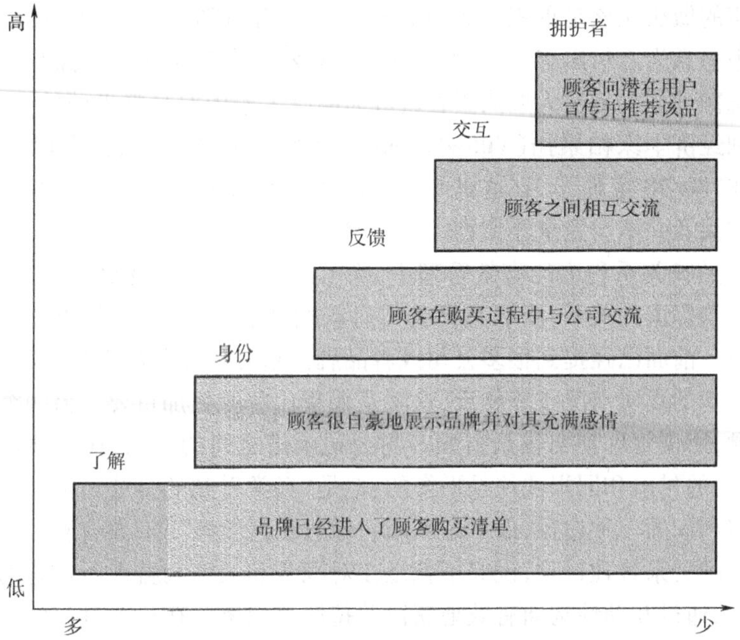

图 4-5　品牌关系强度层级

可能多地把集合之中的顾客由较低层级提升到较高层级，努力使品牌支持者数目最大化。在整合营销传播中，了解顾客处在何种关系层级，可以有效地帮助公司或者品牌识别顾客，并为之提供有针对性的品牌信息。从这些层级递进中我们可以发现，品牌关系虽然是建立在交易基础上的，但是除了最低层级中对交易关系的重视之外，在向上升级的其他层级中，几乎看不到任何交易的影子。比如，顾客向潜在用户宣传该品牌的信息，这对顾客来说根本没有任何利益上的收获，但是它所产生的影响却要远远大于公司花费巨额资金所取得的效果。因此，单纯的交易关系，很难帮助品牌建立起具有可靠强度的关系，只有在其逐步升级过程中，品牌关系强度才会不断提高。

（三）忠诚

在前面的关系层级中，忠诚属于较高层级的顾客关系，品牌关系是建立在对简单交易关系的超越之上的。所谓忠诚就是指顾客和关系利益者对品牌的持续性认同。因为品牌的成功是建立在对顾客的保留之上，而不是仅仅争取顾客，品牌忠诚是建立在顾客光顾的基础之上的。但是在大多数情况下，即使那些对品牌忠诚的顾客所选择的也并不只是一种品牌，只购买一种品牌的顾客往往只是小型顾客（其购买量很小），中型和大型顾客往往在一种商品中会中意两个以上的品牌。而正是由于忠诚度并不是 100% 的，所以不论什么公司或品牌，不切实际地试图通过忠诚把顾客捆绑在自己品牌上，都不是一种明智的做法。

比较现实的做法应该是重视在顾客钱包中的占有份额，换句话说，在顾客的支出比例中愿意为之付出多少。没有任何一家公司或者品牌可以拥有顾客的全部支付总额，因此，创造大型购买者就成为品牌关系中对品牌忠诚的一种追求。以意大利经济学家帕累托(Vilfredo Pareto)名字命名的"帕累托定理"(营销学中又称作"80/20 定理")，在这里的解释就是处在20%部位的是大型购买者，但是这些购买者并不会完全停留在一个品牌上。

在对品牌关系程度的有效管理中，除了上面几点之外还必须注意两点：一个是获取与保留的关系，获取是指公司对新顾客的开拓，保留是指公司对老顾客的保持。前面已经提到很多公司或者品牌注重开拓而忽略保持，其实品牌关系获得成功的真实情况正好相反，这就是保留比获取更加重要。另一个是管理预期问题，所谓管理预期就是指顾客与公司承诺之间的关系，在一项良好的关系中，公司的付出和回报往往是平衡的，但是"经常看到的是公司把关系当作是赚取顾客利润的一种途径，而不是利用它构造双赢形势"[①]。整合营销传播中所涉及的品牌关系管理过程，说穿了就是在对顾客和关系利益人所实施的一切营销传播中，通过互动性沟通有效地获得并持续地保留。在这个过程中有关信息的设计，一定要从顾客的现实和自己的可能出发且具体可行，也就是说，必须保持整合管理的有效性，也其中也包括了对品牌关系的利益考虑。

四、整合营销传播造就品牌关系

很显然，要想在顾客和品牌之间建立良好的关系，就必须借助于可以交流的多重传播职能，这正是整合营销传播的特征和职责所在。当公司或者品牌把自己的营销目标界定为与顾客之间的关系追求时，它必须找到一种适当的方式来完成这一使命，在对各种方式进行评估之后，营销传播专家们发现，运用整合营销传播是一种最切实际的方法。

20 世纪 80 年代，在整合营销传播首先作为一种媒体操作手段开始兴起时，这个意识并不明确，甚至是到了 1993 年舒尔茨出版《整合营销传播》正式建立这一理论体系时，也没有把品牌关系作为整合营销传播的核心问题提出，而且他的著作很少涉及品牌关系问题。大约在同一时期，大卫·艾克连续出版的几本有关品牌的著作中，对品牌的研究也是侧重于品牌资产管理和创建强势品牌，而且即便在后来整合营销传播已经风起云涌之际，艾克的著作中也并不是采用整合传播观点来看待品牌，可以说艾克对品牌本身的认识还只是从传统营销传播向整合营销传播的一个过渡。正因为这个原因，大卫·艾克虽然完整而

① [美]汤姆·邓肯:《整合营销传播:利用广告和促销建树品牌》，北京:中国财政经济出版社 2004 年版，第 62 页。

系统地构建了他的品牌理论，但是其出发点却与整合营销传播有所不同，其所形成的基础是公司或者品牌持有者的自身属性，然后通过多种管理功能和传播手段使得品牌价值得到凸现。这一点决定了他的品牌理论与我们所认同的整合营销传播理论，尤其是整合营销传播中以建立品牌价值为核心的基本观念有所区别。正是在这个意义上，我们说这个由舒尔茨所首倡的全新观念，只有到汤姆·邓肯这里才基本完成了理论构建。

汤姆·邓肯的最大贡献就在于把品牌关系确定为整合营销传播的核心价值追求，并在此基础上提出了关系利益人概念，围绕着品牌关系和关系利益者提出了一系列的原则和方法，并使相关认识得到了延伸，这样就彻底使整合营销传播摆脱了早期的困扰，即基于媒介和信息整合需要所形成的战术性操作追求，上升为一种战略意义上的追求。一切正如舒尔茨在提出这个观点十年之后所说的那样，整合营销传播“在本质上是战略，在执行上是战术……是业务的战略过程”①。在战略意义上，品牌关系堪称是建立整合营销传播的中枢所在，在邓肯的观念中，几乎所有整合营销传播的基本要素都是围绕着这个中枢而形成的。这就是说，舒尔茨所提出的整合营销传播理论构想，和艾克倡导的一系列品牌理论在邓肯这里达到了新的融合，从而使整合营销传播真正从观念走向操作，也就是所谓“本质上是战略，执行上是战术”。正是在这个意义上，我们认同这样一种观点，即整合营销传播实际上就是对有关品牌资源的整合。

我们将在下面选取的案例中，从农夫山泉的品牌建设与品牌年轻化策略中，进一步认识这种品牌关系，同时也进一步审视和反思，传统品牌建构在新的市场背景下面临着怎样的转变。

案例分析

农夫山泉的品牌建设与品牌年轻化策略

1996年，农夫山泉成立公司，并提出“天然水”的概念，这一定位避免了与娃哈哈、乐百氏等纯净水品牌进行正面竞争，农夫山泉逐渐打开天然水品类市场。此后农夫山泉推出了产自千岛湖水源地的天然水产品，树立了注重天然与健康的品牌形象。

① ［美］舒尔茨、凯奇：《全球整合营销传播》，北京：中国财政经济出版社2004年版，第65页。

一、农夫山泉品牌主张的演变

(一)"农夫山泉有点甜"

"农夫山泉有点甜"的卖点,给了消费者一种心理暗示。因为在消费者的习惯性认知中,山泉水就是带有甜味的,而农夫山泉便是取自千岛湖70米以下的深水。但实际上农夫山泉的水并没有明显的甜味,"有点甜"代表了农夫山泉一种"天然"的感知价值,促使消费者产生正向的联想。

(二)"天然的弱碱性水"

2007年,农夫山泉提出了一个新的品牌主张,即"天然的弱碱性水"。农夫山泉还在每瓶水的瓶颈处套上了小拉环,注明农夫山泉的pH值是7.3±0.5,并且附加了一张pH试纸,供消费者测试农夫山泉的酸碱度,以证明其水质是弱碱性的。农夫山泉在各大媒体投入了酸碱度测试的广告,宣传弱碱性水更有利于健康的观念。而在当时的市场上,除了农夫山泉等少数几个品牌外,大部分的饮用水都呈酸性。虽然在2018年,酸碱体质理论崩塌,但是农夫山泉却借此获得了发展机会。

(三)"我们不生产水,我们只是大自然的搬运工"

这一主张旨在对标纯净水,如乐百氏的"27层过滤"。农夫山泉强调纯净水的过多过滤会使水中的营养元素流失,而直接搬运大自然的水是更为健康的。农夫山泉启动了品牌公关活动"见证寻源之旅",邀请媒体和消费者前往农夫山泉的水源地,如浙江千岛湖、广东万绿湖等。在那里,体验者可以品尝天然湖水,见证农夫山泉工厂的生产全过程。

(四)"健康饮水的倡导者"

2016年,农夫山泉开始强调"含有天然矿物元素,健康饮水的倡导者"。农夫山泉拍摄了多位名校权威教授共同证言的广告,推荐大家饮用含天然矿物元素的水,这为农夫山泉贴上了"健康饮水的倡导者"的标签。

(五)"什么样的水源,孕育什么样的生命"

2018年,农夫山泉更新品牌主张,推出"什么样的水源,孕育什么样的生命"的口号,"孕育生命"把农夫山泉的健康理念推向了一个新的高度。农夫山泉在其水源地实景拍摄了各种野生动植物,网友盛赞其为农夫山泉史上最美的广告,并赞美其将广告拍出了《动物世界》的质感。

虽然农夫山泉屡次变更品牌主张,但是其一直都在强调农夫山泉的天然和健康。从最初"有点甜"的感官刺激,到纯净水与天然水之争、"弱碱性水"引发的酸碱之争,再到"健康饮水的倡导者"展示的责任担当与"孕育生命"中展示的人文关怀,农夫山泉将自身的品牌形象与产品的核心卖点相融合,印刻在了消费者的心中。不过,在激烈的试产竞争中,随着产品同质化、消费者分化、新兴群体需求多样化，农夫山泉还在不断进行品牌年轻化的尝试，为争取年轻消费者做出更多努力。

二、农夫山泉的品牌年轻化策略

（一）产品年轻化

农夫山泉在2016年推出了茶π系列的年轻化产品，深耕年轻消费群体市场，茶π上市的第一年就实现了10亿销售额。茶π的创新建立在我国传统的茶饮基础上，虽然年轻人对茶的接受度较低，但是低糖的茶与水果的组合，生成了一款极具趣味性的新饮品，传播了健康与时尚的理念，就能被年轻消费者接受了。茶π的定位为“自成一派”，满足了90后消费者追求个性化的消费需求。茶π的大获成功，除了定位与营销的作用外，产品的包装设计也立下汗马功劳。这款主要面对90后、00后消费市场的果味茶饮料，不再使用千篇一律的圆柱形瓶型，而采用看起来更胖的圆柱方形瓶形，增加了产品外形的趣味性；瓶身包装上靓丽的配色加上涂鸦式风格的动物和水果图案，显得活泼又时尚，符合热衷二次元文化的年轻消费者的审美情趣，四种口味对应四种不同的包装，满足了消费者的个性化需求。

除生产饮用水相关产品外，农夫山泉在其产品矩阵中加入了跨界产品——农产品与护肤品。农夫山泉的农业种植基地位于新疆伊犁和江西赣州，在京东电商平台推出超高品质的17.5°橙和17.5°苹果。2018年8月，农夫山泉在天猫商城推出了东北香米，成功跨界粮油业。2018年初，农夫山泉推出中高价位的护肤品——补水面膜和爽肤水，首次提出“天然补水不用水”的护肤理念，以天然桦树汁替代水作为补水保湿产品的独特卖点，并邀请时下当红流量明星蔡徐坤为这款面膜代言，成功打入年轻女性的消费市场。多元化的产品矩阵为农夫山泉的品牌延伸与年轻化市场的渗透做好了布局，从个人消费市场向家庭消费市场拓展，将消费者对农夫山泉的品牌记忆转化为品牌张力，培养消费者的忠诚度与黏性。

（二）品牌代言人年轻化

品牌形象年轻化的另一个直接途径是起用年轻的形象代言人，利用年轻偶像的知名度和粉丝效应提高品牌的关注度，为品牌形象注入年轻偶像的个性和时尚魅力，博得年轻粉丝乃至更广大消费者的身份认同。

例如，茶π邀请韩国高人气组合Bigbang作为形象代言人，成功地以高颜值、年轻化、高人气的特点打入消费市场，将Bigbang成员的照片印在茶π新装上，实施中奖率为100%的瓶盖营销，其中最吸引消费者的奖励是Bigbang演唱会门票500张，以明星效应促进产品大卖。2021年，农夫山泉邀请流量明星朱一龙进行产品代言，依靠朱一龙庞大的粉丝群体，推动农夫山泉品牌的年轻化营销。

在互联网时代,品牌年轻化是众多品牌探索的问题。农夫山泉被称为“水中茅台”,是行业的领先者。但是在快消品市场中,它也在不断探索品牌年轻化的道路,通过产品设计、代言人选择、跨界合作等多种途径,力求抓住年轻群体的心。

(三)品牌跨界

2017 年 8 月,农夫山泉与网易云音乐展开跨界整合营销,从设计线下农夫山泉一瓶一语的个性化瓶身,到引导消费者进行 AR 技术支持的互动性体验,到线上推出诉诸情感的网络广告,再到联合各大平台在社交媒体进行联动宣传,成功地将两个品牌的消费群体进行了整合。合作之后,农夫山泉产品新颖的外包装充满了音乐质感,将网易云音乐独特的黑胶唱片图案与农夫山泉的山水图标巧妙地结合在一起,精选的网易云音乐评论文案置于图案下方,极具美感,彰显了两个品牌附带的感性元素更触动了消费者在忙碌的现代生活中柔软的内心。

2018 年,农夫山泉与故宫文化服务中心联合推出 9 款限量版农夫山泉“故宫瓶”,瓶身画有故宫博物院藏清人画,配以或幽默或深情或感叹的人物内心旁白,并印有古香古色的二维码标识吸引用户扫码参与互动。瓶身的图案将故宫太和殿在水波中的倒影与农夫山泉的标识巧妙结合在一起。瓶身的文案采用了“本宫是水做的”“朕打下的一瓶江山”等独白,兼顾了故宫的人物特征与农夫山泉的品牌特点,使小小的瓶身承载了多重寓意。这样的强强联合,无疑对消费者产生了强大的吸引力。

案例来源:段承甫:《移动互联网时代农夫山泉品牌年轻化策略研究》,西北大学,2019。

思考题

1. 完整的品牌视角包括哪几个层次?
2. 什么是整合营销传播中的相关利益者?
3. 品牌认同包括哪五个重要概念?
4. 为什么说利益平衡原则是整合营销传播的根本法则?
5. 如何认识品牌以及品牌资产?
6. 据你的体验谈谈品牌能否维持与消费者的稳定关系。
7. 如何增加品牌黏性并提升品牌忠诚度?
8. 结合实例谈谈建立可获利的品牌关系的前提。

第五章

传播形态与接触点管理

【本章重点及学习要求】

1. 双向沟通与以人为本的营销传播过程
2. 整合营销传播中的渠道和角色变化
3. 品牌接触点对传统媒介概念的超越
4. 接触点管理的主要途径和方法
5. 计划内信息与计划外信息
6. 可控性接触与不可控性接触

第一节 信息时代的媒体传播

建立在大众媒介和广告为主的传统营销传播方式,在信息技术时代显然已经失去了原有优势。整合营销传播的核心任务,就是运用信息整合方式创建和维护品牌关系,并最终提升品牌价值,所以必然涉及有关信息传播形态的变化、品牌的信息沟通方式重建,以及信息接触点的具体管理等。所以我们从整合营销传播对传播模式的转变来加以探讨。

一、以人为本的营销传播主导过程

在传统的营销传播框架中,虽然信息的受体是人,但人只是信息传播过程中的要素之一,是信息所要送达的终端而已。因此,长期以来根据基本传播模式所建立起来的营销传播模型,在流程设计上大都立足于把营销者作为信息源,以此构建营销传播模型,这些模型有意无意地忽略了信息受体的主导价值。实际上,营销传播尽管面对变幻莫测的市场,但归根结底每个公司、每个品牌以及每个人,都是在寻找合适的交流和交换机会,而所有这些无不取决于参与交换活动的三个方面:顾客、市场(一群顾客所组成)和卖主。而在这三个方面中,作为消费主体的人的地位越来越重要,不论是从其对整个营销的决定意义来说,还是从其在市场构成中的比例而言,似乎都是如此。整合营销传播从品牌与顾客及外围关系的视角看待品牌及相关利益者,虽然放大了交流对话的人群,但是并没有改变交流对话的对象主体。因此,整合营销传播过程实际上就是确立沟通对象为主体的过程。这种关系主导形态主要表现在两个方面。

第一,整合营销传播把人界定为工作目标。关于这一点,管理学创始人彼得·德鲁克早就认为,真正的营销应该是公司整体的努力,是一个从顾客观点出发的全方位的事业。而传统营销恰恰忽略了这点,它的一个致命缺陷就是着眼点过于细微,逐渐只剩下了一些边际功效,这不但使得公司及其品牌发展的整体事业走向无所适从,而且也使得与顾客和关系利益者之间的互动也逐渐瓦解,最终使营销仅仅沦落为说服购买的工具。

突出营销的主导是人不是物,使得营销过程和营销流程发生了微妙的变化,处理关系实现沟通成为首要问题。诚如邓肯所言,真正的品牌其实是存在于关系利益人的内心和想法之中的。换言之,即使公司拥有了品牌名称和商标的所有权,但是品牌的真正拥有者却是顾客和关系利益人。顾客和关系利益人心目中的品牌,并不是具体的产品性能和使用价值,而是由他们自己整合诸多相关的品牌信息而构成的品牌综合感知。这个因素的存在,决定了任何营销过程,都不能无视与顾客和关系利益人的沟通。因此,新的营销观念的基础建立在以人为主导因素之上,这里所说的人是指公司的顾客和关系利益人。因为人是主导,所以就必须不断沟通以便保持公司或者品牌与人的和谐关系。

第二,对人的关注体现在营销传播的每一个环节。正因为营销重心由物转向人,因此营销过程的每一步都是公司或者品牌努力寻求与人(包括顾客和相关利益者)的对话,而对话的可能则是由于接触点的存在。正是在这个意义上,我们说在新的营销背景下,以往可以严格区分的那种营销过程已经很难明晰地区隔,营销中每一步都有对话和交流,因此,每一步都涉及终端的介入。正如舒尔茨在其著作中明确提到的:

> 由营销过程来看,我们认为从产品或服务的发展开始,产品设计、包装到选定销售管道等,都是在跟消费者进行沟通。整个营销过程中的每一个环节都在与消费者沟通,让消费者了解这项产品的价值,以及它是为什么人而设计。众所周知,广告、公关、促销、直销行销等,都是不同形式的沟通、传播,但是不要忘了,店内商品陈列、店头促销及为产品所做的零售店头广告等也算是传播,都属于整个流程中的一环。甚至当产品出售以后,售后服务也是一种传播。①

这个观点揭示了一个现实,即由于营销过程中每一个环节都保持着接触,而接触又无疑是营销的核心要素,因此,每一次接触都是营销的继续和延伸;回过头来,又因为在公司和品牌的管理中,接触无处不在,所有的接触因为都具有传播沟通的因素,因此,也就意味着整个管理都可以纳入营销传播过程之中。

二、整合营销传播的双向沟通机制

整合营销传播不同于以往营销传播的另一个突出特点,就在于它倡导通过多种接触形态建立双向沟通的传播模式。接触点是一个极为重要的概念,整合营销传播的基本战术手段就是合理管理相应的品牌接触点。接触点管理具有全新的信息传播功能,它与以大众媒体为主导的传统营销传播的最大不同,就在于它改变了传统营销传播中传者与受者的角色习惯,从单向度的一维传播转向双向度的多维传播,具有多元性、互动性特征。正是基于这一认识,早在2005年中国学者即提出一种具有前瞻性的整合营销传播信息沟通模式,参见图5-1。②

这是一个指导性的品牌接触和信息沟通模式,因为它简化和省略了营销

---

① [美]舒尔茨,等:《整合营销传播》,呼和浩特:内蒙古人民出版社1999年版,第69页。

② 卫军英:《整合营销传播:观念与方法》,杭州:浙江大学出版社2005年版,第165页。

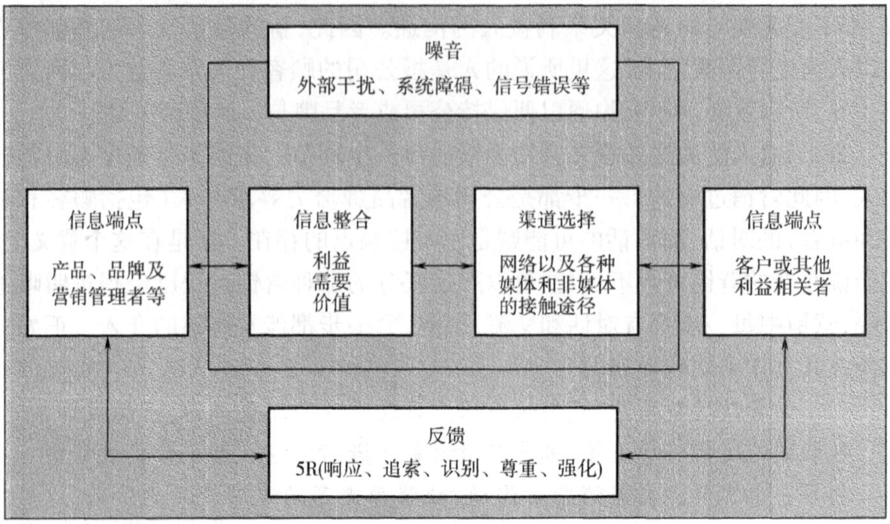

图5-1　整合营销传播信息沟通模式

传播中很多技术性细节,把描述的重点集中在营销传播的两个端点上。从图5-1中可以看出,传统大众传播模式中,那种传者与受者的区隔已经不复存在,所谓信源和信宿也都转化为不同的信息端点,就传播角色而言处于彼此对等的位置,因此,在营销传播中信息流向也不再是单向的,而是彼此之间互馈式的。顾客以及相关利益者与品牌及公司方面一样,既是信息发送者也是信息接收者,这些信息都经过了有意无意地整合,采取相应的渠道流向对方。其中,信息整合实际上就是对利益、需要和价值的集中,这些信息的传输渠道多种多样。在传输过程中,每个步骤都是互为作用的。比如,信息整合需要传输渠道支持,同时经过整合的信息也对传输渠道有自己特定的选择。在某种意义上,渠道选择也就是信息整合的过程,这种选择的标准有利于缩短对话距离,尽量减少传播过程中的信息混乱和反馈迟延。这样一来,无论是外部干扰,还是系统障碍,或者是信息错误,都可能达到最大化避免。

网络信息技术的发展强化了这种整合性沟通模式,所以在适应网络信息技术状态下的整合营销传播在强化顾客关系和品牌价值过程中,一定要融入网络思维加以运作。网络本身是一个变化万千的信息传播形态,所以在运用网络信息技术整合营销传播运作时,不能恪守传统大众媒体那些陈旧法则,而应该适应网络尤其是社交媒体的特点,展开个性化的沟通实践。具体而言,就是网络和信息技术的发展,促进了营销传播在人本意义上的价值回归,在这种态势中,欲求实现营销传播价值,就必须尊崇人性及其网络化的价值转化原则。而以顾客和相关利益者关系为核心，把品牌价值作为终极追求的整合营销传播，在其展开过程中就必须从人本精神出发，充分考虑顾客以及相关利益者的人性化需求。

为此我们提出了一项适应于网络营销传播的整合策划原则，即“长短群”原则。① 所谓“短”就是要尽量缩短营销传播距离、降低营销传播成本；而“长”就是通过增加价值获得节点，延伸价值获取链；“群”则在网络营销传播中最具有典型意义，“群”代表了一种关系和联结，是同构性和开放性的统一，并且在理论上实现了时间的不断往复和空间的无限广延，是历时性与共时性的统一，它具有超越渠道媒体的终端属性，这点在后面的章节中还将深入探讨。我们以此建构网络环境下多元共享的关系形态，从而促成品牌活动过程中响应、追索、识别、尊重、强化，进而有利于品牌与顾客及相关利益者在对话式沟通中实现预期效果和共同意向。

三、整合营销传播的渠道与角色转化

“渠道”原本是一个专属的营销术语，在广义上也包含了各种转移管道。我们在这里之所以采用“渠道”这一概念，是希望超越简单的媒介意识，从营销传播的介质角度去加以认识这一概念。营销学家波特罗·森布洛姆(Bert Rosenbloom)在其所著《营销渠道：管理的视角》中，曾经提及营销渠道概念的混乱：“有时它被认为是把商品从生产者转移到消费者或其他最终用户的通道；有时它被认为是商品通过各种代理环节的过程。此外，也有观点认为，营销渠道是一种商业企业之间为共同实现某种交易目的而形成的一种松散的联盟。”② 这种不同的看法实际上是基于对渠道属性和渠道作用的不同认识，或者是从不同视角对渠道作用的观察。

事实上，渠道不仅是一种商业服务和营销手段，也是一系列的商业和营销组织。由于渠道在整个营销链条中所担负的是传递作用，所以我们可以简单地说，营销渠道就是产品从制作者手中转至消费者手中所经过的由各个中间商连接起来的通道，它由位于起点的生产者和位于终点的消费者，以及位于两者之间的各类中间商组成。而不同企业、品牌由于属性不同，其与消费者联系、并将产品送达消费终端的形式也有所不同，这就导致了营销渠道的多样化。从营销过程本身来看，这些渠道不仅担负了商品的传输功能，同样也担负了信息的传输功能。

---

① 卫军英：《网络营销传播的价值三原则》，载《杭州师范大学学报》(哲学社会科学版)2015 年第 5 期。

② [美]伯特·罗森布罗姆：《营销渠道：管理的视角》，北京：中国人民大学出版社 2007 年版，第 7 页。

以往市场营销的理论体系当中,各种营销元素往往被独立看待。比如,营销传播只是营销组合中的一个元素,其主要任务就是向消费者传递有关的营销信息;营销渠道则主要承担分销功能。这种割裂各种要素关联的思想,使得营销沟通和营销渠道成为附属于整个营销体系之下的互不相关的从动因素。但是在整合营销传播视野里,营销已经不是简单的交易,同时也是沟通和传播过程,没有沟通就无法实现营销价值。整合营销传播概念的一个核心概念是接触,随着品牌与相关利益者之间关系的复杂多元化,要想达到合理的营销传播效果,必须从客户与相关利益者的现实出发,分析各种传播接触,并在此基础上有效地实施接触点管理。而在这份接触点清单里,自然也包括营销渠道。渠道不仅在营销过程中起到了引导物流的作用,同时也传播了公司和品牌的信息。

当我们把渠道这个概念引入整合营销传播中时,就意味着我们对渠道的看法已经超越了简单的商品传送通道,而是把它当作一种兼具传输与沟通功能的通道和介质。实际上,广义上的渠道本身就包含了传统意义上的媒介,而当沟通方式开始多元化之后,传统的渠道本身也成为一种沟通的介质。在网络信息时代这点更加突出,比如在网络营销空间中,销售形态和沟通形态都依赖于同一个渠道介质,所以几乎无法区分渠道与媒介在狭义上的不同,而实际上似乎也不需要去有意识地区分它。网络所引导的营销革命,往往被看作是某种"非中间化"的营销模式,然而实际上中间商并没有消失,它只是以另一种形式存在,如天猫、京东、亚马逊等,都代表了网络时代新型中间商的崛起。只是这种联系形式会发生很多变化,在以品牌价值作为主导的整合营销传播格局中,无论是传统的渠道还是网络新渠道,其作为品牌沟通者的角色,也许在一定程度上要超越作为商品传输者的角色。所以即便是狭义的营销渠道,同样也可以被看作是一种信息载体。

第二节　品牌接触的多种途径

接触是比媒体和渠道更为宽广的一种信息关联方式。接触点对于很多习惯于传统媒体传播和广告的营销者来说,直到现在仍旧略感陌生,这种陌生并不仅限于简单的概念理解,更多的还是一种观念认知。传统营销的主要通路则是销售渠道,而营销传播的主要形式是广告和大众传媒,而接触点管理作为整合营销传播的一个核心理念,在某种意义上正是对大众传媒营销传播的扬弃。

一、超越传统媒介的接触点理解

与传统媒体延伸并行的是,消费者品牌接触的途径越来越多,在很多情况下品牌对顾客发生影响的关键似乎并不是传统意义上的媒体。正如李奥·贝纳广告公司所做的一个调查那样，在今天的公众眼里广告形式超过了100多种，几乎所有的促销形式都被公众看作是广告。① 事实上这里涉及一个消费者品牌接触的途径问题，即在整合传播视野中消费者的品牌接触方式。

在营销传播中，实现品牌与顾客以及相关利益者接触的渠道通常是媒体。媒体就像是一个从发送者到接收者之间传送信息的桥梁，为品牌和它的所有利益相关者之间进行接触提供了可能。一般地说，媒体是指“一种能使传播活动发生的中介性公共机构。具体来说，媒介就是拓展传播渠道、扩大传播范围或提高传播速度的一项科技发展。”② 对于营销传播而言，广义上可以展示品牌信息的任何事物，包括人、物以及事件，都可以被认为是媒体。传统营销传播中，营销传播信息的传送最普遍采用的就是大众传媒，诸如电视、电台、报纸、杂志、邮件、展示以及其他受到广泛关注的传播中介。但是，随着品牌和相关利益者之间关系的复杂化，传统媒体形态在延伸过程中表现出了越来越多的局限，一个全新的概念开始进入营销传播领域，这就是接触。

传播与文化研究中对接触(encounter)的理解，通常与营销传播中所说的接触(contact)并不完全一样。前者似乎是某种带有比较确切可能性的相遇，其典型的定义是：“两个或更多进行互动(interaction)者的相会。”③ 在用法上往往是着重于名词形式，把接触与那些可能不期而遇的、亲密的甚或敌对的对象相会联系在一起，比如，朋友之间的一次亲密接触。但是在整合营销传播中，接触却具有了全新的意义，它是品牌与相关利益群体在某一个信息关联点上的具体行为和体验过程，它既是一种宽泛的存在，又不排除某种偶然性。对于很多广告人和传统营销传播专家来说，接触无疑是一个十分新颖的概念，它的创新意义就在于全然超出了我们以往对于媒介的理解。按照舒尔茨等人对接触的看法：凡是能够将品牌、产品类别和任何与市场有关的讯息等资讯，传输给消费者或潜在消费者的“过程与经验”，都可称之为接触。④ 汤姆·邓肯则认为：“每一个与品牌有关的、消费者或潜在消费者与一个品牌之间的承载信息的互动都可以被称为品牌接触点。”⑤ 品牌接触点包括了使用标有商标的产品，来自大众媒体

---

① ［美］Larry Percy:《整合行销传播策略》，台湾：远流出版事业股份有限公司2004年版，第13页。

② ［美］约翰·费斯克，等：《关键概念——传播与文化研究词典》，北京：新华出版社2004年版，第161页。

③ ［美］约翰·费斯克，等：《关键概念——传播与文化研究词典》，北京：新华出版社2004年版，第95页。

④ ［美］舒尔茨，等：《整合营销传播》，呼和浩特：内蒙古人民出版社1999年版，第75页。

⑤ ［美］汤姆·邓肯：《整合营销传播：利用广告和促销建树品牌》，北京：中国财政经济出版社2004年版，第129页。

或者是其他各种渠道的有关品牌信息，与制造和销售该品牌的公司员工的交谈，高速公路上跟在公司卡车后面开车，或者直接的信函和产品报价等。其中每一个接触点都可以说是某种形式的品牌信息传播，而且这些品牌信息的传播力度往往远大于有意识的媒体传播。

之所以会出现这种情况，一个很重要的原因是，消费者大多已经厌倦了公司或品牌的广告宣传，他们更加相信公司或者品牌在无意识状态下所表露的信息。有关调查显示，消费者甚至将多达 102 种不同的媒介传播认定为广告，从电视到购物袋到各种赞助的社区活动，无所不包。顾客还通过其他信源，如新闻报道、口传、闲话、专家评论、财政报告，甚至是首席执行官的个性，形成对某公司或品牌的印象。[①] 这就意味着，所有这些传播活动或者品牌联系，不论广告主是否意识到，它们都会在消费者心目中产生一个产品的整合印象。也就是说，顾客会自动把企业或者是其他信源发出的与品牌有关的不同信息整合到一起，他们整合这些信息的方式会影响到他们对企业的感觉，而整合营销传播就是为企业控制或影响这些感觉，为这些利益相关者建立较好的关系提供更好的机会。

二、接触点对传统营销传播的扩展

接触本身可以说是一种固有的信息传播现象。传统营销传播是建立在以大众媒体为基本传播管道基础之上的，营销信息与受众的接触主要是通过大众传媒来完成的。因此，在传统营销传播计划实施中，在执行层面上最重要的工作似乎就是媒介计划，以电视、报纸为主体的各种媒介被采用各种指标进行细分，从目标受众一直到毛评点、暴露度、送达率以及千人成本等，并以此形成一系列的复杂评估模式。但是毋庸讳言，这些媒体接触方式大多是搭建一种单向度桥梁，在接触过程中仅仅是把信息单纯地从公司传向顾客。虽然广告创意人员绞尽脑汁设计出多种多样的创意，并力求表达产品和品牌对目标受众的关心和亲近，但是这种表达始终都是公司的自说自话，在传播过程中根本无法把握传播对象的理解，因此也谈不上交流，这几乎是任何单向度媒体传播不可改变的一个事实。

为了改变这种片面由企业一厢情愿自说自话的现状，伴随着传媒传播手段的改进，除了那些以单向度为主要传播特征的大众传媒外，一些互动式媒体也受到了重视。所谓互动式媒体，就是指可以提供双向交流，既可以发送也可以接收的媒体技术形式，比如电话和互联网，可以被公司或者顾客同时运用，达成

---

① [美]威廉·阿伦斯：《当代广告学》，北京：华夏出版社 2001 年版，第 222 页。

一种互动式信息交流。

应该说，互动性媒体的开发和运用是营销传播空间的极大扩展，它大大增加了营销传播中的交流因素，使得营销传播真正从单向空间转向双向空间。虽然在此之前各种类型的促销、人员推销以及访问和客户信函等形式，也具有一定的双向交流性质，但是毕竟没有成为一种可以持续运用的普遍媒体，只有在互动式媒体得到充分开发和运用之际，营销传播才有意识地开始摆脱一厢情愿的自说自话，进入到一种反馈式的对话之中。但是从接触的角度看，仅仅这些似乎还不够，因为在营销传播过程中，公司及其产品、品牌与客户和相关利益者之间的信息联系并不完全是通过媒体达成的，这种联系可以分为媒体接触和非媒体接触。所谓媒体接触，就是指品牌与客户和相关利益者之间，通过一定的传播管道，实现信息沟通与交流，它必须依靠某种技术性手段作为中介，而这种中介手段往往带有一定的公众性。

但是在营销传播现实中，从接触意义上看，客户和相关利益者得到的很多关于品牌的信息并不是来自非媒体形式。非媒体接触通常是指品牌与客户和相关利益者之间，通过一种非常规的甚至是偶然性的关联实现了信息接触，这种接触中中介的形式往往不是固定的管道，也不具备某种普遍性。比如，某一个品牌不经意间被其消费者的亲友提起，也许说者无意，但是听者却十分有心，往往随便一句话就很可能改变后者对品牌的态度。这种传播接触具有极大的偶然性，也不具备固定性和公众性，几乎不包含任何技术性质，但是其影响力却毋庸置疑。

当然从广义上说，这种接触也具有媒体性质，任何传播都是通过媒体中转的。只是这种对媒体的宽泛理解，大大拓展了我们的视野。麦克卢汉在他令世界为之震撼的著作《理解媒介》中，曾经天才性地断言“媒介即信息”，他认为媒介是人的延伸：“一切媒介在把经验转化为新形式的能力中，都是积极的比喻。”“我们发现自己日益转化成信息的形态，日益接近意识的技术延伸。”① 麦克卢汉的理论尽管受到这样那样的不同阐释，但是他这种对媒介延伸且本身包含信息的论断，从营销传播角度有利于我们解读不同形式的接触状态。从中我们显然可以发现，在营销传播的信息接触中，大众传媒的绝对优势正在不断丧失。

三、具有确切营销传播追求的接触清单

接触点在品牌营销传播中几乎无所不在，几乎可以说是有多少种接触就有多少种接触点。接触清单所罗列的，是一般营销传播中经常运用或者特征比较

① ［加］马歇尔·麦克卢汉：《理解媒介：论人的延伸》，北京：商务印书馆2003年版，第92－93页。

明显的接触点。我们可以设想一下顾客和品牌关联者是如何接收到营销信息传播的，并将这种信息接触的各种渠道和方式加以具体细分，这样就可以明显发现在品牌与外围的接触过程中，做出购买选择并进而维持和品牌关系的各种接触形态。如表5－1所示，接触点和接触形式通常会出现的情形，我们称之为品牌与顾客接触清单。

表5－1　品牌与顾客接触清单

常见的品牌与顾客接触清单	
区隔清楚的广告	公司形象及环境展示
对象明确的直效营销	员工的行为方式
公共关系活动	股东/公司的内部沟通
促销活动	网站及网络社区
商标设计	口碑及人际传播
产品样式	消费者的朋友双亲/同事
对业界的展示/商展/销售展	政府之相关管理当局
配送政策	售后追踪：印刷品的保证书/调查
定价策略	帮助销售的印刷物
出样陈列	消费者所属的俱乐部或工作团体
产品包装	其他接触状态

显然，在这个接触清单里，常规的大众媒体除了在广告和公关等少部分接触形式中运用比较普遍外，在其他方面的运用并不显著。顾客和相关利益者与公司及品牌的各种接触，更多情况下是通过一些平常并不十分引人注目的形式进行的，诸如产品本身、亲友社团、包装展示等，在这里都具有特殊的接触意义。可以说，对顾客和相关利益者形成传播影响的接触点几乎无处不在。因此，我们必须学会一种新的媒体视角，就像麦克卢汉所启示的那样，把一切可能的接触状态都看作是媒体，看作是产品或品牌的感性延伸。

所以，除了这个清单之外，可以罗列的接触点还有很多，甚至是任何一点信息暗示也可以成为一种接触点。比如，一个老师在授课中偶然提及某个品牌，一个人在驾车途中迎面看见某个公司整洁的车辆，一个人在一次聚会中无意间听到某个公司职员的谈吐和行为，等等。在品牌信息的传播中，还必须注意一个几乎不可逆转的问题：企业的任何作为（或者不作为）都会传递出某种信息。过去往往认为企业或品牌产生行为反应，这样才会有信息传播，现在的实际情况是，即便企业没有任何反应，在消费者或者相关利益者那里，仍旧可以被看作是一种信息传递，所谓有存在就有信息，也就是企业的作为或不作为都是一种信息传递。因此，对于企业或者品牌而言，在整合营销传播中，很重要的任务就是要认真研究和评价这些信息，并努力做到对这些信息进行有效的管理，这就是我们所说的接触点管理。

第三节　有效管理不同接触点

通常情况下，顾客以及利益相关者的品牌接触，即接收到的与企业或品牌相关联的信息，可以分为：计划内信息和计划外信息，以及除此之外，介于两者之间的产品信息与服务信息。产品信息与服务信息具有计划性信息因素，但是也不排除顾客以及相关利益者在感知过程中，由于自身原因意外生成的计划外信息。所谓接触点管理，主要是对这些信息途径的有效控制。

一、计划内信息与计划外信息

信息接触清单至少说明，在营销传播中媒介接触和信息传播日趋多元化，而信息的多元化也成了信息整合中最为严峻的考验。在本书第二章的第一节，我们曾介绍了邓肯的信息整合三角（参见图 2 – 3），借以说明通常情况下，顾客以及利益相关者接收到的与企业或品牌相关联的信息类型。

（一）计划内信息

计划内信息和计划外信息，主要是从公司以及品牌自身的信息传播方向出发所设定的信息类型。公司及其品牌在与顾客以及相关利益者接触过程中，为了准确表达自己的产品、品牌和服务价值以及相应的理念和观点，会有意识地设计和采用一些经过精心选择的信息，并通过特定媒介向顾客和关系利益者发出这些信息。通常情况下，这些信息基本上都属于传统营销传播信息，诸如广告、销售推广、人员推销、销售材料、新闻发布、活动赞助等。由于这些信息是经过公司及其管理部门精心选择的，并力图以此表达自己的产品或品牌价值以及经营理念与社会责任，因此，在信息的选择、设计和传播过程中，公司及其管理部门几乎拥有全部的信息主动权，可以根据自己的需要做出一切有利于产品或者品牌的信息决定，我们把这种由公司及其管理部门所操控的信息称之为计划内信息。在营销传播过程中，虽然公司及其管理部门对计划内信息投资甚多，但是大多数情况下，这些信息影响力往往却最小，这是因为大家都把它们看作是企业宣传自我的工具，顾客和相关利益者也习惯于对其熟视无睹。

（二）计划外信息

计划外信息情况与计划内信息恰恰相反。这些信息往往来自于公司及其管理部门无法控制的各种传播途径，诸如闲话流言、小道消息、商界评论、特殊利益群体的活动、对手的评论，以及重大灾害引起的各种难以预料的信息等，有时候计划内信息也可能会成为计划外信息的来源。比如，韩国三星手机长期通过各种媒介宣传其良好的品牌形象，但是在三星 Galaxy Note 7 手机发布一个多月后，在全球范围内发生 30 多起爆炸和起火事故。三星方面为此被迫在全球召回了 250 万台（不包括中国）手机，并且通过媒体宣称爆炸起火是由于电池原因，将爆炸责任推给电池生产商。而最初对中国销售的三星手机不予召回的理由，则是在中国销售的 Galaxy Note 7 手机采用了和国际版及韩版不同的电池供应商，并不存在爆炸风险。然而即便是更换了电池、被标为"安全"的手机仍旧发生起火，后来随着事态的发展，三星只好永久停止生产和销售 Galaxy Note 7 智能手机。这件事不仅成为三星历史上最耻辱的事件之一，而且也使得三星品牌受到了很大挫折。从这个案例中可以看到，由于计划外信息通常处在公司及其管理部门的掌控之外，所以对于这些信息的管理难度很大，而其又往往都是公司或者品牌希望回避的信息，对顾客和相关利益者来说这些计划外信息的影响力通常超过了计划内信息。

（三）产品信息和服务信息

产品信息和服务信息则是由产品、价格、形形色色的服务或者各种流通元素传递出来的信息。通常情况下，产品信息包括了产品设计、功能、定价和分销传递中的所有信息；服务信息则是从公司或者品牌的业务代表、人员接待、秘书、送货人员、售后维护以及其他所有的服务类接触中获得的。服务信息通常是公司或者品牌与消费者之间个人的、实时的界面，并且正是服务信息加强了二者之间的关系。作为顾客以及相关利益者对公司或品牌信息的一种感性认证，较之于计划内信息和计划外信息，产品信息和服务信息的表现力度极为强烈。而且产品信息和服务信息兼具计划内信息和计划外信息的双重特点，从信息设计和执行来说，其本身具有可控制性；但是从信息发送和接受过程来说，这些信息所引起的各种反应却往往并不完全依照预期设想。种种迹象表明，产品和服务好能够传递积极的信息，消费者就会从中获得有利印象，从而巩固自己当初的购买决策。如果产品性能和服务保证与广告承诺存在差距，就可能产生不利信息，从而影响顾客对公司及其品牌的认同，甚至有可能由此招致反面的宣传。产品和服务信息通常来自产品自身以及员工与顾客之间的相互作用关系。这些信息比计划内信息影响力更大，所以对于公司及其管理层来说，要做的就是必须努力减少消极信息，扩大积极信息。要在顾客和品牌之间建立良好的关系，就必须优化各种相关信息，而这正是整合营销传播的特征和职责所在。

二、接触点管理的可控性与不可控性

我们把所有计划内信息和计划外信息，以及介于二者之间兼而有之的产品信息和服务信息统称为接触信息，这些信息在传递过程中与顾客以及相关利益者发生关联的界面，就是信息接触点。在整合营销传播中，信息整合和信息管理很重要的一个任务就是对这些接触点进行有效管理，以便信息影响可以有效地发生正向作用。盘整这些信息接触点，我们可以简单地将其归结为两大类：可控性信息与不可控性信息。

可控性信息主要是指那些以计划内信息为主体的信息元素，这些信息从信息选择、设计，到信息通道、发送过程，甚至是接收对象，每一个基本要素都经过了严格的筛选，所以信息处在一种可控状态，从信息接触点管理的角度讲，这种信息接触点比较容易管理。通常包括由专业人员所进行的各种促销、广告、公关策划、产品包装、陈列展示，以及经过专门培训的人员接触、精心设计的事件营销等，这些都有确定的目标、清晰的定位，品牌认识十分明显。所以公司及其管理阶层为之设定了相应的管理部门，诸如市场营销、广告策划、公共关系、文秘接待、物流配送等专业部门，以保证这些部门的工作有利于整个营销目标达成，这些在整合营销传播视野中都属于接触点管理。应该说这种管理是行之有效的，但同时也不能回避的是，这种可控性的管理在整个接触点管理中，只是很小的一部分，大量的管理应该属于对不可控因素的管理。

显然，这是一个极其严峻的挑战。因为相对于可控性接触管理来说，不可控因素更加难以把握，因此管理难度也大大超出了前者。有一个事实必须引起注意，那就是到目前为止很多的公司或品牌，都习惯于把大多数的精力和资源投入到可控性接触点的管理之中，而在有意无意地回避那些不可控性接触点的管理。之所以会有这种情况出现，一个很重要的原因是，不可控信息往往突破日常工作程序和既定轨迹，具有某种突发性和不可预测性，在大多数情况下对其来源、发生方式和影响趋向很难前置判断。所以相对于可控性因素来，不可控性因素缺少稳定且又适当的管理模式。通常情况下不可控信息的主要来源是多方面的，既有来自于计划内信息因素，又有来自于计划外信息因素以及产品信息和服务信息因素。之所以会出现这种情况，是因为即便是计划内信息，虽然公司及其管理部门在设定过程中已经给予了充分的考虑，但是由于噪音干扰和换位因素，对于顾客和相关利益人来讲，很可能在接受过程中会出现不同的理解。比如，某大众产品在外包装上非常精美，也许对于公司或者品牌来说体现为精品高档象征，但是对于注重产品实惠的顾客而言或许是将金钱浪费在了华而不实的产品包装上。同样的，还有很多信息从接触点呈现层面上讲，本身就是无法控制的，这些通常都属于计划外信息接触点。这些计划外信息接触点在管理中需要注意以下几个方面。

其一，员工信息。员工是公司及其品牌信息的重要来源，他们与公司及其品牌的特殊关系决定了他们所传达的信息往往比较真实可信，对于顾客和关系利益人影响力极大。任何公司及其管理阶层，都不可能阻止员工的言论也不能限制其行动，而这些员工的一言一行又直接关联着外在接触层面，它不仅传达正面信息，更会传达负面信息，因为顾客和关系利益者对于来自员工的正面信息往往采取当然的默认，但是对于负面信息却反应极为强烈。比如，一个企业在宣传中标榜自己的团队朝气蓬勃、勇于创新，但是如果它的一个员工偶然地表现出了一种迟钝和懒散，那么这种信息一旦被顾客和关系利益人捕捉到，就会直接影响其对公司的看法。很多员工都会有意无意地谈论自己的工作，这些议论有时有意无意地也会传递负面信息。在这种情况下，接触管理中管理员工信息，公司需要一种规范的企业理念和经营宗旨，并以制度形式建立相应的规章条例，使员工的言行真正做到有章可循。与此同时，还必须加强企业文化建设，把企业成长与员工个人发展相结合，把经济利益与精神追求相统一，增强员工的使命感和积极乐观精神，并尽量采取畅通的传播通道向员工传达公司及其品牌的正面知识。

其二，人际传播。人际传播与员工信息具有某种共通性，同时又大大超出单纯的员工信息范畴。它指的是排除了物质和技术传媒中介之后，在人们之间所发生的一切传播活动，主要是口碑传播。其传播者以单个人作为主体，通过人与人之间的语言或者行动交流，达成信息交换。在公司或者品牌信息传播过程中，人际传播不仅包括了员工信息以及人员推销、演示介绍、相互推荐等，还包括了小道消息、私下议论和流言蜚语等。人际传播中一个不可忽略的问题是，这种小众形式的传播由于具有某种一对一倾向，其影响力和杀伤力远远大于大众形态的媒体传播。与此同时，人际传播还具有某种加速扩散效应，在不同的口碑之间不断转述，转述过程中又不断改变甚或放大。正所谓好事不出门，坏事传千里。比如，某天早上一个孩子在上学路上边走边喝牛奶，不慎被过往车辆撞倒。但是几经转折，这条消息成了小孩子早上喝某品牌牛奶招致中毒，最后牛奶公司成了可怜的替罪羊。又如，在例行的食品检验中，某公司的产品因为小包装上的包装印刷不合理，被检验部门判为不合格产品。顾客在商场货架上找不到这种产品，会向营业人员打听，营业员通常会简单地告知该产品因为不合格被暂时撤柜了。但是说者无心听者有意，在顾客的理解中马上变成了这种产品因为质量不合格而被检验部门查处，几经传播最后这个产品就成了消费者眼中的劣质产品，最后变得少有人问津。

其三，新闻媒体。对于公司或者品牌来说，新闻媒体的信息具有两重性。一方面是经过公司精心策划的宣传信息，当然是突出对公司的正面影响；另一方面，媒体作为一种公众信息来源，通常不受公司或者品牌的操纵，它们可以独立报道有关公司或者品牌的各种信息，包括负面信息。通常情况下，媒体对负面信息的热情要高于正面信息，而对于大多数公司来说，很多不可控信息都来自于新闻媒体。这些信息具有接触面大和传播力强的特点，并且由于新闻媒体所特有的公信力，它们往往具有很高的可信度。在对这种信息接触的管理中，最棘手的是企业或者品牌通常难以影响媒体行为，媒体新闻的制造者主要是记者，他们往往更相信公众而不是公司的管理人员。有关调查发现，有69%的企业总裁承认，他们在某个时间曾经对媒体撒谎。而企业总裁和媒体记者之间的观念也存在着明显差别，有超过75%的企业总裁认为，新闻媒体提供了对商业的负面认识，而只有31%的新闻记者如此认为。① 所以要完全协调企业和媒体的关系，并不是一件非常容易的事情，现在最为有效的办法就是在公司与媒体的各种接触层面上尽量达成统一的信息口径。媒体报道的来源是多方面的，既可以是员工、特殊利益群体、市场分析专家、营销传播人员，也可以是社区成员、公司用户、竞争对手等。这就需要公司及其管理层通盘考虑，形成有效的公共关系运作体系以保证媒体信息有利于自身。

其四，突发事件。任何公司及其品牌在其发展过程中，都无可避免地会遇到一些突发性事件，大多数情况下突发事件都出乎公司及其管理部门的预料，具有极大的不可预见性和不可操控性。我们所指的这些突发事件对公司或者品牌而言，一般来说都是些有悖于公司及其品牌良性发展的因素，在营销传播和信息管理中也都属于非计划性信息。而危机、灾难以及紧急事件往往是这些突发事件的主体，也是公司及其管理部门最不愿意看到的非计划性信息，这些信息往往会对公司及其品牌造成破坏性冲击。但是在市场现实中，这些情况又是不可避免的，所以从信息接触管理的角度讲，必须从两个方向采取措施：一方面是完善各种管理和应急制度，建立公司及其品牌的维护预警机制，尽量保证避免或者减少各种突发事件的发生；另一方面就是要有一个强有力的处理机构和切实可行的处理程序，以便在突发事件来临之时，能够有理有序地采取相应方式对此加以处理，从而扭转被动局面，力求把由突发事件所引起的负面信息影响减少到最低限度，或者是运用公共关系方式变坏事为好事。比如，奔驰汽车由于各项设计标准主要参照欧洲路况，所以在中国道路行驶中出现了种种不

① 参见[美]汤姆·邓肯：《整合营销传播：利用广告和促销建树品牌》，北京：中国财政经济出版社2004年版，第127页。

适应因素，这种情况不仅直接影响了市场销售，而且也对奔驰汽车的品牌声望造成了损害。为此公司果断地采用了汽车召回制度，这样不仅仅解决了用户的后顾之忧，而且扭转了突发事件所形成的不利信息传播，新的信息内涵也变成了公司对顾客和产品质量的严格负责。

接触点管理是整合营销传播中的一个重要内容，它所涉及的已经不仅仅是信息的制作与设计，更重要的还是信息关联与信息控制模式。因此，在对接触点管理中，一定要了解不同信息之间的影响和相互作用，清楚各种信息的传播通道和交流模式，梳理出不同信息构成的基本因素及其关系脉络，以便于达成有效的控制和管理。我们将在下面引入一个有趣的案例——杜蕾斯微博营销的秘密。杜蕾斯是一个安全套品牌，由于其产品的独特性，这个品牌涉及比较隐秘的话题，不仅很难经过传统广告方式加以渲染，而且在人们的话题中往往也难以启齿。然而进入21世纪以来，尤其是在网络和社交媒体语境中，杜蕾斯却成了一个具有典范意义的品牌明星。盘点杜蕾斯的品牌传播路径，运用独特的品牌接触方式，并以机智诙趣的风格切入大众话题，已经成为这个品牌由隐秘而渐趋品牌明星的经典模式。

案例分析

杜蕾斯微博营销的秘密

2011年夏天，杜蕾斯的微博营销传播案例被津津乐道。这个事件的经过很简单，6月23日北京暴雨，这一话题无疑是全天热点。尤其下午下班时间雨越下越大，新闻报道地铁站积水关闭，京城大堵车，意味着很多人回不了家，同时意味着很多人在微博上消磨时间。运营团队负责内容的成员也在试图切入这一热点，并把杜蕾斯品牌植入其中。就在你一言我一语的插科打诨中，把杜蕾斯套在鞋上避免鞋子泡水的想法冒了出来。和博圣云峰的创意首脑金鹏远沟通之后，认为可行，随即立刻执行。

事实上这一创意涉及杜蕾斯的品牌形象问题，如果用这个概念做广告是绝对不行的。所以最终执行的时候，选取了一个小号，也就是鞋子主人的微博@地空捣蛋在下午5点58分发布这一图片，当时@地空捣蛋大约有接近6 000粉丝。两分钟后帖子已经被一些大号主动转发，并迅速扩散。大约5分钟之后，@杜蕾斯官方微博发表评论“粉丝油菜花啊！大家赶紧学起来!! 有杜蕾斯回家不湿鞋～”并转发。短短20分钟之后，杜蕾斯已经成为新浪微博一小时热门榜第一名，把此前的积水潭和地铁站甩在身后。并在当晚 24 点转发近 6 000条，成为6 月 23 日全站转发第一名。

根据传播链条的统计，杜蕾斯此次微博传播覆盖至少 5 000 万新浪用户。同时在腾讯微博、搜狐微博的发布，影响人群也在千万级别。此后一周，国内的微博营销业界对此事大加赞赏，*China Daily* 甚至将这一事件评为最有代表性的社交网络营销案例之一。

业界普遍认为，这是运营团队对热点信息的敏锐把握，并很机智地针对热点有所动作。但通过对博圣云峰的采访，笔者认为这次的营销远非“机智敏锐”这么简单。在@地空捣蛋的微博发布之后，运营团队曾为其转发量打赌，普遍认为在 2 万上下，少数胆大的成员认为能达到 4 万，而经验最丰富的金鹏远则十分保守地估计在 1 万左右。

笔者以为，在一个帖子火之前，没人能断定它到底有多火。只有在火了之后，才能回头总结它火的原因。就像套鞋事件，暴雨这个话题从未像 6 月 23 日这般火热，而运营团队的创意点也足够新鲜有趣，再加上暴雨时间点又恰好在众人被堵在下班路上，此时微博在线人数众多，进一步加强了传播效果。种种天时地利人和耦合在一起，造就了套鞋事件的传播奇迹。

而且，金鹏远在带领团队作业时，并非在敏锐地“把握”热点，而是在每天早晨就会如例会一般，与整个团队讨论当日热点，从中筛选可能与品牌有契合的关键词，并由内容团队围绕关键词进行创意，最终甄选可行的方案。可以说，对热点的把握是每一天的例行工作，而非话题火热时的心血来潮。这也意味着，其实在许多不那么成功的尝试中，诞生了一次宝贵的成功。这也正是很多其他同类公司所缺乏的坚持。

此外，在金鹏远看来，这次汇集天时地利人和的传播奇迹仍然不够成功。大家后来虽然看到凡客确认带套儿的鞋子是其产品并参与到传播之后，但在最初凡客也谨慎地否认了。所以，如果凡客能迅速反应，并在第二天与杜蕾斯合作推出这款“鞋 + 杜蕾斯”套装，通过博圣云峰的另一家客户“淘宝聚划算”团购，再使用一家客户“支付宝快捷支付”购买，几方联合在一起，这才算是真正有效的传播与产品销售挂钩。

@作业本　怀孕事件

事实上，杜蕾斯官方微博很少如上文所述的套鞋事件一样，主动策划事件。更多的还是通过与网友进行有趣的互动，来扩大影响。这就不得不提比套鞋事件更早的@作业本怀孕事件，这也是大大小小的微博营销沙龙必谈的经典案例之一。

事情也非常简单。与每天早晨罗列热点一样，运营团队每日的另一项例行工作叫作“盯大号”。甚至可以说，这是每10分钟一次的例行工作。杜蕾斯官方微博及其运营团队关注了许多“大号”，并从这些大号的内容中捕捉预设的关键词。@作业本当时的粉丝数已有30多万，“怀孕”更是杜蕾斯这个品牌必然要捕捉的关键词，两个条件一吻合，使得@作业本那条“今晚一点前睡觉的人，怀孕”自然就会进入运营团队的视野。

当然这也离不开时间点的偶然，@作业本的微博发布已经在晚上10点之后，运营的编辑确实只是凑巧赶上。这其实受制于技术的局限，因为“盯大号”捕捉关键词这件事，现在是由人力来完成，金鹏远则希望未来能通过软件系统操作，捕捉到预设的内容迅速提示，就不会有“凑巧”，也不会再有“错过”。

除了与@作业本互动，杜蕾斯还和很多品牌互动过。之前提及的套鞋事件与凡客诚品互动，早先还曾与凌仕效应、Mini中国等品牌的官方微博互动。所有这些互动都有一个特点，就是有趣、好玩。互联网的话语环境，就是话题的快速更迭。“因为达芬奇，郭美美只火了两个星期，因为赖昌星，达芬奇只火了一个星期，因为动车，赖昌星只火了半天。”大部分人想要的，只是轻松快乐就好。互联网尤其如此，社交网络更是如此。回到社会化媒体营销，唯一的核心就是有趣的互动。这就是杜蕾斯官方微博与其他账号互动的原因。

杜蕾斯的真正秘密

就目前为止，营销界对于杜蕾斯官方微博成功的解读，还停留在其对热点的敏锐把握和对关键词的即时捕捉这两个技巧层面上。但进一步剖析可以发现，虽然杜蕾斯处于社交媒体营销这一全球最热门、最前沿的营销领域，但是其策略却脱胎于最传统的广告理论。

在策略层面要回答的第一个问题就是“我是谁”。无论是微博还是其他社交媒体，根本策略就是把品牌描述成一个形象丰满的人，这点决定了品牌在社交媒体上未来的形象。不同的是，在传统媒体环境中，无论是个人、机构还是品牌，传统媒体上可以是“我说我是谁”，而社交媒体上则是“别人认为你是谁”。这反而更加要求自己对“我是谁”这个问题认识得更加清楚。杜蕾斯在这个问题上也走过一段弯路。相当长一段时间内，杜蕾斯官方微博的自我定位是一个宅男，但最终调整为一个有一点绅士又有一点坏，很懂生活又很会玩的人，就像夜店里的翩翩公子。微博形象的调整也让杜蕾斯的品牌形象有了变化，把它从单纯的“性”剥离开，回到有趣的平实生活中。社交网络中“我是谁”的问题就如传统广告理论中“我在哪里”的问题一样重要。

策略面对的第二个问题是“我要达到什么目的”。或许是扩大知名度，或许是修正品牌形象，或许是与消费者互动，或许是增加销售量，不同的目的意味着营销的结果不同，也许粉丝数不多但忠诚度很高，也许互动平淡但购买力很强。

这都取决于品牌通过社交媒体想要达到怎样的目的，这同时也意味着划分责任，在金鹏远看来，有些服务是微博运营团队无法完成的，比如与产品使用、性能参数这些专业相关的内容，比如与售后服务相关的内容。

在开始运营之前，还要找到合适的人。金鹏远找人的方式很奇特。他会在豆瓣、微博、天涯、猫扑等这些卧虎藏龙之处游荡，寻找那些潜藏在一个个ID之后的奇人异士，因为未来这个人也将以网络身份呈现，所以他在网络上是怎样的才是最有价值的考量要素。他认为找到合适的人很重要，因为无论是怎样的策略最终执行还是落实到具体的人身上，从网络的各个角落挖来的形形色色新鲜有趣的人，也是杜蕾斯官方微博成功的要素。

一切准备就绪之后，才涉及具体的运营。细化到每一天的工作，才是每日热点的整理筛选，才是敏锐的嗅觉，才是"盯大号"，才是预设关键词的捕捉，才是有趣的创意和传播。由内容团队广泛搜集资料，筛选合适内容，重新组织语言，和广告创意一样，旧元素新组合，配以合适的平面、视频、文字，最终成为可供传播的一条博文。并对网友的回复进行及时的再次回复，以体现对他们的尊重。而这一切，都建立在完整正确的策略之上。

在具体的执行过程中，有趣仍是最重要的核心。只有让用户感到有趣，才能获得传播，是社交媒体永远颠扑不破的道理。

但不可否认的一点是，杜蕾斯官方微博的成功还有赖于这个特定的时间点。业内熟知这一微博的赫赫大名，大多是通过营销界专家的介绍、讲述和剖析。在所有人都在摸索微博营销的时候，有这样一个开放大胆的品牌迈出勇敢尝试的一步，立刻占据了微博营销话题的绝对制高点。在口口相传中，它成为业界最成功的案例，而它制造的热点也就成为值得载入史册的经典了。

怎样向杜蕾斯学习？

这个问题的出现有一个预设的前提：所有的品牌都可以向杜蕾斯学习么？或者说，所有的品牌都适合社交媒体营销么？或者更具体一点，都适合微博营销么？

在微博早期，平台本身出于自身推广的需要，自然会倡导所有有影响力的人、机构和品牌入驻这一平台。但随着时间的推移，我们已经开始反思，是否所有的品牌都适合这样的平台。金鹏远给出的答案是否定的。虽然没有一条明晰的界限划分，但仍可以通过一系列描述性的表达，尝试总结一些规律。

在推特上，排名前50的品牌官方账户都是有数十年甚至上百年历史的传统品牌，只有一两家是新兴品牌。对中国来讲也是一样，新品牌想进入微博是很困难的，因为缺乏用户基础。

服务行业，尤其是纯服务类的行业，比如航空公司，就不适合微博。这些品牌在微博上接到的永远都是投诉。基于国内糟糕的航空环境，人们受了委屈恐怕就要在微博上大诉苦水。服务行业开了微博，就会变成又一个客服热线。金鹏远认为，微博应该是一个与人对话的地方，一个账号是一个真真正正的人，这个人在跟你对话。当然，笔者以为，如果目的就是把微博做成一个客服热线，那还是大有裨益的。

涉及大额交易的品牌也不适合，因为比如房地产。一来负面多，二来动辄数百万的资金，消费者恐怕不会在微博上交流。这与汽车不一样，汽车可以有爱好者，房地产似乎鲜有爱好者。整形医院也不适合，因为没人会在整形之后与朋友分享，但牙科医院是其中的例外。有一家重型卡车正在寻找微博运营商，也不适合，因为用户根本不在微博。银行可以做，但要思考怎样做。招商银行做的不成功，建立那么庞大的体系，所谓的“微博矩阵”，却没想好自己要做什么才能事倍功半。

互联网相关的品牌众多，比如手机、网游、团购。但做法也值得探讨，团购如果只发每天团购信息，也是失败的做法。淘宝聚划算曾在海南香蕉滞销时组织团购香蕉，使它有了特色。

还有常用品，大家经常提及的品牌，一定会通过社交媒体大放光芒。金鹏远的原话是：“你放心，宝洁有一天意识到它的重要性之后，一定会做得很好。”就在采访结束的第二天，宝洁大中华区总裁施文圣(Stevenson)开通了他的新浪微博，也许是听到了我们谈话的内容。想清楚“我是谁”和“我要做什么”这两个问题的品牌，就可以开微博了。但也许大多数品牌都还没想清楚这两个问题，就在运营商的诱惑与催促下，匆忙上马了。

未来？传统理论支撑的技术营销时代

杜蕾斯的成功远远不是终点，眼下所有的社交媒体营销都还处于萌芽阶段。和金鹏远聊天时，明显可以感觉到，在他看来，未来是基于技术能力的绩效营销和技术营销称雄的天下，所有社交网络媒体也正为此而做。

人们往往看到杜蕾斯官方微博火爆光鲜的外表，却没有注意到运营团队在背后进行的大量数据分析。很多微博账号，内容发了就发了，至于它流向何方谁在参与就不再关心。博圣云峰不是这样。每一条发布在杜蕾斯官方微博以及其他博圣云峰负责的微博账号上的内容，都会在运营团队的资料库中归类。五天之后会统计每一条内容的评论数和转发数，每月月底一看数据就可以得知哪些内容有吸引力，哪些内容吸引力欠佳。分类的意义更在于，知道哪一类的内容是有吸引力的。将来甚至可以通过对用户评论内容的分析，得出某一类博文发挥了怎样的作用，品牌建设或是促进购买。这比传统广告的消费者回馈更及时、更真实，对后续调整的指导意义也更精确。

前文也已提及，需要用人力捕捉预设关键字，并判断是否能与品牌发生关联。而在今后一定会用系统来实现这一功能。据金鹏远介绍，目前已有的软件是对用户的回复进行过滤，筛选其中有价值的内容予以转发至官方微博。其中很多都是网友的自广告，有一个网友过生日，拿了一个储钱罐，里面装了很多避孕套和很多糖果当生日礼物，还有一个网友发过杜蕾斯的屏保程序，等等。如果杜蕾斯套鞋事件并非策划而是自发，更是绝妙的自广告。这些自广告的出现，对品牌的意义显而易见。

技术还能实现的是，判断一条博文的传播路径，基于六度空间理论，我们可以认为六层转发的传播效果是最好的。技术可以让我们分析这六层转发甚至更多层级的转发是怎样实现的，通过大量的样本分析，我们就可以在一定程度上重现转发路径。这意味着，针对某个特定的人，即使他不是我的粉丝，我也可以通过转发路径的重现，使信息抵达我所希望的位置。

在终极的传播中，我们甚至可以通过分析目标的原创、转载和评论，判断他的消费水准、兴趣爱好等诸多个人信息。这些蛛丝马迹意味着更精准的消费者洞察、更吻合的传播策略、更到位的创意表达。一个很古老的比喻，了解一个姑娘再去追她，就很容易击中她，这是社交网络真正的魅力。传统的互联网广告仅有0.02%的转化率，而有了个人信息辅助的精准营销，转化率有可能达到5%甚至更高。

虽然现在社交媒体营销的运营公司都还是小作坊的状态，凭借一两个成功的案例行走江湖，但将来必将是规模化、集团化的。而在更远的未来，创意的力量必将退居二线，未来的运营商将用系统完成60%的工作，用系统观察消费者，了解消费者，针对消费者。创意则包含在剩下的40%之中。杜蕾斯的秘密至多只是社交媒体营销萌芽时期的一朵浪花，它是我们学习的榜样，但绝不是天花板。更值得我们关心的是，谁能占据下一个营销话题的绝对制高点。

案例来源：姚云鹤：《杜蕾斯微博营销的秘密》，哈佛商业评论网，2011-09-19。

思考题

1. 如何理解整合营销传播信息沟通模式？
2. 接触概念的基本含义及其重要性何在？
3. 怎样理解接触在整合营销传播中的意义？
4. 大众传媒在消费者品牌接触中的局限性表现在哪里？

5. 你是否认为计划外信息比计划内信息更有影响力？
6. 在对不可控信息管理中需要注意哪些问题？
7. 杜蕾斯运用社交媒体进行品牌接触有何启发？
8. 结合实例谈谈顾客和相关利益者的品牌接触方式。

第六章 数据应用及其直接营销

【本章重点及学习要求】

1. 数据库在品牌关系与客户管理中的作用
2. 数据库建设的基本特征与应用方法
3. 大数据对营销传播实现的影响
4. 数据导入数据库应用的实现过程
5. 数据化使直接营销更为精准化
6. 数据化引导与直接营销的整合应用

第一节　数据库基础上的整合

虽然大数据(big data)是信息技术时代所生成的新生事物,但数据及数据库的概念在营销传播中并不陌生。在汤姆·邓肯的整合营销传播应用观点中,数据库就是一个基本的整合应用手段,这点在信息技术时代更加显示出其现实可操作性。

一、数据库优化客户关系管理

在现代营销中,数据库是基于消费者导向的客户管理而建立。因此,按照整合营销传播的终极价值,以及对品牌关系的重视,数据库成为整合营销传播的一种基本手段。

(一)数据库的概念理解

数据库(database)指通过计算机来收集的数据以便迅速寻找和查询。在营销活动中,数据库一开始只是为实施营销传播而收集的顾客和潜在顾客的姓名和地址;后来发展成为营销活动的研究工具,如收集人口统计资料、竞争资料以及销售趋势资料等,配合使用适当的软件,对数据资料做出相应的分析、解释与评估。

在整合营销传播中,数据库的定义是:整合营销传播活动所依赖的、企业有关个人消费者的,包括订单、查询、消费服务接触、研究问卷调查表以及外部清单的信息库。企业利用这些信息来分析消费者的购买和查询模式,分析由数据库提供研究机会,通过不同的媒介来联系、接触个人消费者,使企业可以达到许多不同的研究和营销目的。

在现代营销中,随着市场的日益细分化和目标化,对客户的确认显得越来越重要。通过数据库可以进行消费者分析,确定目标市场,跟踪市场领导者以及进行营销管理等。因此,数据库是协助规划整体营销计划和计划、控制、衡量传播活动的有力工具。数据库用来为公司的客户提供帮助、刺激客户需求,通过记录将现有与潜在消费者及其所有的通信联络方式和商务情况保存在一个电子数据库的存储器里,借以改善所有未来各种联系,并确保所有的营销活动计划和整合营销传播计划顺利实施。

(二)数据库与客户管理

整合营销传播把自己的基点放在客户与品牌之间关系的建立上,这必然要涉及对现有客户和潜在客户的认识、了解和管理,可以说在以数据库作为基本决策依据的整合营销传播管理中，一个重要的任务就是实施客户关系管理。对此，汤姆·邓肯的理解是：

> 客户关系管理是一种用于追踪客户数据的软件……全面的客户关系管理就是通过传播和运用客户信息，对所有的客户接触进行优化。简单地说，不管你的客户如何与你相互作用，你必须始终认识到他们的存在，这是你的承诺。全面的客户关系管理要求同一组织里的所有部门围绕这个概念进行合作。①

显然，所谓数据库就是相关信息的集合，以一种可获取和分析的方式存储和组织信息。一个顾客数据库就像是一个编制了目录索引的卡片箱，其中详细记录了顾客的姓名、地址、联系方式和相关资料。公司营销管理部门根据这些资料，不必花费很大的资金就能够制定相应的客户管理系统。建立数据库的一个突出优点就在于，过去客户管理中存在着一些模糊和不能区别对待的现象，这一方面是因为对客户情况掌握得不够充分，无法做到有针对性的客户管理；另一方面，由于客户数量庞大，简单的人力管理往往力所难及。而数据库管理运用计算机和网络，可以储存和处理大量数据，客户资料在电脑数据库中得到了系统化处理，营销人员可以根据不同的客户条件，很容易找到相应的目标客户。

以计算机和网络为依托的客户数据库，不仅仅是一个简单的客户储存系统，而且还是一个高效的客户资料分析系统。客户管理人员通过客户资料排列和分析，可以清楚地了解客户的相关情况，并通过对客户的明确细分，使得客户不再是一个抽象意义上的消费符号，而是一个具体可感的人。每一个人或者每一类型的人都有自己的个性和特定需求，也有与之比较匹配的接触方式，而这种需求个性和接触方式随着环境变化也会有所变化。基于计算机技术建立的客户数据库，可以设置不同的客户参数，根据客户需求的不同侧面，使每一个客户呈现出个性化的特征。

创建客户管理系统的基本依据就是数据库，这个系统除了对现有客户资料进行系统优化之外，还可以对现有客户进行追踪，以保证对客户各种需求的满足。比如，移动公司根据客户的资料为手机用户建立了用户档案，并通过网络系统和客户保持密切的互动联系。很多手机用户都会发现，当他们离开或者返回服务区的时候，都会收到来自移动公司的问候。为了便于有效管理，移动公司还根据用户使用情况对客户进行归类和划分，把客户分为一般客户和高端客户。高端客户是公司最为稳定的服务对象，为此公司对高端客户分别发放贵宾

---

① [美]汤姆·邓肯：《整合营销传播：利用广告和促销建树品牌》，北京：中国财政经济出版社 2004 年版，第 258－259 页。

卡,凭卡可以享受一系列的优惠服务,而且每一个高端客户都配备有客户经理,客户经理与客户保持一对一的沟通,可以随时解决客户的有关问题。

客户管理的明晰化和具体化,还体现在数据库可以促成营销传播信息个性化。所谓个性化信息包括了三个层次:首要是必须发现特定的顾客,但是简单地在发给客户的信息上注出对方的名字显然还不够,所以必须进一步上升到与客户的信息互动,包括有关销售、顾客意见和问题咨询等。把这些上升到更高一个层次,就是运用数据库记录客户的具体问题,并根据客户要求提供相应的解决方案。这种具有个性化的信息传播,由于具有很大的针对性,因此很受客户的欢迎。而当一个公司的数据库服务上升到这个层次之后,它就不只是一个简单的公司用来搜集客户信息的工具,而且还成为密切联系客户的积极反馈系统。

二、建立客户数据库的方法和途径

数据库的主要功能是搜集和储存信息,其所包含的信息量越大,建设和维护成本也就越高。同样,数据库越是复杂,使用难度也就越大。所以,在建立数据库时必须要考虑其便于相关人员操作。数据库有很多种,而且其结构化方法也在不断发展之中。常见的数据库主要有三种类型:分层数据库、网络数据库、关系数据库。[①]

分层数据库:是从手工填写系统那里演化而来的,它比手工填写系统要快很多,其所记录的内容也更复杂。在分层数据库中,数据以单一标准进行存储,比如记账方式。按照这种方法,记录、报告某个个体的交易行为就很简单,但是要对某类个体进行进一步区分却很困难。因此,分层数据库作为客户管理数据库,在整合营销传播中需要进一步提升。

网络数据库:是在分层数据库基础上发展而来的,但是其成本较高,且难以操作,因为用户必须首先理解数据的结构才可能利用数据库。网络数据库通常使用"标签"来识别需要分析的记录。比如,消费者的记录可能包括一个邮政编码的标签,如果这样就可以根据地域对客户记录进行分类;还可能包括最后一次交易数据标签,如果这样就可以根据使用时间远近对客户记录进行分类。而其他一些人口统计学变量的标签,也可以有效地进行记录分类。

关系数据库:相对于以上两种数据库,关系数据库是处于主流地位的数据库形式,它根据两个纬度进行存储,其中一个纬度是给定消费者的数据,另一个纬度是所有消费者在某一给定特性方面的数据。比如,银行存储贷款信息时,

① 参见[英]吉姆·布莱恩:《营销传播精要》,北京:电子工业出版社2003年版,第161页。

消费者记录和银行的贷款记录就是两个纬度(其中包括了所有拖欠或者超支记录)。在关系数据库中,信息可以一次添加到两种记录之上,也可以根据某一个纬度对信息进行存取。此外,用户可以在不同的表格之间进行链接:一对一链接,是将一个记录同其他表格中的多条记录进行链接;一对多链接,是将一个记录同其他表格中的多条记录进行链接;多对多链接,是在不同表格之间进行复杂的交叉链接。

在建立数据库时,管理人员必须要明确几个问题:

(1)数据库将怎样支持业务目的。需要什么数据?对潜在顾客和现有顾客了解多少?哪些信息具备可操作性?在这里最大的挑战来自于收集何种数据。

(2)通过什么途径解决数据来源。怎样收集数据?如何才能以更加节省的方式获得数据?公司对收集数据的成本估算多少?

(3)对数据的储存和管理的要求。数据如何被储存?是否能够方便处理?这些数据将由哪一个部门具体管理?

(4)数据库将被用在哪些方面。公司需要进行怎样的数据分析?从数据库中能得出什么直接报告?在此基础上做出什么决定?

许多大的公司都有自己的内部数据库,但是对于一些小公司而言,数据库往往是一种代价昂贵的选择,因为相应的硬件成本较高,因此,很多公司会选择将数据库外包给专业代理机构。数据库外包的好处是:不会影响公司内部系统的性能,不需要额外招聘或培训专业技术人员,数据库日常管理和维护非常专业化。而且由于规模经济的原因,外包数据库一般更加经济。图 6-1 是顾客数据库结构的形象说明。

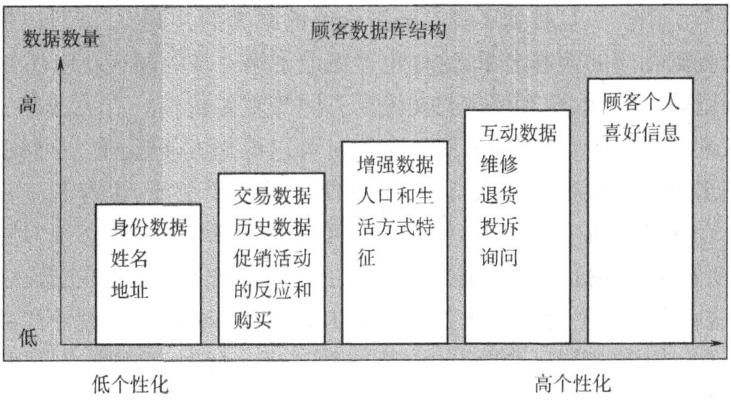

图 6-1　客户资料越多数据库越具有个性化

数据库记录的来源通常有两种途径:一种是企业内部信息来源,比如消费者的消费记录、促销活动的回报、展览会上收到的询问等;另外一种是经过市场调研获得记录,这种途径十分具有诱惑力,只要方法得当,很多被调查者还是乐意合作的。通过市场调查建立数据库时要注意,没有经过允许就擅自使用客户信息进行销售,属于欺诈性销售,这种行为侵犯了被调查者的隐私权。因此,在数据库使用中一定要注意科学管理和有效使用。

三、对数据库的科学管理与有效使用

并不是所有的营销管理部门都认识到了数据库的价值,有不少公司拥有很好的数据库,但是却没有得到充分合理的利用。调查发现,有85%的营销数据库仅仅被用来构造和作为顾客与潜在顾客的邮寄目录,而利用数据库资料,根据顾客购买习惯来分析和划分顾客的公司还不到1/3。① 这是美国企业的数据库利用结果,在中国则更加欠缺。数据库没有得到充分利用的原因可能是:数据库设计不符合营销需要,营销人员没有认真学习如何使用数据库,数据储存不完善或者不准确,营销工作没有对数据库运用提出要求,等等。其实,对于公司而言,数据库在营销传播管理的多个重要方面都可以发挥作用,诸如分析、计划、联系、回应、控制和检测等。数据库可以应用于关系管理的每一个阶段:获取阶段、保留阶段、成长阶段和再获取阶段。可以说在数据库中,几乎包含所有发展战略在不同阶段所需要的信息。

在获取阶段,可以通过数据库汇总一个数据驱动方案。公司首先要做的就是检查其最具经济效益的顾客,并确认他们共同的社会和生活方面的特点和爱好;然后,再运用这些特征找到潜在顾客。这种运用手头数据来识别潜在顾客类型的方法,被称作搜寻策略,就像是一种数据挖掘,无论是个人消费还是企业对象都适合运用。一旦找到了具有经济价值的顾客的共同点,就可以根据这种共同特征找到相应的顾客名单,这样也就完成了第一步的顾客获取任务。

在保留阶段,听取顾客反应与交流具有同等重要价值。有关顾客交流的信息被输入到数据库中,从而使一对一交流时可以更加方便运用。存储顾客交流信息表现出对忠实顾客的个人尊重,不仅便于进一步交流,也有利于积极的品牌传播。在这种交流中,公司不仅是一个单纯的倾听者,它还必须对顾客进行回应,并随着问题和机会的出现做出适当的调整。比如,顾客在交流中有大量的询问,这就表明需要为顾客提供更多的有效信息,或者重新设计产品以减少问题。又如,当顾客对某一方面的称赞数量超出一般时,公司也需要检查这些称赞是否与产品利益点相关联,是否可以用来改变现有的营销传播信息。与此

① [美]汤姆·邓肯:《整合营销传播:利用广告和促销建树品牌》,北京:中国财政经济出版社2004年版,第258-279页。

同时,也可以把顾客称赞传递给公司内部各部门,以此激励员工改进工作。

在成长阶段,要设计顾客增长程序,鼓励现有顾客增加对这个品牌的消费比例。比如,根据顾客情况具体分析,制定相应的优惠措施。我们在销售促进中曾经讨论过,许多行之有效的方法,既有利于销售的增长又可以进一步发展品牌关系,这些方法在这里都可以使用。而且由于使用了数据库资料,对顾客情况的掌握更加充分,增长程序的设计也就有理由更加具体可行。比如美的公司为了保持与用户的沟通,利用顾客数据库每年定期为客户进行免费空调维护。这不仅密切了顾客关系,赢得了客户口碑传播和向亲友的推荐,而且有效地激励了顾客再次购买时对该品牌的倾斜态度。

对于顾客的再获取是一项非常艰难的工作,再获取计划又称作重购计划。顾客在对一个品牌的使用中,常常会因为种种原因而放弃了这个品牌,再获取计划所努力的就是最大限度地减少顾客流失所造成的最终损失。顾客再获取工作之所以重要,是因为老客户比新客户更加能够为公司带来利润。一般情况下,再获取顾客有两种情形:一种是对游移或者被疏忽的顾客进行提醒;另一种则是对放弃品牌顾客的挽留。前者常常针对一些对客户资料掌握比较充分的公司,诸如美容院、健身俱乐部等,因为公司拥有顾客消费的详细记录,可以随时提醒顾客是否忘记预约还是另有其他选择。重新获取顾客的困难就在于,顾客放弃先前的品牌总有自己的理由,因此很多顾客是不可能被重新争取回来的。比如,顾客搬家离开了原来的购买区域,或者是企业客户改变了原来的产品结构,等等。因此,顾客重购计划的第一步就是要确定顾客什么时候不再属于你了,进而与之取得联系,经过沟通了解顾客是否具有再获取的可能。如果在这个过程中,发现顾客对某些方面具有明显不满,那么就应该对这些环节进行检验甚至调整,并把顾客信息输入数据库,以防止更多的顾客流失。

第二节　大数据的兴起与应用

大数据是与数字媒体和信息技术相伴而来的一个概念,现在已经成为营销传播领域的一个新热点。大数据不但大大提升了一般性的数据库应用,而且也为营销界传播带来一场观念性的革命,包含着对传统营销传播的某种超越性和颠覆性。

一、大数据及其应用价值

早在 1980 年,未来学家阿尔文·托夫勒(Alvin Toffler)就曾经在《第三次浪潮》一书中,颂扬大数据为“第三次浪潮的华彩乐章”。而“大数据”成为互联网信息技术行业的流行词汇,则大约从2009年开始。被称为“大数据时代的预言家”的维克托·迈尔-舍恩伯格(Viktor Mayer-Schönberger)所著的《大数据时代》一书是国外大数据系统研究的先河之作。他前瞻性地指出,大数据带来的信息风暴正在变革我们的生活、工作和思维,必将引导思维变革、商业变革和管理变革。

(一)大数据的概念

舍恩伯格认为,大数据指不用随机分析法(抽样调查)这样的捷径而采用所有数据的方法,大数据的核心就是预测。这个核心代表着我们分析信息时的三个转变。第一个转变是,我们可以分析更多的数据,有时候甚至可以处理和某个特别现象相关的所有数据,而不再依赖随机采样。第二个转变是,研究数据如此之多,以至于我们不再热衷于追求精确度。第三个转变因前两个转变而促成,即我们不再热衷于寻找因果关系。第三点堪称是其最具洞见之处,即其明确指出大数据时代最大的转变是,放弃对因果关系的渴求,取而代之关注相关关系。也就是说我们认识和分析对象时,只需要知道“是什么”即可,而未必需要知道“为什么”。这一认识颠覆了千百年来人类的思维惯例,对人类的认知和与世界交流的方式提出了全新的挑战。

大数据将为人类的生活创造前所未有的可量化的维度,而关于大数据的定义,则存在多种不同的表达。全球最具权威的IT研究与顾问咨询公司高德纳(Gartner)所做的定义:“大数据”是需要新处理模式才能具有更强的决策力、洞察发现力和流程优化能力的海量、高增长率和多样化的信息资产。① 在这个定义里我们可以看到大数据的三个明显特征:其一就是它的“大”,即海量、不断增长和多样化;其二是可以帮助人们提升决策、洞察发现力和流程优化能力;其三则表明这种数据形态,只有运用新的处理模式才可能对此加以处理。可见“大数据”的显著特点就在于它的“大”。

那么,大数据到底有多大?

一分钟内,微博、推特上新发的数据量超过10万;社交网络脸书的浏览量超过600万……一天之中,互联网产生的全部内容可以刻满1.68亿张DVD;发出的邮件有2 940亿封之多;发出的社区帖子达200万个,相当于《时代》杂志770年的文字量。截止到2012年,数据量已经从TB(1 024GB = 1TB)级别跃升到PB(1 024TB = 1PB)、EB(1 024PB = 1EB)乃至ZB(1 024EB = 1ZB)级别。国际数据公司(IDC)的研究结果表明,2008年全球产生的数据量高达1.82ZB,相

① 转引自王海林:《大数据的是与不是》,载《国家电网》2015年第11期,第46-47页。

当于全球每人产生200GB以上的数据。而到2012年为止,人类生产的所有印刷材料的数据量是200PB,全人类历史上说过的所有话的数据量大约是5EB。IBM的研究称,整个人类文明所获得的全部数据中,有90%是过去两年内产生的。

(二)大数据的应用价值

全球知名咨询公司麦肯锡在2011年5月,最早提出大数据时代已经到来。麦肯锡全球研究院发布了一份题为《大数据:创新、竞争和生产力的下一个新领域》的报告,指出数据已经渗透到每一个行业和业务职能领域,逐渐成为重要的生产因素;而人们对于海量数据的运用将预示着新一波生产率增长和消费者盈余浪潮的到来。[①] 此后,大数据除了成为计算机相关领域争相传诵的热门技术词汇,也引起了金融、广告、营销、传播等业界和学界的高度关注。数据本身就是资产,这点在业界已成为共识,因此,全球互联网巨头包括EMC、惠普、IBM、微软等,纷纷通过收购来实现技术整合。大数据的应用价值可以从两个大方面加以认识。

其一,从经营的价值链流程来看,生产者虽然是价值生产者,但消费者却是价值的意义所在。任何产品必须具有意义才可能具有价值,如果消费者不认同就卖不出去,那么也就实现不了价值,消费者认同是实现价值的前提。而大数据正是从消费者这一意义的源头,帮助生产者实现价值。无疑这就是启动内需的原理,也符合所谓供给侧改革的方向。

其二,从组织结构层面来认识,随着具有语义网特征的数据基础设施和数据资源的发展,组织的变革越来越不可避免。大数据的导入,将推动网络结构产生无组织的组织力量。最先反映这种结构特点的,是各种各样去中心化的Web 2.0应用,如RSS、维基、博客等。大数据之所以成为时代变革的力量,在于它通过追随意义而获得智慧。

大数据技术的战略意义不在于掌握庞大的数据信息,而在于对这些含有意义的数据进行专业化处理。换言之,如果把大数据比作一种产业,那么这种产业实现盈利的关键,在于提高对数据的“加工能力”,通过“加工”实现数据的“增值”。在合理时间内达到撷取、管理、处理、并整理成为帮助企业经营决策有更积极目的的资讯。

时至今日,大数据已经越来越多地被应用于广告营销领域,而这种应用带来了两个明显的变化,这就是除了对传统广告观念具有革命性的思维方式变化外,还有就是在技术手段运用上的变化。换句话说,只有采取新的技术工具,才

① 转引自王继业:《大数据与电力企业》,载《电力信息与通信技术》2012年第8期。

可能实现大数据的广告营销价值。

二、大数据改变传统营销传播

营销传播的每一次跨越式发展，都离不开新的传播渠道的拓展以及新的传播技术的驱动。进入网络和信息技术时代，“大数据”与“云计算”“物联网”等重要的信息科技浪潮，也必将会让传统广告产生巨大改变。

（一）从广而告之到精准营销

在过去的很长一段时期里，品牌与媒介所处的商业环境相对比较简单，品牌营销一直以传统媒体为载体，以广告为手段进行营销传播，并因此成就了众多的知名品牌。电视、广播、报纸等传统媒体广告的价值在于，通过增加广告品牌的曝光广度，提升其知名度与美誉度，塑造品牌影响力，进而“可能”增加产品销售额，这就是历来“品牌营销”理念所倡导的传播逻辑。正如“广告”顾名思义的解释一样，这种品牌营销借助传统媒体达到的传播效果是“广而告之”，品牌的销售效果与传播之间存在时间差，营销的传播效果也是基于事后的社会学抽样调查进行证明。因此，媒体中的广告只能不断地、重复地、在多重媒体间投放，而消费者对广告的负面感受，以及广告无效论也由此产生。

如今面对受众媒介接触习惯发生变迁，品牌竞争环境日益繁杂，广告主对准确投放和实际效果更加关切等现实，传统媒体广告因为缺乏技术优势，在营销效果表现上更加显得有些力不从心。而互联网具有先天的技术基因，这种基于媒体特点的技术优势，在受众的广告点击、消费购买等效果方面，使得互联网广告显得更加清晰准确；加之对大数据的利用，网络广告更是在精准营销领域迎来了革命性的变化，实现对“个众”的有效传播。尽管新媒体广告营销传播与传统媒体的营销传播，并不是完全割裂与对立的，但大数据的运用却可以有效地避免广告的盲目性，提高其传播效率，进而实现精准营销。广告本身是企业的投入产出行为，传播效果更加具说服力，因此也对广告的运作带来更大压力。

（二）从媒体本位到受众本位

传统的以广告为代表的营销传播作业流程，必须依靠媒体才能运转，典型的广告营销公司除了策划、制作广告内容之外，很重要的工作就是媒介投放策略和媒介购买，围绕媒体方的广告时段与版面、广告位置的差异而使用不同的投放价格和投放策略。在这种情况下，企业的营销传播费用几乎绝大部分都是媒体投放费用。因此，虽然营销传播中一再声称创意为王，而自广告业著名的达格玛法（DAGMAR）以来，也一贯倡导重视受众，但实际情况却是从未摆脱媒体本位，也从未真正与受众建立更加直接的联系。

虽然广告投放中也会重视不同媒介的受众差异，但始终无法直接检测营销传播信息到达及其所产生的销售作用。随着大数据时代的来临，营销传播的核心开始真正转向围绕“人”（即受众）展开交易，买方明确受众的标签属性，卖方提供与之对应的受众的点击流量和转换率。信息技术和大数据的应用，使得营销传播实现了与目标受众直接接触的机会，也使受众本位在传播选择的通路中更加明确地显现出来。

大数据营销的核心在于让营销传播在合适的时间，通过合适的载体，以合适的方式，指向合适的对象。虽然目前营销传播对大数据的应用还处在探索阶段，广告营销界也在迫切寻找“数据+营销”的复合型人才，以便于深化大数据的商业化应用，但是基于大数据的新型营销传播模式似乎还有待建立。

三、大数据营销的主要特点

所谓数字营销时代的一个很大特征，就是可以通过大数据应用，帮助企业以前所未有的速度收集用户的海量行为数据，从而分析、洞察和预测消费者的偏好，并据此为消费者提供最能满足他们需求的产品、信息和服务。大数据营销就是指通过网络采集大量的行为数据，帮助营销者寻找目标受众，并在此基础上对营销内容、时间、形式等进行预判与调配，并最终完成整个营销的全过程。同样，企业市场营销的费用分配方案，多数投放都可以在大数据的指引下进行，企业的多个品牌的不同消费群体差异是什么？目标消费群分布在哪里？潜在用户在哪里？消费群体有哪些数字媒体的接触习惯？消费群体容易被怎样的广告内容吸引？企业的市场部门可以通过大数据找到他们分布的地方，然后用有创意的投放形式让他们成为企业的粉丝以及形成销售。大数据营销具有以下特点。

（一）多平台化数据采集

大数据的数据来源通常是多样化的，多平台化的数据采集能使对网民行为的刻画更加全面且准确。多平台采集可包含互联网、移动互联网、广电网、智能电视，未来还有户外智能屏等数据。

（二）强调时效性

在网络时代，网络用户的消费行为和购买方式极易在短的时间内发生变化。抓住用户需求最佳时间点，及时进行营销非常重要。著名大数据营销企业泰一指尚（AdTime）对此提出了时间营销策略，通过技术手段充分了解网民的需求，并及时响应每一个网民当前的需求，让网民在决定购买的“黄金时间”内及时接收到商品广告。

（三）个性化营销

网络信息时代的营销理念，已经从媒体导向转为受众导向。以往的营销活动须围绕媒体知名度、浏览量等选择投放,现在则完全以受众为导向进行营销,因为大数据技术可让他们知道目标受众此刻身在何处,正在关注着什么。大数据技术甚至可以做到当不同用户关注同一媒体界面时,实现了对用户不同内容的个性化营销。

(四)性价比高

传统营销广告中有一句名言,“只知道一半的广告费被浪费掉了,却不知道是哪一半”。而大数据营销在最大程度上,可以让广告投放做到有的放矢,并可根据实时性的效果反馈,及时对投放策略进行调整。

(五)关联性强

大数据营销的一个重要特点在于网民关注的广告与广告之间的关联性,由于大数据在采集过程中可快速得知目标受众目前关注的内容,以及可知晓目前网民身在何处,这些有价信息可让广告的投放过程产生前所未有的关联性,即网民所看到的上一条广告可与下一条广告进行深度互动。

四、大数据营销的实现过程

大数据营销是一个基于大量运算的技术实现过程,通常大数据运转需要三个条件:一是数据的汇集,二是数据的储存,三是数据的分析。大数据的营销价值主要体现在实时计算和跨平台计算上。事实上,早在大数据概念流行之前,互联网行业内就不乏精准广告投放平台,但这些平台大多依据互联网的某一方面数据,或者是单一行业的数据进行,并且数据的更新比较滞后。而大数据营销可以实现实时动态的更新,识别投放用户的行为特征和兴趣变化。更重要的是可以依托多平台的数据汇总,获得更深层次的用户行为数据,比如观看电视的信息、上网搜索行为、手机 APP 访问行为等,这些数据的整合可以使用户定位更加精准。

再进一步则可以采用“再锁定精准营销”方法,其所关注的是如何产生网站或广告的“回头客”,让那些曾经访问过某个网站但没有产生购买或有效行为的网民,能够产生二次访问或者实际购买。再锁定精准营销虽然不会直接进一步扩大“潜在用户池”,但却可以使既定潜在用户群产生更多的实际购买,进而提升营销传播的转化率。再锁定精准营销服务商上游通过购买获取网络媒体资源,下游对接客户(以电子商务客户为主)。中间核心环节需要运用大数据挖掘与算法技术,根据用户的浏览记录、对某个网站或产品的访问频率、购买兴趣等,生成只针对某个用户特定的精准营销传播,帮助客户与已经离开客户公司网站的访客重新建立关系,并以 CPC(按点击付费)或 CPS(按销量分成)方式计费。例如,当你浏览过京东商城某款手机页面后,虽然基于种种原因并没有购买，但当你再次登录其他网站时，会发现你先前关注的那款手机促销广告特定地“为你”出现，吸引你再次关注并影响你的购买决策。

通过大数据进行营销，还可为进行最大程度的营销传播策略优化。将来自不同管道的基础数据的关联分析，形成针对不同行业的维度关系，通过对不同行业的特有数据行为进行分析，从而为主流行业客户提供有针对性的多样化传播策略。还可在营销传播过程中，进行实时数据抓取与分析，形成相应的效果报告并及时加以反馈，以便根据效果随时调整营销传播策略。

相对于传统的媒体传播，数字信息和网络技术从一开始就是以融合媒介形态呈现的，因此，它也打破了传统的媒介壁垒。目前中国网民用户的浏览习惯日趋“多屏终端化”，超过90%的人群拥有并习惯使用两个或两个以上的屏幕终端，包括PC、Pad、手机等。而且在用户的使用感受中，终端间的界限正在消失，他们关注的内容在屏幕间相互流转。与此相应的是，相对于传统的市场调查与媒介调查而言，大数据技术的多终端数据采集优势，同样可以跨越媒介渠道的界限，真正实现以受众为导向的营销传播。在某种意义上，这正昭示了信息技术时代整合营销传播建构品牌关系的广阔前景。

第三节 数据引导的直接营销

相对于数据库在营销中比较狭义的应用，大数据的导入为营销传播带来了广阔的应用前景。如果说传统数据库还只是基于过去数据的部分存储和组合，大数据则是对过去乃至即时海量信息的抓取和筛选。在这种数据应用中，直接营销的魅力再次得到充分展示，无疑精准营销就是直接营销的信息化提升。

一、直接营销的概念及应用特点

在大数据应用之前，数据库的建立在很大意义上也与直接营销需求密切相关，所以不少人甚至把数据库营销与直接营销相互等同起来。实际上，直接营销是一种历史悠久的营销传播方式，而数据库营销是随着计算机的出现和普及才开始发展起来的。应该说，数据库简化了直接营销的步骤，并加快了直接营销的速度。大数据又进一步扩展了数据库的功能，为直接营销提供了更好的技术支撑。

（一）直接营销的基本含义

作为一种营销传播模式，直接营销并不是一个新的概念，它的很多基本方法在传统的促销手段中都得到了普遍应用。但是长期以来，这种方式被认为只是广告的一种辅助工具,并没有受到足够的重视。过去对直接营销的理解是销售者"利用一种或多种媒体对目标群体施加直接影响的所有活动的总称"①。英国直接营销协会采用了鲍尔和米克劳奇(Connie Bauer & John Miglautsch, 1992)所给出的定义:"直销是一种控制论的营销方法,它利用直接反馈广告进行市场探测、转化和保持。"② 很明显,这个定义已经涉及直销过程中所包含的信息互动功能。因此,1997 年美国直接营销协会将其定义扩大为:

> 任何有意针对消费者或企业客户,以期他们以订购(直接订购)、进一步查询(先期生产),并为购买某一商品或服务而光顾某一店或某一经营地点(客流)的形式做出反应的直接传播活动。③

从这些定义中可以看出:第一,直接营销是具有互动性特征的"一个营销体系",所以也称之为"互动营销";第二,它运用"一种或多种媒介",这本身就是一种整合性的媒介尝试;第三,由于这种形式对顾客反应可以记录分析,所以具有明显的可测量性。正因为这样,直接营销近年来已经摆脱了单纯的销售促进模式,成为整合营销传播中最受欢迎的方法之一。直接营销的范畴也在不断地扩大,相对于传统营销和营销传播,它因为直接反应所带来的优势越来越受到关注。对此,汤姆·邓肯做出如下定义:

> 当一个公司希望与客户及潜在客户进行直接接触而无须零售商这一环节时,它可以采用直接反应促销法。因为这是一种封闭式的、互动的、数据库驱动的信息系统。这个系统通过各种媒介引起行为上的反应,它将销售信息与需求的产生(通过某种信息来强化需求)和满足(传递产品或需求信息)加以合并。④

理解这个定义必须认识几个要素:封闭意味着在供货方与客户之间没有分销商、批发商和零售商,只有销售的两个顶端存在,并且所有的沟通只在他们之间进行;它之所以被称为是互动,是因为在公司和客户之间存在着双向沟通,任何一方都可以引发对话。这种方法被设计用来产生即时的行为反应,这与一般广告手段恰好相反,广告的目的通常是产生意识、提供信息,或加强和改变客户态度。

(二)直接营销的应用前提

作为一个完整的销售流程,直接营销是整个营销过程的一种缩略形式,其

① [美]乔治·贝尔齐,等:《广告与促销:整合营销传播展望》,大连:东北财经大学出版社 2000 年版,第 627 页。

② [英]吉姆·布莱恩:《营销传播精要》,北京:电子工业出版社 2003 年版,第 159 页。

③ 参见[美]威廉·阿伦斯:《当代广告学》,北京:华夏出版社 2001 年版,第 281 页。

④ [美]汤姆·邓肯:《整合营销传播:利用广告和促销建树品牌》,北京:中国财政经济出版社 2004 年版,第 574 页。

间包含了销售、购买、流通的全部过程。传统的直接营销比较看重销售效果，但是从顾客关系角度审视直接营销所带来的收益，却远远不止是销售效果，更重要的是具有整合意义的营销传播价值。市场的多元化和复杂化给营销和营销传播带来了困难，可以说直接营销方法在普遍意义上的应用得益于两个方面，一个是数据库的支持，另一个是对传统营销沟通方法的整合。因此，直接营销重点是销售还是其他，仍旧是一个值得深思的问题。

直接营销是需要消费者直接回应的一种信息传递方式，它有明确的目标群，并且有资料库作为依据。通常消费者参与程度比较高的商品，其目标群体比较明确，也适合于选择直接营销方式和判断直接营销时机。比如，房地产商根据高端消费者的情况，分别向他们寄送有关度假别墅的资料，或者派人专门登门拜访；而那些消费者参与程度比较低的产品，在消费中通常具有很多不确定性，它的目标群体和消费随机性也很大，直接营销难以获得相应的营销传播效果。比如，一般瓶装饮用水，消费者在购买中具有很大的随机性和不固定性，这类产品通常很难用直接营销获得良好的效果。所以整合营销传播在使用直接营销时，需要考虑三个问题。

第一个需要考虑的问题是，采用直接营销的意义是什么？需要明确在整合营销传播中，直接营销是否具有使用的必然性。是否能够明确界定出所有或者部分营销传播的对象。在这里一个关键问题就是我们前面所说的“高度参与”。并不是说低参与度产品就完全不能运用直接营销，而是说一般情况下，低参与度产品适合大众营销模式。因此，运用直接营销于低参与度产品时，必须要仔细思考观察。

第二个需要考虑的问题是，有没有适合于自己目标市场的数据资料？如果直接营销是整个营销计划的继续，那么公司可能会保存现有客户或者潜在客户的名单。如果没有也可以通过其他方式获得，比如向进行大数据分析的专业公司购买，或者通过促销和市场调查等方式获取。但是不论采取什么方法，这些用户名单必须适合自己的产品和营销需要，如果名单缺乏实用性，那么直接营销也就失去了意义。所以要进行直接营销就必须借助于适合的数据库，而大数据在这方面恰好提供了前所未有的便利。

第三个需要考虑的问题是，应该如何传递营销传播信息？需要选择适合的直接营销工具。传统的直接营销媒体可以分为四大类型：直接邮寄、电话营销、大众传媒以及互动营销。过去在把直接营销作为整合营销传播中的一个环节时，出于对效果和成本的考虑，一般只选择一种直接营销媒体作为主导，其他媒体只扮演辅助角色，用来提醒目标群体关注直接营销活动。现在随着网络信息技术的应用，营销传播中的媒体成本权重越来越小，而新型的社交媒体在很大程度上更加具有整合优势，因此，在营销传播和维护品牌关系时，选择具有综合性的营销传播平台（如天猫、亚马逊等），或者更有指向性的网络社交媒体（如谷歌、微博等），就愈发显示出营销与传播融合一体的优势。

（三）直接营销的应用优势

如果结合网络对人际传播的创新，几乎可以说直接营销是最具有代表意义的整合营销传播模式，因为直接营销把人员互动与媒体沟通相结合，使传播和销售共为一体。而且在直接营销计划中，通常考虑媒体运用和直接销售两个方面的要素，所以有时候在执行过程中，会出现一种错觉，即看重直接销售成果忽视直接营销价值。实际上，作为整合营销传播的一个重要组成部分，直接营销正如我们前面所介绍的那样，是一种以数据库为基础，运用多种媒体达成互动式市场转变的营销和营销传播策略。从整合营销传播意义上考察，作为一种营销传播工具它的策略意义显然大于销售意义。如果过于注重直接营销所产生的销售结果，那么势必会降低直接营销所带来的整合营销传播价值，因此，在直接营销执行中必须处理好其与直接销售之间的关系。

直接销售就是营销人员在直接营销过程中，通过介绍、示范，直接向消费者提供产品或者服务，从而实现了销售目标。作为一种有效的营销模式，直接销售现在已经在很多企业广为应用，过去甚至有不少企业把直接销售当作唯一的销售方式，如著名的化妆品企业雅芳、玫琳凯等。直接销售的方式主要有三种：第一种是重复的人对人销售，即推销员经常去购买者的家中、工作地点或其他场合进行拜访，借以推销产品或者服务；第二种是非重复的人对人销售，推销员偶尔地去拜访者家中、工作地点或者其他场所推销产品或者服务；第三种是多人销售，推销员通过家庭或者办公室聚会和示范，向一群人推销产品和服务。在直接销售中，必然要涉及与顾客之间面对面的接触沟通，沟通的效果最后可以用销售目标来衡量，所以说直接销售中往往对销售结果的考虑大于对营销传播效果的考虑。

随着网络信息技术的发展和数据化的不断深入，以往的信息渠道和媒介渠道在很大程度上出现了新的整合。比如，在电子商务平台淘宝、天猫或者京东商城上，不仅传播渠道和销售渠道融为一体，金融支付和售后服务也都紧跟而来。而海量化的数据信息处理能力，又确切地保证了营销传播过程中信息流、物流和金融流的同步运行，这种技术性的整合几乎使所有的营销都成为新的直接营销。

当直接营销作为一种营销传播模式，尤其是当它上升为整合营销传播的一个重要组成部分时，我们发现直接营销在完成整合策略方面，无论是在媒体使用的宽泛度、沟通接触的影响度，还是效果评价的多维度等方面，都远远超过了对直接销售的要求。具体而言，在媒体使用方面，直接营销是一个真正的多媒体综合运用营销传播模式，除了简单的人对人方式外，它还包括了直接邮件、目录销售、电话营销、网络营销以及直接广告等多种形式；由于这种宽泛的媒体形态，其与客户沟通接触的方式也大大改变，不同形式所产生的沟通影响力也各有千秋；对于这种把顾客关系作为接触目标的营销传播策略而言，衡量其最终效果的显然也就不是销售结果，而是在直接营销过程中所实现的整合营销策略追求，即对品牌与消费者之间关系的价值贡献。

二、直接营销应用的传统创新

最常运用的直接营销手段，主要是直接邮寄和目录营销两种形式。但是随着网络信息技术的延展，这两种常见的方法也在不断延伸，其中最重要的就是营销与传播相统一，在数据引导下的精准营销。

（一）常见的直接营销手段

直接邮寄（Direct Mailing, DM）已经成为当今使用最为普遍的一种直接营销方式，这种方式因为有充分的媒体手段通常也被称作是直邮广告。当今社会，城市居民在打开家庭信箱时，所收到最多的大概是各种各样的直接邮寄广告，既有各种产品促销信息，也有相应的目录介绍，还有其他形形色色的直接销售函件。直邮广告多种多样，从手写明信片到可分拆的三维包装，其中最多的是以传统形式发送的邮件，包括各种商业信函和印刷品。

在直接邮寄中根据需要可以设计各种营销传播信息，比如新产品推荐、促销折扣、顾客意见征询等。最常见的内容有折扣商品销售信息，或者是多种目录营销信息。目录营销是一种流行的直接营销方式，它集中描述生产商或者中间商所销售的各种品牌，加以分类并运用直接邮寄的媒体优势，展示产品或者品牌的造型和外观，使得这种销售更加真实可感。在直接邮寄和目录营销中，通常都提供产品或品牌的价格、购买方法以及联系电话等，以方便客户联系与购买。由于直接邮寄和目录营销等方式在操作上简单可行，且其使用成本相对较低，因此运用得越来越普遍。

值得注意的是，直接邮寄和目录营销作为直接营销的一种主要方式，随着其不断增加甚至导致了一种滥用现象。在直接邮寄中，最主要的是受众注意和接受态度问题，然而很多直接邮寄恰恰忽视了这一点。直接邮寄要引起受众注意并获得受众认同，在信息设计上一定要有精心的策划。比如，在一份邮件中，包含多种产品或品牌比只有单一产品或品牌花费受众更多的注意力；没有经过精心选择的邮寄对象，比从数据库中有选择的目标对象对直接邮寄的信息更加漠不关心；等等。一个简单的道理是，消费者在一个产品或者品牌上所花的时间越多，表明这个产品或者品牌受到的关注越多，其引起的态度和行为反应的可能性就会越大。

（二）直接营销手段的组合应用

与广告以及其他营销传播方式相比，直接营销在促销组合中曾经长期处在不起眼的地位，而现在它却成为整合营销传播中最具有代表意义的一种操作模式。究其原因，主要是直接营销在发展和演变中，得到了直接的信息技术支持，作为一种具有极大包容性的营销传播方式，它不仅可以与其他营销传播工具达成完美结合，而且善于把营销传播中的互动性交流发挥到淋漓极致。

1. 直接营销与广告结合。直接营销本身就是一种广告形式。不论是通过直邮、目录营销、直接反应印刷品，还是直接反应电视广播、互动媒介等，这些都属于广告。通常在这些形式中包含着一个邮寄资料机构或者是免费咨询电话，可以吸引目标顾客进一步接触，有利于促成顾客行为反应。另外，有时也通过广告辅助进行直销活动。

2. 直接营销与公共关系结合。很多公共活动经常利用直接反应技巧。比如，一些公司可能利用电子营销活动来为慈善机构招募基金，也可能采取大型集会实行公益募捐等。同样，企业在频繁地运用公关活动中，其广告和促销策略中可能包含着800免费电话，或者是有利于公司形象的各种承诺，也可能是鼓励顾客在购买之后成为其会员，参加相关的交流沟通或者优惠活动等。

3. 直接营销与人员销售结合。人员销售的形式越来越多，电子营销和直接销售是最普遍的方法。前者如电话营销、网络邮件等，不但对象准确而且灵活简便，有时候这种方式还便于美化公司形象，回避存在的某些不足；后者则是很多消费品的惯用方式，如雅芳、安利等多年来一直采用人员直销取得了很大成功。

4. 直接营销与销售促进结合。这是直接营销最传统的方式，日常生活中可能会经常遇到。比如，利用直邮发送各种促销目录，邀请顾客参加健康讲座，进行新型美容护理优惠酬宾，咖啡吧发放折价赠券等。不同的是，在整合营销传播视野中，直接营销与销售促进的结合已经摆脱了对顾客单纯的短程刺激，它把这种营销活动上升为与顾客的一次亲密接触，从顾客那里寻找反馈和交流，并力图在品牌与顾客之间建立一种稳定的关系。

现代信息技术手段的导入和多种媒体的综合运用，大大拓展了直接营销的范围，不仅有人与人的沟通，也有间接的媒体互动沟通，所以直接营销又常常被称为直接反应营销。在这种情况下，直接营销面临着一个基本的沟通问题，即如何保持个人和非个人的信息在直接营销过程中的平衡。应该说直接营销的方式多种多样，各种直接营销模式在个性化程度上有所不同，如何把握需要根据具体的营销追求设定。

各种直接营销模式因其所表现的个性化程度，发展呈现出了两个方向：一种是具有极端性的实时互动，比如人员销售、电话直销等；另外一种是延时互动，即营销者或者客户必须等待一定的时间才可以获得信息或者反馈，比如电子邮件、网络营销等。互动程度最低的是大众媒体，大众媒体要最终完成直接营销，还必须与其他媒体相结合，要求客户转向其他媒体诸如电话、互联网等。

三、数据与直接营销的整合应用

信息技术使营销传播不断扩展，随着网络营销在用户对象和传递渠道上不断地趋于精准化和个性化，体验营销、长尾营销、定制营销等可能都将与直接营销相结合，形成更加富有人性化的营销传播模式。而不论这种模式如何演变，一个最重要的核心要素便是，越来越贴近用户。

数据的运用在大大提高营销传播效果的同时，也明显降低了营销传播的成本，数据运用中最大的受益者就是直接营销。可以说正是因为数据和信息技术媒体的介入，才使得直接营销这一古老的营销传播方式焕发出前所未有的生机。在充分发展的直接营销中，包含了多种媒体手段和互动性交流，其本身就是一种具有整合意义的营销传播。而诸多不同营销传播方式的介入，也对直接营销策划提出了进一步的要求。

（一）数据库营销与直接营销

有人把数据库营销与直接营销相提并论，事实是，虽然数据库营销与直接营销具有某种类似之处，但是数据库营销并不是直接营销。直接营销只是营销传播的一项功能，而数据库营销则表现得更加先进。这种先进不仅仅体现在数据库营销依赖最新的技术手段，而且还表现在它既可以用于直接营销，又可以与其他所有的营销传播功能相结合，从分析、计划一直到具体执行，为营销和营销传播提供全程服务。所以说，数据库营销促使营销和营销传播的进一步发展，从整合营销传播角度看，数据库作为营销手段其主要价值可以归纳为：品牌关系管理和整合营销传播计划实施。运用数据库营销，可以帮助公司了解顾客和潜在顾客，管理客户服务，了解竞争情况，管理销售运作，管理营销和营销传播，与顾客沟通以及为顾客提供信息资源以此提高品牌价值。可以说，数据库营销几乎可以全面涵盖营销和营销传播过程。当然，其间最突出的就是数据库为建立双向交流系统奠定了基础。

建立双向沟通系统的最佳方法是，利用许多不同形式的资料库，或策划资料库营销专案计划，即由不同的管道传达资讯给消费者，并依靠这些个别的管道，积极地寻求消费者回应。这些寻求消费者回应的做法，除了运用传统的广告方式外，也许还有很多促销手段，诸如寄出直邮信函、电话访问、购物卡以及其他的让消费者回复的方式与做法。计算机的普遍运用大大简化了信息处理的方法，即便是对于大规模市场的消费品顾客，只需要手指的敲击便可以获得相应的信息。数据库的最大优势就是提供了一个确切的细分市场依据，可以根据需要从数据库里寻找顾客和潜在顾客，而由于顾客资料的完整又使得采取一对一交流成为可能。我们可以设想一下数据库营销模式，如表6－1所示。

表6－1　数据库营销步骤

1. 将产品输入数据库 你可以想象正要寄出一张优惠券、填完一张保证卡或是参加了一次抽奖，但对于营销人员来说，你同时也自愿寄出了自己的信息——于是这些数据被输入计算机，在那里它同许多来自公众的记录相结合
2. 数据摘要分类 运用复杂的统计技术，计算机把不同方面的信息融汇成一个有条理的统一数据库。之后在功能强大的软件支持下，品牌管理者可以进入这些数据中，根据他们的需要任意获取信息，并对各种数据重新排列组合
3. 一个理想的消费者 在对大量使用者进行一般分析的基础上，计算机可以绘制出一个选择产品的理想消费者模型。下一步，具有这些特征——兴趣、收入、品牌忠诚度等——的消费群体，可以被确认为营销活动的目标
4. 运用这些数据 这些数据可以运用到许多方面。比如，确定优惠券的价值以及什么人应该获得优惠券；推出新产品并确信最适合的消费者能获知有关情况；调整各种营销信息以便于能够针对恰当的顾客等
5. 同零售业分享这些数据 收银机的扫描仪可以确切地提供哪些顾客在特定商场购买的大量信息。汇合这些商场提供的数据，可以帮助我们按照地域发送直邮信息，设计优美的、富有情调的货架陈列，以及商场风格布局
6. 数据库精炼 数据库不断被更新，包括来自于产品俱乐部、优惠券回收、800免费电话问讯中抽取的参加者，信息也包括来自外界的新名单

直接营销业务可以分为前端和后端两种。前端主要是建立营销沟通和信息刺激，包括营销传播、内外呼叫转接，以及其他所有用来引起销售和需求的行为；后端主要是完成销售和售后处理，包括接受和处理订单、存货控制、装单、开票、处理退货以及其他的客户服务功能。可以说，前端是在为直接营销建立目标和期望，后端是努力实现这些期望。前端的主要构成是供给、目标受众和反馈，后端则主要在于实现。由于直接营销需要数据库的支持，因此，在直接营销

运作中,需要把握四个基本要素:供给、数据库、反馈和执行。

1. 供给。供给是公司为了取得利润或者其他被要求的行为,而承诺的所有有形或者无形的东西。除了标价的产品外,供给还包括了支付条件、保证、送货期以及各种承诺条款,也包括了与品牌有关的形象以及其他无形部分。在直接营销策划中,供给被设计用作规划所有的品牌决定步骤:注意力、兴趣、需求以及行动。为了使供给具有时效性,同时也是限制公司对某种产品的存货期限,绝大多数情况下,供给都设计得与在促销计划中的一样,且仅限于某一特定时间。因为根据营销规律,如果客户在几周内仍旧对直接营销没有反应,那么他们未来的反应可能也会明显下降。

2. 数据库。数据库在直接营销中主要被用来进行市场细分和目标顾客的确认。直接营销设定了一个明确的目的,那就是引发某种行为,因此,各种销售促进手段常常会伴随着运用,以便刺激消费者。比如,直接邮寄的商品目录送到家庭信箱,通常都标明了价格折扣。一些用于建立客户资料的直接营销,经常设计各种反应回报以鼓励消费者对直接营销信息给予反馈。

3. 反馈。所谓反馈,在直接营销中就是指客户对营销传播信息的各种反应。可以说直接营销和反馈是紧密连接一起的,客户的反馈可以通过免费电话、参观展示、浏览网站、接受邀请或者成为会员等多种形式体现。在整个营销传播信息循环中,反馈是由客户发起建立的,公司应该对反馈给予积极的回答,并且尽可能地为客户提供反馈条件以便促成所期望的行动。对于客户反馈,公司应该给予及时处理,因为客户反馈耽搁时间太久,或者是设计的语音答录复杂冗长,客户都有可能放弃寻求答复,从而导致客户或者业务流失。同样的,运用人员接触,如果回答问题无法使客户满意,或者人员素质欠缺,客户也可能放弃接触。

4. 执行。执行是直接营销具有特别价值的贡献,它与其他营销传播手段一个很大的区别就是便捷、经济,可以及时地向客户送达产品或者信息。直接营销的执行可以从两个方面看:一方面是指执行中对直销媒体,即具体直接营销手段的选择。比如,要完成一项直接营销任务,究竟应该选择什么方法?是采取电子邮件发送信息,还是采取直接邮寄派发样品?一般情况下,这种选择需要根据直接营销目的,结合目标市场和产品特点加以确认。另一方面是指具体产品销售中的执行工作,即前面所说的供应中的后端处理,这往往体现为公司的工作和服务水准,从中可以看出公司的直接营销能力。具体产品的销售执行,有公司自营也有外包给专门公司,如何确定需要参照公司要求和对经济成本的核算。

(二)进入数据导向的营销传播

数据库营销和大数据应用可以看作是整合营销传播的一部分。就数据库而言，一个静态的数据库最低限度应包含姓名、地址及邮编；更为复杂的数据库还包含了人口统计学数据和性格心理分析、购买交易和付款、个人资料、邻居情况，甚至信用付款证明等历史记录。作为直接营销和整合营销传播的基础，数据库的一般营销功能体现在几个方面：其一，有助于市场细分和对目标市场的选择；其二，可以锁定目标，以便于定向化销售；其三，与顾客形成互动沟通，对顾客的个性化需求给予相应的反馈。

更重要的是，这种营销模式摆脱了传统营销和营销传播中的很多不确定性因素，同时也大大降低了在新的市场和信息环境下的高成本投入。可以说，数据的运用使得营销传播进入到一个新的阶段，即数据导向传播阶段。正如我们前面已经讨论过的那样，数据导向传播的基础是数据库的建立和大数据的应用。数据导向传播并不排斥其他各种传播方法，而且可以有效地和其他传播手段相结合，从而更加优化营销传播系统。数据导向传播中，大规模的信息储存以及有定向的信息组合和信息交流，都是基于数字化和信息技术这个其他营销传播手段所不具备的技术平台之上的。数据几乎可以承载一切能够数据化的东西，也就是说，可以把各种资料转化为数字表格，这些经过算法处理并储存或者即时反馈的信息，有文字、图像、数字等，声音也可以从模拟形式转化为数字形式。数据依靠计算机的程序设计，可以很快地将这些形式恢复为易于识别的形式，也就是说，我们在计算机屏幕上看到的各种信息资料，都是已经被数字化的信息，或者由信息所构成的相应场景。

数据导向营销传播还在发展探索中，其理想的模式是：在品牌内部拥有一个完整的数据管理系统，它记录顾客信息，追踪顾客互动行为和联系现存顾客信息（如产品订单、会计信息、服务和维修记录、顾客服务等）。这个数据库管理系统，可以让使用者查阅顾客订单情况（通常这是一个独立数据库），并且可以与历史订单信息和历史服务记录（这是另一个独立数据库）相互对照。在大多数情况下，一个完备的数据库除了客户信息外，还包括了其他相关利益者的信息，比如分销商和供应商信息。与此相应的是，在品牌外部建立与大数据相连接的动态营销传播机制，既可以帮助品牌内部数据库不断更新与调整，又能够有效地实现品牌范围的不断扩展，并保持品牌沟通中的创新与活力。数据应用不仅是整合营销传播的工具，而且也是整合营销传播的趋势，从某种意义上说，它更能够体现顾客第一的哲学。下面案例就是中国品牌小米公司 MIUI 广告销售副总裁金玲所介绍的，小米在数字化时代如何将数据运用于营销战略与战术的全面对接。

案例分析

小米的网络数据化营销

互联网变现的三种主要模式:广告、电商和游戏。随着5月小米营销平台的上线,广告成为小米重要的收入来源之一。小米的战略布局是围绕生态链来进行的,营销平台是其中必然且重要的一环。亿玛在线产品负责人杨欢欢从第三方角度介绍说:"小米的生态基本成熟,至少在营销看来如此,从OS的底层数据,到应用市场、APP的应用数据以及整个的应用场景(跨屏、跨终端)等,至少在花样上除了feed这种强社交属性略显弱以外,其他的流量场景都具备了。"

根据官方介绍,小米营销平台主要有应用分发、效果推广、品牌传播三大方式,分别对接小米应用商店、MIUI及小米系应用、高清视频广告和电视屏保画报广告,面向电商、网服、金融、房产、旅游、教育等不同行业。下面,Marketing通过分析小米营销上线半年的案例,分别从小米营销的战术及战略层面,总结了小米营销服务的几大特点。

一、战术:小米营销的特点

(一)粉丝经济

用户是小米营销的基础。小米旗下的MIUI及其他小米系应用,累计活跃用户已达1.7亿。小米社区则是小米用户的主要聚集地,聚集了超过6 000万的米粉,同时也成为小米营销的重要场所。

具体案例:2016年3月,奇瑞推出艾瑞泽家族全新成员艾瑞泽5。艾瑞泽5在与小米营销的合作中,奇瑞在小米论坛发起名为"少年,老夫看你骨骼清奇,必是下一个网红奇才!"的线上活动,将郑凯在荧屏上的各种搞怪表情制作成表情包,发起#郑恺表情模仿秀#互动活动,邀请小米论坛上的网友互动参与。

(二)MIUI的品牌定制

MIUI是基于Android原生系统和针对中国用户使用习惯开发的Android Rom。目前,小米MIUI整合了大量的资源、功能,通过主题商店、应用商店、多看书城、小米商城、超级黄页等成为一个巨型的移动互联网入口。让用户对MIUI感兴趣的,是其不断变换的设计风格、人性化的细节打造和其带来的智能化线上操作体验。

具体案例:美国知名的保健品品牌Schiff旗下MoveFree系列产品,在里约奥运会前夕,选择与小米合作。小米特别为MoveFree设计体感解锁方式,将手机解锁与中国用户最关注的羽毛球运动相结合，将解锁动作和挥拍动作相结合，用户通过模拟羽毛球挥拍动作，快速甩动手机，从而解锁手机屏幕。解锁后，手机将计算用户本次挥拍的力度、速度、膝盖承受的压力，从而带出"Move-Free 强健骨关节的产品"卖点。

(三)米兔 IP 营销

米兔是小米公司的吉祥物。珍视明从小米授权米兔形象，联合推出定制米兔版蒸汽眼罩。这是米兔 IP 首次商业化。奥运推广期间，米兔眼罩在小米公司及奥运项目"全民奥运"中得到大量曝光，同时，珍视明天猫商城、聚划算等电商渠道，也在不断宣传此款产品，将电商流量转化为小米的品牌曝光量。

(四)多应用联动

小米拥有包括小米视频、音乐等在内的多个高曝光应用入口。在与北汽幻速 H3F 客户合作期间，小米调用多个黄金入口的丰富展示类、信息流广告，为客户品牌传播期间持续造势。

(五)语音互动

小米手机语音助手作为手机内置系统 APP，拥有智能人机交互功能，是小米用户使用手机的必备工具。小米在唯品会"无与伦比特卖会"活动开始前一周便预热。通过"想要就说"这样极具煽动感的短而有力的口号，将用户的注意力引导至语音助手系统，对手机喊出"我要优惠码"等十余条语音口令，在用户"咆哮"过后，屏幕会自动发出"哎哟，不错哦"这一周杰伦标签浓郁的答复，告诉用户可以领取此次"咆哮"的奖品：价值 147 元的唯品会满减代金券和抽取小米移动电源的优惠码，将自动打入用户绑定的唯品会账户。

(六)以奥运为代表的热点营销

里约奥运会期间，小米为用户开发了"全民奥运"APP，集合了奥运会的各种相关资讯，以奥运为主题的特色游戏，同样成为品牌植入的重要场所。

具体案例：奥运期间，点融网选择了小米手机最佳流量入口——实时金牌榜。点融实时金牌榜深度结合奥运场景，将国人最关注的中国代表队的奥运奖牌成绩实时显示，让目标人群注意力在解锁屏幕的第一时间锁定在榜单上，获得了极佳的品牌曝光。与此同时，小米"全民奥运"APP，设置有五个线上体育场馆：游泳、田径、射击、举重、足球。其中，伊利选择冠名线上游泳馆，游泳馆外观上完全融入伊利的视觉风格，更在游戏环节中，将伊利的产品作为道具植入。

二、战略：大数据、原生广告和场景营销

从整个营销行业发展的角度可以明显发现，小米营销布局的三大重点领域为大数据、原生广告和场景营销。

（一）大数据

“粉丝经济”是小米较早采用的营销手法，也因此积累了相当数量的大数据资源。基于用户手机使用行为的大数据，打破了APP之间的壁垒，增加了数据与数据之间的关联性和比对性，这在大数据应用和分析领域是具有唯一性和鲜明特性的。品牌通过小米平台的大数据，可以直接深入到用户行为层面进行全维度分析，更好地了解用户属性，从而制定更具针对性的营销策略。小米研发架构师欧阳辰负责小米广告平台的架构研发，据他介绍，小米大数据框架包括数据采集、存储、管理、分析、算法和可视化几个部分，其中，在广告营销方面的运用则包括“点击预估”“人群画像”“营销DMP”“精准营销”四个部分。小米可以对每个用户做一些画像，用在搜索和推荐上，让它变得更加精准。

具体案例：高端商务本XPS，是戴尔在2016年上半年主打的一款笔记本产品。考虑到目标人群是商务用户，通过大数据人群定向技术，小米发现这类用户对理财、购车等APP使用频率较高，且较多绑定了Exchange邮箱。定位出目标用户后，项目组筛选出小米手机中安装有理财应用、购车应用的用户，精准锁定“已开通手机电子邮箱绑定的用户”，将其作为核心推广用户人群。接下来，借用这款产品代言人×××的明星效应，选择了基于小米系统平台的音乐及视频类应用，通过数据挖掘，筛选出将“×××”设为内容关键词的用户，和在小米主题商城里下载过×××手机主题的用户，作为第二类推广用户人群。明确两类人群后，通过开屏广告、锁屏画报、通知、OTT等一系列媒介集中曝光，通过明星—粉丝的联动效应和笔记本的强大功能两个维度对目标人群进行诉求。最终，XPS开屏广告点击率高达15.8%；Push点击率达到4.6%，远超平均值。

（二）原生广告

作为“硬广告”的补充，原生广告被认为是融入消费者体验的一种广告形式。脸书广告服务平台Atlas曾在2015年做了一个投放测试，以判别何种广告形式最为有效。测试结果表明，原生广告是最有效的两种广告形式之一。

具体案例：小米为PUMA的新款系列跑鞋PUMAIGNITE DISC定制了推广主题——“一旋即发”。该推广主题在主视觉、品牌传达基调上，都与品牌主产品的对外推广素材保持统一。为了配合推广主题，完美结合产品DISC闭锁系统的特性，小米手机解锁方式也被设计为旋转屏幕上的虚拟DISC旋钮，只要用户旋转屏幕上的DISC，手机便会解锁。此外，手机在锁屏的状态下，向右滑动可直接进入音乐播放器。而每当时钟到9:58时，用户的小米手机就会出现博尔特的KV闪入作为锁屏画面，而选择这个时间，也正是暗映他9秒58的百米世界纪录。

（三）场景营销

随着移动互联网对生活的日渐渗透，以及PC端应用向移动端的“转移”，人们越来越适应通过手机来处理工作及生活中的事务，这也为品牌进行场景营销提供了条件。品牌也不愿意再像传统媒体时代那样，通过传教士的方法进行诉求，而选择邀请受众进入自己营造的“场景”中来，让受众在体验和参与中接收品牌讯息。

具体案例：麦当劳推出长汉堡“充电堡”新品，小米营销结合 LBS 智能定位，聚焦麦当劳门店方圆一千米以内的米粉群体，在小米手机电量低于 50% 的情况下，利用特有的系统级开屏广告、Push 消息推送及信息流广告资源，有针对性地推荐“麦当劳全民充电饱”活动。线下联动全国 742 家麦当劳门店，搭设小米充电宝专区，供用户在用餐时为手机充电。麦当劳的销售增长率超过 15.7%，到店人数增长率超过 2.8%，远超品牌预期。

案例来源：《小米营销的战略与战术》，搜狐网公众平台，2016－11－02。

思考题

1. 数据库应用对品牌关系有什么意义？
2. 运用数据库是整合营销传播的基础工作吗？
3. 大数据对数据库营销有何帮助？
4. 大数据带来了哪些营销思维的变化？
5. 如何看待大数据、数据库与精准营销的关系？
6. 直接营销如何展现整合营销传播的魅力？
7. 在大数据时代直接营销是否更加具有前景？
8. 结合实际谈谈小米数字化营销的发展。

第七章 新媒体导向的广告策略

【本章重点及学习要求】

1. 广告的营销可能及其目标管理
2. 确立广告目标的基本方法
3. 定位是广告策略开发的基础与路径
4. 创意是广告传播的策略延伸方法
5. 媒介应用与广告边际效益分析
6. 品牌整合视野中的广告反思

第一节　广告目标与广告管理

整合营销传播注重协同性运作，但这并不排除它在操作中对某种传播功能的倚重。由于广告运作所表现出的高度成熟，以广告策略开发或者说用广告策略开发来引导整合营销传播战略，也是一种较为普遍的选择。当然，在整合营销传播观念指导下广告角色有所转变，它已经成为全部营销传播链条中的一个环节。所以为了保证广告与整合传播中其他环节的统一，对广告的认识也必须从目标与管理角度入手。

一、认识广告的可能性目标

在营销传播中，广告并不是全能的，这一点已经是越来越多的人的共识。所以广告作为整合营销传播计划中的一个组成部分，必须对其任务加以界定。广告计划既是广告独立运作的规划，也是广告作为整合营销传播组成的一个执行规划，一切都必须从设定广告目标开始。设定目标可以保证广告与整合营销传播中的其他营销工具有机组合，而且在明确广告策略方向的同时，对广告活动予以协调管理。

所有的广告策划人员必然面临这样一个问题：广告能做些什么？通常广告被看作是一种促销工具，所以营销人员对广告的最大期待就是实现销售任务。多数的广告活动也都是在鼓励消费者采取相应的行动，但是如果就此把广告的任务单纯看作是实现销售，或者说把销售的全部责任都推给广告，显然并不现实。销售的终点是营销目标，而不是广告目标，广告是在消费者做出购买决定之前，对其所进行的宣传、劝服或者提醒活动。因此，在确立广告目标时，要切记一条简单的格言："营销是卖，广告是讲"（Marketing sells, advertising tells），也就是说，广告目标虽然与销售业绩直接相关，但是它首先应该与传播效果挂钩。

为了确切具体说明广告目标在营销和广告策划中所处的地位，我们不妨用图式对市场营销和广告决策过程中所包含的各种主要的内部和外部因素加以表现，如图 7－1 所示。从图 7－1 中可见，环境分析、营销计划和广告计划是其中关键的要素。而作为广告运作的核心，广告计划又包含着三个基本的支撑点：①目标的确定和目标市场的确认；②信息战略和信息战术；③媒体战略和媒体战术。显然，目标的选择成了第一位要素，这是从广告过程和反应关系上对广告目标的认识。

按照这个决策框架，营销中的沟通和说服过程通过广告计划具体实现，因

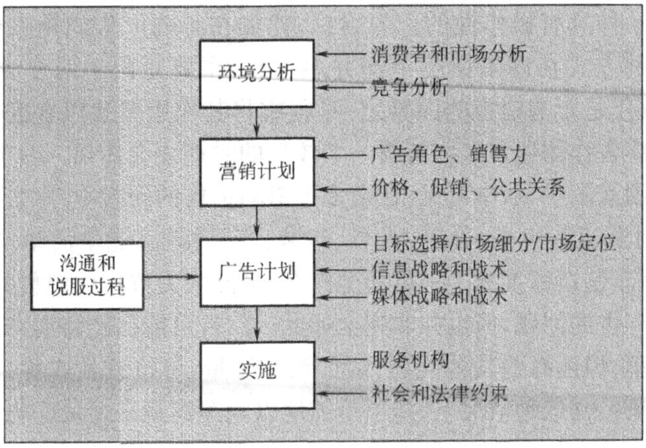

图 7－1　广告决策框架

此广告的目标价值就在于完成沟通任务,达到传播效果并进而帮助实现市场营销所确定的销售目标。所以,在广告策划中制定广告目标,就是要判断广告必须要完成哪些任务,有哪些优势和机遇可以利用,有哪些劣势和威胁应该加以说明或者回避。

在广告目标决策中,往往存在着一些看似明确实际上非常含糊的表述,诸如"为产品创造良好的市场形象,扩大产品的市场份额,增加销售提高利润"这种表述貌似正确,但是大而无当,没有人可以从这种表述中明白广告到底要干什么,需要花费多大的成本,广告效果又如何评价。说穿了,这种表述既不能把广告与营销加以区分,也不能具体指导广告活动,其本身毫无目标价值。与任务组织目标一样,广告目标应当是切实可行的。也就是说,目标应当为决策提供有效的指标论为结果的评估提供标准。更进一步讲,目标作为有效的沟通工具,要为战略决策与战术决策之间的衔接提供途径。一个有价值的广告目标,必须要对广告活动的方向做出规定,界定广告必须完成的任务,与此同时,这个目标还必须能够明确具体地加以表述,并且可以通过某种方式进行检验。正是从这个意义上,我们把广告目标看作是可测量性目标。

二、广告的销售目标与中介目标

由于广告被看作是有效的促销工具,所以涉及广告目标时,最为方便和最有吸引力的目标常常是来自于即时销售或对市场份额的认识,这种认识具有很大的普遍性。以销售作为目标是一种十分简单可行的目标制定方法,它只需要以销售额为依据,为广告设定销售指标,最后通过把广告前后销售额变化作为标准衡量目标是否实现。应该说,以即时销售或市场份额作为目标,在有些情况下不失为一种具有操作性的广告目标,比如在邮购广告或是一些零售广告中。但是这种方式在许多情况下却并不可行,主要是由于两个方面的原因:其一,广告仅仅是影响销售的因素之一,很难将其作用单独因素区分开来加以考虑;其二,广告作用通常需要持续一个较长的时期才会体现。图 7－2 是影响销售的系列因素图示,从中可见,在众多可影响销售的因素中,广告只是其中之一,其他的因素还有价格、分销、人员、包装、产品特性、竞争活动等多个方面。例如,某家汽车制造商推出了一款新型汽车,虽然大力推广但销售状况不佳,这中间可能有广告的问题,但也并非完全如此。广告可能已经将潜在消费者吸引至经销商那里,但还有些其他问题,诸如汽车质量、价格或款式等,都可能导致顾客放弃购买。在这种情况下,如果单纯地以汽车销量来衡量广告是否成功则显然不公平。

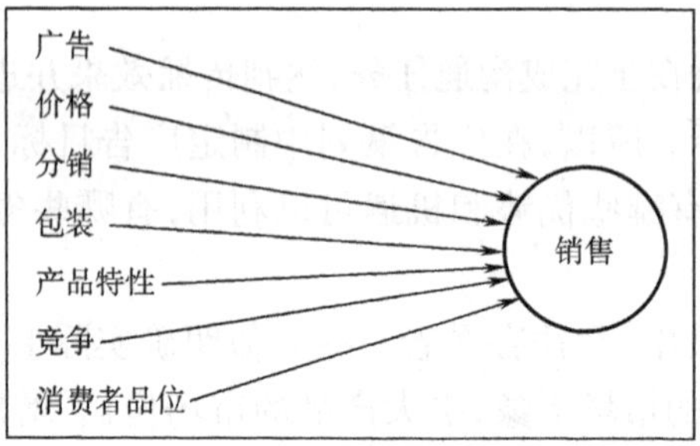

图 7－2　影响销售的因素

除此之外,广告对销售的影响往往是一个长期的持续过程。由于广告对销售影响的滞后作用,要真正认识一个广告活动的影响可能要等待一个时期。例如,一个历时 6 个月的广告活动,其重要贡献可能是产生 12 个月的影响。有关研究表明,对于需要经常购买的非耐用消费品,一个广告的效果可长达 9 个月。如图 7－3 所示,广告可吸引顾客成为多年的忠诚顾客,也可以通过培育积极的态度和增加品牌价值,使商品在今后达到销售高峰。这样,通过销售数据,即使以实地调查所得出的数据来评定广告效果,其等待时间也可能远远超出广告所持续的 6 个月。由此可能产生两个问题:首先,在广告费支出后到销售增长这一段时间,独立判断广告对销售变化的影响十分困难,但决策却必须立即制定,无法等待这些数据;其次,为获得更加及时和准确的信息,必须寻求能够更快反映广告投入效果的变量。

由此看来,单纯以销售来衡量,由于难以为决策提供实际的指导,所以这一方式的现实操作性并不强。人们希望销售增长,但却无法确定是哪一个广告活

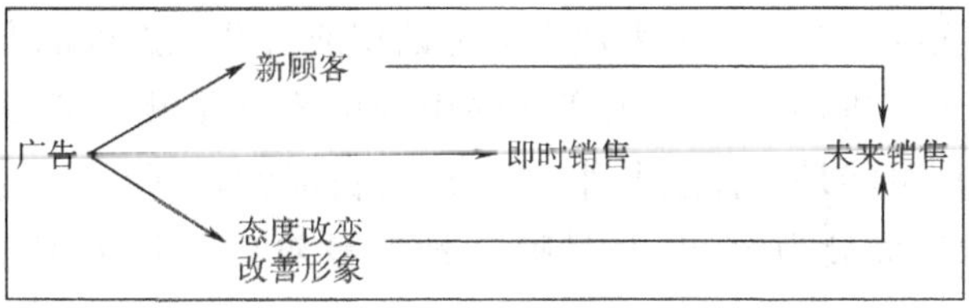

图 7－3　广告的长期影响

动或者是广告活动中哪一方面造成了销售增长。从目标管理上讲，如果一个标准无法提供有用的指标以支持相应的决策，那么这一目标就无法完成其基本功能。正是在这个意义上，我们还需要从销售目标之外，为广告寻找其他的可操作性目标。从广告传达营销信息，最终促动购买行为的过程中，我们却可以找到发生作用的一些直接结果。在探寻广告目标时，通常在对三组问题的认识中可以找到相应的答案，并通过对其进行系统分析，进而获得有效的广告目标。

（1）谁是目标受众？也就是说广告信息将要对哪些人做定向传达？

（2）在这一部分细分市场中，广告试图预期、驱动、改变或影响的最终行为是什么？

（3）通向所希望行为的过程是什么？在这一过程中广告扮演什么角色？

第一步是确定目标受众。目标受众通常是最终消费者，当然也有例外。在目标受众与最终消费者统一时，它就应当成为目标市场的一部分。所以在这里我们实际上是从目标市场中找到了广告所要传播的对象。目标受众是从细分市场中区隔出来的，它应该是一个比较明确体现某种统一性的消费者组合，这个群体不仅能够详细描述，而且可以按照其特定的社会形态进行相应的行为状态分析，从中得到一些量化标准。

第二步包括最终需求行为分析，也就是说要明确广告希望能够引起目标顾客什么样的行为反应。在这里要对目标消费者可能发生的行为变化做出设定，这种设定就是通过广告信息将使目标消费群体最终产生行为的最终结果。例如，是促进新顾客的尝试性购买，还是强化老顾客的忠诚，从而加快产品使用频次，或者是进一步传达有关产品知识以增进理解，希望改变目标受众对产品形象的认识以及其他行为。显然，这些行为方式也是可以比较明确地表述的，甚至在很大意义上是可以量化的。

第三步则是包含导致目标对象需求行为的宣传和决策过程。这就进入到焦点所在，即在广告影响与最终行为反应之间所具有的一系列广告反应衡量标准，我们称之为中间变量，一般有认知、品牌知识、情感、态度等。比如，要吸引某一顾客购买本品牌的关键因素是对其灌输高层次的品牌认知，而使其保持真诚的最好方法可能是强化其某种态度。由此可见,即使最终目标是行为,但直接导致决策的实际目标也首先表现为某种认识或者情感态度的变化,这种对广告信息发生反应并进而导致行为变化的中介因素就是我们所说的中间变量。中间变量的表现可能是一种或多种,确定广告目标就要判断哪一种中间变量与需求行为之间关系最为密切,并且哪一种变量对广告投入来说最具有经济价值。

与笼统地概括广告目标是“为产品创造良好的市场形象,扩大产品的市场份额,增加销售提高利润”等表述所不同的是,在这个目标探寻过程中,我们找到了一些可以确切衡量的指标,这些指标标志着广告目标是可以清晰把握的。更有意义的是,我们发现了一个非常具有价值的概念,即实现广告目标的中间变量。严格地说,中间变量就是进行广告策划所要达成的具体目标。由此运用这一组可以具体量化的指标体系,我们为广告目标的确立找到了一种具有操作价值的理论背景。

第二节 信息战略与创意开发

广告信息战略是广告策划中直接关系到创意和媒介策略的基本决策,信息战略是广告的基本策略。目标市场、广告目标以及定位等一系列策略,是对广告基本市场方向的确定,而信息战略则主要是在此基础上决定广告所要传播的信息内容。只有在确定了广告的基本信息内容之后,才能够进一步完成创意和具体表现。

一、定位是广告策略开发的基本路径

定位是市场及市场学发展的必然产物。作为一种广告策略,定位的关键思想是要使消费者对我们的品牌代表什么有清楚的认识,那种试图让一个产品或品牌成为人见人爱的“大众情人”的做法从根本上无法形成清晰的定位。在定位战略中,有关品牌的价格、分销、包装以及产品实际特征虽然也起重要作用,但定位的获得却主要靠广告宣传。这正如定位概念的倡导者所说的,定位不是要对产品本身去做什么,而是要对消费者的认识做些什么。从广告策划战略管理上讲,欲达目标就必须使细分市场与广告定位有机地配合,这就是对于一个品牌的定位,必须能够最有效地吸引我们最希望获得的目标群。

定位观点早在20世纪70年代由美国广告学家艾尔·里斯、杰克·特劳特提出,它的核心价值在于,在当今这个传播和信息泛滥的时代,公司太多、产品

太多、品牌太多，市场上的干扰和噪音也太多，因此，一个产品或者品牌如果要想取得市场认同，最重要的就是在人们头脑中确定你的位置。而进入头脑的最容易办法就是争做第一，如果当不了第一，就得针对已经成为第一的对象（包括产品、政客、人等）来给自己定位。这是因为在我们这个传播过剩的社会，人们已经学会了在头脑中的小阶梯上给所有商品①打分排级，如果一个商品或者品牌能够进入这个头脑阶梯并占有位置，那么就可能得到注意。他们这样解释定位：

> 定位从产品开始，其可能是一件商品、一项服务、一个机构，甚至是一个人，也许就是你自己。但是，定位并不是要对产品做什么事情。定位是对你预期的顾客所做的事。换句话说，你要在客户的头脑里给产品定位。②

显然，这里表明了定位的特性，它虽然是建立在产品之上的，但却不是对产品本身进行改变，而是改变受众对产品的认识。就是说定位的着力点是受众心理，所以他们立即对这个定义进行补充："所以说，把这个概念称作产品定位是不正确的，因为你对产品本身实际上并没有做什么事情。"也就是说，定位是一种彻头彻尾的广告手段和策略方式。

从整合营销传播角度考察，我们发现广告中的定位思想，其实就是一种对信息一致化的策略性确认。它不仅为广告所要传达的核心信息找到基点，也对这种信息的传播途径提出了限制性要求。从市场竞争的背景来看，任何一个产品或品牌在消费者心目中的定位都是一种相对的概念，是消费者对该产品或品牌与竞争产品或品牌的差异性进行的比较评价。在消费者的大脑中有一幅产品类别概念图，某一品牌在这幅图中的位置（当然是与竞争对手相比较的位置）就是该产品的定位，而这种位置是由消费者所认为的各品牌之间的联系所决定的。这进一步说明了定位虽然依据产品或品牌本身的一些有形因素，但更重要的是凝结在这种品牌之间的消费者的认定意识和品牌内含，所以对于定位而言，运用广告比改变产品要重要得多。作为市场营销和广告策划中一个具有革命性的概念，定位今天已经得到了广泛的应用。当企业把市场作为核心追求时，几乎每一步都存在着定位问题。似乎不仅仅是产品、品牌，包括企业自身、企业在竞争中所处状态，都存在定位问题。定位简直就成了新的市场环境下，

---

① 这里所提到的商品这个概念也许已经超越了经济学上对商品的界定。事实上，如果用营销学的眼光看待问题，一切对象凡涉及某种具有价值的交流和交换，都具有商品意义。当然，在很多情况下，这种价值表现得比较隐蔽，不是以简单的货币符号表示。所以艾尔·里斯和杰克·特劳特在《定位》中把这种手段推广到政治、个人，甚至是恋爱。

② ［美］艾尔·里斯、杰克·特劳特：《定位》，北京：中国财政经济出版社 2002 年版，第 2 页。

达到与目标对象沟通的必然手段。

实施定位战略有各种各样的方法。但不论什么方法，其目的最终都是发展或强化品牌的某一特定形象在消费者心目中的地位。由于定位在实质上是把产品与目标顾客的心理需求在特定状态下达到一种吻合，因而定位方法的两个极点就是作为实体的产品与代表心理状态的观念，由各种方式所形成的定位最终都可归于实体定位、观念定位或者市场竞争定位。

二、广告创意与广告诉求

创造性地把既定广告策略通过具体形式加以呈现，使广告构思由概念转化为现实，这就是广告的创意表现。广告创意表现就是广告构想的符号形式，是对策略思想的一种物化状态。当然，广告创意表现不只是一种简单的符号组合和连接，而是一个概念强化，是提高冲击力的创造。如果说在信息战略中更多的是关心"说什么"，那么在创意表现中则侧重于"怎么说"，也就是战术形式问题。广告创意就表现而言大致可分为两个阶段：第一阶段即广义的创意阶段，这个阶段的核心是提出策略构想，确定有助于强化和表现策略的信息传播形式，借以吸引潜在顾客的注意力，达到说服目的。第二阶段是狭义的广告创作阶段，即制作广告作品，就是要找到一种最佳符号组合形式，能够充分而又巧妙地向潜在顾客传达信息内容，即传播学上所谓的编码。我们首先阐述有关创意方法和创意构思的问题。

广告创意堪称是科学与艺术的一种完美结合。其科学性主要体现在广告创意所诞生的分解步骤上：限定目标、设定信息、选择传达。在这一过程中所采用的是典型的合理型思维，因为它把多处资讯加以综合和提取，最后形成了一个具有突破性的方向。在创意过程中，首先要明确的是营销计划。营销计划是对广告工作的理性指导。广告创意依据营销计划的指导，综合各种资料形成一种或多种创意构想，明白有力地告诉消费者：该品牌将可为他们带来什么利益，这个品牌为何适合他们。所以创意过程的初始在于形成创意构想。曾经有许多人阐述这一问题，广告创作人员对这一问题兴趣万分。通常广告创意过程始于以下两点：

一是寻求事实。

(1)问题定义：指出问题所在。

(2)准备：收集并分析所获得的相关数据。

二是寻求构想。

(1)产生构思：试探性地列出构思作为可能的引导。

(2)发展构思：对构思进行选择和修改，并进行修饰、组合等处理。

这一过程从寻求事实开始，先找出问题所在，然后据以收集和分析相关数据，构思的原材料来自于所有信息源的信息。当然这里肯定有一些信息比其他信息更有用，比如有关消费者的第一手资料。在寻找事实阶段，应对广告目标有一个全局性的了解，广告目标是创意过程的起始点，同时也约束着整个创意过程。当然适当地冲击这一约束也是被允许的，因此，广告目标在创意中不应被看作是一个单方面的、固定不变的约束条件，而应被看作是创造力、经验和管理相结合的一种指导。寻求事实阶段在各种被“消化”后，就进入了创意的核心阶段——构思产生阶段。要想使创意过程畅通无阻，关键是产生出多个构思文案。

在广告创作人员开始广告创意之时，对广告的整体框架进行思考大有好处：广告将运用何种诉求？比如，这个广告应该运用竞争性对比（理性）的方法吗？如果需要代言人，是专家还是受大众欢迎的名人？尽管广告创意的灵活性和创造性不应受到限制，但创作无疑得益于知识的累积，受规律的支配，这就包括对创意方法和创作模式的恰当运用。

“诉求”（appeal）就是广告进行说服的方式方法。“诉求”在一般意义上是将某一种或某一运动的宗旨，广泛地告知社会，通过有效的说明唤起响应和支持，在广告中就是告知并期望受众按照广告意志行动，它是针对消费心理或消费需求而传达信息或观念的一种表现方式，如“健康诉求”“青春诉求”“性诉求”等。在通常情况下，广告诉求可以分为理性诉求和情感诉求两大类。

理性诉求作用于受众的理性动机，通过一系列逻辑认识，包括完整的概念、判断、推理等思维过程，对产品及广告信息主体加以真实、客观的评价，做出理智的决定。理性诉求侧重于说明和对消费者的利益承诺，它从商品的本位出发，其语言格式往往是：我是一个什么样的产品，具有什么样的特别功效、质量方面的保证，以及在比较中的优势。因为理性诉求是以事实说话，要求客观、公正、科学，不必过于修饰和加工，让消费者从事实的逻辑关系中做出自己的判断。所以理性诉求常常引用大量数据和原始资料以增强诉求力度。

情感诉求把广告指向消费者的情感动机，针对消费者心理、社会或象征性的需求进行诉求，通过表现与诉求内容相关联沟通的情绪与情感因素来传达广告信息，在受众的情绪变化和情感冲击中，激发出消费者态度和行为的转变。情感诉求着重从消费者角度陈述广告产品能够给予消费者的实际利益，其语言格式是：这个产品将带给您什么好处。

对情感诉求进行细分，可分为积极（正向）的情感诉求与消极（反向）的情感诉求二类。前者强调从产品或服务中所获得的积极愉快的一面，或用愉快的理想的方式进行诉求，比如服装广告中采用成功、自信、美丽富于魅力的模特儿，配合各种理想的环境来展示产品，就是要引起受众积极的态度或反应。而消极的诉求则借助于受众对某种状态的反向反应加以表现，如药品广告可能会宣传受众在缺少某种药物的情况下会感受到来自疾病折磨的痛苦，以激起受众的担忧或恐惧。有时消极广告诉求也被称之为恐惧诉求。情感诉求是向受众传达某种情绪或情感，借以唤起受众的认同或偏爱，所以其在表情方式上通常以人类普遍感情为主，常见的情感有同情、恐惧、情趣、幽默等。

案例分析

杰出广告创意：泰勒吉他

鲍勃·泰勒设计和装配吉他有20多年的历史了，他是一名工艺师，他的作品充分显示了这一点。泰勒吉他的市场售价是2 000美元左右，高的甚至要到7 000美元。世界上一些最好的吉他也都出自泰勒公司，但是其销量和质量却不成正比。于是，两位杰出的广告专家，著名美术总监约翰·维特罗（John Vitro）和优秀文案约翰·罗伯逊（John Robertson）共同创作了杰出的泰勒吉他系列广告。

泰勒吉他的营销问题是显而易见的，虽然在有限的专业圈子里，人们承认泰勒吉他是一种高品质的乐器，但是最大的问题是对于广大的业余吉他爱好者来说，泰勒吉他压根就没有什么知名度。吉他代理商反馈的信息是："我们也知道泰勒公司的产品确实不错，但我们的顾客却从来也没有听说过你们的产品，没有人知道这个名字。"有鉴于此，他们制定了一个创意战略，就是让每一个吉他爱好者嘴里能提到泰勒吉他，如果广告成功，这些人在购买时，也许就会尝试一下泰勒吉他。

当时竞争对手们的广告中，大都采用对比手法或者艺术界名人推荐，维特罗和罗伯逊认为，泰勒吉他广告必须全然不同，以显得卓尔不群，同时还必须反映出每只泰勒吉他的优秀品质，并且广告要能拨动人的情感。他们面临的挑战，在于要把所有的构思凝结成一个单一的"大创意"，只有找到这个独特的模式，才能够制作出一系列独具特色的信息。这个杰出的创意是在研究了大量市场和竞争事实后开始进行的。最初的构思不断地在酝酿——5个、10个、20个……艰苦卓绝，直到灵光一闪出现了树。经过艰难的创意构想，他们找到了一种表现大创意的形式：树——因为木头来源于树。大量树的图片：单纯的树、森林里的树、雾中的树，要用大幅版面，不仅仅是整版，而是整版跨页。文案非常短小，略带幽默色彩地向人们讲述森林与人们生活的微妙关系，广告完全采用情感诉求方式。其中一幅广告突出表现了高原上一棵孤立的树，标题是：“其实，吉他最简单的形式就是一个木制的空盒，如何填满它取决于您自己。”整个系列创意的关键所在是找到了广告所要达到的目标，并且基于目标寻找最合适的表现方式。最后整个杰出的创意系列都是以树为中心的（参见图7－4）。

图7－4　泰勒吉他广告

广告文案富有诗意，机智而又令人振奋：

在一双手中，一块木材可以变成客厅的咖啡桌，
在另一双手中，一块木材可以变为音色最甜美的吉他，
专为不打算弹奏咖啡桌的人设计。

图下的小字仍旧在延伸着主文案的机智：有些树变成了铅笔，有些树变成了纸张进而变成了杂志，有些树变成了鞋楦，而有些树则变成了吉他，这些树集所有幸运于一身。

广告大获赞赏，发布之后识别率惊人，销量也随之明显提高。从这里可以看出杰出创意至少有两个重要特征：受众共鸣和战略关联性。

案例来源：［美］威廉·阿伦斯：《当代广告学》，北京：华夏出版社2001年版。

三、广告表现的符号形态

广告的创意表现就是广告符号形式在广告创作中的具体运用。受众对广告信息的接受主要依赖于视觉或听觉，所以表现广告创意的转达方式主要是相应的符号标志:文字、图像、声音。这些符号要素分别适用于不同的媒体:印刷媒体、影视媒体以及广播媒体等。对这些符号或者要素加以合理安排,并进行适当地组织,就创造了完整意义上的广告。

值得注意的是,每一种符号大都主要对应一种广告表达方式,如文字是印刷广告的主体,而且只有在印刷广告中,文字才能表现出自己的表达力度。图像所对应的是绘画展示和影视广告,这类广告非常强调在视觉图像和文字表达的情况下,声音借助于人的听觉把广告信息表示出来。当然,尽管每一种符号都直接对应于某种媒介形式和受众接受机制,但并不是说这些符号都是孤立地运用的。大多数情况下,它们都是有机地组合着的。比如平面广告虽然主要采取文字说明,但它通常配有各种各样的图案,相得益彰地表现着广告信息。影视广告则更是把图、文以及声响效果有机配合,构成自己特有的符号体系。广播广告虽然只能依赖声音,但事实上它也是广告文稿的另外一种表达。广告创作就是运用这种符号形式把广告创意加以延伸和深化,它不仅代表了广告说明的情绪状态和风格选择,而且因为作品类型不同,还形成了创意表现符号的区别。广告创作一般有三种类型的表现符号:广告文案、广告图像、广告音响。

其一,广告文案。文案可以说是广告创作的基础。几乎广告史上所有的杰出人物,都是凭借着高超的文案水平赢得不朽的英名。现代媒体的发展虽然为广告提供了更加丰富的表现语言,但是无论怎样文案依然在广告创作中具有举足轻重的意义。所以进行广告创作,必须要了解广告文案的一些基本要求:

(1)不要期待消费者会阅读松散的文句。所以文案一定要精炼、准确、陈言务去,切忌那种自我感觉良好的文字卖弄。

(2)避免运用类比句法。广告文案传达信息时要科学准确,不要用"就好像……"之类的文句去说明产品。

(3)要富有个性,感情真诚,容易被人记忆。提出产品定位,宣传产品特色,就是要赋予商品一种个性品格。对于有个性的产品一定要用有个性的文案语言表述,否则将无异于其他。有个性的语言表述,必然贯注着真诚的情感,绝对不能矫饰造作,这样才易于理解,也有助记忆。

(4)在真实坦露中展现吸引人的魅力。许多广告在宣传中都不免有夸张成分,过于夸张,有失于真实,甚至流于欺诈。广告文案要像是你在对自己的亲友倾吐一样,实话实说,通过真实的表白展现自己的风范。

其二,设计图案。广告图案直接诉诸人的视觉,相对于文案,设计图案更加直接,在对广告的阅读中它往往先于文案进入人的知觉系统,而且几乎不需要像文字那样经过思维转化。所以图案设计一定要注意以下几点。

(1)在平面广告中,图案要吸引人。通常图案是对文案的一种配合,图案必须要吸引人，以引起人们对该广告的关注。

（2）针对不同对象使用不同图案。不同类型的消费群体对图案的关注有明显的差异，图案要根据目标对象的特点设计。比如，要吸引女性，最好使用妇女和小孩的图片。

（3）图案必须与文案吻合。除了与文案配合，图案本身也是一种信息表达和传播元素，所以最好能表现出产品所提供的利益。比如，文案讲一个减肥产品的效用，图案上最好就展示出玲珑的曲线。

（4）尽量用摄影图片代替手绘图形。摄影图片更加逼真，能够展示生活本身，有很强的现实感，受众感知更加亲切甚至具有熟悉感，也就更能引起人的共鸣和关注。

（5）图案运用要遵循美学原则和视觉规律。设计必须平衡，空间布局赏心悦目，尽量使广告中的各种元素融为一体，同时使广告所欲表现的重点得到应有的突出，成为人的视觉中心（参见图 7－5）。

图 7－5 注意视觉美学的 CK 香水广告

其三，电视广告。电视广告是一种综合了文案、图像以及音响的表现手段，可以说在广告的表现符号中电视广告是最有表现力的一种形式。作为一种更加直接、感性的表现形式，在创作过程中要把握其特点，使电视的表现优势得到充分发挥。

（1）努力通过画面来展示。影视的语言是画面，用画面来叙述比仅仅是文字和对白更具说服力。画面展示可感性、真实性很高。如果不能展示也不必强求，以免弄巧成拙。

（2）关键性诉求是自然流露出来的。在画面表现中要水到渠成，不要让人感到突兀,觉得是硬拼凑出来的。

(3)尽可能地重复品牌名称,以加强品牌感染力和强化记忆。

(4)把产品塑造成广告中的英雄。一则好的电视广告不在于它的制作手法怎么好,如何细腻精致,而在于它如何有效地实现了信息沟通,促动了产品销售。所以要着力推出产品,让产品成为中心,让人对产品惊艳不已,而不是让人觉得这个广告做得很好。

(5)推销从一开始就有,不必做无谓的开场白。有些电视广告唯恐观众不理解,在前面用了许多铺垫,结果淡化了对具体产品的推销,等产品出现时广告已进入了尾声。

(6)多用特写,用近景代替远景。电视广告不是影视片,它要的是单纯和集中,不需要过于强调背景。近景和特写有利于强调画面,能够突出产品,便于观众注意和了解。

第三节　传播成本与媒体组合

广告费用越来越高,但是广告效果却越来越差。大多数企业仍旧认为广告是一项投资,而这种投资主要用于媒介购买。因此,控制广告成本,很大意义上就要从媒介战略着眼。作为整体广告战略的一个组成部分,媒体战略所关注的问题是,为实现信息传达目标,对基本媒体形式进行评价和运用,并据以创作有针对性的信息模式和限定有效的媒体投入,究其根本就是要真正取得媒体投入效益。

一、广告传播中的媒体边际效应分析

在广告运作中,主要的预算就是媒体支出,可以说,广告媒体选择直接影响广告预算。因此,分析广告的边际效应除了就广告创意效果衡量之外,还必须对广告传播中所运用的媒体形式加以衡量,况且媒体形式从某种意义上也决定了创意形式。广告的预算决策理论是建立在经济学边际分析理论基础之上的。在微观经济学理论中,边际效益意味着公司的每一次投入都应该获得与之相应的增加值,当一项投资所获取的市场回报或价值增长减缓或低于投资额时,这就是边际效益递减现象。广告作为一项投资,如果其边际效益大于广告投入,那么公司就应该考虑对广告费用相应地增加,以保证边际收益的增长。当由于竞争加剧或者其他原因,使公司的广告投入作用不断减少时,广告投入就应该相应地减少。简言之,广告在媒体选择中必须要保证费用投入的有效性。

对于媒体边际效应的分析关乎两个方面:其一是媒体在广告信息传播中受众的接受状况和影响程度,其二是不同媒体所特有的接触特点和接触效果。这里我们首先分析第一点,第二点后面将与不同广告形式与媒体形式结合分析。从媒体边际效益角度分析广告信息对受众的影响,需要涉及一些量化的因素,因此必须了解有关媒体传播的相关概念,并运用这些概念和公式对媒体边际效果进行评价。

(一)到达或到达率

到达是指在一段特定时间里,广告信息达到目标消费者的比例或者总数。比如,在一个为期一个月的时间周期里,在一个大约 10 万人口的目标市场上,有 80% 的人至少一次看到了某一广告,那么其到达范围就是60 000人,或者称到达率为 60% 。到达反映的是受众暴露于媒体信息前不重复的程度或范围,它代表了至少视听一次以上信息的百分比,最高不超过 100% 。到达仅表示受众与媒体接触的机会和程度,并没有考虑媒体暴露的质量,也就是说,注意或接触到广告信息的受众可能仍然不知道广告的含义,因此对到达概念的进一步引申就是有效到达。有效到达表示受众接触广告信息后并对其内容有所了解的人数或比例,它不仅说明了媒体暴露的数量,同时也包含了媒体暴露的质量。

(二)视听率

视听率包括电子媒介和印刷媒介,指刊播于这些媒体的某一广告,在一个具体时期(某段时间、某一日或某一次等)内,特定人口中接触人数的百分比。如果特定人口中接触比例大,说明发行量大,视听率高,相应的广告信息送达面也广,广告效果就好。

(三)目标覆盖率

目标覆盖率指媒体所覆盖的对象中有多少人属于广告的目标消费者。比如,甲乙两个媒体,前者覆盖受众有 100 万人,但其中属于广告消费特指对象的只有 1 万人,其目标覆盖率是 1%;而后者受众仅 50 万人,但其中属于目标消费者的可能是 20%,即 10 万人,从目标覆盖率上讲,后者肯定优于前者。

(四)毛评点

毛评点即总的视听率,它指的是某一广告媒体在特定时间内所送达的视听率的总数。毛评点在对信息送达和视听率统计时,并不排除受众重复的可能性。比如,某一电视广告随节目的到达率是 50%,节目一周播放了 6 次,那么它的毛评点就是 300,或者 300% 。

(五)千人成本

千人成本是指在某一媒体发布广告送达 1 000 个对象(个人或家庭)所需

的成本费用。其计算公式为：

$$\frac{广告费}{媒体受众总量} \times 1\ 000$$

比如，某电视广告在电视台 A 档节目中播出，假设节目收视对象为 500 万人，播出频次共计 10 次，则媒体受众总量为 5 000 万人次，播出费用是 10 万元，则其成本就是：

$$\frac{100\ 000}{50\ 000\ 000} \times 1\ 000 = 2(元)$$

运用千人成本法可以计算出媒体花费的基本代价和广告投放的平均收益，所以这个方法常被用作广告媒体量化评估的标准。

很显然，这些媒体边际效益的研究，归根结底最后是要弄清到底怎样的媒体方式和媒体投量才是合理的。由于广告的媒体投放是一种不断地重复，因此，在媒体边际效益分析中还必须考虑这种重复的有效性。这里关键的就是广告最佳重复频次，涉及三个方面的问题。

其一，什么是合适的广告展示次数？美国广告研究基金会主席朱盖尔·纳波勒斯研究发现：在一个购买周期内，三次广告就可以产生或维持顾客对品牌的认知或好感。其基本认识是，在一个购买周期中，对目标顾客进行一次展示是不够的，而超过三次之后又导致了广告边际效益递减。对此，通用电器公司杰出的广告专家赫伯特·克鲁格曼认为，可以根据观察工作展示的差异来深入了解所需要的重复数，他认为第四次展示根本不需要。[①] 第一次展示时所引发的反应是："这是什么？"受众试图理解广告，也有可能就此将广告归之于不感兴趣的范畴。第二次展示则产生了几种效果：①出现较多的效果，即对第一次的持续反应，因为第一次展示尚不足以令消费者理解。②对"这是什么"的评价性反应。受众判断广告的说服力，对广告信息做出自己的分析和评估。③与前二者相关的反应。诸如"哎呀，我看过这个广告"之类的感觉。第三次展示，主要对那些未曾对广告信息做出任何反应的受众加以提醒。从这个意义上讲，任何多余的展示都是对第三次展示的重复，所以克鲁格曼认为广告只需要三次展示。所以他提议这样一种观点：在一个广告计划周期内，至少需要两次展示，而任何超过四次以上的展示都是浪费，因为大多数受众都会产生第二次展示的经历。

其二，有效展示与衰减。所谓有效展示（effective exposure）是指广告必需的最小展示次数，这一概念是由广告研究专家艾尔文·阿肯堡姆在 1977 年首次提出的。其核心是，广告展示必须要有一个下限，低于这个下限，广告信

---

① ［美］R. Batra：《广告管理》，北京：清华大学出版社 1999 年版，第 368 页。

息就无法与消费者达成牢固的联系。从这个意义讲，没有达到有效频次水平，广告展示实际上就是一种浪费。衰减的概念与此相反，它所对应的是广告的最多展示次数。与之相对应的概念是“生效”，指一个信息很快对受众产生震动。当所增加的广告不再对受众产生正面影响时，衰减现象便随之发生。对衰减现象的一种解释是，受众不再留恋广告了，认为自己已经知道了信息，或者对之已生厌倦。有研究显示，反复展示最终将导致品牌名称回忆度骤然下降。对衰减现象的另一种解释是，过多的展示会引起受众的反感。

其三，什么情况下需要高频次展示？对广告有效频次的研究认为，在大概以一星期作为一个周期的展示过程中，广告通常需要有 3～4 次的平均展示①，但在许多情况下这并不绝对，广告有可能需要更高的频次，这主要是出于几种情况：①广告所涉及的是一个新的品牌或新的信息；②当广告的品牌较小，缺乏知名度时；③顾客忠诚度较低的品牌；④购买和使用周期比较长的产品；⑤受众参与度较低，对信息的接受缺乏自愿或难以理解；⑥竞争激烈，尤其是竞争对手的广告信息较多时。

二、媒体目标与广告传播效果

在广告的媒体策略中，媒体目标是与媒体选择同时考虑的问题。虽然在广告运动中，很少有什么“伟大的构想”出自于媒体策略，但媒体对广告效果的实现却至关重要，这是因为对媒体的确认至少在三个方面对广告策略的实现具有关键性的影响：其一，媒体的确认对广告创作具有某种限定性。通常在一个广告计划中，各式的广告创意总是针对不同类型的媒体，传统的媒体和各种新兴的媒体，作为广告的信息载体都各有其特点，如果没有充分认识媒体特性，广告创作就很可能茫然无绪。其二，对媒体的确认，还意味着广告传播要寻找到一种最佳的信息载体，而这一点恰恰是进一步媒体计划的核心工作。其三，媒体战略的一个中心是预算媒体投入，并合理地对媒体费用加以分配。这不仅仅是一个简单的财务问题，还关乎广告的盈利可能。因此在广告媒体策略中一个关键问题，就是要根据媒体现实界定广告的媒体目标。事实上，对媒体进行一种战略性的考虑，并不是在广告运作的各项工作都已妥当之后才着手，也并非单纯由媒体工作人员完成的。一般而言，当广告人员开始着手进行产品与市场研究时，对媒体的认识就已经开始，唯有如此才可能在广告策划过程中，根据预算限制和信息要求一步步地进入到对媒体的详细计划中。

由于广告策略所确立的信息目标必须通过媒体来实现，所以媒体目标就是

---

① ［美］Rajeev Batra, John G. Mayers, and David A. Aaker:《广告管理》，北京：清华大学出版社 1999 年版，第 370 页。

将广告信息策略转化为媒体所能够完成的目标，它在根本上要回答一系列的问题：谁是目标受众？为什么？在什么地方？什么时间传达广告信息？广告信息的传载量多少？我们将其归于两个部分：受众目标与信息目标。

（一）受众目标

受众目标就是广告策略所规定要送达信息的特定群体。在大多数情况下，受众目标与广告设定的目标市场相一致，如果一个广告无法到达正确的目标群体，那么整个媒体努力都将无效。市场细分是确定目标受众的基本方法，在市场细分中我们已经对目标消费者有了全面的了解。媒介的受众目标要进一步研究的是，受众中哪些是现在使用者，哪些是潜在使用者，哪些是轻度使用者，哪些是重度使用者，他们的使用程度怎样？毫无疑问，媒体目标通常对准的是那些频繁使用产品的重度使用者。

（二）信息目标

信息目标即传播目标，它所要确定的是广告应该在哪里出现，什么时候出现，以及广告持续的时间和频度。也就是说，信息目标的内容，是有多少目标受众可以接收到广告，他们接收广告的时间、地点以及接收量是多少，这些广告信息对受众可能产生的影响程度如何等。如果广告信息是通过互动媒体发送的，在设定信息目标时，还必须考虑受众的反馈可能和反馈情况，并且为受众交流创造便利条件。

应该说，媒体目标是广告目标在媒体运用中的进一步细化，它有利于科学合理地解释广告信息对受众的作用效果，而且也便于通过量化手段对广告效果进行检测和评价，因此，设定媒体目标通常在广告目标策划过程中就已经得到体现，可以说广告目标在很大意义上是与媒体目标相重叠的。在媒体目标设定中，必须选择适当的媒体完成广告信息传输，通常单一媒体无法有效地实现这一目标，在此情况下就必须考虑运用多个媒体加以组合，这就涉及媒体之间的相互配合问题。

三、媒体组合达成战术优化

在广告运作中对媒体进一步的决策，就是媒体选择决策和媒体组合决策，我们统称之为媒体战术。进行媒体选择，在管理决策上需进行两个层面的工作：首先是对媒体形态的选择，进一步则是对确定媒体形态上具体时间或空间的选择。有关媒体类型前面已经介绍过，由于媒体资源很丰富，受众市场也在不断地分化，媒体日渐呈现出一种分众化趋势。作为广告策划和管理者，其对媒体进行考虑时，首要考虑的是广告的受众人数而非媒体的受众人数，因此，在选择特定媒体的同时，还需选择对特定媒体的广告形式，在此我们对其进行分别阐述。

（一）媒体形态评价

评价一个具体媒体，需要考虑几方面因素：总的广告目标和策略、媒体受众的规模与特征、媒体展露价值以及媒体成本等。也就是说，媒体策划人员必须分析产品或服务特性，并根据营销和广告目标来衡量媒体是否适用。有时产品本身就可能包含了一个适宜的选择，比如具有鲜明个性和明丽色彩的化妆品，其目标对象是年轻女性，那么选择电视栏目和时尚杂志就很合适。但如果一个产品将其营销与广告目标定作是扩大分销，那就应该寻找对分销商能够发挥影响的媒体。在这中间，必然要考虑到媒体的受众特性与受众规模，广告要进行的就是目标受众集中的媒体。媒体成本是对广告投入产出效率的计算，最重要的计算方法就是千人成本计算。由于媒体本身属性各异，广告媒体并无优劣可分，关键是要找到一个最适合于自身的媒体。

（二）媒体广告形式选择

一旦媒体形式确定之后，下一步是要对在媒体上刊播的广告形式进行选择，这一选择不仅决定广告规模，而且直接对广告预算产生影响。比如，采用电视广告，是 15 秒还是 30 秒，是放在哪一个时段？采用报纸广告是整版还是半版，抑或是一个通栏，是黑白还是彩色？等等。广告成本的高低在这里非常明确。为进一步说明，我们对有关研究加以介绍。

1. 广告规模。广告规模是指广告的时间长度或空间大小，广告规模越大，广告成本就越高。问题在于，是不是广告规模越大其效果就越好呢？如果是这样的话，在广告创作中就要尽量去策划一些大规格的广告。其实，有关媒体研究已表明，在印刷媒体中，版面增加一倍并不能产生双倍的广告效果。事实上，在版面空间增大之后，阅读率只是呈现了小比例的增加，阅读率增幅小于版面增加的比例。所以版面空间的大小，并不是吸引消费者阅读兴趣的重要因素，其最大的好处大概是广告创作中可以显示出编排的弹性和戏剧性效果。在电视广告中，一般而言，长时间的广告规格（如 30 秒广告），由于时间上的压力较少，往往比短时间广告（如 15 秒广告）更可以尽情发挥。但由于制作成本和播出成本的限制，现在广告商和广告主都不赞成制作较长时间广告。从现时电视广告来看，只要广告创意好，其诉求具有说服力和冲击力，一个 15 秒甚至更短一点的广告比长广告更有效果。

2. 广告位置。广告位置是指一则广告在特定媒体发布时所处的规定地位。在印刷广告中，是指其处于某一版面，或是某一版面上的某一具体位置。在电波媒体中，是指其按照节目的编排和时间顺序，放置在某个时段。广告位置也直接对广告效果和广告成本发生影响。比如，斯塔奇研究认为，杂志封底广告相较杂志内页广告读者吸引率高达65%。同样,在电视广告中,处在节目时段开头的广告和结尾的广告,比居中的广告回忆度要高。另外,广告内容与节目或版面文章内容的联系对广告效果也有很大影响。比如,在电视动画片时间播放儿童玩具广告,不仅收视率高,而且儿童接受程度也比较高。在有关保健内容的报纸版面上刊发保健品广告,比在其他版面效果更好。但是,不论怎样,广告位置和广告媒体的选择其最大的可能只是改变受众的视听率,但却无法改观受众对广告的兴趣,所以广告要真正引起人们注意,除了媒体选择外,最重要的是做出有创意和有诉求力的广告。

(三)媒体组合原则

由于媒体分众化的趋势和受众对媒体的多种选择,现代广告运作在媒体运作上往往并不局限于某一种媒介,在很多情况下需要媒体具有主体性、互补性,能够从不同渠道上使广告信息得以传递。我们把同一广告运动中,采用两个或两个以上媒体进行广告信息传播称之为媒体组合。在媒体组合中,除了要遵循有关媒体选择的原则外,还必须要注意媒体组合的一些基本原则要求。

1. 被组合的媒体必须具有互补性,即组合媒体之间要能达到另一种媒体未能达到的受众。也就是说,媒体组合必须能够扩大广告的受众总量,如果媒体组合中各种媒介受众完全一致,那么就失去了组合的意义。

2. 组合媒体要能对单一媒体受众增加频率,通过适当的重复加强广告记忆,刺激广告联想。在这之间,由于不同的媒体形态所进行的同一内容的广告往往是相辅相成具有协同效应。比如,一个产品在电视媒体上通过感性展示增加了受众的直观印象和品牌认知,通过报纸媒体则可能让受众进一步认识到其产品功能和工作机制,有利于受众对产品的深刻理解。

3. 媒体组合在播出和刊发的周期上必须有机协调,密切配合。这就需要对广告策略和广告目标有一个清醒的认识,在媒体组合中对不同媒体分配相应的传播任务。比如,电视媒体暴露时间短,报纸广告展示时间长,在广告刊播中,可以利用电视进行密集发布,利用报纸进行持续发布。

4. 媒体组合要达到效益最大化。所谓效益最大化,就是尽可能地节约广告投入,获取最佳的传播效果。多种媒介组合时,由于重复的存在,难免造成广告浪费,这时最重要的是要突出主要媒体的有效到达程度,并掌握广告刊播时间、规格和频次。

然而在简要介绍完广告的策略应用后,我们却不得不对传统广告运作模式进行反思。实际上广告的这种创意诉求特点,其原本就是建立在以大众传媒为基础的营销传播模式之上的。也是因为其诉求的出发点是品牌自身,在客观上必然忽略了交流与互动，因此，虽然广告在信息告知和品牌印象上，曾经起到过不可替代的历史作用，但是在建立品牌关系方面却有待于创新提升。下面案例中的脑白金是一个在中国家喻户晓的品牌，它以清晰的广告定位主导营销，其广告创意独特而具有个性，媒体投放量也规模巨大。曾几何时，脑白金创造了辉煌的销售业绩，但是从整合营销传播的角度来看待脑白金，其品牌传播毁誉参半，品牌关系并未得到很好的维护和延伸。

案例分析

脑白金美誉度与知名度悖论

“今年过节不收礼，收礼只收脑白金”，这句毁誉参半的广告词在中国早已家喻户晓，凭借着它，史玉柱在当年珠海惨败之后迅速崛起，以几十万元起步，几年之间便创造了几十亿的销售额。这在当时保健品经营一派低迷的情况下，无疑是一个奇迹。从市场营销角度看，脑白金的辉煌业绩多半要归之于广告促销的成功，它在短短几年时间里便给脑白金赢得了巨大的销售业绩，同时也使得脑白金的知名度远远高于一般保健品。

脑白金本身是一个促进睡眠和肠胃消化的产品，其基本组方分为胶囊和口服液：胶囊主要是褪黑素，英文音译“美乐通宁”，主要是促进睡眠；口服液则是中国传统中药，成分为玉米芽多聚糖、茯苓、山楂，功效主要则侧重于改善肠道功能。因此，脑白金的功效只能确定为改善睡眠、通肠润便，但是经过宣传推广，脑白金在一定程度上成为一个概念大于内容的品牌。脑白金的产品命名是产品概念和营销观念的集中体现，可以说是体现了策划者敏锐的市场眼光，它不仅仅是一个产品名称，而且还代表了一个完整的保健概念，而这个概念就是其所创造的所谓“年轻态”保健品概念。直观地看，产品名称表达了两种信息：其一，该产品是作用于脑部的；其二，该产品非常珍稀可贵。“脑白金”三个字具有很大的识别度，记忆度也很高，容易引起人们关注。因为大脑是人体生命的司令部，而白金是珍稀之物，二者结合当然更是贵重之重了。

产品概念和产品定位其实就是宣传推广策略的基础。脑白金的广告宣传定位事实上是基于两个方面：其一是产品功效定位；其二是社会功效定位。前者主要着眼于作为保健产品的基本保健功能，脑白金将其归结为“年轻态”；后者则更侧重于产品所衍生出的交际性和社会性价值，也就是脑白金一直大肆宣扬的“送礼”。脑白金的广告宣传模式概括地讲，就是几点：大声势、高频率、概念科普和功能诉求相结合。在媒体运用上注意采取不同媒体加以组合，但主要是以电视、报纸以及软文印刷品为主要媒体手段。最具代表性的电视广告，全部内容就是推广所谓“送礼”概念。

今年过节不收礼，不收礼呀不收礼，

收礼只收脑白金，脑——白——金。

脑白金播出的就是这样一条俗不可耐的广告，通过不同的电视频道，铺天盖地地向电视受众倾泻，不反感的人恐怕不多。脑白金功效的市场认可率并不高，有关网站曾经做过一个对于“脑白金效果如何”的网络调查，结果显示：46.47%人认为“没有感觉”，20.12%的人认为“不能消除病患”。就在脑白金的生产商上海健特生物科技的网站上，关于“脑白金的疗效”的调查显示，47.79%的人认为“不好”，12.9%的人认为“一般”。据了解，目前脑白金仅在改善睡眠和肠道功效方面得到有关部门的认可，功效成分为“褪黑素、低聚糖”。有报道称，脑白金上市以来由于诸如此类的原因，还多次被同行和消费者告上法庭。2000年4月，济南亚细亚药业有限公司以不正当竞争为理由对脑白金提起诉讼；2001年11月，济南消费者王秀均在使用了脑白金产品后认为，脑白金“吹得太过分，吃了根本不管用”，于是在一怒之下，将脑白金告上了法庭。济南市历下区法院一审判决：脑白金“违反了国家工商局《食品广告发布暂行规定》的有关规定”。专业界人士也纷纷发表意见，长期从事学术打假的美籍学者方舟子指出：脑白金在美国已过时了五年，现在在美国只是被当作催眠药卖。由此看来，脑白金只是一种极为普通的保健食品，并不具有普适性。至于对脑白金广告的非议，更是不胜枚举，几乎很少听到有人正面评价脑白金的广告。有地方卫生管理部门甚至曾禁播过脑白金的广告。

然而就是这样一个普通的保健食品，剂型陈旧，包装也不见档次，其功效也屡遭专家质疑、媒体批评和消费者的非议，品位低下的广告更让人感到难受，但却靠着广告风靡神州，创造了销售的奇迹，成了时尚的礼品。仅2001年一年，脑白金“实现销售十几亿元，税收1亿元”。回顾脑白金的送礼广告，它所引发的销售奇迹和社会争议，从整合营销传播的角度正好值得我们加以深思。

客观地讲，脑白金虽然依靠广告取得了成功，但是广告在为产品创造极高的知名度，并进而取得巨大销售额的同时，并没有为产品创造出相应的美誉度。有关调查数据显示：在对脑白金广告受众反映调查中发现，90%的年轻观众在表示对脑白金广告感受时使用了“难受”“恶心”“低劣”等词！中年人的负面感受率也在80%左右。这说明在一定意义上，这个产品的知名度是和它的品牌声誉相背离的。我们可以从几个方面分析脑白金营销成功和品牌受损原因，其中很重要一个基本原因就是，脑白金广告在关注可控性信息的同时，忽视了对不可控性信息的管理。

一、脑白金广告成功的秘密

脑白金广告最初是保健与送礼并行的，后来主要着力于送礼宣传，以至于脑白金成了送礼的代名词。其大肆渲染的“送礼”概念，由于缺乏更深刻的创意成分和产品理念，在表现上显得直露甚至粗俗，客观地说这个广告对建立产品形象并无多大意义。脑白金的广告宣传模式概括地讲，就是大声势、高频率、概念科普和功能诉求相结合。在媒体运用上注意采取不同媒体加以组合，但主要是以电视、报纸以及软文印刷品为主。而最终又把宣传指向礼品销售，并喋喋不休地重复其送礼口号。脑白金这么做无非是要把送礼的礼品选择变成一种下意识的购买。送礼作为一种普遍的社会现象，人们送礼所包含的意义成分要远远大于礼品的功能成分。因此以保健品作礼品，这种原本很理性的消费品，变成了消费者对产品参与程度很低的一种商品。把脑白金与礼品直接联系，形成脑白金就等于礼品这样一种下意识，这就是脑白金的追求。在消费者对产品参与程度很低的情况下，购买决策具有极强的随机性，在很大意义上是一种惯性购买，而脑白金所追求的也就是这种效果。

二、恶俗广告必须客观审视

脑白金广告最令人困惑的是，广告本身从专业的角度看俗不可耐，而且也明显地影响了脑白金的品牌形象，但是依然创造出不可低估的销售业绩。从广告信息传播角度来看，脑白金广告的可取之处就在于，它的信息定位准确而且单一。比之于很多富有创意的广告来说，脑白金广告的主导信息非常突出，它反复强调的就是一个“送礼”，这有利于它占领消费者空白的选择意识。但是与此同时，由于脑白金广告缺乏令人愉悦的创意因素，它的反复播出在强化主导信息的同时，又给人带来一种厌恶感，进而损害了产品的形象。这种引起受众厌恶的信息，就是一种不可控信息，它本身是广告播出之后所引起的微妙反应，所以在广告制作之初并没有被意识到。美国广告专家安德鲁·米盖尔、杰瑞·奥尔森等人曾经专门研究过广告偏好对品牌影响，其中确认了人们对广告喜爱的重要性，他们认为由于广告所唤起的愉快的情感，在某种程度上可以转化为对品牌的喜爱。但是这种喜爱程度究竟有多大，却很难做出判断，不过有一点是很明显的，这就是脑白金的广告对建立持久的品牌影响并没有多大意义。

三、不可控信息降低品牌价值

脑白金运用广告创造了良好的市场业绩，但是在获得很大知名度的同时，也招致了很多非议。这种由脑白金知名度所建立起来的市场优势，不仅没有转化为有效的品牌资产，而且随着时间的流逝，潜藏在品牌知名度中的负面因素得以放大，并进而对品牌造成了某种意义上的损害。一个最简单的例证是，就在脑白金如日中天的时候，它的延伸产品“黄金搭档”强势推出。这个产品继承了脑白金的所有推广手段和推广渠道，从当时的市场背景和竞争氛围看，“黄金搭档”作为复合维生素类产品，非常符合“非典”之后的保健品营销环境。但是“黄金搭档”并未获得预期的成功，时至今日随着脑白金品牌光环的逐渐黯淡，这个产品本身也表现得不温不火。

整合营销传播强调品牌价值的提升，广告作为品牌信息的直接宣传，本身应该创造一个积极丰满的品牌形象。每一个广告都是品牌形象的积累，脑白金广告虽然通过强化促销信息达到了销售追求，却忽视了不可控信息对品牌的影响。有网络评选脑白金广告的播出效果，连续将其列为年度最差广告，这至少说明它所形成的品牌积累是负面的。事实也证明，这个家喻户晓的广告对于企业建立稳定品牌关系的贡献并不大。从品牌关系角度来看，广告作为消费者与品牌的一种接触方式，必须传达出具有长效价值的品牌信息。按照这种理解，脑白金广告虽然关注了短期的促销利益，却忽略了长期品牌形象。也许这可看作脑白金获得了极大知名度和市场份额，却无法使品牌影响得到有效延伸的解释之一。

案例来源：卫军英：《整合营销传播典例》，杭州：浙江大学出版社 2008 年版。

思考题

1. 销售目标与广告目标有何区别？
2. 举例说明广告目标是如何确定的？
3. 定位的基本概念与核心价值是什么？
4. 列举具体广告，谈谈它们分别采用了哪些创意方法和技巧？
5. 不同广告表现符号具有什么特点？
6. 试从媒体边际效益角度分析广告信息对受众的影响。
7. 如何理解广告衰减和有效展示？
8. 结合实例说明广告内容与媒体形式的关系。

第八章

运用促销建立品牌偏好

【本章重点及学习要求】

1. 促销的广义与狭义之分
2. 促销与偏好建立的概念
3. 促销的本质及其营销传播功能
4. 促销手段的主要形式
5. 促销中的顾客忠诚度奖励计划
6. 整合营销传播中促销的运用

第一节　促销与偏好建立

促销曾经被认为是一种辅助手段，但是随着市场的变化和整合营销传播的导入，这种观念正在被重新审视。多年来促销积累了丰富的经验，营销商们开始意识到，单独的广告已经不足以把他们的产品从货架上转移到消费者手中，于是作为一种有效的营销传播工具，促销得到了普遍的运用。在传统广告边际效益受到挑战的同时，促销却不断改变着自己面孔，表现得越来越有新意。

一、促销的基本含义

销售促进(Sales Promotion, SP)简称促销，是营销沟通的一个重要组成部分。就其广义而言，凡是企业从事的所有以创造消费者需要或欲望为目的的活动，都可以归之于促销的范畴。从狭义而言，促销就是指援助销售的各种活动。以往促销被单独看作与广告并行的营销沟通工具，但是随着整合营销传播观念的发展，以及促销受到越来越广泛的运用，这种认识正在深化，所以我们对促销的讨论也在更广阔的背景下展开。

促销的定义常常面临广义和狭义理解之间交叉使用的差异。因为“销售促进”或者“促销”一词，在学术上和在应用中进行严格概念区分时并不是始终一致的。通常营销学者用“销售促进”(sales promotion)这个短语来表示“促销”，而在广告人员和实际应用中则大多简称为“促销”(promotion)。这种差异大概是因为“促销”不仅仅是单纯的销售促进，它还代表了营销组合中的其他营销传播手段，诸如4P要素中的几种“推广”(promotion)方式：广告、促销、公共关系、人员推销等。4P中所讲的促销是广义上的促销，它包含了所有用于营销沟通的各种手段；我们这里所讲的促销特指销售促进，是狭义上的促销，指的是制造商或者销售商用以诱使中间商和消费者购买一个品牌产品，以及鼓励销售人员积极销售的激励措施。

正因为这样，长期以来对促销的基本认识是：“以创造一种即时的销售为主要目的，对销售人员、分销商或最终消费者提供一种额外的价值或奖励的激励。”① 在这一认识中强调了几个要素：①促销的对象不仅是消费者，还有中间商；②促销的关键性因素是“激励”；③促销一般只是在一个相对较短的周期中进行。

显然这个定义没有包含关于品牌关系和品牌形象的意义，在今天看来这种理解

① [美]乔治·E. 贝尔齐，等：《广告与促销：整合营销传播展望》，大连：东北财经大学出版社2000年版，第675页。

也许并不全面。因为从整合营销传播角度看,促销是整合营销传播的一个重要工具,而整合营销传播立足的并不是简单的交易关系完成,而是把由品牌关系建立所创造的品牌资产作为自己的终极目标追求。就此而言,对促销概念的理解不应该仅仅局限于单纯的短程激励,而应该上升到品牌形象和品牌关系的价值高度。

为此我们更加赞成整合营销传播专家们对促销所做的定义。比如,特伦斯·辛普就认为:"这种激励手段是对品牌基本利益的补充,并在短时间内改变了这种产品在消费者心目中的价格或者价值。"虽然他的解释仍旧没有摆脱对传统促销观念的认识,但是在这个定义中毕竟已经涉及品牌形象和品牌关系这些价值要素。① 而与传统观点迥然不同的是,汤姆·邓肯进一步认为:"促销作为营销传播的功能是使品牌信息增值。当客户或者潜在客户处在购买或者使用阶段,促销信息能够强化品牌接触,尤其是在评价品牌和做出最终选择的时候起关键作用。"② 他认为虽然促销的主要任务仅仅是对消费者的购买行为施加影响,但它还有助于建立品牌认知和巩固品牌形象。这种看法是我们全面认识促销及其价值所在的基础,本章对于促销的理解都以此为原则,我们接下来还将进一步阐述。

二、促销的作用与功能

近几年来在企业的营销支出中出现一个明显的变化,就是在广告费支出增长缓慢的同时,促销费用却出现了明显上升,从而导致了营销传播中广告与促销费用比例的彻底变化。虽然在中国尚没有确切的统计数据,但是从对个别企业尤其是中小型企业的观察中,可以得出这一结论。这一点在市场经济发达的美国早已得到了证实,美国企业的促销开支自 20 世纪 80 年代以来一直处在上升之中。例如,1980 年全美广告费用是 530 亿美元,用于促销的费用是 490 亿美元;到 1986 年促销费用上升为 1 020 亿美元,在当年全美促销广告费总预算中占 64.6%,而广告费用仅占 35.6%;1996 年,全美国内广告费用 1 740 亿美元,而促销费用则高达 2 000 亿美元。③

为什么商界乐于把大量资金投入到促销之中?其中很重要一个原因,就在于促销本身具有其他营销传播形式无可替代的优势。从本质上讲,促销是市场行为的一种必然结果,企业对促销的选择具有非常直接的阶段性目的,目的不

---

① [美]特伦斯·A. 辛普:《整合营销沟通》,北京:中信出版社 2003 年版,第 494 页。

② [美]汤姆·邓肯:《整合营销传播:利用广告和促销建树品牌》,北京:中国财政经济出版社 2004 年版,第 537 页。

③ [美]乔治·E. 贝尔齐、麦克尔·A. 贝尔齐:《广告与促销:整合营销传播展望》,大连:东北财经大学出版社 2000 年版,第 8 页。

同，对促销手段的选择也不同，其使用功能也有所区别。促销所推广的通常是某一具体产品或品牌，一般而论，在产品或品牌的市场推进中，销售链的构成主要是：生产商—批发商—零售商—消费者。所以了解促销的作用与功能，需要从促销对象与促销目标上来认识。

首先，促销中包含了一种或者多种促使购买者购买的额外激励，这些激励通常是促销计划中的关键要素。大多数促销承诺都倾向于增加产品或者服务的价值，相对于广告诉诸意念和情感给予消费者购买理由而言，促销更多的是借助于当前的实惠来打动和激励消费者。这种激励不仅仅是针对终端消费者，也可以是针对中间商，诸如批发商和零售商。甚至促销也可以作为对公司营销人员的一种激励。

其次，促销实质上是一种加速工具，专门用来加速销售过程，促使销售周期缩短或者销售量最大化。通过一定的激励，运用促销技巧可以打动消费者，促使他们大量地购买某一品牌的产品，缩短购买周期间隔，或者采取更加及时的购买行动。同样，这种加速方法，对于中间商也具有一定的作用。

最后，促销在营销中具体应用时是针对不同对象的，即消费者、中间商或者销售人员。对象不同，所采用的方法也有所差异。

促销在促进产品销售的同时，还有利于保持竞争中的主动性。处于劣势地位的竞争者，为了能够挤进市场，喜欢发动促销攻势；而处在领导位置的领先品牌，为了保持其市场占有率，也会制定促销战略，以应对层出不穷的挑战。促销的另一个附加成果，是连带系列产品的销售。因为同一品牌的不同产品在消费者心目中具有某种一致性联系，因此当一个产品由于促销而受到消费者追捧时，往往可能导致消费者对其姐妹产品也给予好感。由于促销的这些特征，过去在对其理解中，促销通常被单独看作与广告并行的营销沟通工具，而且往往被认为是一种暂时性行为，只能对顾客进行短程刺激而不利于建立长期的品牌关系，但是随着促销规模和促销形式的发展变化，这种认识正在深化，诸种促销工具已经成了整合营销传播中最为常见的操作手段。

这在促销形式的发展中有更突出的体现，一个简单的例子是，汽车销售商为了让消费者更好地认识产品或品牌，组织潜在购买者参加免费试驾，通过给予消费者切身体验来强化消费者对品牌的认同；同时采取增加免费维修保养和零部件优惠服务，增进消费者对产品或者品牌的信赖，这些促销形式都不仅仅是短期行为，同时也有利于消费者品牌关系的建立。房地产销售商为了让顾客更加有兴趣，专门修建了样板房作为实物展示，并为前来看房的顾客提供免费交通工具以及免费食宿接待，这些促销措施不仅增加了潜在消费者对品牌的信任感和亲切感，而且使其更有耐心聆听房产营销人员的细致介绍。从中可以看出，当一个潜在客户对品牌产生一定的意识和兴趣，却不愿意继续寻找并承担某种不确定性风险时，运用促销可以帮助消费者完成与品牌的进一步接触，并有利于建立品牌关系。尤其是在今天，促销范围不断扩大，促销在企业营销沟通中的地位越来越重要，由于促销的大量运用，它已与广告和其他营销传播方式融为一体。整合营销传播在很大意义上都是广告运动与多种形式的销售促进的统一运作，促销活动作为整合营销传播的一个重要组成部分，已经不仅仅是一种简短的短期激励，同时也是一种对品牌关系行之有效的营销传播手段。

三、促销与消费者品牌偏好

偏好建立（Consumer Franchise Building，CFB）①促销的概念早在1977年就已经被有关专家提及，但是长期以来并没有受到相应的重视。在整合营销传播观念受到普遍认同之时，偏好建立促销方式尤其具有现实意义。促销与消费者密切相关，从整合营销传播角度看，促销作为一种整合传播工具，必须要有利于品牌关系建设。那些能带来特色的品牌偏好，并能使品牌本身得到发展和增强的促销活动，都可以称之为偏好建立促销。我们认为，对消费者的促销作为一种短程刺激，虽然不能带来消费者的品牌忠诚，对品牌建设意义不大或者没有多少益处，但是这种促销却可以使消费者熟悉产品或品牌，并且基于产品特性和优点的促销沟通可以建立有利的品牌形象。所以说，把消费者偏好建立促销用于建立一种长期品牌偏好，而并不仅仅依赖促销手段，可以帮助公司实现最终全价销售的目的。

长期以来，通行的看法是广告有利于建立品牌偏好和品牌形象，而促销只是用来执行短期目标的激励形式。随着认识的深化，营销商们开始发现，促销在构建品牌形象方面也具有自己的特色，而且这种基于偏好建立的促销在品牌建设方面潜力极大。正如一位促销专家在谈到这个问题的时候所说的那样：

> 那些领会了作为一项持续战略的促销在建立品牌偏好上的潜力的营销商们已经认识到，促销的潜力远不止那些即时性的、价格减免上的小伎俩。促销专家通晓获得消费者参与的各种方法，比如抽奖、特定的比赛、赠品或返现，他们懂得所设计的活动必须同长期的目标和品牌定位协调好。②

偏好建立促销通过多重性变化，使得促销形式更加多样的同时其内涵也更加丰富和深刻。这种促销一般都具有动态性质，它激励消费者重复购买和长期

---

① R. M. Prentice. “How to Split Your Marketing Funds between Advertising and Promotion Dollars”, *Advertising Age*, January 10, 1977, 41－44.

② ［美］乔治·E. 贝尔齐、麦克尔·A. 贝尔齐：《广告与促销：整合营销传播展望》，大连：东北财经大学出版社2000年版，第686页。

惠顾。比如,化妆品品牌为了鼓励消费者使用,采取免费现场试用方法解除消费者初次使用的顾虑,并允诺消费者如果用后效果好,可以成为该品牌的会员用户,并将为其建立美容化妆档案,可以长期进行美容咨询和获得相应的优惠折扣。采取这种方法,不仅有利于消费者的尝试性消费,而且可以适当地把一些潜在消费者转化为忠实顾客,并且在此过程中运用顾客档案建立起完整的数据库。这种一举三得的方法,在使用中通常伴随着促销者所提供的有关品牌形象的承诺,是把有利于消费者的利益优惠和所给予消费者的超值享受联系并用,如声称"可以媲美最好的同类产品,如有不满可以无条件退货"等。

相对于偏好建立促销而言,在以往的促销观念和具体促销策略的运用中,促销者大多专注于简单采取一次性促销手法来完成短期目的,这种手法的目的是加速购买过程并促成快速销售增长,但其无法建立品牌偏好,因此被称为非偏好建立(Nonfranchise Building,Non-FB)促销。非偏好建立促销在运用过程中并不传达品牌特性、功能等方面的信息,也不注重与消费者达成相对稳定的品牌关系,所以虽然可能实现销售,却对建立品牌形象没有多少益处。促销中常用的减价销售、赠品附送以及摇号抽奖等,都是典型的非偏好建立促销手段。通常在属于B2B范畴的贸易促销中,价格折扣和让利都给予了中间商,但各种优惠并没有传递给消费者,因此,这些促销大多是非偏好建立促销。一般说来,由于偏好建立促销可以把普通消费者转变为忠实顾客,不但有利于品牌关系建设,而且可以保持促销策略的连续性和长期性,应该在促销中得到更多的重视。而非偏好促销则只是作为一种促销组合形式,在日趋复杂的竞争过程中,便于实施多种不同的竞争对抗,在长期促销策划中一定要考虑其局限性所在。

第二节　促销的基本方法

促销方法的运用取决于促销的目的和促销的对象。通常情况下,促销的对象主要是三种类型,即消费者、中间商和销售人员,各种促销活动都是根据这些对象设定基本目标。促销的方式几乎是无限的,它取决于市场变化的实际和促销计划者的想象。当然,这并不是说促销可以任意为之,事实上在长期的市场实践中,促销也形成了一些基本的模式。这些基本促销模式已被证明是行之有效的和具有一定的可操作性。

一、针对消费者的促销

针对消费者的促销是最常见的促销,无论是对于处理营销链中的各种关系，还是对于建立消费者品牌认识，对消费者促销都受到了各个营销环节的特别重视。因此对于促销执行者而言，在促销不断增长之际，每一次促销都必须认识到，他们通过对消费者促销希望能够达成什么目标，并且理解这些促销行动是如何与营销传播中的其他手法——诸如广告、公共关系、直接营销以及人员销售等——相互配合和影响的，它们对于品牌和公司形象定位以及长期市场战略有什么意义。如果没有意识到这些，那么促销充其量也只是在销售曲线上形成一个短期的楔形尖顶，除此之外很少会有其他价值。

（一）针对消费者促销的基本目标

所以在实施消费者促销时必须重视促销的目标是什么。尤其是在把这种促销活动与其他促销工具整合运用时，必须要有周详的环境分析和严密的促销计划，并对促销在整合营销传播中所扮演的角色进行设定。也就是说，要确定促销应该针对什么人完成什么目的，而且这些目的必须明确可以测量。一般情况下，对于消费者的促销，其基本目的都是围绕引导消费者购买某一品牌或者是与此相关联的几个品牌。这种购买目标因为品牌和消费者之间的购买关系变化，大致可以分为三大类型：促进试用性购买、鼓励多次购买和改善品牌形象。

1. 鼓励消费者对新产品或新品牌的尝试性购买，并说服试用者建立购买形态。运用促销形式，其特点是通过利益优惠给予消费者以短程刺激，使之产生突发的选择行为，从而与产品相联系。在现代市场中，消费者由于存在多元选择和购买惯性，新产品往往在推向市场初期，很少会受到消费者的关注和选择。在这种状态下，运用促销技术，鼓励消费者试用新产品，就是一个非常现实的问题。显然，运用促销手段鼓励消费者试用只是一次短暂的接触。促销实际上包含了一种利益的承诺，一旦产品交付了也就是实现了利益承诺，所以在这里促销的进一步积极意义也只在于通过消费者对利益承诺的认可，鼓励消费者再次购买，从而建立购买形态。为了完成这一任务，促销通常被设计成一个持续的促销计划，借以不断延伸购买。比如，养生堂龟鳖丸为了保证服用者连续购买的积极性，曾经推出过一项促销措施：购买产品时凡持有产品包装盒，即可享受某种条件的优惠。其目的就是要对消费者再次购买形成激励，以至于帮助消费者形成购买习惯。

2. 鼓励消费者提高购买频率或者购买量，从而进一步增加对产品或品牌的消费。扩大产品消费有两方面，其一是增加现有消费群体的消费量；其二是扩大消费群体。所以促销对产品或品牌而言，面临两种选择可能：或者通过促销活动，展示产品或品牌的新用途；或者向更大范围推广产品或品牌。也有促销在设计对上述二者兼而有之。格兰仕是中国炊用微波炉第一品牌，其市场占有率在同类产品中达20%以上,但如果比照中国城市家庭数量而言,格兰仕微波炉的销售仅仅只占很小的比例。所以要扩大销售就必须让更多的家庭接受它。一般家庭中对微波炉的运用相当有限,必须要扩张其用途。于是随着一本叫作《格兰仕菜谱》的烹饪书籍的出版,用微波炉制作多种精美的菜肴方法很快普及开来,许多潜在消费者从中了解到微波炉的功能,微波炉销量自然也就上升了。

3. 运用促销维持现有顾客与品牌之间的联系,并且有利于适当改善品牌形象。在充满竞争的品牌世界中,消费者所受到的诱惑来自四面八方。每一个顾客既是这一品牌的消费者,可能也是竞争品牌的消费者。即便是那些忠实的顾客,也难免会受到竞争品牌的诱惑。很多情况下,当竞争对手运用促销手段时,这些顾客就有可能转向竞争品牌。因此,促销也被用来作为一种维护与现有顾客关系的工具,通过促销让消费者更多储存自己的产品或者品牌,以免其转向其他品牌;也可以作为一种改善品牌形象的方法,通过促销使原有品牌向高品质化推广。这是一项对消费者实行消费引导的促销形式。实施这项策略往往是因为顾客已在同类产品的产品链上进行购买,而购买的基本理由除了习惯之外,很重要的是价格优惠。所以必须设法使消费者向更高级产品过渡,通常以对产品提供减价或提供其他服务来达成。

除此之外,对于消费者的促销还具有营销战略意义,这主要体现在运用促销针对某一特定细分市场,或者是通过促销提高广告和其他营销影响力。就前者而言,促销中的许多具体手法,诸如体育赞助、有奖竞赛或者是样品派送等,往往是对于特定人口统计的、地理的、心理的细分群体特别有效。比如,一些中小学生特别喜欢智力测验式的有奖促销,年轻人对体育赞助很有兴趣,等等。任何促销不论是针对中间商还是针对消费者,它都是营销传播的一个组成部分,当接收到广告和其他营销信息的受众与促销接触后,可以对广告和其他营销传播活动给予强化。

(二)针对大众消费者的主要促销方法

对消费者的促销是基于这样的考虑,促销在某种意义上建立了双向沟通的渠道,有利于与消费者直接交流,同时促销的运用缩短了流通环节,使产品可以在极短时间里顺利送达消费者手中,并且激起预期反应。通常采用的方法不外乎以下十个大类。

1. 折价券。折价券是促销工作中最古老也最能显示出生命力的一种方式,至今仍是常用的促销手段,并且盛行不衰。折价券的基本方式,就是以其代替一部分款项,在约定产品购买时,消费者可以获得一定的折价抵扣。折价券在习惯上用于引诱消费者试用新产品,或者获得试用新产品或改良产品的机会。它也可用作强力的推销策略,以此来对抗竞争者的推广活动。现在我们也常常看到，许多公司把折价券用于日常促销，鼓励消费者再次购买。如酒店经营者对餐饮顾客实施一种"满 100 送 20"的优惠活动，凡餐饮消费超过 100 元金额，每百元赠送 20 元折价券，约定顾客下次消费时可以用此抵扣。这样的折价券不仅满足了顾客要求优惠的心理，而且是一种鼓励顾客使用并重复购买的报酬方式。

折价券在制作和分发上花样繁多，其内容和让利形式也多有不同。常见的有媒体发放的折价券，通过媒体广告刊出折价券，发放面广且获得容易；通过邮赠发放的折价券，发放目标明确；通过购买附赠发放的折价券，含有奖励回报、鼓励重新购买等意图。

2. 样品赠送。样品赠送的最大诱惑就是可以免费获取。大多数新产品在其推出之初，市场目的中的重要一项就是获得试用。由于一般潜在顾客在使用老品牌时，消费上已具有某种惯性，本能地对新品牌有一种推拒心理，这时要使一位满足于竞争产品的使用者转移到使用新品牌上，工作极为艰巨。样品赠送经过销售实践证明是一种极有成效的做法，它有利于对产品进行系统确切的进一步说明，并且在强化和提升已有产品效能上表现极为成功。样品赠送的目的是对消费者提供某产品足够的用量，借以帮助消费者确切地判断该产品所具有的优点所在。所以对低价位产品最省钱的营销办法就是赠送样品，且通常是标准产品，如口香糖生产商赠送一支完整的口香糖零散品；对于价格较贵而又使用周期较长的产品，则可制作特定的样品包装，如潘婷洗发精，其样品包装在量上适合于一次洗发所用。

样品赠送一般都瞄准潜在顾客，一方面可以降低样品成本，另一方面又易于引起购买反应。问题是进行促销时必须要找出既有效果而又保证成本效率的发送方法。从目前来看，最普遍的方法有以下四种。

(1)邮送样品。其特点是可以严密控制样品在何时何地分发，并且可以通过人口统计、地理特性及经济文化分析，掌握目标顾客的特性。尤其是现代计算机和大型资料库的建立，为样品赠送在目标选择上提供了很好的参考。

(2)上门发送。把样品直接送到潜在顾客的家门口，不仅适合于任何一种产品，而且目标也很明确。但是有一个很大的难题，这就是发送成本。挨门挨户发送，需要大量人力，其成本大大高于一般促销。所以有的促销公司往往联络多种产品同时分发，以此减少挨门送达的单位费用成本。

(3)包装附赠，即在某种产品包装上附赠另一种产品。比如，牙膏生产商推出一种新型产品，为达到赠送目的，将其制成小型样品，附着在顾客购买的产品上。这种方法的最大优点就是成本较低，但一个明显的不足就是赠送对象只能是那些原来的顾客。

(4)店堂赠送。在特定的店堂内设置赠送专柜，为每一个光顾的顾客提供赠品。比如，食品柜台提供免费品尝，消费者在购买之前有机会品尝一下该产品，对即时冲动购买效果十分明显。比如，化妆品推销，常在店堂中设置美容化妆免费试用，通过"示范性表演"鼓励消费者选用该产品。

3. 包装变化。利用产品包装来酬谢消费者，或者通过包装规格的变化来激发购买。包装促销常见方式有如下几种。

(1)酬谢包装。采用比原标准包装更大的包装，或在原标准包装之外附送其他产品，而包装售价维持不变。这种方式现在常可看到，如有饮料在广告和包装上宣称"加100毫升不加价"，采用比原包装要大的包装，增加饮料容量，却保持价格不变。包装上醒目地印出"赠送100克"之类的字样，以明确其为酬谢包装。

(2)赠品包装。在包装中随送赠品，这种赠品可以是每件产品都有，也可以是在一个大包装箱中存在。随附在每个产品上的赠品，是针对每一个消费者的；随赠在大包装中的赠品，往往针对柜台销售人员，以激发其柜台推荐的积极性。比如，夏季来临时，有厂商为鼓励柜台营业员向顾客推荐自己产品，在每一个大包装中放进太阳镜、太阳帽之类的产品，营业员为获得这种赠品，就要打开包装箱，一旦开箱就须全力推出。

(3)容器包装。这是一种特别制作的产品包装，即制成某种容器形式，如饭盒、茶杯之类，完全把产品放在容器之中，在产品用完之后，外包装仍可作为容器移作他用。这种方法巧妙实用，既有利于用包装进行促销，也是一种比较持久的广告方式。

4. 减价销售。对消费者进行促销，不论采取什么方式，说穿了都是一种让利行为。作为让利，最直接的莫过于减价销售。减价销售的方式多种多样，前面提到的折价券、酬谢包装等实质上也都属于减价销售。只不过作为一种特别的促销形式，减价销售的特别含义是在约定时间里，为鼓励消费者购买而对商品采取的一种价格优惠措施，如节日减价、季节性减价、最后销售减价、每日特定产品减价等。就其对市场的刺激而言，减价促销确有某种强力推进作用。比如，长虹彩电几年来多次采用减价策略，几乎每一次都使其销售额和市场占有率有大幅度提高，最后迫使竞争对手也不得不举起减价大旗竞相效仿。

减价促销策略是一种极具杀伤力、极为短促的突击手段。企业采取这种方式，通常是处在某种特定背景之下：或者市场竞争过于激烈，竞争各方相持不下，这时减价成了一个撒手锏；或者产品库存较多，资金周转不畅，由此造成了某种经营负担，这时减价就是调节库存的手段；也有时运用减价策略，是为了吸引消费者对整个产品系列的一种选择，如酒店里推出每日一款特价菜，原本几十元一份的菜肴可能只卖几元，其目的是通过这一款菜来带动整个酒店的销售。减价方式非常多，在广告策划中常常作为一种有力的配合出现。但必须注意的是，减价促销也是一柄双刃剑，既可以帮助企业赢得顾客，也可能对公司及产品造成危害。不少企业过于崇信减价，在销售中动辄减价，殊不知这样做的恶果是，一方面造成消费者对其价格变动的反应疲软；另一方面，不断减价不利于公司及产品形象，容易失去消费者的信任。

5. 抽奖活动。抽奖是一项颇具刺激性的能引起消费者参与兴趣的促销方法，它以奖品或奖金作为促销诱因，以直接消费者为对象，迎合消费者对个人运气的尝试心理，设置出各种等级的奖额和奖品，以达到某种既定促销目的。

运用抽奖形式，可以促使消费者牢记商品的品牌，激发其试用意念，并且有利于顾客消费稳定化和高回转化。所以抽奖活动与其说是针对提升销售额的设想，不如说是针对提升销售动机的设想。正因为这样，抽奖活动在设计时必须认真考虑获奖的密度以及奖额的大小，要有力度地刺激，设置就必须要合理。奖项设置太少，中奖概率很低，难以激发人的兴趣；有时奖项虽多，但奖额很小，也很难诱发参加者的热情。所以奖项设计一定要适当，当然有奖销售也不能沦为不正当竞争。

6. 集卡兑换。这是一种仅对消费者使用的促销方式。其特点是在产品包装中附带设计某种可集齐的兑换卡，或者随产品销售附送点数券，购买产品价格越高，点数券就越多。促销规则是，所设计的兑换卡往往是一个系列，如西湖十景、十二生肖卡片等，只要集齐一个系列，就可获得相应奖项。广东的乐百氏果奶曾经设计了一套旅游城市卡，集满规定的城市卡，即可参加规定的旅游活动。点数兑换则不一定要凑齐规定的系列，只要有相应的点数，就可凭此领取相应的奖励品，点数不同奖励也不同。

与其他促销形式相比，这种兑换形式具有自己的特点。

(1)经济性。制作成本较低，发放成本和劳务费用也很少。

(2)便利性。无论是消费者获取还是厂家发放都很简便，只要达到标准即可无条件兑换。

(3)合理性。它以顾客购买商品的贡献率来赠送兑券，是一种比较持久的广告方式。

(4)机会均等。这种方式投机性较少，它建立在共同的概率基础上，每个消费者都有相同的概率。

7. 顾客竞赛。顾客竞赛是顾客通过知识、技术或能力的竞争来获得奖品。通常顾客竞赛与一般直接销出产品的促销有所区别。直接的产品促销，着眼于促销活动所激发的顾客即时购买，顾客竞赛却往往是对产品的一种间接推动，它以对产品的认识和对企业形象的认识为目的，间接地引发购买欲望。

顾客竞赛惯用的形式是回答有关产品或企业的某些知识。这种方式既有利于宣传产品特点，又便于树立形象。有时在设计中，为了激发兴趣，会于中注入更深一步的产品观念和销售观念。例如，海南养生堂的女性美容营养保健品朵尔胶囊，在观念上推崇“由内而外的美丽”，为了宣传这种观念，设计了促销竞赛“女人什么时候最美”。此外还有其他多种多样的竞赛，如商品命名、征求广告语、募集设立等。这些竞赛对企业形象及产品宣传的意义，要远远大于直接的产品促销，因此它更像是广告。

8. 参观展示。企业为了让消费者更好地认识产品，通常运用参观、展示等方法，以此贴近与消费者之间的距离。参观往往是公开企业生产状况和工作状况，让消费者直接了解企业及产品，以此取得信赖。正所谓“百闻不如一见”，这种形式往往能达到与消费者良好的沟通，借以创造出未来的机会，同时还能够借助参观者的口头宣传，起到良好的传播效果。展示往往是集中陈列样品，通过与消费者面对面的接触，达到进一步的沟通。展示有两种类型：一种是作为样品宣传的展示，仅陈列样品，提供给消费者有关的资讯和服务，并接受消费者的建议；另一种则是在展示现场进行销售活动，把产品宣传、示范和直接销售结合起来。现在流行的各种展销会就是如此。

9. 讲习推广。通过有组织有计划地集中讲解，以期使消费者进一步增加商品知识，并向其他消费者进行推荐。比如，美容护肤讲习班向学员灌输有关美容和护肤的知识，在讲解中宣传产品独到的美容护肤效果，顺利地实现了产品的销售。曾经流行一时的传销，在操作技术上也是利用讲习推广的形式，帮助其组织销售。

10. 会员俱乐部。以某产品或品牌的爱好者为对象，设立消费者俱乐部或联谊会。俱乐部或联谊会为会员制，对参加人员发放会员卡等证明，并建立相应的消费档案。会员制的目的在于掌握一批稳定的消费对象，并通过各种措施不断增进和提高会员对本公司及品牌的支持与信赖。采取会员制之后，公司及品牌方面对会员要有相应的优惠和奖励措施，并通过多种沟通形式，不断地与会员采取双向沟通。通常的做法是发放会员卡，凭卡可以获得日常优惠，并享有其他特殊待遇，如参加会员特别活动，公司新产品免费试用等。为了保持与会员的对话，公司还要建立咨询和建议体制，一方面向会员发送有关公司及品牌的最新消息；另一方面接受会员的信息反馈，并根据会员需要，采取相应的工作措施。

二、针对中间商的促销

针对中间商的促销运作不同于对消费者促销。一个产品要实现规模化销售,必须借助于销售中间商。如果不能保持中间商畅通的销售渠道和销售积极性,终端销售也就无法实现,所以促销运作的另一个重要对象就是中间商。

(一)对中间商促销的目的

促销对象的不同也带来了促销目的和促销手段的不同,我们首先看中间商促销的目的。简单地说,对中间商促销的基本目的,就是促使中间商多进货,并且在出样展示上给予产品比较突出的考虑。具体实施目标不外乎以下四项。

1. 获得中间商的支持。没有中间商的支持,绝大多数产品都无法获得根本成功。比如,公司可能推出了一种优质产品,并为此已大做广告,但是由于缺少中间商配合,销售渠道不畅,消费者在购买时很不方便,最后再好的产品也会落空。为了取得中间商的支持,公司设计出一系列的促销计划,比如准备了一系列的宣传品供给中间商以帮助其推广产品,通过对中间商的折扣让利和批量优惠措施、店面宣传陈列、销售竞赛甚至是给中间商一定的推销佣金等手段,以争取中间商。在对中间商的促销中,要获得其支持需把握两个基本点:其一,必须要让中间商感觉到有相当的获利空间;其二,要认识到对中间商的支持就是对自己的支持,在各种措施上一定要考虑调动中间商的积极性。

2. 扩展销售网络。这点对新产品尤其重要。争取到尽量多的销售网点,以求得媒体广告投资能够淋漓尽致地发挥,这是许多公司的促销目标。中间商因为资金及空间等限制,通常选择那些能够为自己提供最大利润和周转率最快的产品,所以用于扩张销售网络的促销,往往包含对中间商折扣让利品、对消费者推广的包装、作为号召的产品项目等内容,因为这些往往可以直接增大中间商的获利。

3. 建立中间商库存。通过中间商进货以增加产品存货,是对中间商促销的又一目的。中间商存货包括批发商库存和零售商充分陈列。一旦中间商对某一产品有大量存货,这在客观上就迫使其不得不努力推销该产品。

4. 改变与中间商的关系。生产商只有保持与中间商的良好关系,才有可能保证中间商积极推销其产品,并加速资金回笼,同时协助解决产品销售中的一些环节性问题。一般中间商对大多数产品的进货与销售都有较广泛的选择,生产商很少能够对中间商形成有效控制。因此时常采用一些适当的促销措施,可以改善与中间商的关系。

(二)对中间商促销的形式

对中间商的促销和对消费者的促销有所不同,由于其在消费预算和款项渠道上一般不属于广告开支,因此一般广告策划中通常较少涉及中间商促销。其实对中间商促销,无非是要补偿中间商在当地市场上为某一品牌所做出的某种服务,或者是对特定购买数量、特定购买产品以及购买总量的一种津贴,从这点上看,不论其预算放在何处,这种促销都应该成为整个广告运动取得成功的一个重要组成部分。同时,由于目标不同,对中间商的促销方法自然也有所不同。对中间商的促销方法也是多种多样的,几乎对消费者所采用的每一种促销方法,在实际中都会直接或间接地影响中间商。根据中间商的特点,其促销主要有以下几种形式。

1. 优惠折扣。优惠折扣指的是在中间商正常的批发折扣之外的进一步折扣让利。这种折扣一般只用于短期行为,中间商可能要因此受到某种特定的约束,如要求比平常多进货、在销售淡季仍保持一定的销售量、对新规格产品试销等。这种折扣作为对中间商的激励可以密切相互之间的关系,有力地调动中间商的销售积极性。对中间商折扣也有负面影响,这就是在折扣期过后中间商有时还期望将来的折扣,并可能形成某种习惯,最后导致中间商和零售商都等待折扣而不追求正常价格的销售。谨慎地运用这种优惠折扣,通常有三种形式。

(1)减价。为鼓励中间商多进货,限定在一定时期内,凡进货达一定数量,在进货价格上适当地下降。比如,饮料生产商在夏季销售旺季到来之前,为鼓励中间商进货,提出从2月15日到3月15日每箱饮料价格下降5元。

(2)津贴。这是给中间商一定金额回报的折扣方式。津贴有多种方式,但总的可分为两类:一是销售推广津贴;一是年终返利。前者是作为对中间商产品推广的一种补助,以广告贴补或陈列贴补来体现;后者则是根据中间商的销售业绩,由公司按照统一标准,在每一个销售年度之后给予奖励。

(3)赠货。赠货是以提供免费产品形式所给予中间商的一种折扣。赠货一般有样品、预偿破损品等。赠货使中间商所获商品的单位成本降低,在某种意义上也可以激励中间商。

2. 合作广告。这种方法是基于这样一种考虑:生产商所进行的广告一般是在较大区域的全面性广告,中间商则根据自己的需要在较小范围内做一些小量广告。为了使广告能形成一个全面运动,二者就需要一种合作。但实际操作中往往会滋生出许多复杂的纠葛,制造商常常抱怨,他们所使用的广告费比其所应付的要多许多,而且中间商也有可能将广告费挪作他用。在中国,由中间商出资为某一品牌做广告,在观念上尚不为许多人接受,所以通常的合作广告也基本上是由制造商出资,根据中间商和零售商的需要进行相应的创意刊播。

3. 店头宣传。店头宣传是生产商利用各经销网点所进行的一种产品宣传活动。最常见的是各种POP及陈列用具,此外店面装潢布置、店内示范表演等,都属于店头宣传之列。如今是一个开放式的自助选购时代,许多消费者在购买决策上都有较大的随机性,利用店头宣传,无疑在引导消费上具有很大的直接性。

4. 销售竞赛。销售竞赛是由生产商提供价值昂贵的奖励品,用以刺激参与销售的中间商和零售商。公司制定出各种目的竞赛框架,鼓励中间商和零售商参加竞赛,在竞赛框架中根据不同序列设定获奖比例,借以激发其销售热情。

5. 订货会。订货会也是制造商常用的一种促销方式。一般的订货会每年一次,作为促销的订货会,包括销售会议和产品推广会。这种会议由生产商主办,或由生产商与当地主要批发商联办,参加者除了生产商方面的代表外,还有中间商和零售商人员,也许会再邀请有关管理部门和媒介方面人士。会议一般介绍企业及产品情况,说明公司营销及宣传计划,并进行一定的产品示范或专业展示。生产商为照顾大家,时常在会议中伴随一些旅游、娱乐等活动。会议最后的结果是同与会的中间商签订订货意向。

案例分析

"会走动"的哈根达斯月饼

中国巨大的企业购买市场吸引了哈根达斯的注意。他们针对中秋的礼品市场,专门开发了高价高质的冰淇淋月饼,向各大公司推销,作为给普通员工的节日问候。

哈根达斯的销售员还专门带上新鲜的冰淇淋样品跑到各大公司,让负责主管当场品尝。这种"新鲜"营销的手法赢得了不少客户的好感。例如,上海对外服务公司,一年就向哈根达斯订了两万多份产品,作为给下属员工的生日礼物。

为了锁定那些金字塔尖的消费者,只要他们累积消费满500元,填写一张小表格,就可以成为哈根达斯的会员。到目前为止,公司的数据库里已经有了两万多名核心会员的资料。为了挖出这些重要拥趸的消费潜力,哈根达斯紧密"呵护"每一位重点会员,定期给他们寄直邮广告(参见图8-1)。除此之外,还自办杂志来推销新产品,不定期举办核心消费群体的时尚PARTY,听取他们对产品的意见,进行双向沟通。

图8-1 哈根达斯中秋月饼广告

针对不同的消费季节、会员的消费额和特定的产品发放折扣券,把CRM(客户资源管理)的水磨功夫做得非常细致。哈根达斯由此获得了高度的品牌忠诚与超额的市场回报。

三、针对公司营销人员的促销

对推销人员的促销是公司的内部行为，其目的是使销售活动可以顺利进行，明确销售重点所在，制订出最佳的销售促进方案，妥善协调销售各方的关系。主要工作是对推销人员做好商品特性认识，使其明了整个销售促进计划，并能有效地展开销售活动，给销售活动以有力的支援。促销活动的运作，大致总被归属于整体广告运作之中，所以针对推销人员进行的营销推广，一般也都与对广告运动的展示相配合，通常采取以下几种形式。

（一）销售会议

销售会议有与推广会相近似的内容，主要是向推销人员介绍公司及产品的营销计划，详细解释公司有关广告运作的一些基本策略，以求达到统一认识，密切配合。

（二）人员培训

推销人员素质的差异可能导致销售业绩的极大变化。所以对推销人员实行培训，是提高其素质，保证销售成功的一项关键因素。每一项销售活动的成功，体现在销售人员身上，都是“意欲×能力×努力”的综合结果。对推销人员的教育和培训，不仅仅是有关商品知识和推销技巧的培训，也是一种全面的精神提升。基本内容不外乎三方面：培养其敬业奉献精神，强化其推销意识，增进了有关商品和服务的知识。

（三）宣传资料

销售宣传资料是专为销售人员进行推销而设计的，有多种多样的形式，如产品手册、广告招贴、价目资讯等。推销人员通过这些资料，一方面自己熟悉和掌握有关产品、企业和营销方面的知识；另一方面也向推销对象推介和宣传。

第三节　整合传播与促销

促销所带来的快速反应，使得很多营销管理人员宁愿放弃其他的营销沟通手段，而把绝大多数的营销预算投放在促销上。不少公司认为促销可以提高公司的营销能力，其实这种认识很不全面，营销能力是公司产品或品牌综合实力的体现，很多情况下造成销售低迷的原因来自于产品本身，或者是销售人员工作努力不够、品牌认知程度不高、品牌形象欠佳等。促销只是整合营销传播手段之一，只有将其置于整个整合营销传播系统中，才可能全面有效地发挥作用。

一、促销策划的综合考虑

在现代营销传播中,促销已经不再是一种简单孤立的推广方法了。当整合营销传播上升为一种综合性的营销战略时,促销已成为整合营销传播的一个组成部分。任何一次促销活动,都是经过严密构想之后,对整个传播战略的一种配合和促动。没有策划,促销活动就无法实现其效果;同时,促销活动如果不纳入整合营销传播体系,也就无法形成对品牌的良好促进作用。由于促销具有与普通广告不同的操作模式,因此在策划上也表现出明显不同的特征。

一般来说,企业提出某项促销设想,总是基于当前的营销需要,通常是因为企业自身或市场情况有了变化,或者是要配合整个营销或广告计划。对于一般的促销策划,有一些惯用的程序和原则,可以分为以下几个步骤。

第一步:确立促销活动目的。

任何一项促销活动,都是从企业营销目标衍生而来,但具体的促销活动本身也要有一个目标,这个目标表明它是为解决什么问题而设定的。要设定促销活动目标,需要一系列明确的数字合计。其设定具有如下参照程序:

(1)有关销售目标要求。

(2)活动范围与标的要求。

(3)达成目标所采用的促销手段。

(4)促销活动预算的可能额度。

(5)活动日程的具体安排。

每一项都要求具体化,能够确切地说明。一般而言,由于对象和促销目的不同,对促销手段的运用、经费的要求等也各有不同。

第二步:促销活动的基本构想。

这是对促销推动和运用形式的考虑,其中核心问题是如何操作。比如,要设计一次赠奖活动,从促销目的来看,这种赠奖是直接促销还是赠送赠品?赠品对象是谁?预算怎样?包括赠品和实施,要求多少费用?赠送时机选在什么时候?把这一系列问题排列在一起加以综合考虑,就是如何能够提高这次赠奖活动的效果。

第三步:促销活动实施及其配合。

把一个构想付诸实施,有许多具体的事情要做。比如,要搞一次派发,就要考虑派发的地点、派发的人员、派发产品的运送、如何协调与管理部门的关系及在派发过程中可能出现的各种问题等。同时,任何一次促销活动都毫无例外地属于整合营销传播范畴,因此,如何将其与其他沟通形式结合,如何巧妙地利用媒介,当然也在考虑之列。

第四步：促销活动注意事项。

因为活动要动用一些激发性手段，必须要考虑其对中间商、零售商及消费者会产生何种影响，对此要特别加以注意。比如，大规模派送可能会影响公共场所秩序，造成某种混乱，如何确保安全有序？有时实行赠奖，会不会因为赠品破损或发送有误而引起消费者不满，等等。很多突发事件也都在注意之列，稍有疏失就可能丧失信誉，有损企业形象。所以进行促销活动，一定要详细分析各种疏漏可能，如有疏失应立即采取适当措施。

第五步：促销活动的效果测定。

促销活动的效果测定，不像媒体那样完备。因为促销活动一般针对的问题，都是与销售直接关联的，动用促销手段就是为了解决现存的某种销售问题，所以要检测促销活动效果，最简单的方法便是比较促销活动实施前后销售业绩的变动。除此之外，还有一种方法，是调查促销活动之后有关于品牌的变动情况。通过“消费者固定样本连续调查”，也能反映促销活动的实施效果。

二、制订促销的忠诚计划

促销作为整合营销传播的一个组成部分，出于建立品牌关系的要求，很重要的一个任务就是保留现有客户。为不流失现有客户而专门设计的促销活动，被称为忠诚度营销或频繁营销，其目的是降低客户流失并增加品牌市场份额。过去一般的忠诚计划都是建立在折扣和礼品之上的，但是随着消费者消费观念的转变，很多消费者所看重的已经不再是更多的物质，而是个人体验的满足。所以能够恰当地运用顾客参与，增加其在消费过程中的个人体验和美好记忆，对保留现有顾客意义重大。这种“以服务为舞台，以商品为道具，为消费者创造出难忘感受”的现象，被称为体验经济或者体验营销。①

忠诚度营销最能够发生作用的，是在品牌商品具有高固定成本和低可变成本的时候。比如，娱乐场所、信用卡公司、电话公司等都是一些高固定成本和低变动成本的公司，当这些公司具有多余空间或者过剩生产能力时，如果将其产品作为对顾客的一种奖励，诸如移动电话公司对高端客户实施话费奖励，这对品牌几乎没有任何不利影响，且其费用支出也小到可以忽略不计；但是它对客户的意义却非同小可，客户会将其当作具有很高价值的奖励，所产生的激励作用也非比寻常。事实上这种促销方式，只是把那些未被使用的或者浪费的商品或服务转化为“促销费用”，将其支付给客户以换取客户对品牌的忠诚度。每当客户在竞争品牌之间抉择时，这种促销形式往往发挥重要作用。比如，一家

① ［美］B. H. 施密特，周兆晴编译：《体验营销》，南宁：广西民族出版社 2003 年版，第 4 页。

宾馆通常其客房入住率只是70%，这就是说30%的客房实际上处于闲置状态。但是这些闲置客房即使不出租，同样需要维护和管理，事实上这就是资源的浪费。如果把这些闲置客房奖励给经常入住的客户，那么就可以大幅度提高促销活动的影响，而且有利于保持客户的忠诚度。

促销中的忠诚计划是一个战略性的整合营销传播方案，在策划中要为其设定一定的目标，并进行精心的技术设计，制订具体的可实施性方案。在策划中首要的任务就是要弄清楚客户为什么会放弃选择它们的产品，从这点出发找到维持客户的办法。所以确切的忠诚度营销目标必须有明确的界定，比如，可以这样表述："将客户平均生命周期从3年提升到5年"或者是："将客户的流失率减少到10%以下"只有目标明确，才可能发展出有效的计划。

由于忠诚度计划可以提高客户保有水平，这意味着可以分摊销售成本，而且忠诚计划要求客户填写一系列表格，这也有利于建立客户数据库。另外，忠诚度计划对于实现品牌差异化非常重要，因为同类产品在功能和价格上已经很少有差别，通过对忠诚顾客的奖励可以使该品牌从竞争品牌中凸显。进一步说，忠诚计划主要向老顾客销售产品，这比向新顾客销售营，销成本要低很多，与此同时，它还向这些顾客提供了愉快的品牌体验经历，具有更多的感染力。这种影响和优势心态经过演变，可以促成这些老顾客成为品牌的形象大使，通过二级传播再影响其他消费者。当然，忠诚计划也有局限，这就是它有可能使品牌传播陷入误区，从而导致比其他品牌传播方式在管理和执行中更加占用资源。另外，如果竞争品牌也实行同样计划时，这种情况下很难保证其是否真的会节约促销成本。

因此在策划和管理忠诚计划时，有必要尊重顾客的意愿，让其选择成为忠诚顾客的方式。对那些忠诚顾客者要建立完整的档案，及时保持交流和反馈。在计划执行中，必须合理控制向忠诚顾客发布信息的数量，以免产生不必要的负面影响。同时公司要注意计划成本的控制，注意发放的奖励要有一个设定期限，以免造成财务上的负债。在计划中还需要考虑相应的"退出机制"，以保证公司在无利可图或者是计划与整个营销战略不相匹配或者发生冲突时，可以中止计划。

三、作为一种整合工具的促销

由于促销的运用越来越普遍，各种新的促销形式层出不穷，把促销与其他营销传播形式相互结合，大大拓展了促销的范围。而整合营销传播过程中的许多手法，都来自于促销的延伸，如网络营销、会议展示、人际沟通等，在这些营销传播手段中都可以找到传统促销的身影。具体参与促销操作的人都有切身体会，有时候一个事件营销与公关宣传很难区分，而促销中对于媒体的借用又具有深刻的广告色彩，尤其是广告与促销相结合往往比起二者单独运用效果更佳。这一切都揭示了促销需要与其他营销传播工具进行系统整合。

这种整合所带来的第一个好处是，可以保证营销传播中的信息一致性和连续性。由于促销通常是公司或者品牌针对某一具体目标所设计的营销传播方法，因此其具有相对的阶段性特征。为了使这种阶段性目的不与长期的品牌信息发生冲突，就必须在促销策划设计之时，考虑到它与整个公司营销传播策略之间的协调和一致。比如，公司广告宣传中一直讲自己品牌质量稳定，但是促销活动却把一些残次品作为赠礼，这就难免互相冲突，效果适得其反。

第二个好处是，促销通常把重心放在提高短期销售效果之上，如果与其他营销传播形式配合，很可能这种短期效果会上升为一种稳定的品牌关系。比如，一个其同类产品的消费者在某一品牌进行促销时受到促销利益吸引临时转化为该品牌购买者。由于他在使用这个品牌，因此可能会关注这个品牌的相关信息，如果这时候广告或者公关宣传能够进一步转化他对这个品牌的认识，那么这个消费者就很可能由暂时购买者转为长期购买者。

第三个好处是，促销与其他营销传播工具整合，可以相互之间实现提升晕轮效应。也就是说，促销所带来的效果需要其他营销传播方式给予强化和提升，反过来促销也可以强化和提升其他营销传播手段的效果。这也就是我们所说的不同营销传播手段彼此配合所产生的增效价值，也是整合营销传播的一个基本追求。

总而言之，把促销与其他营销手段相互配合，这是整合营销传播发展的必然要求。这种所谓对促销与其他营销传播工具的整合，不仅仅是指那些本身具有整合意义的事件营销，而且也包括了一般意义的日常促销。在这种整合之中必须注意，一定要保持目标透明化，而且要严格地体现出一致性和连续性。在整合中既要顾及促销本身的目标，也要兼顾整个公司的营销传播目标，通过这种整合要巧妙地把促销的成果转化为整合营销传播的成果。比如，利用促销所引起的强烈效应提升公司或者品牌知名度，把促销中取得的顾客资料进行分析，形成有价值的数据库等，这些都有利于品牌信息的进一步传播和品牌关系的更好发展。

案例分析

腾讯的“摇钱树”《王者荣耀》

2020 年新冠疫情期间，各行各业均或多或少地受到了冲击，但是网络游戏行业却逆流而上，受益于用户的空闲时间增多，其产业规模持续上升，前景一片利好。中国音像与数字出版协会游戏工作委员会发布的《2020 年 1—6 月中国游戏产业报告》显示，2020 年 1—6 月，中国游戏市场实际销售收入为1 394. 93 亿元，同比增长 22. 34%。对于互联网巨头腾讯来说，腾讯游戏早已成为其盈利的主要来源，2020 年上半年，腾讯游戏收入达 755. 86 亿元。

早在 2003 年，腾讯公司就开始了游戏行业的布局。2005 年，腾讯推出"QQ 堂"，经过一年多的优化又推出 QQ 宠物社区，一年后成为全球最大的网络虚拟宠物社区。2007 年，在竞技类游戏受到热捧之时，腾讯又利用资金优势，引进国外网络游戏。2015 年底上线公测的《王者荣耀》手游，是腾讯公司开发运营的一款 MOBA（多人在线战术竞技游戏），这款手游上线之后，短短几年时间便成为国内互联网手机游戏市场的龙头产品，在口碑和商业上都获得了巨大的成功。

杰瑞·麦卡锡（Jerry McCarthy）教授在其《营销学》一书中最早提出了 4P 理论，包括产品、价格、渠道、促销，从这四个角度能更全面地理解《王者荣耀》成功的诀窍。

一、《王者荣耀》的产品策略

《王者荣耀》是一款 MOBA 游戏，相较于其他类型的游戏，这类竞技游戏更易上手，并且单局时间短；相较于传统的端游（客户端游戏），这类游戏进一步突破了时间和地点的局限性，适应了当代用户生活时间的碎片化，在早期更易吸引新用户前来体验，游戏门槛较低。

在小小的手机屏幕上，《王者荣耀》有着大部分端游的原始框架，如游戏地图、游戏设置等，其使用虚拟摇杆，采用点控的方式，使用户不再借助其余的配件也可以参与其中，这种简易性和便捷性也吸引了大量女性玩家。传统上讲，竞技游戏的玩家大部分为男性，但是女性玩家的大量涌入，给予游戏新的内涵，一起玩《王者荣耀》开始成为一种新的社交方式。这打破了竞技类游戏单纯追求胜负的局限，使用户获得了更多的愉悦感。

在《王者荣耀》的英雄模型设计和音效处理方面，重视细节、技术先进的优势得以发挥，这给予了游戏玩家更好的体验，使其沉浸感有所提升。游戏中的大部分英雄都可以在我国的历史、神话传说中找到原型，如热门英雄李白，其招式有"侠客行""将进酒""青莲剑歌"等，这些招式名称来源于历史但又不同于历史，更易刺激玩家的记忆点，更易使其产生认同感。

《王者荣耀》的排位赛分成七大段位，分别是倔强青铜、秩序白银、荣耀黄金、尊贵铂金、永恒钻石、至尊星耀、最强王者，段位越高，难度随之加大。这类头衔的设置，也会激励玩家努力上分，不断参与排位赛。

二、《王者荣耀》的渠道建设

《王者荣耀》在推出之初，便站在了“巨人的肩膀上”。腾讯巨大的流量池为其提供了强大的用户基础，通过QQ、微信强大的导流能力，《王者荣耀》能以更低的成本获取新用户。QQ和微信这类社交软件，本身就拥有强大的关系用户群体，游戏借助这类账号直接登录，一方面降低了用户参与其中的时间成本，另一方面也让用户能与好友一起完成线上组队。当玩家把游戏战绩分享到QQ空间、朋友圈时，无疑也是在同好友分享一种荣耀，一定程度上能满足用户的表达欲和虚荣心，也会引起用户好友的仿效，进一步促进游戏的传播。

《王者荣耀》的兴起也离不开直播平台的宣发造势，与职业选手赛事直播的合作，有效地普及了游戏的玩法，增强了观看者对于游戏的了解。当直播平台注意到《王者荣耀》所带来的流量之后，也开始重视游戏板块的建设，虎牙、熊猫等直播平台均开辟了《王者荣耀》专属板块，并且高价签约了一批人气游戏主播，这可谓是腾讯与平台的互惠与双赢。

三、《王者荣耀》的定价策略

《王者荣耀》并未硬性要求玩家付费，玩家可免费参与到游戏之中。在游戏道具的选择上，也有免费和付费之分，但付费道具价格并不高，一般在100元以内，依赖于其庞大的用户群体，腾讯同样可以获得巨额利润。为了激励玩家积极参与其中，《王者荣耀》会免费赠送登陆者道具、金币，玩家连续登陆打卡也会获得额外的奖励。这类以用户时间换取奖励的激励措施，能大大提升用户的忠诚度，提高用户黏性。

四、《王者荣耀》的促销策略

（一）代言人的选择

品牌代言人在很大程度上会影响消费者对于品牌的联想。2017年，《王者荣耀》选择鹿晗为该游戏的首位代言人，鹿晗的高人气和青年形象与游戏相辅相成，起到了正面的效应。2020年，《王者荣耀》公布了最新的品牌代言人，其由五位人气明星组成，分别是易烊千玺、宋茜、吴亦凡、李现、杨幂，他们出现在周年庆典、游戏版本更新、KPL赛事等多个活动中。五位明星分别代表了上单、中路、打野等不同位置，这能让玩家产生直接的自我联系，更易将玩家对代言人的好感转化到品牌之上。

（二）线下赛事活动的推广

2016年，《王者荣耀》推出“王者城市赛”和校园赛，校园赛还与华为品牌合作，覆盖18个省份。线下广覆盖的推广模式，让《王者荣耀》在发展初期获得了极大的曝光率，为其开拓品牌知名度打下了基础。之后，《王者荣耀》将这种线下推广方式常态化，每半年便会举办一届“王者城市赛”与校园赛，这类比赛的报名门槛都比较低，热爱电竞的人均可参加。

（三）五五开黑节

2017年，《王者荣耀》推出"五五开黑节"，其定位是"为玩家打造的游戏社交节目"。在第二届"五五开黑节"中，《王者荣耀》提出了"TEAM"的概念，对应"Together Everyone Achieve More"（团队成就更多）的口号，突出强调"团队"的概念。

在2020年的"五五开黑节"中，《王者荣耀》抓住"直播带货"的风口，与快手合作，推出"直播+游戏+电商"的直播带货模式。快手的五位人气游戏主播在直播期间，为《王者荣耀》"五五开黑节"期间推出的限定款游戏角色的皮肤带货，取得了显著的成效。

（四）品牌跨界的强强联合

《王者荣耀》善于借助其他品牌的优势资源进行强强联合。2017年，腾讯公益、中国文物保护基金会领衔发起"长城你造不造"发布会，《王者荣耀》以长城护卫队全系列英雄作为人物基础，参与了长城保卫计划公益活动，提升了品牌形象。2018年，《王者荣耀》与敦煌莫高窟合作，在游戏中借鉴了敦煌壁画的设计。2019年，在电影《哪吒之魔童降世》大热后，《王者荣耀》与电影方合作，将英雄"哪吒"与电影角色哪吒结合，借势宣传哪吒游戏皮肤。

此外，手游与美妆行业的跨界联合也获得了奇效，因为这两个行业均是获利巨大、前景广阔的行业。2019年，《王者荣耀》与美妆品牌魅可共同推出系列定制口红。从目标人群看，魅可的核心用户群体为年轻的女性消费者，而这部分消费者既有《王者荣耀》的现有用户，也有其想要开拓的潜在用户。借助微信、微博等社交平台，联名活动多点开花，深度投放，得以在不同圈层之间交互传播。

《王者荣耀》是腾讯游戏目前的头部产品，在国内的手游市场具有领先优势。在巨大的流量背后，品牌经营者也应该居安思危，考虑如何进一步优化盈利模式，如何在现有基础上进行文化创新。对于大众诟病已久的问题，如游戏防沉迷系统的建设、游戏英雄滥用对传统文化的解构等，品牌经营者应将之放置于战略角度进行思考。

案例来源：魏玉山等：《2019—2020年中国动漫游戏产业发展状况》，载《出版发行研究》，2020年第9期。

思考题

1. 如何理解促销的基本含义？

2. 试分析促销的作用与功能。
3. 品牌与消费者之间购买关系的类型有哪几种？
4. 如何理解促销与建立品牌忠诚的关系？
5. 针对大众消费者有哪些促销方式？
6. 促销存在哪些局限？
7. 结合实例分析促销策划的基本步骤。
8. 如何将促销与其他传播方式整合运用？

第九章

公共关系的战略性整合

【本章重点及学习要求】

1. 营销公共关系的基本属性
2. 主动营销公关和被动营销公关
3. 公共关系具体应用的基本步骤
4. 公共关系在整合营销传播中的价值
5. 危机公关的处理原则
6. 公关工具选择与公共关系策划

第一节　公共关系与整合传播

公共关系长期以来都被看作促销组合的基本要素之一，显然它强调了公共关系所具有的营销传播功能。应该说作为一种社会管理和传播沟通工具，公共关系的含义超越了一般意义上的营销或者传播的范畴，它在本质上是对各种关系资源的一种整合。从整合营销传播角度看，公共关系中的关系价值是对整合营销传播终极价值品牌的追求。

一、公共关系的概念与属性

公共关系（Public Relation，PR）简称公关，是一种机构与各种公众之间培育好感的活动。公共关系是一个涵盖广阔而最容易出现不同理解的概念。19 世纪科学巨匠牛顿创造出了一系列新词汇来描绘他的万有引力，但是他遭到的责难是：为什么不用人们熟悉的词汇而别出心裁？公共关系恰好相反，因为人们对它太熟悉，它的含义反而变得模糊和复杂，这在很大程度上与公共关系所涉及的学术和应用领域有关。

（一）公共关系的概念

1976 年美国哈罗德博士查阅了各种公共关系书籍和杂志，并向 83 位公共关系领域的领导人征询他们的看法后，发现至少有 472 条解释公共关系的定义①。由此可见，公共关系所涉及的各个方面，以及人们对于公共关系的理解是多层次多角度的。相对而言，我们倾向于该行业的时事周报美国《公共关系新闻》所做的定义：

> 评估公众态度，为组织建立符合公众利益的政策和程序并采取行动和进行沟通，以获得公众的理解与接受的管理职能。②

这个定义简单而容易理解，它把公共关系界定为一项管理职能，也就是说它不限于商业机构，还包含了其他非营利性机构。按照这个定义，公共关系包含以下几个层次的含义：

（1）判断与评估公共态度。

（2）制定符合公众利益的组织策略与程序。

（3）推出与实施旨在于获得公众理解和接受的沟通活动。

---

① 单东、王政挺：《公共关系通论》，北京：人民出版社 1992 年版，第 12 页。

② ［美］乔治·E. 贝尔齐，等：《广告与促销：整合营销传播展望》，大连：东北财经大学出版社 2000 年版，第 745 页。

从这个定义可以看出，公共关系不仅是一种方法，而且是一个过程，它所涵盖的领域远远超出了营销活动的范围。就企业管理和营销传播而言，这里的“公众”就包括了消费者、雇员、股票持有人、贸易伙伴、供应商、政府官员和整个社会，也就是整合营销传播中所特指的“相关利益者”。公共关系活动可能涉及其他的促销要素，但是在使用方法上却大不相同。比如，公共关系活动中可以利用新闻报道来宣布新产品上市，也可以策划特别事件来树立公众形象，还可以运用广告来明确表示企业对于某种争端的立场。然而不论怎么说，公共关系最终必须落实到“公众理解和接受的沟通活动”之中，因此我们说公共关系在本质上就是为促成公众理解和接受的一种沟通活动。在这一点上我们可以明显地意识到它所具有的传播属性，这应该是对公共关系的基本理解。

（二）公共关系的功能及其传播特征

公共关系中最引人注目的是其公共宣传功能。公共宣传是把公共关系的相关职能引入营销沟通之中，它集中一般公共关系中立足于组织与外界形成良好沟通这一特性，用以促销企业及其产品。公共宣传作为一种有别于广告的促销工具，是以不付费的形式在媒体版面上安排有关公司商业方面的信息和新闻，或者通过其他形式使公司或者产品获得有力的展示，以达到与公司顾客或者潜在顾客的沟通，进而帮助实现特定营销目标。相对于一般广告和促销而言，公共宣传对整个促销方案具有特殊贡献：具有较高的新闻价值，有利于引起社会关注和塑造形象；可以刺激销售队伍和中间商，帮助激发其热情；以新闻报道的形式，相对于广告和促销具有明显的可信度；由于不需要支付媒体版面和时段费用，其成本远远低于广告和促销。

公共关系的传播属性主要表现在它所具有的沟通价值上。虽然公共关系过程包含了管理和协调的因素，但是这些都是通过沟通实现的，因此，公共关系过程实际上也就是一个传播过程。当然作为一种传播方式，公共关系的特征主要在于它与其他营销传播形式相比有很大不同。这些不同最为明显地体现在以下三个方面。

1. 影响对象不同。一般而言，狭义的促销工具在使用过程中所针对的目标，往往是既定的消费群体或者是目标受众。而相对于广告以及促销等形式，公共关系的对象则要宽泛得多，不仅有一般促销所面对的受众，而且包括了营销目标之外的其他关联群体。比如，企业与政府或者社会调节部门的关系，这些机构虽然并不是企业产品的营销目标，但是会它们却对企业实现营销目标具有一定的影响；企业与其内部的员工关系虽然并不构成直接交易，但是会对组织形象等方面产生影响，进而间接地影响产品和品牌；企业与媒体的关系，更是直接涉及大众传播手段的合作问题；等等。这些都决定了企业的公共关系对象并不局限于简单的营销沟通对象，它还包括了形成企业与社会联系的各种利益相关群体。如果说一般促销形式在营销传播中注重于对目标受众的直接作用，那么公共关系则是通过形象建设或者舆论影响间接实现对顾客的促动。

2. 影响途径不同。通常作为商业手段的各种营销沟通形式，在运作过程中往往表现得比较直接，可以看作利益和目标都十分明确的促销手段。其方式无非是各种优惠和短程刺激，或者是媒体和非媒体形式的诉求说服，不论哪种形式，其目的性都十分清楚，也就是说，营销沟通中信息发送方的角色特征表现很突出。相对而言，公共关系则表现得比较隐秘，它通常采用人际关系处理或者是利用媒体宣传达到影响效果。在这些宣传和沟通中，虽然有很多明显的方式，诸如形象广告、公益赞助等，但很多情况下资助人却是处在隐秘的不公开状态之中，以媒体报道形式传递有关信息，这些信息经过编辑加工，往往看上去颇具新闻价值。很多受众对于纯粹意义上的广告和促销往往抱有一种抵触和怀疑心理，大多数情况下都采取毫不理会和干脆回避的态度，因此广告影响的实际效果并不理想。相对而言，公共关系经过包装处理之后，商业气氛被掩盖了，以至于很多受众认为这些信息来自于媒体而不是来自于某一家公司，所以他们更愿意相信这些信息。

3. 投资成本不同。公共关系的相对成本和绝对成本都远远低于广告和其他促销形式，如果将其投资效益加以比较则更是如此。在媒体运作方面，通常公关宣传是经过精心策划之后，运用不付费形式在媒体版面上安排有关商业新闻，或者是通过其他传播形式使公司或者产品、品牌获得有力展示，以达到公司与顾客或者公众的沟通。而商业促销模式则是明确建立在媒体购买和促销投资形式之上，不论是什么样的商业促销形式，都包含着明确的投资倾向。广告通过购买媒体时间或空间来传达企业信息，在很大意义上可以说企业想怎么说，广告就可以怎么说。促销更是一种直接的短程刺激和利益优惠，其他的促销形式也大抵如此。当然，正因为这种投资形式的不同，一则广告可以根据需要不断重复，但是公关宣传则无法多次重复，因此在到达率上就很难得到保证。这也决定了广告以及其他促销形式在促销信息的传达方面，往往比公共关系更加精确也更加及时。简而言之，公共关系可以产生更多的信用，而广告则更加适合于建立知名度和控制力。

由于公共宣传的这些特点，其备受公司的青睐。但是实际上擅长公共关系方面的专家比单纯的营销专家和广告专家更难寻找，再加上公共关系尤其是公共宣传在许多方面受到的限制，其操作难度往往比广告和促销更大。

二、公共关系的目标指向

公共宣传的沟通目标，就是有选择性地推出具有社会性和新闻价值的信息，为公司获得支持，包括产品促销和形象促销。运用公共关系形式进行传播，与其他促销工具的一个很大不同就在于，它是作为个体或团体与其他群体（一般称之为公众）达成沟通和建立好感的方式。这种不同主要体现在两个方面：关联群体的不同与实现形式的不同。前者是就公共关系的直接对象而言，后者则是表明公共关系自身特有的策划程序和运作模式。

正如我们所理解的那样，每一个企业、团体或者政府机构，都与一定的社会群体保持着关系，这些群体可能是员工、顾客、持股人、竞争对手、供应商、立法机构，也可能仅仅是普通的消费者。任何组织机构的言行都会对这些群体产生影响，这些群体在市场营销中有一个专门术语“利益相关者”，这是因为这些群体中的每一个人都在组织行为中有一定的既得利益，在公共关系术语中又被称之为“公众”（publics），公共关系的目的就是要与公众中的大多数建立并保持良好关系。由于公共关系的涵盖面非常广，因此实现这种良好关系的方法与途径也各不相同，可以是组织传播，可以是人际接触，也可以是传媒影响或者是其他组织性形象表现形式。所有这些归根结底都是出于改善公众舆论，创造美誉，为组织建立和保持令人满意的声望。一般来说，通过公关努力可以获得公众的支持，取得公众理解，并引起一定反响，或者在矛盾对立状态争取公众保持中立态度。良好的公共关系有利于组织和公众形成长期的稳定关系，因此在整合营销传播中也就必然承担着重要的角色。

由此看来，所谓公共关系的目标指向，是指由公共关系职能所发展的公共关系的综合价值趋向。在这里可以从两个层面上理解：一个是指广泛意义上的公共关系的目标功能，即帮助组织协调不同层面和不同方向的关系，形成最为有利的组织发展环境；另一个则是指具体公共关系活动中所确定的工作目标，这种目标也可以被称为公关操作目标，是公共关系策划和实施中的一个重要元素，我们后面还将进一步论述。

三、公关声誉塑造与品牌价值追求

艾尔·里斯在其著作中指出，与广告相比公关更加适合于做品牌维护，公共关系塑造品牌的优势也有利于打造一个新品牌①。在某种意义上，他说的是事实。仔细观察世界上的著名品牌，21 世纪初在公关宣传上运用最充分的也许是微软，根据美国 Carmr 媒体公司调查，微软是全世界受到媒体报道最多的公司。多年来微软的广告几乎没有出现在大众媒体上过，但是这并不妨碍它比肩尽人皆知的传统广告品牌可口可乐。现在很多人都关注苹果品牌，对其各种产

① [美]艾尔·里斯、劳拉·里斯：《公关第一，广告第二》，上海：上海人民出版社 2004 年版，第 253、262 页。

品如数家珍，但是所有这些信息几乎没有一个是从广告中得来的，也没有多少人记得苹果手机的广告。近年来在网络信息领域崛起的著名品牌大都如此，诸如谷歌、亚马逊这样的常用品牌自不必说，而即便是根本没有进入中国的脸书和推特，也成为尽人皆知的社交媒体品牌，所有这一切都是得益于公关的营销传播。可以说正是大量的公共关系塑造了这些品牌，而其品牌的声誉以及公众对它的认同也证明了公共关系在品牌塑造方面所独有的优势。

这种优势主要来自于公共关系本身的操作方式，以及公共关系所包含的公信力。公共关系的运用主要立足于建立公司与社会各个层面的正面关系，与其他营销传播形式的一个明显不同就是，公共关系运作中对产品或者品牌直接的营销诉求被降到了更低层次，而通过建立有利的社会关系为公司或品牌创造良好的形象，则成为公共关系活动的核心追求。许多公共关系形式具有明显的社会公益性质，诸如赞助、环境保护等。因此在公众看来，公共关系比其他营销传播形式更能体现公司或者品牌的社会责任，其所传递的信息似乎也更加严肃。加之公共关系活动主要是借助于媒体或者其他具有公信力的社会机构，以貌似客观的形态向大众推荐品牌，公共关系宣传也经常采用一些具有社会效应的事件吸引人们对于品牌的关注，并把公司及其品牌与普遍的社会价值相联系，因此容易激发人们对于品牌理念和品牌追求达成一致认同。从整合营销传播观点来看，公共关系的这些特征恰好体现了整合营销传播的终极追求价值，即通过建立顾客与品牌之间的关系来提升品牌价值。

公共关系之所以越来越受到重视，很重要的一点就在于这种有利于品牌关系建设的因素，不仅超越了传统营销传播中信息传输的单一向度，也改变了其本身侧重宣传，即通过媒体进行灌输的特点。在整合营销传播的多种接触途径里，公共关系可以得到更加充分的表现。因为很多的接触点都是非大众媒体形式的，而公共关系的接触途径已经渗透到品牌接触的各个方面，有关媒体、政府以及各种社会团体的关系自不必说，在与公众甚至是每一个可能接触者的关系处理上，公共关系也显示了其他营销传播形式所不具备的独立优势。比如，人际传播，就是通过人与人之间的具体接触，实现品牌信息的传达，其所表现出来的信息影响力和可信程度远远超过一般的信息传播。所以在整合营销传播中，多种营销传播手段，如直接营销、销售促进等，经常是和公共关系同时并用的，彼此之间你中有我我中有你，甚至很难区分。

第二节　营销公共关系的应用

因为公共关系中包含营销，所以它的这部分功能被营销业界称为营销公关。在整合营销传播视野中其重要性似乎还不止于此，突出表现在它对品牌关系的维护上。即当公共关系摆脱了简单的说服和营销沟通局限之后，它对公众关系的关注，实际上就是品牌与所有关系利益人之间的沟通。

一、营销公关的作用与目的

公共关系一般特指公司与消费者之间的关系，其目的出于营销需要的那些内容，就是通常所说的“营销公共关系”或者“营销公关”（Marketing Public Relations，MPR）。营销公关被定义为“通过不需付费的媒介向有积极影响的顾客及未来传送品牌的积极信息”①。作为营销传播的一种基本手段，营销公关在现代营销传播中得到普遍应用，它对企业营销活动的支持，比之于其他营销传播手段表现出了自己的突出特色。

营销公关的基本作用可以从几方面看：帮助企业或者产品及品牌提高知名度，增进消费者的了解和信任，宣传企业形象进而与受众建立良好的合作关系，有利于化解营销中的各种矛盾和危机，以及营造气氛和提供购买理由等。相对于直接促销，通常营销公关更注重树立形象和信任关系，除了本身所具有的促销价值之外，通过精心策划和设计的营销公关可以通过许多途径提升整合营销传播活动的价值。这些价值在公关实施过程中主要体现在以下几个方面。

（一）在媒体广告之外激发市场

从整合营销传播角度看，营销公关是全部传播整合的一个构成部分，虽然也有单独运用营销公关实施产品推广的案例，但是大多数情况下持续和完整的效应来自于与其他营销沟通形式的配合。比如，许多企业利用新产品发布的机会获得公共宣传效应，以此为产品增加戏剧化色彩，并对广告效果有所提升。有时候借助于营销公关，可以只运用少量广告或者不用广告就能达到介绍产品的目的，如微软在推出它的每一个新技术平台时，几乎都是采用公关形式，而很少借重于广告进行传播。

（二）提供具有附加值的客户服务

很多媒体之外的传播沟通手法都可以被运用到营销公关之中，在整合营销传播视野里，这些手法不仅是简单的营销传播，而且也是在与顾客形成良好的关系。比如，企业开通的顾客服务热线，也许过去由销售管理部门掌握，曾经是以销售咨询为主，现在其作用也许不仅仅是对产品的推销和介绍，更重要的是形成与顾客的直接沟通和交流，公关的作用超越了推销的作用。运用这种形式

① ［美］邓肯：《整合营销传播：利用广告和促销建树品牌》，北京：中国财政经济出版社2004年版，第517页。

在加强与顾客以及各种利益相关者联系的同时，可以明显地增加品牌与消费者的亲和度，有利于建立品牌忠诚。

（三）对公众形成舆论影响

营销公关是公共关系在营销沟通中的具体应用，公关手段最显著的特征之一就是对公众的舆论影响。这种影响主要是从两个方向发生作用：其一是直接引起公众关注，形成一种有利于企业或者品牌的媒体倾向和社会舆论；其二是向那些具有影响力的舆论领袖提供有价值的信息，再通过他们的示范引导大众。

（四）实施竞争防御，提供购买理由

积极的公共关系不仅可以保护一个公司的产品免受侵害，而且可以作为对消费者的一种承诺并向消费者提供购买理由。前者主要体现在公司或品牌受到某种市场挑战，或者遭遇各种环境下的突发威胁时；后者则是一种普遍的公关效应，与它所带来的各种有利因素相一致。

二、营销公关的基本运作手法

营销公关完成品牌信息策略的途径主要有几个方面：提升品牌信息的可信性；针对不同的人口、心理、种族及地区的受众发送经过细分化的目标信息；对有影响力的人物或者意见领袖以及引领潮流者施加影响；运用特殊事件加强与客户以及其他相关利益者的联系。在具体操作中营销公关的主要手段包括公关宣传、传媒炒作、危机处理以及社会参与等。营销公关在公共关系学术研究中被称作营销学派，其所涵盖的不仅有整合营销传播和关系营销，也包括了社会营销的各个方面。因此，事件营销、公益营销和故事营销等，都被看作营销公关的具体应用手段。[①] 而这些手法又与上一章所讲的促销手法有许多重叠，从中也可以看出营销公关在应用中对整合营销传播的全面融入。

（一）宣传与炒作

宣传与炒作是营销公关最常用的手法。一般企业公关人员的日常工作就是为自己公司或者客户撰写相关新闻，并且保持与新闻媒介的良好关系，努力让这些有利于企业的各种报道出现在各种媒介之上，这就是公关宣传。公关宣传是营销公关的重要内容，主要是提供有关企业的正面信息，其目的无非是实现营销需要和提高自身形象。公关宣传一般选取具有新闻价值的事件，这些事件大多受到社会的普遍关注，从其发生过程来讲一般都属于一种短期经营策略；同时，由于公关宣传以新闻报道形式出现，因此媒介在对这些事件进行报道

① 张雷：《公共关系学派》，杭州：浙江大学出版社 2013 年版，第 75－80 页。

时并不收取任何刊播费用，这当然也决定了媒介并不保证这些事件一定得到报道。正因为这样，不少企业在营销公关中着力于策划一些经过精心安排的事件，通过一系列的宣传报道以达到连续效应，这种方法被称作“传媒炒作”。传媒炒作是公关宣传手法更加集中、更为高超的一种使用方式，它通常可以避免一般公关宣传的缺陷，即短暂缺少重复，因此也不容易受到高度关注。利用一种集合式报道，立体地、动态地对某一具体事件进行详尽的全面报道，其社会效应和影响程度是一般营销传播难以比拟的，当然这种炒作的策划也比一般宣传和促销策划要求更高。

（二）危机管理

营销公关的另一项重要任务就是危机管理（crisis management），也称为危机公关。企业在经营过程中不可避免地要遇到一些问题，这些问题往往会影响企业与社会以及相关利益者之间的良好关系，对企业的市场或形象造成直接或者间接的威胁，这一点不论是什么企业都不例外。即便是一些声名卓著、具有良好公众形象的企业，如果在危机中没有采取相应得当的措施，也可能丧失自己的地位，因此就必须要采取相应的公关手段进行处理。在危机管理中，公关所承担的任务表现得十分充分，不仅要搜集信息、提供建议和参与决策，更重要的是其本身担负着执行的角色，尤其是在具体公关活动的策划推广和协调沟通上更是责无旁贷。危机公关在企业经营中往往具有突发性特征，因此常常超越企业的一般控制范畴，在大多数情况下危机公关都面临一个重要的沟通问题。因此，危机公关处理关键是在企业利益和社会及公众利益之间把握适当的尺度，并且进行有效的传播沟通，以达到相互间的认同和谅解。

（三）社会参与

运用社会参与（community involvement）也是营销公关的一个主要任务，其目的是在企业与社会之间架起对话桥梁。具体参与形式很多，诸如加入地区性机构、为灾区捐款、开展相关公益活动等。这些活动有利于形成良好的公众形象，而且很多情况下对企业营销也具有直接帮助。比如，农夫山泉在中国申办奥运成功之际，不失时机地推出“顾客购买一瓶水向奥运捐赠一分钱”的活动，经过媒体和广告渲染引起了广泛关注，并把国家—企业—消费者三者紧密结合起来，作为一个具有显著意义的社会参与，这不仅仅只是一次短期行为策划，更是一种树立良好形象的营销公关的成功。

三、主动营销公关与被动营销公关

由于企业在营销公关操作中所面对的处境以及本身的应对方式不同，营销公关又可具体分为主动营销公关（proactive marketing public relations）和被动营销公关(reaction marketing public relations)。前者是由公司营销目标所决定的,属于进攻性而不是防御性的,着重于捕捉机会而不是解决问题;后者是针对外界影响而采取的公关活动。这些外来压力和挑战包括竞争对手的行动、消费者态度变化以及政府政策变化等。

(一)主动营销公关

主动营销公关的主要作用范围是新产品的推出以及老产品的改进。把主动营销公关与整合营销传播的其他手段结合起来,就可以赋予一个产品更多的接触面、新闻性和可信度。主动营销公关的效果,在很大程度上要归之于可信度的创造。广告、销售推广以及人员促销的可信度经常受到消费者的怀疑,因为消费者在接受过程中有一个预置的接受前提,即认为其动机就是试图说服消费者产生购买行为,从中获得相应的利益。相比之下,通过新闻媒介的报道和其他具有公信价值的传播形式,消费者一般很少怀疑其动机,因此容易让消费者感觉比较公正可信。

主动营销公关的主要手段就是公关宣传。与广告和其他营销沟通手段一样,营销导向型公关宣传的基本目的是通过两种方式增加品牌资本:其一是树立品牌认知;其二是通过在消费者心目中建立强有力的、正面的品牌联想改善品牌形象。

除此之外,主动营销公关还可以通过设计各种公关活动取得社会认同,达成与客户以及相关利益者的正面沟通。这些活动通常不以营利为目的,而是借助于活动取得社会各层面的理解和信任,因此通常具有公益性质。比如,娃哈哈集团公司前身原本是一家隶属于区教育局的校办企业,为了表达自己对教育事业的支持,多年来一直捐资教育事业,从而受到了社会的普遍赞扬。而麦斯威尔咖啡的经营者则希望通过与人类栖息地组织和"建立家园"活动的联系,把麦斯威尔看作一个健康和富有同情心的品牌。

(二)被动营销公关

被动营销公关往往是在企业面对无法预料的市场和外在环境变化时所采用的公关手段,其中表现最突出的就是危机公关。所以被动公关需要应付的大多是对公司造成负面影响的变化,这种公关活动试图修补公司的声誉,防止市场份额下降,并夺回失去的销量。由于被动营销公关所针对的往往是外在环境中的突发事件,其大多是在没有预测和不可控制情况下发生的,因此对企业公关能力和公关人员的素质就有了更高的要求。

阿里巴巴在2015年初曾经遭遇了一次著名的突发性公关事件,阿里当时在美国上市不久,这次事件直接影响了其在美国股市的表现。事情的经过很简单:先是国家工商总局网监司发布了一个所谓抽样结果,称网络假货多,正品率仅为58.7%，尤其是淘宝假货最多，正品率仅为37.25%；随后是阿里的网络打假人员以淘宝小二名义，公开发表文章指网监部门"吹黑哨"；再后来是网监司发表《关于对阿里巴巴集团进行行政指导工作情况的白皮书》，指出阿里系网络交易平台存在主体准入把关不严、对商品信息审查不力、销售行为管理混乱、信用评价存有缺陷、内部工作人员管控不严等五大突出问题，并对阿里巴巴集团提出相关工作要求；再接下来是阿里集团以淘宝名义所做的正式回应，称平台治理需要一个过程，自己正在努力改进，与此同时还回应称工商总局司长刘红亮监管程序失当、情绪执法，为此已向总局正式投诉；紧接下来的一个直接结果是，在纽约的阿里巴巴股票应声大跌，一日之间市值蒸发680亿人民币（约合110亿美元）。作为一次危机公关事件，在这场遭遇中更值得关注的是涉入其间的"人"。有趣的是阿里方面关于"程序失当、情绪执法"的表述，还有工商总局《白皮书》中有关"阿里系主要高管要有底线意识和底线思维，要守住底线，克服傲慢情绪"，大家不约而同地都提到了"情绪"二字，这样的表述至少透露出一点信息，即原本是市场监管部门和市场运营主体之间的一种工作性协调，由于角色观念以及其他非市场性因素，而受到了某种人为干扰甚至带来了相应的个人较量。国家工商局网监司原本代表国家，阿里也是一个关联数以亿计消费者的世界级公众公司，个人情绪的介入在一定程度上影响了对问题的协调处理，难免会给双方带来不必要的损失。

相对于主动营销公关，各种公关手段在被动营销公关中都体现得十分充分，不仅要处理与媒介的关系，扭转有关新闻报道中的负面影响，而且要与有关利益群体和社会组织达成良好的沟通与协调，诸如政府、顾客等。在被动营销公关中，一个最重要的问题就是如何对待企业与社会公众之间的关系。当危机性事件发生后，企业利益和公众利益不同程度地都受到伤害。如果企业为了自身利益而不顾社会和公众利益，那势必要引起社会公众的抵制和不信任，从而导致企业处于不利的市场地位，最终损害企业利益。因此，如何处理被动公关不仅影响公关结果，而且从长远看还影响企业形象。被动公关的发生虽然出于很多不可控因素，但是企业对被动事件一定要采取主动，只有积极主动才可以转被动为主动。

第三节 公共关系计划与操作

公共关系与其他各项促销工具的一个很大不同，就在于它的活动范围和影响辐射经常超越营销本身，同时在公共关系执行中不仅包含了营销沟通的所有技术手段,而且有时候可能更广阔。通常情况下公司对公共关系的角色可能提出更高的要求,从而导致它对目标市场做出更加宽泛的定义,以至于在公关活动中可能会增加其他的沟通目标,制定不同的传播讯息并采取不同的传播系统。因此,管理公共关系并将其有效地整合到促销组合之中,就必须对公共关系进行系统策划。

一、公共关系计划构架

公共关系在很多企业管理层看来并非一项持续性工作,而是以完成阶段性任务为主。同时对于公共关系的工作内容,很多企业也没有明确的界定,绝大部分公关活动在企业中并没有得到相应的制度保障。但事实上公关活动对于企业而言,是一个持之以恒的过程,需要一系列完整的政策和程序,才能够对各种问题和机会应付自如。这就涉及对公关工作目标的认识问题,即什么是公关活动的追求目标。回答这个问题必须着眼于战略和战术两个层面。

在战略上公共关系与其他营销传播形式一样,是企业营销战略的一个组成部分,它担负着实现企业整个营销沟通战略任务,而且由于公共关系本身的沟通特征,它对于塑造公司或者品牌形象,为公司创造良好运营环境,保持公司与顾客以及相关利益者的良性沟通具有十分重要的意义。可以说公共关系的战略目的就体现在这里,这个战略目的就是公共关系持之以恒的长期追求。

在战术层面上,公共关系是一个有效的营销传播手段,尤其是在整合营销传播视野里,公共关系所承担的角色一点不比广告和其他营销沟通手段逊色。所以每一次具体的公关活动,也都承担了相应的营销传播目标,这种目标也就是公关策划和实施中所要解决的具体问题。正是从这个意义上说,任何公关活动的推出,都必须经过周密地计划和综合性考虑,换言之,公关活动必须要有严格的计划。表9-1列举的是在确定营销公关计划是否可行时所要考虑的一些主要问题。

表9-1 评价公关计划的十个问题

1. 计划是否建立在对公司经营态势的全面理解基础之上
2. 计划是否充分利用了市场调研结果和其他背景资料
3. 计划建立时是否对近期的新闻报道做了全方位的深入分析
4. 工作人员对产品的优缺点是否有充分的了解
5. 计划是否描述了相关研究所得的中肯结论
6. 计划目标是否足够明确而且可以具体衡量
7. 计划是否清楚描述了将进行哪些公关工作并给公司带来什么帮助
8. 计划是否确定了活动效果的测量方法
9. 研究、目标、活动及评价是否联系在一起
10. 在计划的制订过程中,公关部门是否时刻与营销部门保持沟通

显然在这个计划评价框架中涉及的问题主要有三个大的方面：其一是资料和背景分析，只有明确地洞察现实，才可能清醒地找到问题症结所在；其二是公关工作目标，这是所要进行的公关工作的具体任务，它代表了公关活动的发展方向；其三是计划执行的可行性分析，即衡量计划是否切实可行，它与整个营销活动必须形成有机联系。只有在公关计划切实可行的基础上，公关活动的展开和实施才具有必然意义。

二、公共关系目标受众

公关活动的运作要抓住两个环节，一个是目标对象，一个是落实手段。前者要求找准公关对象，并清楚所要解决的问题；后者则是提出解决问题的具体手段，着重于落实方法。对象明确，方法正确，公关活动才有可能取得圆满结果。只有确定了相关的目标受众，才可能结合公关活动的目的，根据目标受众的情况制定具体措施。

由于公关活动的一般对象是社会公众，很多企业在进行日常公关时并不十分注意对象的区分，比如新闻报道、形象广告等，其针对的目标也比较广泛。但是营销公关通常在保持公共关系的基本特性之外，还带有明显的营销传播指向。在普遍的公众对象中，有些受众可能直接参与了产品的销售过程（比如公司顾客），有些受众则可能从其他方面对公司有所影响（比如公司股东）。这些人既可以是组织内部公众，也可能是外部公众。内部公众包括公司职员、股东、当地社区成员、供应商以及现有客户；外部公众是指那些与公司没有密切联系的人，比如一般群众。之所以把社区成员和客户看作内部公众，是因为这些群体与组织之间已经存在某种方式的联系，而这种联系包含在公司的日常工作程序中。公司必须与这些群体保持持续沟通，沟通内容从维护公司形象到介绍公司新政策、新程序甚至新产品，包容甚多。公关活动中根据目标选取的不同对象，就是公关活动的受众。

（一）内部受众

1. 企业的员工。保持士气和展现员工工作业绩，通常是公关计划的一个主要目标。公司通常运用企业简报、公告通知、年度报告等形式与这些群体进行沟通。另外一些个人沟通方法也可以采用，比如设立专门的内部员工建议交流机制，召开部门联欢晚会，赠送员工生日蛋糕，等等。股东和投资者的情况与企业员工具有相似之处，所以采取的方法也大致相同。可以运用的形式还有很多，其目的都是为了增加员工与企业之间的凝聚力。

2. 社区团体成员。企业所在地社区或者业务区域、员工居住区域人群，通常也是公关的目标。可以通过广告向社区宣传公司所从事的相关活动，比如净化水源、整治周边环境、绿化和保护花木等。社区在这里可以定义得非常广泛,向社区所做的一切展示,旨在告诉人们企业一直关注大家的利益,是一个良好的社会公民。

3. 供应商和客户。任何公司都希望自己在供应商和客户面前保持良好的形象。如果消费者认为一个公司形象不佳,他们很快就会"移情别恋",供应商也是这样。为此企业应经常举办一些可以收到直接效果的公关活动,以树立企业形象,保持对这些对象的吸引。在这方面,衡量公关活动的各种指标很多,诸如更高的客户忠诚度、更少的抵触情绪以及公司与供应商的或消费者的更广泛合作等。

(二)外部受众

很多情况下,一项公关活动可能同时针对一个以上的群体,比如把整个内部受众作为公关宣传的对象,甚至更加广泛,连同外部受众。外部受众也被称作相关受众,一般与企业没有直接关系,但是他们的行为却可以对企业产生直接或间接影响,因此与内部受众一样,也是公关活动的重要目标。

1. 媒体。在外部受众中,媒体堪称最重要的外部受众,这是因为媒体作为大众沟通工具,可以决定更加广泛的受众将看到或听到什么,而且这种信息以新闻报道的形式呈现出来,对受众具有显著的影响力。有鉴于此,企业的公关工作中,对媒体的工作是重中之重。一般情况下,企业除了与新闻机构保持良好的关系之外,还会经常举行新闻发布会和记者招待会,并利用会议、采访以及特别事件与之形成各种交流,以便新闻机构能够及时了解企业的相关活动。通常这些活动只要操作得体,一般都会受到媒体的欢迎,具有价值的新闻素材,媒体也很感兴趣。

2. 教育部门。许多企业都对教育部门提供其活动信息,尤其是一些有关技术革新、科研发展以及其他相关信息的活动。教育部门之所以成为目标受众,是因为它们也像媒体一样,控制着对特定群体的信息指向,而这些群体往往又把教育部门发布的信息作为最具有信任价值的信息,并进一步传播开来。

3. 政府。对政府的公关也是一项十分重要的任务。有时候一些来自政府的管制很可能使企业受到极大的牵制,利用相应的沟通和游说可能在举手投足之间便改变某种不利形势。比如,企业因为产品受到假冒伪劣品的侵犯,于是借助于工商管理和质量监督部门的协同努力,其效果比之于企业自己单枪匹马要显著得多。一项企业成果如果能够得到政府的肯定和推广,那么市场扩展的速度也是一般商业行为无法比拟的。

4. 其他组织和商业团体。各种社会组织和商业团体,有时候虽然与企业没有直接关系,但是它们在信息传递中却拥有自己的优势,比如青年联合会、足球协会等；而且其中有一些也可能是企业的潜在利益者，比如金融机构等。保持与这些组织的良好关系，可以帮助企业在相关环境中获得优势。

三、公共关系操作手段与相应措施

按照公共关系策划程序，在调研工作完成、目标受众确定之后，接下来就是如何实施公关活动，并将其传播给相应的接受者。所以公关实施按照采取的方法，可以运用的公关工具很多，关键是要找到合适的。所谓合适的，就是指可以如期向目标对象传达公关内容并解决公关问题，同时又在公司公关能力允许范围之内，具有切实可行的操作价值。通常主要的公关工具不外乎以下几个方面。

（一）媒介公关宣传

运用媒介进行宣传是最重要的公关手段，在对公众的影响力和辐射范围上堪称首屈一指，所以在公关措施中，如何处理好媒介公关意义重大。运用新闻媒介发布信息进行公关宣传通常有几个方面：新闻报道、记者招待会、独家新闻以及采访等。在操作中要注意几个问题：

(1)处理好与新闻媒介的关系，通过媒体广泛传播。

(2)努力将具有新闻价值的信息提供给新闻机构，信息必须具有社会意义才可能引起公众的关注。

(3)在新闻报道设计中要有针对性地瞄准受众，这样才可以取得更好的效果。

（二）活动及社会参与

策划或者参与相应的社会活动，是现代公共关系乐于运用的手段。它不仅可以造势，而且通过社会参与帮助企业迅速获得社会认可，增进其公众形象，其内容表现十分广泛。由于公关活动策划本身带有事件(event)的动态应用特征，因此往往和促销密切相关。而具有企业公关典型特征的社会参与，也已经不仅是社区事务和社区建设，而是更广泛意义上的企业与社会联系，赞助是企业社会参与的一种主要途径。在选择赞助和社会参与中，企业可以根据自己的性质选择适当的项目，既对社会和公众形成明显的帮助，又可以产生一定的影响，对企业形象提升力度较大。比如，一家民营企业在2000年长江抗洪中带头向灾区捐献，就赢得了社会的一致好评。而有些企业在选择社会参与时，由于选择不当，也可能效果适得其反。比如，一家医药企业以著名影星巩俐的名义向贫困地区儿童捐赠保健品，但是由于捐赠只是出于宣传和作秀需要，最后闹得沸沸扬扬，使企业备受责难。

(三)公司广告

公司广告是一种延伸的公关职能,与一般商业广告所不同的是,它并不直接推销任何产品或品牌,而是通过改善公司形象、对某一社会事件或者公益事业表明立场或直接参与来推销整个公司。公司广告包括三种形式。

1. 形象广告,是促销公司整体形象的广告形式,通常注重于宣传企业理念和企业定位,如海尔"真诚到永远"、诺基亚"科技以人为本"等。

2. 倡导广告,以社会热点、商业动态或环境问题为主题,通过宣传一种社会理想来达到宣传公司观点。倡导型广告本质上仍旧是在描述企业形象,只是并不那么直接而已,如宝洁公司广告"今天你洗头了吗"。

3. 公益广告。通常公司以社会代言人的形式出现,或者与有关慈善和公益组织合作,通过宣传和赞助社会公益事业获得形象支持,如有企业在城市社区建立了许多公众免费阅报栏,以便于人们方便阅读各种报纸。

必须指出的是,公关活动在实施过程中可以运用的手法和工具非常广泛,相对于其他促销形式而言,公关活动可能在资金投入上相对较小而效果却更大。但是公关活动并不能代替其他营销传播形式,而且其实际操作难度和对公关人员的要求,也比一般广告和促销人员要高,目前在企业中擅长于公关操作的人员,较之于一般广告和营销专家更加难寻。公关专家不仅必须熟悉营销策略,了解公司的整体面貌,而且必须善于和各方面公众打交道,包括雇员、官员、媒体人员、社会公众等。更重要的是必须具有一种职业敏感,能够有技巧地从一些事件中发现有价值的材料,并将其策划成具有社会效应的信息。与此同时,还要具有处理各种突发事件的能力。

四、信息时代公共关系应用的扩展

网络和信息技术的发展,同样为公共关系带来新的变化。随着公关观念的不断深化和演进,其自身也超越了简单的宣传以及社会参与式的活动。从大的层面看,公共关系已经融入整个社会运行体系中,成为一种具有战略性导向的传播沟通工具,比如在国家和政府层面基于国家形象和软实力的战略传播,在公司长期战略中基于品牌发展的关系建构等,这些都成为公共关系的全新命题。从公共关系操作层面看,网络信息技术尤其是社交媒体的延伸,又在很大程度上消弭了固有的公共关系运作的边界,使其与其他的营销传播活动统一协调,在应用中体现出明显的整合营销传播特征。

处身网络信息时代回顾公共关系的历史,也许传统的公共关系实际上只是一种媒体公关,其本质是争取更多的媒体宣传曝光,以及如何运用媒体进行自我美化。富有实践经验的著名营销公关专家戴维·米尔曼·斯科特(David

Meerman Scott)，在其《新规则：用社会化媒体做营销和公关》一书中认为，那种依赖传统大众媒体的宣传式公关规则正在被淘汰，网络和社会化媒体可以直通每一个受众和消费者，因此公共关系已经不再是宣传报道，而是要与客户建立联系。在社会化媒体大背景下，由于公共关系已经与营销相融合，因此必须关注一些新的规则。①

显然网络信息时代的公共关系远远不只是依靠传统主流媒体，比如，无论是推特还是脸书，无论是微信还是微博，甚至是淘宝、京东或者亚马逊这样的平台，都成为日常应用的公共关系沟通工具。任何组织和公司所发布的信息内容，毫无例外地都展示了自己的形象。作为公共关系对象的受众和消费者，他们对信息的基本要求就是真实和诚实。而网络信息的用户，也就是所有的受众和消费者，其本身也是信息活动的参与者，他们要求主动参与而不是仅仅作为被动宣传的对象。尤其是当网络和社交媒体提供了更为充分的共享场景时，参与式的互动和体验彻底改变了原有公共关系的单向式运作。一个最根本的改变就是，网络使得公关真正地直面公众，而不再是以媒体为中心。

案例分析

乌镇文化品牌中心：乌镇戏剧节

随着人们生活水平的提高，旅游业发展迅猛，各式各样的古镇旅游景观被相继推出。但是，盲目建设和竞相模仿，导致古镇旅游的同质化。在激烈竞争中仍热度不减的乌镇，如今已经不仅仅是一个景点，更是深厚江南文化内涵的承载体。

乌镇以江南水乡古镇为发展基础，在区域内保留并复原了传统古建筑，以河流、古村、古镇、古桥、古道、游船等物质文化遗产和非物质文化表演为资源特色，形成“小桥、流水、人家”的江南文化意象。作为典型的江南水乡之地，乌镇可谓人杰地灵、人才辈出。1 300 多年的历史底蕴为其留下了修真观古戏台、逢源双桥、老街长弄等古迹。中国最早的镇志编撰者沈平、新闻学前辈严独鹤、著名作家茅盾、著名文学家木心等均来自这座小镇。依赖于深厚的文化底蕴，乌镇也开发了多样的旅游资源，如重新修缮的茅盾故居就吸引了大量的游客。

① ［美］戴维·米尔曼·斯科特：《新规则：用社会化媒体做营销和公关》，北京：机械工业出版社 2014 年版，第 20－22 页。

2013 年,乌镇正式创办了乌镇戏剧节,陈向宏、黄磊、赖声川、孟京辉为共同发起人,以乌镇为舞台,邀请全球戏剧爱好者和艺术爱好者来到乌镇,感受古镇传统文化和现当代戏剧文化的碰撞与交辉。2014 年,世界首届互联网大会在乌镇举办后,乌镇与"互联网 +"产业接轨,成为永久性世界互联网大会地址,互联网信息服务为乌镇的特色品牌建设带来了新的活力。互联网大会与乌镇戏剧节,加速了乌镇国际化的建设,促进乌镇转型为"传统 + 现代 + 国际化"的新型特色小镇。

与成熟的城市戏剧节不同,乌镇戏剧节最初并没有剧场、专业团队和固定受众。从受众角度来看,参与乌镇戏剧节的成本远高于日常看戏。假如乌镇戏剧节能提供的仅仅是优质的戏剧,那么将与北京、上海等大城市提供优质戏剧演出的戏剧节无异,难以吸引顾客,这也是乌镇戏剧节不再像传统戏剧节那样以"内容"为核心,走向以"消费者体验"为核心的品牌化建设道路的关键因素。

一、品牌认知

在品牌认知领域中,消费者对品牌的认知和消费者本人所蕴含的自我概念是一体的,这种内在的一体性最终形成了消费者品牌认同。而消费者的自我概念更多来自自己所知觉到的事实。乌镇戏剧节深谙自我概念的巨大影响,利用独有的地理区域资源,形成了"交集—情感—固化"的品牌认知流程。

(一)交集

在传统戏剧市场中,演出主办方掌握着话语权,往往只是进行单向的灌输。乌镇戏剧节则在"我有"和"你要"之间的空白区域形成了广泛交集,将观众作为平等沟通的对象,发掘出更大的品牌价值。一方面,乌镇将西栅景区的封闭性体验、江南水乡的国人向往、高水平的戏剧引进、标准化服务和一致性价格等优势打包成为戏剧节的"我有",又瞄准了通过戏剧获得更高认知水平、拥有观点表达和沟通的空间和对象、情绪宣泄不被中断等消费者"痛点",在"我有"和"我要"的交集中打下了与观众情感共鸣的基础。

(二)情感与固化

任何一款产品或服务都需要情感的共鸣来完成从参与者到认同者的过渡,乌镇戏剧节也一样。参与乌镇戏剧节的观众,有自己的心理诉求需要得到满足,如追求审美、放松身心、获得知识等。当这些需求被满足时,乌镇戏剧节就会与观众的自我概念相联系,逐渐在固化中占据观众的认知和情感,形成独特的品牌记忆。

二、品牌传播

(一)跨界合作

乌镇戏剧节的跨界主要有外部和内部两种不同形式。外部跨界上,乌镇戏剧节作为一个活动整体出现在文化乌镇品牌体系之中，它与世界互联网大会、乌镇国际当代艺术邀请展、乌镇国际未来视觉艺术展、木心美术馆等一起构成了级别不同、类型各异的系列艺术活动，共同助力实现"传承与复兴乌镇文化根基，汇聚全球文化艺术精品"的目标。在内部跨界上，乌镇戏剧节一方面充分地将戏剧与朗读、小镇对话、高峰论坛、大师班等活动结合，以形成行业影响力；另一方面则将戏剧与长街宴等旅游因素结合，增加戏剧节的丰富度和宣传性，让戏剧不只停留在戏剧，更使其成为多元文化的一部分，赋予了戏剧更为广阔的解读空间。

（二）丰富的策划活动

乌镇戏剧节延续着自第一届开始就设立的特邀剧目、青年竞演、古镇嘉年华和小镇对话四个主板块，但在具体活动操作中，又根据场地的变化和时间的丰富度，增设了诸如子夜朗读会、白日梦朗读会、即兴剧目表演等活动。在乌镇剧场和演出已经整体饱和的基础上，这些活动充分利用了非演出时间，特别是诸如朗读会这样的口碑活动获得了观众的信赖感，一定程度上形成了单位时间密集效果的记忆强化，加深了观众对戏剧节多元化和创意性的印象。

（三）借力 KOL，讲好文化故事

依靠黄磊等明星发起人的影响力，一大批观众口碑好、市场流量大的明星和文化界人士走进乌镇戏剧节，近距离感受戏剧的魅力，体验沉浸式的感官刺激。在他们的带动下，形成了良好的口碑效应。乌镇戏剧节充分利用故事的感染力，从茅盾到木心，从黄磊到刘若英，乌镇以故事为载体，传播了当地的历史和现实。在乌镇戏剧节，能看到一幕幕逼真的场景，如《青蛇》演出的漫天大雨、《樱桃园的肖像》门口的漫漫长队、黄磊青年竞演《摔手机》保留节目……乌镇戏剧节将每一个闪烁光芒的瞬间提炼浓缩为故事，口口相传，破除了文化产品传播中大而无当、概念理论先行的作风，免于枯燥无趣，实现了品牌价值的亲和力转化。

乌镇戏剧节将有形的产品营销和无形的内容营销紧密结合。在乌旅集团标准化和流程化的景区管理和优质的戏剧节目双向作用下，推动了戏剧节品牌价值的提升。乌镇的经验也启示我们，在特色小镇的建设中，硬件是基础，软文化是核心，如何将之更好地结合并传播，是之后古镇建设中需要思考的问题。

案例来源：江凌：《品牌基因理论视角下特色小镇文化品牌建设》，载《贵州大学学报》，2020 年第 1 期。

阿甘：《乌镇戏剧节的品牌构建之路》，载《上海艺术评论》，2019 年第 6 期。

思考题

1. 试分析公关宣传在品牌形象塑造中的意义。
2. 公共关系与广告的不同主要体现在哪些方面？
3. 试比较公共关系与销售促进有何区别。
4. 营销公关的主要作用表现在哪些方面？
5. 怎样理解被动营销公关？
6. 公共关系在整合营销传播中扮演什么角色？
7. 公关计划主要从哪几方面展开？
8. 不同的公关实施手段都有什么特点？

第十章

网络传播引导创意营销

【本章重点及学习要求】

1. 网络的产生与网络传播特点
2. 信息技术应用改变了营销传播
3. 虚拟社群与社交媒体的营销特点
4. 创意营销的内涵与表现特征
5. 网络营销传播的三项原则
6. 数字技术对整合营销传播的影响

第一节 网络传播的基本形态

基于数字技术的网络,已经不仅仅作为一种单纯的媒体存在,它还是一个具有极大包容性和无限延伸空间的新型集聚社区。随着移动互联和社交媒体的不断扩展,网络传播形式和传播途径本身也在不断变化。建立在信息技术和信息共享基础之上的网络传播,以平等对话和互动性共享为主,更进一步地提升了整合营销传播在现实操作中的方便性。

一、网络传播的产生及其影响

自20世纪90年代中期以来,因特网(Internet)高速发展,成为全球最大的计算机信息网络。它突破了传统政治、经济、文化的传播空间和地域局限,形成了以信息为主的跨地域、跨文化、跨媒体的全新传播方式。早期因特网的高速普及,使其被看作是继报刊、广播、电视之后的第四大传播媒体,这从1998年5月联合国新闻委员会年会上"第四媒体"概念的使用中可见一斑。然而,随着网络应用的不断延伸,它的影响早已超越了一般的媒体概念,不仅"互联网+"不断建构新的网络平台,物联网乃至智能技术的发展,都将为人类开创出一个前所未有的生存空间。

(一)网络与网络传播

网络传播始于20世纪90年代初。1993年9月,美国"国家信息基础计划"(National Information Infrastructure,NII)正式出台,其最终目标就是:使所有的人都能经过"信息高速公路"进行联机通信,实现居家上班、居家上学、居家就医,以及电子出版、电子通信、电子图书馆、家庭电子影院、电子商务等,由此将个人、企业、机构和政府等连接起来,并为之提供各种服务。美国"信息高速公路"实施计划提出后,很快就引起全世界的强烈反响,在全球掀起了建设"信息高速公路"的浪潮。欧盟、加拿大、俄罗斯、日本等纷纷效仿,相继提出各自的"信息高速公路"计划,斥巨资进行国家信息基础设施建设,并将其作为未来国力强弱的指标。我国从1993年起实施以"三金"工程(金桥、金卡、金关工程)为代表的涉及国民经济信息化的一系列重大信息系统工程。在这一背景下,国内学术界迅速形成了对"信息高速公路"的评介和研究,网络传播的研究从此开始。

网络的兴起,对传统传播模式产生了革命性的影响,"网络传播"作为一个新的概念也由此诞生。顾名思义,网络传播是以一种网状结构进行传播的。在这种传播结构中,任何一个网结都能生产、发布信息,所有网结生产、发布的信息都能纳入整个网络的传播活动之中。网络传播具有人际传播的交互性特征,受众可以直接迅速地反馈信息、发表意见。在网络传播中,受众接受信息时有很大的自由选择度,可以选取自己感兴趣的内容。同时,网络传播突破了人际传播一对一或一对多的局限,在总体上,是一种多对多的网状传播模式。

网络传播的出现和发展,拓宽了传播的广度和深度。传统传播模式"个体传播、人际传播、组织传播和大众传播"的分类,被网络传播的出现颠覆和打破了。网络传播实现了人类信息传播形式的多元化,既可以实现面对面传播,又可以实现点对点传播。网络传播同时具备"人际传播"和"大众传播"的特性,当信息面对多个网上用户传播时,网络传播可谓大众传播工具,而个别独立的网上用户之间的交流可谓点对点的人际传播。这种全新的、特殊的传播方式使传统的传播理论模式面临挑战。

在网络传播活动中,受众所拥有的权力要远大于其他任何一种传播方式。受众不仅可以自由选取自己感兴趣的信息,而且可以在网上自由地发布信息,受众在成为信息接受者的同时,也成为信息发布者。信息的重要性也不再完全由传播者决定,而是可以由受众参与或独立决定。在网络传播中,受众可以对信息进行自由选择,包括选择信息内容、信息接收渠道和方式,以及信息的接受地点、顺序、时间等。网络媒体采用多媒体技术发布信息,不仅发布关于该信息的文本,还能显示图像、声音,供受众自由选用。在信息的编排上,除少数重大新闻事件采取同步传播外,其他多采取异步传播方式,并随时更新,使受众可以按自己喜爱的顺序浏览或下载各种信息。

(二)网络传播过程中的平台资源整合

麻省理工学院媒体实验室创始人尼葛洛庞帝(Negroponte),早在1995年提出"数字化生存"时,就揭示了网络不仅是一个单纯的媒体概念,更是一种融入整个人类生活的生存方式。移动互联带来的巨大变化,不仅仅是媒体沟通的简单化、方便化,而是在整个移动互联平台上,对所有网络信息资源的具有技术操作性的有效整合。所谓移动互联网(Mobile Internet, MI),就是将移动通信和互联网二者结合起来,成为一体。它通过智能移动终端,采用移动无线通信方式获取相应的业务和服务。移动互联包含终端、软件和应用三个层面:终端层,包括智能手机、平板电脑、电子书等;软件层,包括操作系统、中间件、数据库和安全软件等;应用层,包括休闲娱乐类、工具媒体类、商务财经类等不同应用与服务。

智能化移动产品的推出,使我们发现,与媒体受众和消费者直接相关的似乎已经不仅仅是终端层面。比如,在软件层面我们可以通过各种APP选择自己的消费需求,使得移动终端的应用更加自我,更加个性化。这恰如微信不仅融合了互联网在Web 2.0时代的所有特点，而且通过跨屏、跨网等形式，采用多种文字、图像、语音、视频等多种形态，实现用户的信息推送、定制、共享等。终端用户利用微信既可以完成一对一的个性互动，也可以完成一对多的多元互动，这大大改变了手机和各种终端用户的网络体验，并且从本质上颠覆了我们对手机媒体的传统理解。相对于一般的开放性的网络平台而言，移动互联网既具有传统互联网的基本特征，也具有自己的特点。

1. 移动互联网是一个相对封闭的网络体系，具有较强的终端管控能力。这种体系带来了两大规范性传播特征：其一，终端的确定性很大程度上促使用户对自身行为和信誉负责。信息传播很多依据网络用户之间的社会关系，诸如亲友关系、同事关系、同学关系等，这在很大程度上增加了信息传播的可靠性和信誉度。其二，每一个移动终端都具有更加便利的管控能力。由于用户从一开始就明确了这种管控能力，所以其使用态度也不同于一般网络。比如，用户能够控制信息接收，可以通过与运营商协调进行处理，而不像对待短信那样只能被动删除。

2. 移动互联具有广域泛在线和永远在线的特点。广域在线是就空间范围而言的，是指网络随身携带、无处不在、如影随形，用户无论处在什么地方，都有一个双向交流的网络存在。在这样一种广域泛在线状态下，任何网上信息都会在第一时间汇入个人终端。永远在线是就网络在线时间而言的，现在的智能手机可以24小时在线，这在PC状态的网络中是不可想象的。另外，像微信、QQ这样的媒体软件，打破了一般网络消息接受的限制，不仅具有信息提醒功能，而且在离线状态下也可以保证消息接收。这种广域泛在线和永远在线特征，大大保证了终端消费者对碎片化时间的占有，人们在吃饭期间、谈话间歇、公交车上，甚至是在厕所间，都可以实现对手机的操作。

3. 个人化的身份和私密性特点，以及便携性与使用方便性。以手机为代表的移动终端媒体，与有史以来的其他任何媒体的一个很大不同，就在于它完全属于个人终端媒体。这使得它不仅区别于各种传统媒体，也区别于一般网络媒体。个人化带来了两大明显特点：一是个人身份定位的实现，不仅可以进行身份识别，而且可以进行身份定位；二是安全性和私密性，确定的终端个人化必然对信息安全和个体隐私提出强烈要求，尤其是在网络支付和身份识别中，安全性和私密性成为信息沟通的首先选择。便携性比较容易理解，不论是智能手机还是平板电脑，都是我们可以随身携带的轻便设备。现代人进入网络时代之后某种程度上已经患上网络强迫症，每一个孤独的灵魂都对网络化生存有一种依赖感，而移动互联网恰好改变了PC状态下网络无法随身的困惑，使得网络终端可以随身携带，随时随地方便使用。

二、网络传播的特征

网络传播实现了信息资源和信息渠道的共享，打破了传统营销传播过程中的信息控制模式，使得受众与传播者可以在一定程度上进行直接的双向交流。正是从这个意义上，网络传播表现出了不同于传统传播的本质属性。这种与传统媒体在传播属性上的差异，使得传统的理论界限正变得模糊。由于受众可以直接参与到信息的生产和传播过程中去，成为名副其实的传者，所以网络传播在一定意义上造成了社会控制的弱化。

1. 互动性。网络传播的双向互动、及时反馈特征是其区别于传统媒体的突出标志。因此，将网络传播方式应用于营销传播，必然促成营销传播观念和手段的进一步转变。整合营销传播的终极目标是通过构建品牌与顾客、相关利益人的关系以提升品牌价值。在这个过程中，互动性特征使网络传播创造性地成为实施整合营销传播的有效工具。

2. 平等性。网络传播改变了传者和受者之间的不平等和不对称关系，使受众不再只是被动地接受信息，而是可以通过网络发布信息，受众与传播者由此站在了“平等”的位置上。网络传播的这一特性是其他传播方式所没有的。

3. 有效性。互联网上的信息发布者可以根据自身的需求和条件，如人口统计信息、兴趣爱好、性格特征等资料类型，选择自己所需的传播对象，并根据不同传播对象组织不同的信息，选择不同的网络传播方式，从而使信息得到有效接受。与此同时，网络受众也可以根据自己的需要和兴趣选择性地接受信息，相应地减少信息干扰。

4. 多样性。网络传播包括点对点、点对面、多点对多点等多种方式，它是对“以传播者为中心”的传统传播模式的解构。在网络信息平台上，传播者和受众处于完全平等的地位，互为信息传播的主体。传播者与接受者相互承认、相互沟通、相互理解、相互影响，共同分享信息和经验。

5. 复杂性。网络传播的复杂性主要表现在以下几个方面：一是网络传播法制缺失，相关法律法规欠缺，对网络传播的控制和管理都比较复杂；二是网络传播公信力相对较低，网络传播主体多元化导致其影响力和权威性不如传统媒介；三是网络传播的导向性和控制性不足，实现对网络信息的有效引导和监控是一项复杂而艰巨的任务。

6. 融合性。网络传播融合了各种传统信息传播方式的优势，可以同时运用文字、图片、声音和影像等多种介质，增强传播的力度和效果。此外，网络传播可以充分利用各种天然的数据库资源，使信息传播的目标导向更加明确，并有效节约传播成本。

三、网络虚拟社群

网络所具有的无边界性、开放性和交互性使得网络上的每个人在原则上都拥有同样的表达权力与表达可能。在网络信息传播过程中,传播者、受众和传媒之间的界限变得模糊了。互联网赋予人们这种自由性,让他们可以在虚拟的空间里与人和信息进行自由交往,在这些交往的过程中,具有共同需求和兴趣的人很容易主动建立或寻找到一个属于他们的"领地",即一种新型的"公共领域"——虚拟社群(virtual community)。

(一)虚拟社群的概念及特征

网络使得以往相互分离的三大传播方式,即人际传播、组织传播和大众传播正在向兼容方向发展,而虚拟社群则有着鲜明的人际传播特征。如今,虚拟社群的生活已经成为网民网上活动的一个重要组成部分,社群传播的强大力量也逐渐显现出来。作为互联网上的"某个区域","虚拟社群"一词常常用来指代互联网上某一类人群的集合以及其表现出来的总体特征。

虽然现在大多数人已经能接受虚拟社群这个观念,但对于虚拟社群的确切定义,业界还没有一个统一的认识。最常被引用的虚拟社群定义,是由美国学者霍华德·瑞格尔德(Howard Rheingold)在《网络社区》(*The Virtual Community*)一书中提出来的:虚拟社群是一群主要以计算机网络为媒介进行彼此沟通的人们,彼此有某种程度的认识,分享某种程度的知识和信息,如同对待友人般彼此关怀,所形成的团体。这一定义既揭示了虚拟社群成员间有着共同的个性和某种认同,又对其所使用的媒介做了一定的固化。值得注意的是,除了这种认同式社群外,还有李·科米特(Lee Komito)教授提出的采集式社群,人们在这种临时聚集的社群里,只是为了寻找资源,获得立即的信息或利益上的满足,找寻承诺或是关系还在其次。比如,网上的学术期刊数据库就是一种采集式社群,许多人来此只是为了寻找自己所需要的资源,而不是为了建立人际关系,他们也根本不关注其他人是否与自己有着某些方面的共性。这种社群形式上就比认同式社群更为松散。

作为一种新型的社会组织,虚拟社群除了具有网络沟通的特点外,还有鲜明的社群特色。从社会学的角度看,构成社群的要素是一定的空间(地域)、一定的人群,以及相应的组织或团体、公众的参与和某些共同的意识与文化;它有一定的"电子边疆",并有一定数量的网络行动者持续互动的社会系统①。也正因为这样,虚拟社群呈现出几大特点:

① 【美】W. J. 马丁:《信息社会》,武汉:武汉大学出版社 1992 年版,第 179 页。

1. 虚拟社群以网络作为传播媒介，因此具有分散性和匿名性。由于虚拟社群并非一种实体组织形态，其成员可能散布于各个不同的地方，他们之间互不相识，只是通过网络这个渠道共享信息与沟通，他们在社群中的身份也只是经由信息中的称呼、签名档及发言和文章所展现的。

2. 虚拟社群的定位和运营，使得同一社群的网民一般有共同的兴趣和需要，即他们具有一种共征性的特点。虚拟社群提供了各种常见的、人们感兴趣的主题，以供不同的网民选择。网民一旦成为某个虚拟社群的固定成员，就会对其产生一定的归属感，虚拟社群真正让网民实现了"人以群分"。

3. 虚拟社群的组织设置与建设使得社群居民在活动时具有某种能动性。虚拟社群比现实世界中的俱乐部优越的地方在于，它可以以较少的花费和投入设立各种主题与名目的阅览区、讨论组等，这不仅为网民提供了不同的选择，也为他们开辟了一个恣意伸展个性的地方，而且完全免费。在这个交流平台上，网民不再被动地接受信息，而是可以能动地发表自己的看法，表达自己的感受。

（二）虚拟社群的基本类型

虚拟社群由最初传递商业和技术信息的简单公告板、群组讨论、社区通讯、社团会员列表、在线聊天等发展到如今内容丰富、构造完善的社群，其发展历程反映了网络服务发展的结果。目前网络上的虚拟社群种类越来越多，几乎所有的网站都会开设自己的社群，而社交和互动媒体的发展，进一步拓展了虚拟社群的空间，诸如网络 BBS、博客、微博以及各类 QQ 群、微信群等，都具有相应的虚拟社群属性。有关虚拟社群的分类，不同的学者有着不同的看法，下面就从虚拟社群的技术形式和内容设置为其做一个大致的划分。

1. 按照虚拟社群的技术服务器区分，有门户网站虚拟社群、专业综合类虚拟社群、专业主题类虚拟社群、隶属企业网站的虚拟社群、院校类虚拟社群等。

（1）门户网站虚拟社群。这类一般是指发展已经比较成熟的门户网站，如雅虎、新浪、搜狐、网易、MSN 等设立的虚拟社群。借助网站本身的雄厚实力，这类虚拟社群一般都有着较强的实力，种类也比较齐全，用户群比较稳定，往往一个大的虚拟社群里面分为若干个小群或频道。这类社群在广告经营和商业开发方面也已经摸索出了一些成功的经验。

（2）专业综合类虚拟社群。这类虚拟社群并不挂靠或隶属于某个网站，从一开始就是以一个专业的社区或论坛的形式出现的，如天涯社区、西祠胡同、猫扑网，是一个板块众多、内容丰盛的综合虚拟空间。此类虚拟社群拥有庞大的网民资源和极高的人气，因此在进行商业开发时非常有优势。这类虚拟社群均以规范的商业运作吸引广告主和网民的加入。

（3）专业主题类虚拟社群。和专业综合类虚拟社群一样，这类社群也是一开始就以一个专业的社区或论坛的形式出现的。不同的是，其主题非常明确，或偏重时政，或偏重娱乐游戏，或偏重女性产品，或偏重专业技术，并且在商业开发方面已经进行了有益的尝试。阿里巴巴、小熊在线、onlylady、中关村在线、联众、腾讯等是这类虚拟社群的典型代表。

（4）隶属企业网站的虚拟社群。此类虚拟社群一般隶属某个企业的网站，是企业网站的一个组成部分。企业利用这些虚拟社群收集消费者对其产品的评价和建议，为企业的发展和产品的开发提供一个相对真实、经济的信息渠道。由于这类虚拟社群的点击率较低，且接触的网民有限，因此在商业开发的力度上还不够强，已有的一些商业模式仍待改进。

（5）院校类虚拟社群。高校作为思想碰撞最激烈的地方，在信息时代往往发挥着领头羊的作用。目前国内各大学都有自己的虚拟社群，它们一般以 BBS 的形式出现，比较有名的有清华大学的“水木清华”、浙江大学的“缥缈水云间”、南京大学的“小百合”等。在此类虚拟社群进行商业开发难度较大，因为社区管理者不以营利为目的，且学生对于社区的商业活动比较反感。

2. 按照虚拟社群的不同形态区分，有 Mud 虚拟社群、BBS 虚拟社群、www 虚拟社群、博客（Blog）虚拟社群等。

（1）Mud 虚拟社群。Mud 实际上是一种可以多人同时参与的网络游戏软件，出现于 20 世纪 70 年代末 80 年代初。参与网络游戏的玩家通过角色扮演，在虚拟世界里与其他玩家互动。在 Mud 中，真实世界的人际关系和感情能够被充分反映出来。

（2）BBS 虚拟社群。BBS 允许使用者自由上线并互相沟通的特点为它吸引了不少参与者。在各个 BBS 站里，还可以细分出各种讨论区，不同的讨论区在版主和参与者的互动之下，可以营造自己的讨论情景，凝聚一种群体意识。

（3）www 虚拟社群。现在 www 的网站大都提供各种形式的虚拟社群，这类社区普遍具有留言板、文章区、通讯簿、聊天区和相册及回信等功能，除了聊天区需要实时的线上互动以外，其他功能不需要实时反馈。在这类社群里，网民之间的维系纽带一般是利益或兴趣。从实际情况来看，www 形态的虚拟社群在商业开发方面的便利条件（操作界面、广告技术支持等）要优于 BBS 虚拟社群和 Mud 虚拟社群。

（4）博客（Blog）虚拟社群。Blog 又叫网络日志。集论坛和个人主页之长：既能像经营家庭一样有条有理、自成体系（就像个人主页）地经营自己的文章、作品，又多了交互性（像论坛）。博客还处于概念推广和商业探索阶段，广告业务还没有真正发展起来。从国外博客的发展情况来看，有些大企业如奥迪、耐克、通用等已经利用博客进行商务传播，但国内企业在此方面的尝试尚少。

事实上，以上有关虚拟社群的分类，只是一种较为模糊的区分。虚拟社群并不是一个简单的个体，它具有复杂而丰富的内涵，在探究其商业开发和广告模式时要把虚拟社群的诸多层面都考虑、融合进来。从根本上来说，虚拟社群就是一种集中的在线交流场所，这种交流一般在聊天室、BBS、即时信息交流平台上进行，运用这种形式有利于发挥网络平台所特有的营销传播优势。

四、虚拟社群的营销传播价值

作为一种新型的传播媒体，网络虚拟社群具有巨大且潜在的商业意义，这种商业意义能够在第一层面上转化为一种广告价值，但它在本质上又是由虚拟社群这个媒介平台的特点所决定的。与其他传统媒体相比，网络虚拟社群不仅具备网络媒体的传播优势，而且弥补了网络传媒的一些不足之处，因此我们在探究虚拟社群广告功能价值的时候必须结合社区的特点。

（一）企业对虚拟社群营销价值的挖掘

在以往不对称的信息传播中，消费者总是处于弱势。网络则改变了这种信息地位的分配，形成了一种“颠倒的市场”，使得消费者能占有较多的信息。由于虚拟社群消费者集中度较高，在以消费者为主导的营销背景下，企业运用虚拟社群实现营销传播具有某种必然意义。虚拟社群的营销传播价值至少体现在以下三个方面。

其一，虚拟社群内信息开发的透明度高，成员之间容易产生信任机制，便于广告传播公信力的导入。虚拟社群的成员通常具有共同的兴趣爱好或者目的，在日常交流中逐渐熟悉并产生了一种信任机制，他们在虚拟社群内信息的交流相当透明，这一优势在广告公信力日益丧失的今天显得格外珍贵。因此，企业选择虚拟社群这个平台进行广告传播便于让消费者产生信服感，从而增强广告效果。

其二，虚拟社群强大的说服场效应使其具有广泛的影响力，便于企业培养忠实消费群。尽管虚拟社群并非一种空间组织形态，其成员可能散布于各地，但社区里兴旺的人气能使其对成员产生高度的黏性。正是这种“高黏性”使得虚拟社群具有强大的说服场效应，这不仅反映在成员与成员间的互相影响上，还表现在虚拟社群能够为成员提供一种“场”效应，使其在特定的交流环境里产生与平时不同的消费观或文化认同观。

其三，虚拟社群的共同性特点使得企业在广告营销时能有效地锁定目标，还可以利用虚拟社群积累顾客资料，有效进行数据库营销，提高顾客定制水平。虚拟社群成员在加入社区时留下的个人资料，几乎可以成为企业建立消费者数据库的天然来源，企业可将这些信息全部输入顾客数据库中，对其进行汇总、分类、综合和分析，得出企业目标顾客的一些基本属性，据以制订营销计划和目标，从而精确地实现与目标消费者的接触与沟通。

（二）消费者在虚拟社群中的价值获益

消费受众作为传播流程的终端，对信息的解码和反馈直接影响到传播者对传播通道及信息编码方式的选择。而消费者本身面对错综复杂、令人眼花缭乱的信息，也和传播者考虑传播成本一样，必然也会考虑接收信息的成本，他们总是以最少的付出来选择获取信息的渠道。从这个意义上来说，运用虚拟社群营销传播，不仅有利于企业，也有利于消费者。

其一，虚拟社群信息的易获取性和实用性让消费者愿意接受社区内的信息，降低了其获取信息的成本。在这里，传播成本既包括财力负担，也包括精力与时间耗费。也就是说，传播媒介满足受众需求的程度越高，选择率越高；受众所付出的代价越低，选择率越高。反之亦然。虚拟社群是其成员活动比较频繁的一个场所，由于社区成员间的共同特征，使得他们总是有共同话题，因此在获取信息时会相对比较容易，某些情况下还可以进行信息交换。另外，以“聊天室”“论坛”“留言板”等为名称的虚拟社群的出现也大大提高了网民之间突破时空界限的人际传播行为的影响力。由于虚拟社群的产品信息交流行为不是一种经济交换行为，而是带有一方无偿馈赠另一方的社会交换行为，加之所谈论的产品具有明确性，因而对信息接受者的行动可能产生较大的影响。

其二，虚拟社群内颠倒式的信息流便于受众进行集体议价和购买，这样受众就能以最少的代价获取最大的利益。由于虚拟网络社区的成员经常彼此分享经验，所以他们团结一致做出的决定能对商家产生很强的议价能力，甚至能影响到企业的产品开发和定价策略。对于受众而言，集体议价能让他们用最少的钱买到最合适的商品；对于企业而言，集体议价不过是在网络上进行批发而已。综上所述，这种由虚拟社群创造出的新合作经济，有助于降低消费者的购买成本。约翰·哈格尔三世（John Hagel Ⅲ）和阿瑟·阿姆斯特朗（Arthur Armstrong）在《网络价值》（*Net Gain*）一书中提出了一个极有价值的观点，即虚拟社群成员可以团结起来向企业争取权益，而不是分头作战。在社群意识发展到一定程度的今天，成立合作组织已变得可行，社群成员很容易一致行动，从而产生新的合作经济。对企业来说，这种直接与虚拟社群合作组织进行的交易将会完全改变目前的销售方式，社群强大的谈判力量压缩了中间商的生存空间，也降低了企业的渠道成本。

五、社交媒体及自媒体的延伸与发展

社交媒体（social media）也被称为社会化媒体、社会性媒体，其实质是指网络虚拟社群的生成平台,是在网络和移动互联状态下,基于用户关系的内容生产与交换平台。这个平台具有极大的开放性,用户可以自由进入平台,并在平台上互相分享意见、见解、经验和观点。社交媒体是一个比较宽泛的概念,日常所说的各种网络交流空间,包括社交网站、微博、微信、博客、论坛、推特、脸书以及抖音、快手等,都属于社交媒体。今天甚至许多商业性购物平台,也成长为一种社交媒体,比如支付宝的用户交流空间、大众点评网的消费评价平台等。社交媒体的兴起,是新兴网络媒体对传统大众传媒真正意义上的颠覆,而且社交媒体在很大程度上具有自媒体属性,这就使得话语权和信息控制权出现了彻底的改变,比如出现了微信公众号这种媒体形态,自媒体的粉丝量往往会大大超越传统媒体的用户和读者数量。

相较于传统媒体,社交媒体具有极大的吸引力和传播优势。这是因为它给用户提供了前所未有的开放空间,无论是就内容的丰富,还是就容量的延展而言,都具有无限性特点。用户可以自发贡献、获取、创造和分享各种资讯,并且自主地掌握资讯的传播。需要强调是,社交媒体有两个明显的特点,一是人数众多,二是自发地传播,这两点本身具有相应的技术性基础,如果离开了这两点中的任何一点,社交媒体的范畴都不会成立。社交媒体的产生所依赖的是网络和数字技术,其进一步的拓展则仰仗于移动互联的发展。在技术性基础之外,当然还有社会性基础,如果网络不赋予网民更多的主动权,社交媒体就失去了群众基础和技术支持,失去了根基。如果没有技术支撑,面对如此多的互动模式和产品,网民的需求只能被压制,无法释放。如果不能意识到网民对于互动和表达自我的强烈愿望,种类繁多的技术也就无从产生。

就网络和数字技术发展而言,我们正处在一个日新月异的时代。未来5G和物联网的兴起,将不断催生出更多更具有营销传播力的媒体形态。比如,随着数字化深入,物联网必将在汽车行业得到充分应用,实现自动驾驶,从而使汽车成为一个新型的移动终端。显然这个移动终端完全不同于手机这样由人带着移动的移动终端,它会载着人移动。那时候,汽车将不再是简单的乘坐和交通工具,更重要的是,它将是人的主要活动空间,这个空间不仅能放置具有多重界面的媒体终端,而且完全可以替代办公和休息场所。这种变化对作为用户的个人和社群,乃至于对整个社会和产业将要产生的影响,都是很难想象的。那时候我们又将如何定义这种媒体形态?

社交媒体正是基于群众基础和技术支持才得以发展的。因此,无论是虚拟社群还是社交媒体,都对整合营销传播提出了新的要求,在基于数字技术和社交媒体建构的网络社群中,信息流动形式的演变不仅对品牌,也对品牌的相关利益者产生了根本性的影响。但不论怎么变化,无论信息环境多么令人眼花缭乱，我们都必须认识到，平等对话是一个非常重要的基本原则。任何品牌的营销传播都必须遵循人性和社会的必然原则，必须以坦诚的方式进行良好的品牌沟通，而技术也必将以赋能形态予以支持。品牌营销只有始终保持对相关利益人的维护，秉持对个体的尊重，才能够更好地实现品牌的价值追求。

第二节　创新传播与创意营销

数字化和网络信息技术对品牌传播提出了进一步的创新要求。品牌传播过程中的创新，既是思维的创新，也是营销方法的创新。因此，在信息技术新的市场环境下，只有采用创新性的思维和开展富有创意性的工作，才可能更好地整合营销传播价值。

一、创意营销的内涵和趋向

什么是创意营销？对这一概念，营销传播界并没有准确解释，现行的各种策划著作也基本没有涉及。创意（creativity）原本是广告和设计艺术中经常涉及的一个核心术语，它通过意识或者思维观念创新实现某种价值创造，在这种具有创新性的意识和思维观念中，价值创造的核心不在于物品本身，而在于其所体现的某种意义要素。因此，创意营销的本质就是把创意元素导入营销及营销传播过程，尤其是指在互联网时代通过创新性的创意和创造，实现营销中的价值共享和利益获得。当媒体和信息不再受垄断权力操纵，而成为一种可以免费获取的公共资源时，在无数个体化的社交媒体中和海量的信息状态下，如何形成品牌信息的传播影响力，便成了营销传播的首要任务。显然，营销传播必然面临一次本质性的回归，即通过创意来提升自己的传播力，这也就是我们所说的创意营销。

创意研究被引入产业领域，始自 1998 年的英国。进入 21 世纪以来，西方理论界从研究“创意”本身，逐渐将研究触角延伸到整个经济和社会领域：从以创意为核心的产业组织和生产活动，即创意产业（creative industry）、创意资本（creative capita1），拓展到以创意为基本动力的经济形态和社会组织，即创意经济（creative economy），逐渐聚焦在具有创意的人力资本，即创意阶层（creative class）。这种对创意研究的延伸，代表了知识经济时代的一种必然趋向，即更加重视经济社会发展中的人本精神。正如哈佛商学院教授罗布 · 奥斯汀（Rob Austin）所指出的那样，“当商业变得更为依赖知识来创造价值时，工作也变得更像是艺术”。“艺术”这个隐喻，在这里代表对“理性”（“经济人”隐喻）这个现代性范畴的突破。来奥斯汀看来，当商业基础从现代性的“物质资本”转向后现代性的“知识”后，经济范畴的基础就从“理性”转向了“艺术”。理性范畴内物性的创新，就必然转向“艺术”范畴内生命性的创新。艺术在这里，更多代表着人的精神本身。这就是“创意”问题的根本所在。

实现创意营销的前提是拥有创造性思维和进行创意性策划。对此，以往经典的广告理论都有过比较充分的表述，除了各种近于模式化的诉求方法之外，在创意思维方法上也有一些指导性的规则，比如常见的“头脑风暴方法”和“集思广益法”等。值得注意的是，在传统广告策划创意中，“策划”与“创意”常常被看作两个分割的步骤，似乎“策划”更偏重策略层面的运作，即确定“说什么”的信息战略；“创意”则更注重操作层面的应用，即解决“怎样说”的信息战术。这种对广告策划和创意过程的简单分割，显然不适用于创意营销思维。所以，在创意营销的范畴中，策划创意本身是一个完整的过程，我们无法设想，在新的市场和信息环境中，一个精心策划的广告策略，只停留在一系列干巴巴的数据和逻辑状态中，它还会有多大的价值。同样也无法想象，任何灵活的具有创造性的营销创意，仅仅只是一种表现技巧的玩弄。所以，面对互联网所带来的信息技术现实，必须要用新的观念来看待品牌传播。

互联网是一种突破物质和时空局限的生态模式，在这种生态系统中进行营销和营销传播，对意义的依赖远远大于对载体的依赖。也就是说，任何营销信息在网络形态下，一旦无法引起用户的兴趣，也就不可能吸引用户的注意力，更无法促使用户进一步参与。如果说在产品经济时代，传统营销传播以广告为主，其创意注重于传播中的某种利益诉求，表达的是“我可以给予你什么”的利益价值，那么在互联网时代，这种基于功能性的利益满足，基本上失去了进一步激发兴趣的能力，更谈不上在浩瀚的网络信息中得到病毒般的营销传播。因此，只有为营销传播注入创意性元素，才有可能使其不至于被湮灭，这就要求把营销与传播有效地统一起来，创新性地进行整合营销传播。

显然在新的媒体环境下，这种创新离不开对媒体现实的认识和对新的营销传播手段的运用，创新本身就是观念与方法互相作用的结果。以数字化和互联网技术为核心的新兴媒体的发展，不断丰富着媒体传播形态，推动了各种形态的社会化媒体传播形态的形成。新的媒体形态造就了信息开放的全新格局，不仅实现了全时空的传播可能，而且造就了一人一媒体、所有人向所有人传播的新局面，造就了信息爆炸和信息迅速更替的新局面。信息多元化和媒体多元化，在带来传播交流方便性的同时，也带来了前所未有的信息平等和角色平等，我们甚至可以说，正是信息民主在促进整个市场的民主和社会的民主。当然传播渠道的多元化个人化以及方便性，也不可避免地会带来信息的泛滥和庞杂，从某种意义上讲，这也是要求传播进行创新的一个重要原因。

在网络和数字时代，即基于物联网、大数据和云计算的智能生活时代，多对多交互，不仅包括人与人交互，还包括人机交互以及多个终端的交互是其特点。它在实现“每个个体、时刻联网、各取所需、实时互动”的同时，也表现得更加“以人为本”①。其网状结构的形态，是没有中心节点的，并非一个层级结构。虽然不同的点有不同的权重，但没有一个点是绝对的权威。互联网的技术结构决定了它内在的精神：中心化、分布式、平等、互动。比如作为一种分布式记账方式，区块链技术本身就具有诚信特质，它的去中心化在某种意义上就是对平等共享和对话的一种技术加持，也是对更加富有人性创意的呼唤。

二、创意营销的主要表现特征

任何营销和传播的对象都是人，因此洞悉人性是营销传播永恒不变的真理，而创意营销就是要通过创意涉入人性，引爆人性。在人性深处有一种与生俱来的追求，就是对快乐的体验和参与。网络新媒体为这种人性的释放提供了前所未有的方便，与此同时也为创意营销提供了更为自由地发挥空间，因此在运用网络新媒体进行创意时，只有把握其特征才可能让创意更加具有生命力。这些特征主要表现在三个方面。

（一）体验化

网络新媒体状态下的营销，必须摈弃传统营销传播那种单调甚至乏味的说教，把营销从营销者的“独唱”，引导到与消费者的“合唱”之中。这就意味着，网络新媒体状态下的营销首先要关注的并不是销售结果，而是受众和消费者在营销中的情感体验。创意营销中的体验化，通常可以通过三种状态来实现。

一是参与性。这是指通过创意性的设计，让受众或消费者参与到品牌建设之中。只要发挥创造性的尝试，这种参与形式实际上还是挺多的。其实，在传统营销中这种参与方式也经常被运用，比如有奖竞猜、品牌征名等，都属于参与性推广活动。湖南卫视过去的一档选秀节目“超级女声”，运用短信参与的方式，把观众引导到节目运行过程中进行消费体验。只不过很多传统的参与活动，往往围绕营销者的利益开展，很难真正引起参与对象的共鸣。对于受众而言，有价值的参与，应该表现为对营销活动过程的享受。

二是过程性。创意营销中体验的过程性，是指让创意性的参与贯穿整个营销传播过程，而不是仅仅停留在一个静止的点上。与传统营销传播，尤其是广告创意最后落脚在某一个具体制作之上不同，过程性注重整个营销传播的全

---

① http://baike.baidu.com/subview/10968540/13580621.htm? fr=aladdin.

程。比如,在传统营销传播中,大多首先会产生一个“idea(点子)”,以此形成所谓的大创意,然后通过大众媒体不断重复这个创意。但是这种不断重复的方式,实际上排斥了过程性参与和体验,使得广告仅仅是终极表现形态的单纯表演和诉求,而任何新鲜的创意,即便再有想象力,也无法抵御多次重复带来的接受疲软。网络新媒体实际上改变了这种广告模式,它体现了营销传播中的变化性和适应性特征,使得创意营销不再局限于单纯的结果呈现,而表现为一种过程性的参与和共享性体验。

三是互动性。所谓互动性,就是营销传播过程中在营销者与顾客以及受众之间,构建了相应的信息交流渠道,从而使得参与过程中信息的反馈更加及时,更为真切。互动性的存在,同样也提升了营销传播过程中的参与性和共享性。广告及营销传播中的互动性主要体现在两个方面:一方面是基于聆听顾客以及受众的声音而建构相应的传播形态,包括信息内容和传播方式;另一方面是与顾客以及受众建立双向性沟通渠道,以便来自顾客与受众的信息能够得到及时回馈。网络新媒体给这种互动性提供了前所未有的方便,它通过各种自媒体的发展大大地释放了媒体的权力,在增加信息沟通渠道的同时,也在技术上满足了即时性、交互性、点对点以及存储与搜索等信息传播交流要求。

(二)均衡化

均衡化是一个新的概念,指的是品牌在广告营销过程中,摈弃了以往那种立足于自我利益的单向诉求,注重在信息沟通中建立彼此间的共识性经验。显然在媒体权力平衡的前提下,处于传播系统中的各方都具有平等的话语权,这意味着创意营销中的平衡性实质上就是平等性、沟通性和分享性的统一。

一是平等性。平等性是指创意营销中各方对信息资源和传播渠道的权力。它包含两个核心观点:处于营销传播场中的不同角色,各自都拥有相应的媒体资源和传播渠道,这使得各方都可能通过自己的形式,表达自己的意愿和对品牌的诉求;传播资源和传播权力的平等,必然要求传播场中的各方处在一种角色对等状态,在传播过程中保持相互之间的尊重和对话的平等。显然,营销传播已经不存在任何媒体霸权。虽然 USP(独特的销售说辞)依然不会消失,但任何口号式的广告营销,最多只能是整个创意营销的一个符号式标签,无法构成创意营销乃至实现营销价值的主体。

二是沟通性。沟通是创意营销中实现平衡化的基本手段。沟通性的基本内涵就是为达成传播效果,必须保证传播过程中各方具有良好的对话和交流机制。在营销传播过程中,各方所处的角色不同,往往导致各自的关注点和诉求点不同,而营销传播效果的实现只能建立在彼此诉求点统一的基础上,因此,只有运用沟通和对话,才可能消除彼此之间信息传播的隔阂。在这里,沟通其实就是在传播场中，给品牌的相关利益者以自我表达和平等对话的机会，通过沟通使不同认知诉求逐渐趋同。显然只有沟通才能达成理解，进而上升到信任和对品牌的认可。

三是分享性。分享性也就是共享性，指的是在营销传播过程中，品牌营销者与整个受众，在营销传播过程中达成某种共鸣并共同分享品牌利益。在这里，品牌建设不仅仅让品牌持有人单方面获利，还必须实现某种共同利益。显然任何具有共享价值的营销传播，必然是以受众的参与为前提的，受众在参与的过程中，与营销者一起分享品牌传播带来的满足感。比如，苹果手机的创新就具有极大的共享价值，它通过技术传播不断给消费者带来新的科技体验，实现创新成就的分享。所以对苹果而言，最有价值的营销传播乃至于广告创意，就是对创新体验的共享。而传统营销广告中的噱头设计，本质上都是营销者为博得推销性注意的自我展示，忽视了创新体验的共享。

（三）趣味化

相对于体验化和平衡化而言，趣味化更多涉及好奇和愉悦的情绪。趣味化不仅关系到创意营销的内容，也关系到创意营销的形式，要求在营销传播过程中创造出某种喜闻乐见的品牌形态，以便使得这种营销传播富有乐趣，激发受众的愉悦感。趣味化可以有多种表现形态，诸如好奇性、娱乐感、幽默化以及谐趣和机智等。

传统营销传播更多关注的是品牌的功能，或者是它所带来的社会化的附加效果。实际上对每一个个体而言，对娱乐和趣味的追求是与生俱来的。所以，趣味化本身可能与功能和社会附加值无关，但是它与人的喜好和接受习性有关。即便是在传统的广告创意中，相对于那些纯粹理性的诉求而言，那些轻松愉悦的创意更受受众青睐。比如，杜蕾斯原本是一个私密性比较强的生活用品，在大众媒体广告宣传中往往受到某种限制，但杜蕾斯充分发挥微博品牌传播的灵活性，运用幽默化的创意营销手法，使得其品牌广告宣传变成一种充满喜感和娱乐元素的趣味共享。

当然，趣味化作为一种创意营销方式，不仅涉及传播的社会影响，还涉及对品牌本身的价值认同，所以这种趣味性追求必须具有一种积极的正面效应，传播健康、乐观的理念。任何哗众取宠，甚至以有悖于社会公理的方式博取受众关注的传播行为，最终只能造成对品牌传播的不良影响，也谈不上有效的营销。

第三节　网络营销传播的原则

网络和信息技术的发展，从观念认识到运作方法给营销传播带来了彻底转变,这种转变对既有营销传播习惯的适应性提出质疑,促使我们反思甚至重构既有的营销传播理论。营销传播本身就是人自然属性的社会化延伸,任何技术形态的发展,在本质上都是对人性的一种重新审视。因此,基于技术变革的观念变化,不仅没有否定营销的本质,反而是对营销思想的一种进化和完善。基于这一认识,在网络互联状态下,我们用三个关键词加以概括实现营销传播价值的原则,即"长短群"原则。

一、基于需求成本的价值原则:短

网络和信息技术的发展,促进了营销传播在人本意义上的价值回归,在这种态势中欲求实现营销传播价值,就必须尊崇人性及其网络化的价值转化原则。"短"是我们所提出的网络营销传播价值三原则的第一个关键词,所谓"短"是就营销传播的距离而言的,因为距离直接关系到成本,实际上也就关乎作为营销传播主体的"人"在行为过程中的取舍。获得与自己投入成本相对应或者更高的收益产出,这是人的一种本能性的行为预期,以最小化投入获取最大化收益,是营销传播的基本追求,在网络互联中这一点也毫无例外。所以探讨移动互联状态下营销传播的"短",除了认识其本身含义之外,更进一步的就是要认识其所包含的"距离"和"成本"关系。简而言之,作为移动互联状态下营销传播的价值原则之一,"短"的核心就在于它缩短了营销距离,降低了营销成本。

(一)网络互联缩短营销传播距离

营销传播中的"短"是物理意义上的"短"和心理学意义上的"短"的叠合。从物理学意义上来认识,"短"既是一个空间概念,也是一个时间概念,显然这是营销传播中对"短"的认识基础。然而营销传播中所说的"短",更进一步则超越了单纯物理学上的含义,还包含了心理学上对"短"的体验,因此也就形成了"短"的意义延伸。前者要求营销传播中所有的信息符号,能够以最快的速度、最直接的形式完成整个转移过程,只有这样才能保证营销传播的价值实现;而后者则要求营销传播中的信息符号,必须符合传播过程中的识别和接受习惯,以便于尽快达成共识与认同,进而实现营销传播的价值。在网络互联中,这种根本性优势基于网络和信息技术支持,主要表现在两个方面。

其一,直接距离之短。网络互联和信息技术在依赖物理功能的同时,又部分消弭了传统物理时空的阻隔,从而使通常意义上的空间和时间转化为同步运动。这就如同我们在淘宝上进行购物,在网络社区中进行交流,即便是再大物理空间也宛如直接相对,自然那些基于物理空间和时间的距离阻隔也因此而大大缩短。空间和时间是一种可以相互转化的范畴,空间距离的缩短必然带来时间距离的缩短。在这里,时间距离的短既表现在传播速度上,也表现在对传播中介环节的优化上。典型的如微博、微信等社会化媒体,在这种媒体形态中营销传播不仅可以是完全同步的,而且具有多元化特征,既可以是一对多,也可以是一对一。显然这种营销传播的距离之"短",符合所有营销参与角色的共同利益。

其二,认知距离之短。正如前面所说的,营销传播不仅有物理距离,也有心理距离,而心理距离很大程度上表现为认知距离。营销传播作为一种符号信息和认知活动,通常我们更为侧重的是"短"在心理学意义上的延伸,这种延伸可以用很多词汇来表达,诸如明确、清晰、直接、简单、便捷、容易、便宜等。所有这些都是在信息传播和价值交换过程中,处于整个传播和价值交换系统中各方角色的共同体验。传播学的创始人威尔伯·施拉姆把传播看作达成共识的过程,他认为传播实现的前提,必须是双方经验领域具有某种共性,即信息源能编码,信息传播终端能解码,只能以各方所具有的经验为条件。[①] 任何营销传播信息在符号的解码过程中,如果更加易于达成彼此之间的经验共识,自然也就缩短了认知的距离。

(二)"短"降低营销传播的成本

缩短营销距离意味着降低交易成本。营销成本并不局限于货币成本,还包括了注意力成本、时间成本、认知成本、获得成本等。我们不妨回到营销与传播的本源上来看,营销在本质上就是一种价值转移和交换,它代表了一系列的转移方式或交换活动。这种转移或交换通常是与信息流动共生的,所以营销传播也是营销的一个基本组成部分。在信息社会中由于传播手段的变化,使得传播在营销中的地位越来越突出,因而我们所说的"营销传播",在某种意义上还意味着营销与传播的同构与统一。从经济学上讲,任何一种价值交换过程都涉及成本的考量,这是人性及人的行为方式中对价值获取的投入产出本能的直接体现,营销传播自然也不例外。在这里我们引入"交易成本"和"接受成本"概念。

营销学家菲利普·科特勒曾经把"成本"概念引入社会营销中,他认为:"一项社会产品被分送后,必须使目标接受者易于得到并易于使用,这就是管理接受成本的任务。"现代经济学的奠基人亚当·斯密早在两个多世纪之前就已经表明了这种观点,他说:"任何东西的真正价格,也即想得到这一东西的人所承担的真正成本,就是为得到它所经历的艰辛或困难。"接受成本可以是货币或非货币形式。[②] 诺贝尔经济学奖得主罗纳德·哈里·科斯提出的"交易成本"也

---

① [美]施拉姆,等:《传播学概论》,北京:新华出版社 1984 年版,第 45 - 48 页。

② [美]菲利普·科特勒:《营销大未来》,北京:华夏出版社 1999 年版,第 110 页。

包含了这层意思，所谓交易成本，“就是指经济活动中达成一笔交易所要花费的成本，也指买卖过程中所花费的全部时间和货币成本。其中包括传播信息、广告、与市场有关的运输以及谈判、协商、签约、合约执行的监督等活动所付出的成本。甚至进一步还包含了企业内部运营中，企业成员之间诸如雇佣关系和执行力所形成的各种成本”。[①] 这种成本概念在传播学领域的应用，当属威尔伯·施拉姆早年根据经济学的“最省力原理”提出的“施拉姆公式”：

媒体选择概率(P) = 媒体产生的功效(V)/需付出的代价(C)[②]

施拉姆举例说：“人们在看电视时总是选择最容易接收到的娱乐节目，他们甚至连换频道这样简单易行的事情也不情愿做，而是往往盯住一个电视台直到出现了实在不爱看的节目或者该去睡觉的时候才罢休……在某些时候、某些情况下，某一类信息突然间变得对我们如此重要，以至于值得我们几乎不惜一切努力去获得它。即使在这个时候，我们也总是选择最容易获得的渠道。”这恰恰解释了信息传播过程中有关接受成本的认识，在网络互联状态中由于信息和选择的充分多元化，所有的营销传播信息只有遵循更加易于接受的传播原则，才可能获得最大化传播收益。同时也正是由于网络互联形态，给予营销传播信息前所未有的接受方便性，不论是从传播媒体的可获得性上，还是从传播符号解码的简易性上，都最大化地降低了营销传播中的认知成本。

二、基于利益获得的价值原则：长

网络营销传播价值三原则的第二个关键词是“长”。所谓“长”就是延伸价值链。价值链原本是借鉴迈克尔·波特的术语，但这里和他所表述的含义并不相同。迈克尔·波特所讲的是营销价值的获得过程，我们所指的则是延伸和增加价值获得节点。传统的价值链理论是基于产品的生产营销流程而提出的，即“每一个企业都是在设计、生产、销售、发送和辅助其产品的过程中进行种种活动的集合体。所有这些活动都可以用一个价值链来表明”。[③]

显然这种价值链思维具有深刻的以产品为中心的营销理念，我们称之为工业化时代的产品思维。所谓产品时代的价值思维，很重要的一个特征就是围绕产品的终端出口，把产品销售作为终极价值获得形态和唯一利润收益来源，从生产到销售展开所有活动。它的立足点就是只有产品才给终端提供相应的价值，其实这仅仅考虑到了消费者或受众的物质性追求，而没有更进一步深刻

---

① 卫军英：《营销的律动：卫军英谈营销传播》，北京：首都经济贸易大学出版社 2014 年版，第 22 页。

② [美]施拉姆，等：《传播学概论》，北京：新华出版社 1984 年版，第 114 页。

③ [美]迈克尔·波特：《竞争优势》，北京：华夏出版社 1997 年版，第 36 页。

追踪其对终极产品追求之外的动态需求。从动态的角度看消费者或者受众的需求,除了对物质满足的需求之外,还有对心理满足的需求,而以往对这种心理满足需求的认识往往停留在品牌的情感满足层面,忽略了消费者或者受众在参与过程中的体验满足。这些在网络营销时代都必须重新审视,作为一种思维导向,今天流行的"互联网+"几乎使任何营销传播都为体验性参与提供了最为方便的接入口。因此,所谓延伸价值节点本质上就是基于网络营销传播形态,通过消费者或受众的体验性参与,实现产品从规划设计到完型展现、不断完善的整个过程中,在每一个环节都注入了消费者或者受众的参与因素。

我们可以看类似小米这样快速成长的公司,其高速发展的当然已经不仅仅是销售额,更是它的沟通能力和品牌影响力。我们不能简单定义小米是制造业还是互联网行业,它是用互联网思维在做制造业。网络互联彻底改变我们的市场营销格局,甚至不仅仅是市场营销,而是整个人类的生存方式,一如尼葛洛庞帝所说的"数字化生存"。小米意识到网络对传统工业时代的超越,在互联网时代制造业也不仅仅是提供最终产品,所以它特别强调参与感。换一句话说,就是很注重品牌与消费者乃至于整个社会的沟通过程。

网络互联不仅给制造业带来影响,对很多文化产品也一样。比如我们传统的电影业虽然光怪陆离,用很多色彩缤纷的美女帅哥来吸引人,但实际上这个行业从产业形态上讲,还停留在工业化时代,也就是所谓的文化工业。好莱坞可以说是电影这种文化工业的登峰造极,它汇总各种资源,包括制片、编剧、导演、演员、拍摄、剪接、效果等,投入巨资花了很大的精力,去做什么大片、巨片、贺岁片、年终巨献,说到底就是为了做一个最终产品——电影。做出来了就拿到电影院播放,电影院是其销售渠道和终端展示,有观众来看就有票房,就实现了营销价值;没人看也就没有票房,就不能实现价值。于是就会出现问题,首先是你从一开始做产品就是闭门造车;其次,你的营销价值实现都寄托在票房上。典型的如姜文的《一步之遥》,推出之后效果不佳,网上反映说看不懂,不知道这个电影在说什么。其原因就在于没有在其价值形成过程中找到对应的角色并与其进行沟通,无法进入80后、90后的话语体系,说到底还是没有把握住互联网时代的消费趋势。这点就远远不如韩寒、郭敬明等人,他们原本不是从事电影制作的,但他们的《后会无期》和《小时代》,是在用自己的方式和其粉丝进行对话。这就摆脱了传统电影作为文化工业的产品模式,走入了网络经济和粉丝经济时代。

由此带来的营销传播反思就是,我们必须改变固有的商业模式。如上所言,传统电影业那种以好莱坞为代表的文化工业模式,必须从文化工业时代的产品营销模式转向网络时代的聚众营销模式——我们用"聚众营销"这个概念只是想浓缩很多价值和理念。所谓聚众营销,就是网络互联时代,把各种参与力量都会聚到一起的一种营销模式。体验、参与和共享是网络时代的特点，那好，我们就通过体验、参与、共享来延伸整个价值链，通过重构营销过程延伸和增加价值获得节点。也许在这种势态下，未来电影的重点就未必是影院，最终的电影产品和票房也就不是它实现营销价值的唯一形态。

我们对“长”这种价值原则进行概括，就是它改变了传统营销传播的价值获得方式，通过全新的价值链延伸，不仅创造了更多新的消费者参与过程，也增加了产品的生命周期，与此同时在这个过程中每个节点都可能产生新的价值。运用这种思维方式，我们可以反思许多：小米仅仅是卖手机吗？影院还是电影终点吗？同样，房地产行业仅仅是卖房子吗？也许在一个延伸的人类需求链条中，所有这些只不过是整个需求过程中的一个节点而已。

三、基于多元共享的价值原则：群

网络营销传播价值三原则的第三个关键词是“群”。在汉语里，“群”，从羊，君声，是个含义丰富的形声字，意味着众多人的接近共聚。孔子说：君子群而不党，小人党而不群。进入信息社会的“群”，是一个蕴含深厚而富于现代感的概念，极为形象而又具有概括力。以社会化媒体为经纬线的整个网络世界本身就是一个覆盖全球的超级之“群”，由此而衍生的互联网思维则是这种“群”生存形态的主导观念，它在全面创新营销传播价值的同时，也成为营销传播观念创新具有抽象意义的哲学形态。游弋于网络互联，我们最熟悉的就是QQ群、微信群等，“群”不仅成为一种聚合性网络空间，而且网络互联中所建构的“群”对营销传播思想的创新在于以下三点。

（一）“群”代表了一种关系和连接

网络连接并不是一维性的单向度连接，而是由很多节点构成的非线性的网状结构，每个节点以放射状态形成与其他节点的连接，并且在彼此连接的同时也拉近和强化了这种互联关系，著名的“六度分割理论”（Six Degrees of Separation）实际上就是对这种网络连接关系的解释。① 网络营销传播是一种更彻底的关系营销，在网络世界中营销与传播之间具有不可或缺的依存性，所谓“营销即传播，传播即营销”显得更为突出，也更具有现实迫切性。

网络的“群”连接首先代表了一种关系性存在。在网络建构的社会化媒体形态中，网群使每一个节点之间产生关联，而信息又为这种关联注入了内容。任何一个人一旦进入了网络“群”中，不论其是否意识到，都自然成为一个关系

① 六度分割理论，又称六度空间理论，原是一个数学假设，认为世界上所有互不相识的人之间的间隔不会超过六个，所以最多只需要五个中间人就能建立起联系。社交网络的理论基础就是六度分割理论，它从宏观上解释了处于网络节点上的不同个体，可以通过虚拟网络建立起多种形态的关系。

节点。与此同时，由于信息内容的存在，不论其是否意识到这种关系，这种节点之间的互联都成为实质性的关系。其次，网络“群”所建构的这种关系性传播与营销不是简单的信息传递，而是一种价值的流动与交互，无论是个人、组织还是品牌，欲求获得相应的营销与传播价值，就必须保持与其他节点之间的持续联通，即便表面上暂时没有交互而只是单纯的获取，这种联通也意味着必须维护和强化这种关系。这种基于网络社区所建立的关系，是其他营销传播形态所不具有的，我们可以把这种特有的网络关系称为群关系。

（二）“群”是同构性和开放性的统一

所谓同构性和开放性的统一，指的是“群”的参与者同时也是群的拥有者，在所有参与者之间具有相应的趋同性。与此同时，参与者本身又具有极大的自主性和自由性。更进一步说，这种“群”的同构性和开放性，借助于虚拟形态的转化，在理论上也实现了时间意义上的不断往复和空间意义上的无限广延，因此它也是历时性与共时性的统一。显然这样一种“群”形态，从营销传播角度看，既是一种典型的市场空间，更是一种丰富的社会空间和充分的人性展示空间。

营销传播不是简单的信息传递，而是一种价值交换，也就是所谓共识与认同。如果说传统市场的营销传播习惯于以目标市场为重心，那么“群”则彻底超越了以往的目标市场概念和思维惯性，几乎可以说任何一个“群”都是一个相应的目标市场，因此，“群”营销传播重要的不再是目标市场问题，而是如何处理和维系“群”关系问题。简单地说，任何一个群成员包括个人、组织和品牌，如果要实现营销传播价值，其重心所在就不能简单停留于目标市场和信息传播上，而是保持不同节点之间处于良好的沟通状态。良好的沟通状态的实质就是建设一种愉快的双向互动关系，因此说群营销传播就是通过传播沟通，强化和提升节点之间的关系。如果我们把每个节点都看作一个品牌符号的话，那么网络“群”营销传播的实质，就是保持良好的关系，即增加节点作为一种品牌的黏度。

营销传播在自由自主的开放空间中，要想持久维护这种关系，就必须保持网络交互中的利益平衡，这种利益平衡意味着节点之间的价值共享。传播和营销中的价值共享，其实就是某种体验和参与的过程。它改变了信息传递中的单点或者散点现象，而且使得营销和传播真正成为一种价值共享。这种功能是传统媒体所不具备的，而网络信息技术则不仅满足了这种人类需要，而且让传播和营销超越单纯的信息传递和功利性交换，而回归到更深邃的人性和人本层面，成为一种生命形态的展示和个性价值的自我实现。

（三）“群”具有超越媒体的终端属性

按照传统营销传播的理解，无论是从营销还是传播角度，在营销传播过程中都十分关注渠道（媒介）与终端（消费者或受众）的关系，并将此作为一个核心问题，如对经销商的重视和对媒体资源的重视等。而网络“群”则打破了这种传统定势，在很大程度上超越了单纯的渠道和媒体属性，是渠道和终端乃至于整个营销传播系统的全面整合。这就比如我们通过移动互联融入“群”中，作为硬件载体的手机不仅是媒体更是终端，它除了传播信息之外，还有交易功能、支付功能、存储功能、娱乐功能、体验功能等。可以说置身于“群”是点与面、网与场、个体与群体、关系与互动的全方位集合。

或许我们可以借鉴一下社会学家皮埃尔·布迪厄（Pierre Bourdieu）的场域理论。场域是由社会成员按照特定的逻辑要求共同建设的，是社会个体参与社会活动的主要场所，也是集中的符号和个人策略展示的场所。网络空间中的“群”毫无疑问就是虚拟形态的场域，网络“群”的营销传播处在一个包容多种关系的网状形态的开放空间。在这样一个网状结构中，网络信息驱动下的关系互动，改变了信息传递中的单点或者散点现象，而使得营销和传播真正成为一种价值共享。可以说，网状结构强化了各节点之间的关系，同时也强化了一个过程，所谓价值共享其实就是某种体验和参与的过程。这些功能都是传统媒体所不具备的，所以网络“群”超越传统媒体而直接表现出其终端属性，它更体现出人作为终端的归属感。以往技术的发展都在扭曲人性，而网络信息技术所营造的“群”，所表达的不仅是使用层面上的工具属性，更是对人本质需要的某种观照。

回溯麦克卢汉的断言“媒介是人的延伸”①，互联网是迄今为止人性在技术层面上最大限度的延伸。网络信息技术则不仅是人类技术进步的展示，而且让传播和营销超越单纯的信息传递和功利性交换，回归到更深邃的人性和人本层面，成为一种生命形态的展示和个性价值的自我实现。互联网思维的一些核心价值如“便捷”“参与”“体验”等，所表达的显然就不仅仅是工具的使用属性，更重要的还是它对人本质需求和欲望的回应，以及对人性的终极关怀。在这里有一个重要的网络术语——“分享”，意味着信息的平等、民主的参与、共识的形成。这也许是一种隐喻，当网络营销传播对应一个更为充分的市场模式时，正是基于人类对平等、民主和共识的动机，“长短群”就成为我们创造价值所必须遵循的法则。

案例分析

抖音：后来居上的短视频平台霸主

作为字节跳动公司旗下的著名产品品牌，抖音是由今日头条孵化的一款短

① ［加］马歇尔·麦克卢汉：《理解媒介：论人的延伸》，北京：商务印书馆2003年版，第92－93页。

视频APP，它于2016年9月20日上线，打出了“记录美好生活”的口号。据2020年抖音数据报告显示，其日活跃用户量突破6亿，日均视频搜索次数突破4亿。尤其是2020年新冠疫情期间，抖音的下载量和交易带货量更是出现了快速增长。抖音从创立至今不到五年的时间，一跃而成为一款国民级的短视频社交软件，近两年更是在文娱行业大展身手，与微信和微博并行，“两微一端”的格局搭建成型。结合抖音与文娱行业的深度合作，可以管窥短视频平台在其发展中的一些独有的品牌特性。

一、抖音与文娱行业的互助和双赢

（一）众多明星入驻抖音

明星作为具有号召力的KOL(key opinion leader，关键意见领袖)，对大众行为能产生较大的影响，所以在抖音的成长期，曾借助明星力量扩大品牌的知名度。比如2017年3月13日，微博粉丝超千万的相声演员岳云鹏，就在微博上发布了来自“抖音”的岳云鹏模仿者的视频。微博发出不到48小时，互动量(转赞评总数)就超过10万。诸如此类的宣发有效地提升了抖音平台的知名度。

如果说初期是抖音借助明星的影响力来开拓用户市场，那么在抖音普及到千家万户之后，便是明星借助抖音的平台来展示自己。《2020抖音娱乐白皮书》显示，截至2020年11月，入驻抖音的明星已超过3 000位，较2019年新增超1 000位。此外，抖音通过“趣味魔法道具”“魔性BGM”“直播”“日常功能”“挑战赛”等产品组合，推动明星破圈，加深星粉关系互动。其中，“明星挑战赛”成为2020年用户最爱的互动产品。这也有效地提升了平台用户的黏性，使其能与偶像进行深入的互动交流。

（二）短视频与影院的互助合作

2019年4月19日，抖音与安乐影片、万达影视、光线影业、阿里影业、新丽电影、英皇电影六家影视公司达成战略合作，共同推出“视界计划”。抖音与影视公司在双屏联动、品牌蓄势、宣发资源合作、音乐赋能四个方面加强合作。这意味着抖音成为影视宣发的重要阵地。这无疑是一种双赢的选择，因为抖音的主体用户和电影市场的主要受众均为年轻人。一方面，影院能够借抖音的流量平台来为电影预热造势。据《2020抖音娱乐白皮书》显示，2020年中国内地上映的排在票房成绩前20位的华语电影全部开设了官方抖音账号，抖音参与宣发合作的电影票房累计达到174.99亿，占过亿影片总票房的99.4%。另一方面，影片的宣发资源也有利于丰富抖音的内容生态，逐渐使用户养成“在抖音燃起兴趣，到影院详细了解”的行为习惯。此外，抖音还可以利用影院的资源投放TVC(高端摄影摄像拍摄的宣传广告片)，这时受众注意力会较为集中，传播效果也更好。

（三）综艺内容的双向植入

抖音曾多次植入《快乐大本营》《明星大侦探》《中国有嘻哈》等热门综艺节目，在各大卫视的跨年晚会上也频频出场。凭借自身不断扩大的流量池，与影视一样，抖音逐渐成为各大综艺必不可少的宣发平台。例如，芒果TV2020年夏天推出的《乘风破浪的姐姐》，其综艺官方账号和“姐姐”们的抖音个人账号，都与抖音进行了深度合作。

二、抖音的营销推广策略分析

（一）开拓性的定位策略

1. 产品定位。美国著名的“定位大师”艾·里斯和杰克·特劳特在《定位——有史以来对美国营销影响最大的观念》一书中指出定位是如何让产品在潜在客户的心智中变得与众不同的。例如，如不能成为某品类的第一，那么可以选择建立新的品类，使其占据消费者心中的另一类“第一”。相较于快手、秒拍等短视频产品，抖音推出较晚，若无鲜明的产品特征，便很难给用户留下深刻的印象。因此，抖音在市场扩展的初期，将自身定位为“音乐短视频”，“抖音”的“音”，便是强调其音乐属性。而“抖”则代表着一种玩法，“抖音”两个字将产品的功能和产品的特征巧妙结合，用户在初闻这款APP时便可猜测出这是一款“音乐属性强、具有拍摄剪辑功能”的短视频APP。

抖音的“音乐属性”定位，并非是无的放矢，而是瞄准了市场的需求。于2013年推出的网易云音乐主要为用户提供在线音乐服务，推出两年多后，用户量突破1亿。网易云音乐深受广大用户喜爱的一个重要原因便是其“音乐社交”的定位，这也是“音乐”和“社交”元素结合的一次成功尝试。据中国互联网络信息中心（CNNIC）2017年1月发布的《第39次中国互联网络发展状况统计报告》显示，截至2016年12月，手机网络音乐的使用率达67.3%，当时的数据也侧面说明了移动端音乐市场的大好前景。而抖音的定位，正是契合了当时的市场。

2. 用户定位。抖音发展初期的目标用户，大多是一二线城市的年轻群体，以“90后”居多。年轻人对于新事物的接收能力更强，并且愿意尝试和探索。他们热爱社交和分享的特征也有利于保障抖音平台的内容产出，为抖音初期扩展用户市场打下了基础。

2020年巨量算数推出的《抖音用户画像》显示，抖音用户市场的男女比例较为均衡，19～30岁用户的TGI[①]更高，新一线、三线及以下的城市中，抖音用户的TGI更高。随着抖音发展日益成熟，其用户也有下沉趋势，三四线城市的

① （目标群体中具有某一特征的群体所占比例/总体中具有相同特征的群体所占比例）×100。

用户也成了抖音要争取的目标，在其走向大众化的同时，也面临着如何满足不同用户多元需求的新问题。

（二）创作者——抖音的动力之源

抖音作为一个平台，本质上是一个载体，依赖于平台用户的生产。抖音凝聚了UGC（用户输出内容）、PGC（专业人士输出内容）、OGC（职业生产内容）的生产力，大量政务新媒体的入驻、科普类短视频的输出、垂直领域的内容挖掘等，都赋予其平台活力。抖音平台也主动拥抱政务新媒体，启动抖音政务媒体号成长计划，通过专业培训、制作升级、百号百万粉、正能量伙伴招募四个部分，以集体入驻、引导入驻等方式，联合专家学者、媒体从业人员、专业视频制作公司等机构，帮助政务机构利用短视频平台推进政务数字化。

相较于政府、专业媒体，抓住数量庞大的UGC和PGC生产者更为关键。抖音一直以来都存在“只看不拍”的问题。在抖音超过6亿的日活跃用户中，拍摄分享视频的用户仍然只占很少一部分。究其原因：从宏观来看，受中国的文化和社交氛围的影响，熟人社交还是主流，短视频仅是娱乐工具而未成为主流社交工具；从微观来看，一是拍摄时间成本要求高，拍摄一条优质的15秒视频可能需要花费几个小时，二是普通用户缺乏灵感，对“表现自我”有压力，参与积极性低。因此，抖音一直以来都非常重视对于创作者的扶持政策。关注地方文旅发展的“DOUTravel计划”、关注知识普惠的“DOU知计划”、关注青少年成长的“青椒计划”、关注全民阅读的“都来读书”等活动，都是抖音内容生态建设的策略，即通过激励不同领域的内容创作者来深耕垂直领域，优质生产者的入驻有利于平台内容质量的提升，进而扩大平台的影响力和吸引力。

（三）洞察市场，保持对用户需求的敏感

2016年，我国的移动互联网不断发展，普及程度不断提升，网民开始借助智能手机来满足自己的社交娱乐需求。4G技术趋于成熟，流量资费也有所下降，这为用户在移动端浏览视频提供了保障。短视频具有短平快的特点，在数十秒的镜头中往往承载着相当多的信息，这一生动形象的表达方式在获得技术支持后有了更大的发展空间，抖音在短视频的蓝海中搏出了自己的一方天地。

案例来源：https://baijiahao.baidu.com/s?id=1631323516082966282&wfr=spider&for=pc。

思考题

1. 网络传播区别于传统传播方式的特征有哪些？

2. 如何理解创意营销的概念与价值？
3. 创意营销有哪些基本特征？
4. 虚拟社群的含义及其特征有哪些？
5. 虚拟社群如何帮助消费者在集体议价中获益？
6. 社交媒体的发展是否促进了整合营销传播？
7. 提出网络营销传播价值原则的基础是什么？
8. 运用具体案例说明网络营销传播的三原则。

第十一章 视觉效果与场景的融入

【本章重点及学习要求】

1. 基于视觉传播的设计概念
2. 设计元素及最佳视觉语言
3. 产品设计与包装设计
4. 环境及展示设计
5. 场景再现及其理解
6. 设计在整合营销传播中的应用

第一节　视觉传播与设计展示

正如美国哈佛大学的丹尼尔·贝尔教授在《资本主义文化矛盾》一书中所说:“当代文化正逐渐成为视觉文化,而不是印刷文化,这是千真万确的事实。这个时代,视觉为人们看见和希望看见的事物提供了许多方便。视觉是我们的生活方式。”① 不可否认,我们已进入了一个视觉传播的时代,以视觉为中心的视觉文化符号传播系统,正向传统的语言文化符号传播传统提出挑战。因此,整合营销传播必须考虑到视觉传播的价值,而各种设计展示在很大意义上,就是视觉传播在整合营销传播中的具体应用。

一、基于视觉传播的设计概念

视觉传播(visual communication),就是运用视觉符号和符号系统来构成视觉语言,用来传达有效的信息。视觉传播的最大特点就是它的可视性。人们通过视觉认知,瞬间便可对信息做出解析。它是人类历史上最古老也最普遍的信息传递方法。视觉传播是以视觉可以认知的语言来沟通传达者与受众的活动方式,它借助视觉图像来传达信息的设计,以文字、形象、色彩、空间等作为视觉基础元素来进行艺术表现。视觉传播带有明确的目的性,其本质就是通过设计展示,将特定的视觉信息最准确、最快捷地传递给大众。如图 11 - 1 的设计,很好地展示了绿色环保的理念。

图 11 - 1　绿色环保设计效果

① [美]丹尼尔·贝尔:《资本主义文化矛盾》,北京:三联书店 1989 年版,第 156 页。

视觉传播与设计展示旨在推销、宣传一种产品、服务或者所涉及的观念，因而必须能有效发挥如下作用：具有视觉吸引力，产生预期的设计效果；能激起阅读或注意欲；以惹人喜欢的方式传达一种信息，并在提供这种信息之后仍继续发挥巨大潜意识作用，必要时激发人们的购买行为。基于上述理由，视觉传播与设计展示便成为现代社会厂家、商家竞相关注的焦点，在整合营销传播中占据重要地位。视觉传播与设计展示作为最有效的形式成为沟通企业—商品—消费者的桥梁。

人类设计的创造和发展有着悠久的历史。设计行为本身可以认为是伴随着人类的出现而产生的。原始社会时期人类对石器有意识、有目的地进行加工制造，意味着人类设计活动的初始。随着历史的发展，人类对石器工具的加工制作技术也在不断进步，由打制到磨制，石器光滑的外表、对称的造型以及锋利的实用价值，体现了人类早期的审美追求和对实用功能的理解。将实用性和审美结合起来，赋予设计物以物质和精神的双重功能意义，是人类设计活动迄今为止的基本特点。随着人类物质生产和科学技术水平的提高，除了生产工具以外，人类逐步在建筑、丝织、服装、饰品、车船、兵器等方面发挥着自己卓越的设计创造能力，人类设计也从相对稳定的手工艺设计时代发展到以机械化大批量生产为特色的现代设计阶段，设计在长达数千年的历史长河中有了质的飞跃，并对人类文明的发展起着越来越重要的作用。从过去到现在，视觉在人类接受资讯及心智活动上的影响力，并没有因时代推移而有任何减弱的迹象，并且其影响效果越来越大。

《牛津大词典》中将“设计”(design)的意义分为两个方面：一是“心理计划”(a mental plan)，指在我们的精神中形成胚胎，并准备实现的计划乃至设计；二是“艺术中的计划”(a plan in art)，指构成艺术作品的各种构成要素，在各部分之间或部分与整体的结构关系上，组成一个作品的创意过程。从这些解释上看，“设计”在构思和行为两个方面都被赋予了一定的美学意义，其中所蕴含的构思和创造性行为，成为现代设计要领的内涵和灵魂。从最为广泛的意义上讲，人类所有生物性和社会性的原创活动都可以被称为设计，这几乎涵盖了人类有史以来的一切文明创造活动。但我们这里所要研究的是以成品为目的，具有功能性、艺术性、相应的科学技术含量和确定的经济意义的设计，显然这是一个具有明确限定的狭义设计。

对于这个建立在经济意义上的基于视觉传播需要的设计，我们一般这样来定义：设计是一种构思与计划，以及将这种构思与计划通过一定的手段使之视觉化的形象创作过程。21世纪的今天，人们对设计的看法逐渐趋于相同：设计的最终目的是改善人类环境、工具以及人类自身。设计已成为当代视觉文化中极为突出的一部分，而且是一个相当重要的政治和经济课题，因而受到媒介的高度关注。

二、设计的视觉元素：形态、色彩、文字、空间

作为信息外观表象的视觉元素，既是反映各种事物不同属性的视觉信息符号，也是我们接受与传达信息的工具与媒介，是构成视觉语言的单词与符号。视觉元素是视觉传播中最基本的信息媒介，也是研究视觉语言的基本依据和出发点。当视觉元素根据信息语义的要求，按照一定的规定和逻辑性排列组合起来时就成为视觉语言。视觉元素作为信息符号，是通过一定的视觉反应和视觉经验来表现和传递信息的。

（一）形态

形态是人类重要的视觉认知对象，也是人类视觉造型活动的基本元素之一。对形态的理解，一般从现实和观念两个方面把握，即具象的现实形态和抽象的观念形态。

具象的现实形态包括自然形态和人为形态。通过对自然形态的分析、研究能产生出无穷的带有创新性的视觉形态，以此激发视觉传达者的创造性思维。人为形态是一切经过人的主观行为产生的造型或创造出来的形象，如西湖边的美景。

抽象的观念形态存在于人脑意识之中，它包括几何抽象形态、有机抽象形态、偶然抽象形态等。观念形态首先在理论上成为人类视觉对象与视觉造型活动的最基本因素，但是由于观念是不能直接知觉的，因此为了使其能够便于视觉造型，一般将其转化成为某种可见的形态。比如，常见的点、线、面等几何学视觉图形符号，它们作为一种符号形式，是一切视觉造型活动的基本元素。

由于点、线、面是构成一切视觉对象的最基本的形态要素，因此，我们在讨论视觉对象及其创新时，首先要分别对它们加以研究和认识。因为无论是抽象形或者具象形、几何形或者自然形，都是由基本的视觉形态要素构成的。图形都会成为最具视觉表现力和视觉冲击力的部分，而在有些特定的平面广告媒介形态，比如商业海报设计当中，图形语言往往承担了最主要的表现语言和传达视觉信息的任务。如果说色彩是感性的和直觉的，文字是理性的和根本的，那么图形则是既有感性的形象，又有理性的内容和含义。图形在一定的范围内能迅速准确地传达出特定的视觉信息，起到文字和色彩都不能替代的作用。一般来说，图形符号远比文字传递信息来得快捷，并且通俗易懂、形象生动。这样，既可以增大视觉的信息量，又活跃了本来的单调气氛，参见图 11 -2。

图 11-2 设计中的点线面构成

(二)色彩

醒目而鲜艳的色彩是那么光彩夺目,以至于众多的视觉要素在它的面前都黯然失色。一个并不起眼的视觉对象也许会因为它具有奇妙的色彩而引人注意。在人类的视觉对象中,色彩是其存在的不可忽视的重要因素。实际上,色彩比形态在某种意义上更加具有视觉吸引力。一切视觉对象的存在都是由其形的色彩与光亮度来决定的。而对于形态的轮廓而言,则是由眼睛对色域和光区不同表现的区分而来,参见图 11-3。

图 11-3 色彩对比的运用

从物理学上说，任何有彩色都是由三种主要性质所决定的，即色相、明度和纯度，这三者决定了颜色的基本性质。色相是指能够区别各种颜色的固有色调和相貌的名称，是区分色彩的主要依据，是色彩特征的主体因素。明度是色彩的明暗差别，即深浅层次差别。有些纯度高的颜色在视觉上不太好分辨其明度层次，这时，我们可以凭经验把它理解为用黑白拷贝的方法复制下来的黑白关系，然后把它放到明度层次中判断它属于哪一个层次。纯度是指色彩中以单种标准色为基准，其成分比例的多少，也就是颜色的鲜明程度。鲜艳的颜色纯度高，原色的颜色纯度最高，发暗的颜色纯度低。

（三）文字

文字的出现，是人类告别蛮荒走向文明的标志。历经几千年的沧桑，文字不仅是社会得以传承积累的载体，也成为一种独特的艺术形式。文字与设计的结合不仅体现在它的表意层次上，也体现在文字本身的视觉形态上，参见图11－4。在文字演变过程中，各种新的字体随着社会的发展、科学技术的日新月异而应运而生，作为视觉传播的重要组成部分，起到吸引视觉和有效传递信息的功能。

图11－4　文字的变化处理

文字发展的历史也是文字设计的历史，在文字结构定型以后，文字设计开始以基本字体为依据，采用多样的视觉表现手法来创新文字的形式，以体现不同时期的文化、经济特征。印刷技术的发明和欧洲文艺复兴，极大地推动了文字设计在技术与观念上的改进，人们开始讲究艺术效果与科学技术的结合，出现了一种符合人们视觉规律的数比法则与强调色彩、形态、调子及质感的设计字体。工业革命时期，文字设计在商品销售、文化教育和传播科学技术方面发挥了空前的作用。而今文字的设计功能随着经济和信息技术的发展，得到了更加淋漓尽致的体现。

信息传播是文字设计的一大功能，也是最基本的功能。文字设计重要的一点在于要服从表述主题的要求，要与其内容吻合一致，不能相互脱离，更不能相互冲突，破坏了文字的诉求效果。尤其在商品广告的文字设计上，更应该注意任何一条标题、一个字体标志、一个商品品牌都是有其自身内涵的，将它正确无误地传达给消费者，是文字设计的目的，否则就失去了设计的功能。抽象的笔画通过设计后所形成的文字形式，往往具有明确的倾向，这与文字的形式感应与传达内容是一致的。例如，生产女性用品的企业，其广告的文字必须具有柔美秀丽的风采，手工艺品广告文字则多采用不同感觉的手写文字、书法等，以体现手工艺品的艺术风格和情趣……文字在视觉传达中，作为画面的形象要素之一，具有传达感情的功能，因而它必须具有视觉上的美感，能够给人以美的感受。

人们对于作用其视觉感官的事物以美丑来衡量，已经成为有意识或无意识的标准。满足人们的审美需求和提高美的品位是每一个设计师的责任。在文字设计中，美不仅仅体现在局部，也是对笔形、结构以及整个设计的把握。文字是由横、竖、点和圆弧等线条组合成的形态，在结构的安排和线条的搭配上，怎样协调笔画与笔画、字与字之间的关系，强调节奏与韵律，创造出更富表现力和感染力的设计，把内容准确、鲜明地传达给观众，是文字设计的重要课题。优秀的字体设计能让人过目不忘，既起着传递信息的功效，又能达到视觉审美的目的。相反，字形设计丑陋粗俗、组合零乱的文字，使人看后心里感到不愉快，视觉上也难以产生美感。

（四）空间

即在有限的版面空间里，将版面构成要素包括文字字体、图片图形、线条线框和颜色色块等因素，根据特定内容的需要进行组合排列，并运用造型要素及形式原理，把构思与计划以视觉形式表达出来。一个成功的排版设计，首先必须明确客户的目的，并深入了解、观察、研究与设计有关的方方面面，简要的资讯是设计良好的开端。版面离不开内容，更要体现内容的主题思想，用以增强读者的注目力与理解力。只有做到主题鲜明突出、一目了然，才能达到版面构成的最终目标，参见图 11－5。

日本庆应大学认知心理学教授小谷津孝明指出，人根据感知处理信息的种类和程度，进而左右记忆。也就是说，感知决定人接收什么样的信息和接收到什么程度。视觉语言是最容易被人的感知器官——眼睛所认知的，所以视觉传播对企业的营销计划而言是至关重要的。

不同的视觉传播形式可以得到截然不同的传播效果。视觉传播可以强化或减弱信息的认知度，成功的视觉传播可以使信息快速、准确、完美地被受众接受，取得事半功倍的传播效果。因此，如果想取得好的传播效果，就必须创造出绝佳的视觉语言。

图 11－5　广告设计的空间布局

三、视觉传达必须寻找最佳的视觉语言

我们知道认知是决定视觉传播的第一关，也就是说，绝佳的视觉语言必须是首先易于认知的。另外，人们通常通过感觉来选择认知与否，所以能够引起人们感觉上共鸣的视觉语言是好的视觉语言。因此，设计应该以追求受众的理解、认同，谋求作品与受众的情感共鸣为最终目标。优秀的设计作品实际上并不在于表达形式的独特、新鲜，而在于能否打动受众的情感。在进行设计时，应该充分考虑受众的审美经验和认同限度、实际需求，然后在发挥设计的主观构思和作品处理中把握好度（即努力诉说设计意图的倾向），以诱导的方式来激发受众的审美潜意识。

当代优秀的设计作品，无不是在表达与理解上找到最佳结合点的。“这种艺术品的本质特征并不仅仅是组合在一起的看得见的一些要素（线条、形状、色彩等）。当我们将注意力集中在它们的性质和关系上时，我们或迟或早都会意识到它们结合起来的意义。这种结合并不是简单的加法，它形成了一种新的形式，一种新的优美，或一种新的力量。”“创造其实并不存在于作品的诞生过程，而是在于观赏者的经验中的作品本身。”①

现代人类社会的生活环境可以说是一个被各种视觉图像紧紧包围的嘈杂环境。拥有一个能够思考的大脑的人，充分地并且不遗余力地通过各种视觉行为传递着各种信息，谋求各自不同的目的。作为具备明确功利手段的视觉传达设计，更是努力实践着传递、说服的目的。

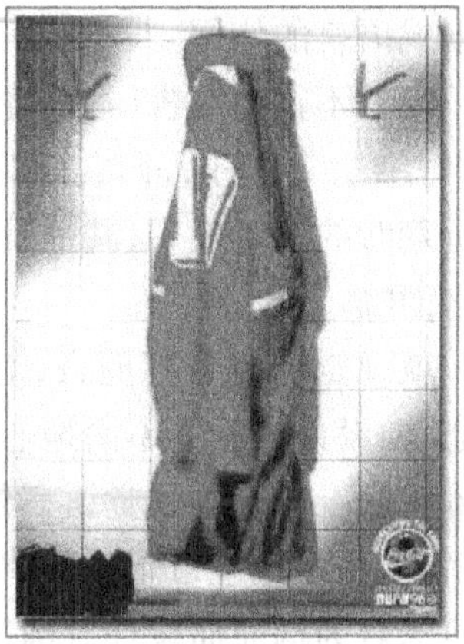

图 11－6　可口可乐广告

设计从进行工作的一开始就具有了主观性（创作者的意识主观性）、排他性（作品本身的独立性）倾向。这种倾向在作品的实践过程中，特别是基于商业视觉传播设计浓厚的功利性目的而被无限强化。例如可口可乐的商标只是“可口可乐”这几个字而已，但它为了在视觉上更加便于传达，为了让消费者能更多地通过视觉语言达到对其产品和品牌的认知和了解，它把其商标和产品的包装紧密地联系起来。因为“可口可乐”产品的消费形态属于感性化产品，所以包装的色彩是比较感性的色彩——红色，而包装的色彩定位之后，在产品的市场推广过程中就永远要围绕这个色彩来进行。用感性的红色引起被传播者的共鸣，比起绚丽的设计更能够打动被传播者的心。当然，这离不开对消费者的调查与分析。参见图 11－6。

现代设计理论首先着眼于视觉。而我们对设计这一对象的把握，以视觉语言为基准的研究意识，无疑是设计最根本的特性。产品设计、服装设计、环境设计等都是在具体的使用、穿戴、居住等行为过程中体会其实用价值与审美价值的统一，感受其设计之意义与旨趣；平面设计则更为集中地体现了一种对即时视觉效应的追求，是在生命感应之流的多向维度上截取的一个精粹的断面，是智性和感性的凝结。

视觉语言对于设计而言，除了体现理性思维的形式结果外，还在于透过视觉语言中内含的思想和情感，可以界定一个设计所要传达的意念，促成设计创造与观者之间的良性对话，实现有效沟通，而对于视觉效果的把握也能有迹可循。

情感表达、信息指示及二者的融合是语言在其复杂的发展中保留的三种特征。语言之中内含着思想与情感，指示才得以准确，叙述才可以完整，联想才能

① 转引自［美］M. 李普曼：《当代美学》. 北京：光明日报出版社 1986 年版，第 55 页。

具体浮现。更为重要的是不断完善的语言体系具备了复杂的文法、固定的语法和普遍认同的语汇，透过一种组织结构上的联结安排，语言不只可以传达多种讯息，更可以进行双向或多向的沟通。这正是设计借以实现视觉传播目的而建构形式语言的依据。

无处不在的广告（或商业美术）为了获得特定的功利而孜孜以求于所谓的“即时结论”，即让人们立即明白刺激的意图，所以须用释放信息的形式来追求视觉刺激的即时效果，其中，设计者苦心孤诣营造的图形世界，其语义的丰富性不言而喻。

就视觉传播目标而言，对于一种意欲表达的意义，须获得一种确切的语言形态，而设计师始终不渝地心仪于创造最佳的视觉语言，借以传达设计理念和艺术主张。设计的视觉语言依靠“理解”，理解是一个文化概念，它有异于科学的解释，更多地包含了一种情感的色彩和与生命之间的联系。为传播而设计也就意味着为沟通而设计。沟通，正是视觉语言的终极目标。

视觉语言对于设计而言，除了体现理性思维的形式结果外，还在于透过视觉语言中内含的思想和情感，可以界定一个设计所要传达的意念，促成设计创造与观者之间的良性对话，实现有效沟通，对于视觉效果的把握也能有迹可循。

四、视觉传达的本质是对人的视觉信息传达

视觉传播是以人为起点，通过媒介把信息传达给人为终点的过程。视觉语言对于设计而言，除了体现理性思维的形式结果外，还在于透过视觉语言中内含的思想和情感，可以界定一个设计所要传达的意念，促成设计创造与观者之间的良性对话，进而实现有效沟通。正因为这是一种有意识的行为追求，所以对于视觉效果的把握也是有迹可寻的。

视觉传达效率的提高，视觉传达系统设计的最终目的，是要更好地传递视觉信息。或者说，让观看者能看见我们想传达的东西，看不见我们不想传达的东西。根据这一目标，首先应以整体的角度对信息进行组织，分清主次，恰如其分地运用视觉的传递能力。对于某些信息的表达，有的要加强，有的则要减弱。从视觉生理的角度，可以发现一些提高视觉传递效率的途径。

（一）增加信息的绝对强度

这是一种使用最广泛的手段，如将展示中的字体或标志做得更大、更醒目，色彩的饱和度更高等，均属此类。这种方法主要是使被传递的信息在强度上高于其他信息，以便排挤掉其他的信息。这种方法的问题在于信息强度的提高不是无限的，过度的视觉信息会提高接受者的生理“阈值”，使之“视而不见”，不利于观众的生理和心理健康。因此，利用增加信息的绝对强度来提高传递效率

的办法是有限的。

（二）增加信息的相对强度

这是一种用来弱化环境以及其他次要视觉信息的方式，以此来突出主要信息，以达到“于无声处听惊雷”的效果。这种方法对现代信息传达设计来说是一种比较合理的方法。与增加信息绝对强度不同的是，增加信息相对强度的方式主要是采用对比的手法，来减少和弱化非主要的信息，使那些不需要直接传达的信息被其他因素“屏蔽”起来。如用聚光照明，被照明的物体突出了，处于阴暗处的物体就被弱化了。

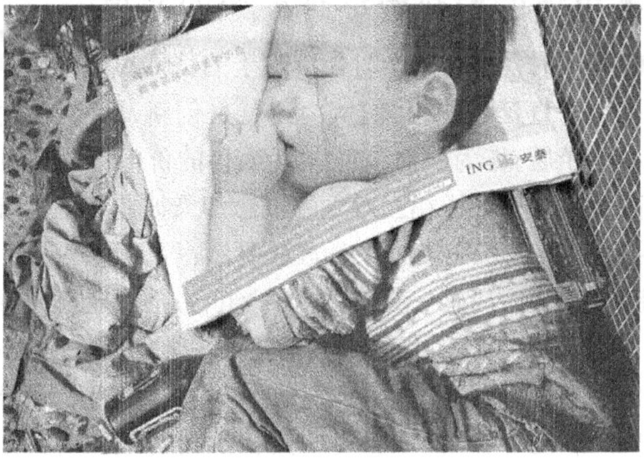

图 11－7　设计中对视觉的重视

（三）提高信息传递效率

一个多维量的视觉形象要占用多维的信息通道，这是不言而喻的。但实验证明，随着人们对这个形象的逐渐熟悉，中枢神经传递这个形象占用的信息通道会愈来愈少，速度也会愈来愈快。例如，辨认外文单词，开始时必须逐个字母辨认，但熟悉这个单词后，只随便扫一下便能辨认出。这说明人在视觉信息传递的过程中，随着传递次数的增加，可以自动地省略一些无关紧要的细节，而把多维量的信息抽象成一个简单的符号来传递和储存。根据这个事实，可将视觉信息与人们熟悉的某种形象或符号建立起某种联系，如用形象符号代替特定的文字，可以大大提高信息的传递效率。

（四）选择最有效的信息表达方式

在人的知觉中，不同信息通道的信息传递率是不同的。实验表明，人眼对一条直线在方向上的变化比其在长短上的变化要敏感一些，对三角形比圆更敏感。这些例子表明，不同的信息表达方式对人视觉的冲击力是有差别的。展示设计的传达体系,要根据需要选择最有效的表达方式。

上述各点仅从理论的角度阐述了一些提高信息传递效率的思路,在实际的设计之中应灵活应用这些理论,从社会学、艺术学、美学等多角度综合去创作。特别是对流行文化和大众审美的把握能力,使视觉设计兼具文化思考、艺术表现和时尚介入。创新视觉设计强调与大众审美、时尚表现之间的密切关系,对流行文化和大众审美能力要有相当的把握能力,使视觉设计有文化思考、意识表现,同时也要有时尚介入。必须承认,当代是阳春白雪与快餐文化并存的时代,我们要创新视觉设计,就不能不把握时尚的流行趋势。

五、视觉传播的创新与技术美学的支持

视觉传播在每个时代都有每个时代所赋予的特殊思想空间,但有一条思想脉络似乎自古至今一直延续着,我们认为这就是创新,即对创造性的追求。所谓创新和继承并不矛盾,作为一对彼此相互依存的价值范畴,它们是不断变化和相互渗透交融的。各种各样相互对立的概念却又彼此巧妙地统一于一体:形式—反形式;目的—游戏;有意设计—无意偶然;等级秩序—无序状态;整体化—解构;所指—能指;距离感—参与;选择—组合;形而上学—反讽;确定性—不确定性。每一种都有存在的可能,而其间正是视觉创新手段的无限空间。

视觉传播的创新对产品也有不可忽视的作用。因为消费者接受信息的时候视觉是主要的元素之一,在推广行为中要让消费者记住的关键要素是频率,而视觉也是需要有频率传达的。视觉的频率不是以简单的次数多少来计算的,视觉的色彩、形状都可以对频率产生影响,所以,视觉传播的好坏是技巧可以掌握的。单纯的写实传达已经不能满足消费者的审美需求,更多的消费者追求精神上的享受。视觉传播的目的在于传递特定的信息,如果不能被大众所理解,就达不到它所要达到的基本目的。当然,有些创意需要被传播者细细品味和推敲,才能体会出设计者的本意。

众所周知,设计是一门综合性极强的学科,它涉及社会、文化、经济、市场、科技等诸多方面的因素,其审美标准也随着诸多因素的变化而改变。艺术本身是一个开放的系统,不断地受到新的技术与意识观念的冲击而更新拓展。因此,视觉创新应立足于合理利用原有基本元素,在原有视觉基础上,通过色彩、图形的创新和组合,使形象适合现代人的美学标准,让视觉形象焕发新的魅力。其实,图形、文字或色彩本身是没有任何情绪的。由于设计经验的积累,才使人感受到粗线的坚实、细线的纤柔,快速的线条有流畅感,断挫的线条有滞凝的感觉;不同字体的文字带给人们不同的情绪;不同色调的颜色包含了不同的象征意义。一个成功的设计者,就是要利用有限的视觉符号,设计出能够有效唤起

观赏者美感体验的作品。通过达意的图形、文字和色彩之善用，字类与词句之妙用，图片及版面之精排，使设计意味深长的字群、图片和空间等关系变成与观赏者之间的一种沟通，而不仅仅只是一种装饰。

信息时代的视觉传播设计已经开始从静态表现转向动态传达，从单一媒体跨越到多媒体，从二维平面延伸到三维立体和空间，从传统的印刷设计产品更多转化到虚拟信息形象的传播，参见图 11－8。

图 11－8　多种视觉要素的大胆组合

随着 20 世纪末数字化媒体的出现，社会环境也发生了质的变化，网络技术、数码艺术设计、数字电影电视、多媒体广告短片等新兴科技在不断挑战当代艺术设计形式的同时，也在充实当代设计的外延。多元化的视觉观念也暗示新的视觉传达方式将要打破传统设计门类的界限，让设计成为一种能够融合多种学科的载体。进入 21 世纪，由于人们对于新的前沿科学技术的迷恋，还导致了不同于以前的心理状态、价值取向、审美意识以及时空观念等。与此同时，也使视觉传达设计由以往形态上的平面化、静态化开始逐渐向动态化、综合化方向转变。

第二节　产品设计与包装设计

从整合营销传播来看，产品设计和包装设计即便不是视觉传达中最为重要的构成，也是最先受到关注的部分。从某种意义上说，设计作为经济的载体，作为意识形态的载体，已成为一个国家、机构或企业发展自己的有力手段。设计是创造商品高附加值的方法，同一商品完全可能因为设计不同而相差甚远。一些知名品牌的价格与非名牌相去甚远，很大程度上包装的差别是造成价格悬殊的重要因素。

一、产品设计与包装设计的消费认同

消费者对产品或者品牌的认同，并不仅仅依靠显而易见的商品功能上的优点，他们做出购买决定的动因往往还包括商品在视觉上给自己的感受，以及由此所带来的社会标记。现代消费的多层次性要求同一类商品有不同的附加价值，因此，运用设计可以将传统与现代相结合，把握市场的文化脉搏与经济信息，针对不同消费层的消费心理和经济状况，开发出适应不同消费者的商品。

在今天这个大量生产和大量销售的时代，产品外形和包装设计是沟通生产者与消费者的最好桥梁。各式各样的产品，不仅设计形式变化万端，而且外在包装也千姿百态，参见图 11 –9。产品设计属于工业设计范畴，工业设计在整合营销传播中已经摆脱了其基于功能价值的原始设计理念，而发展成为一种具有强烈传播效果和营销影响的营销传播工具，这一点只要我们检视一下商品生产和销售流程就会明白。

图 11 –9　具有特色的产品造型设计

现代营销和营销传播提出消费者第一的观念，从而对企业的生产和营销提出了一个既定的运行顺序。然而对于理论上所要求的“消费者需求—产品设计—产品生产”过程，在企业实际运作中却常常是逆向的，很多企业总是在计划扩大销售或占据更大市场份额或减少库存的情况下，才会想到进一步的产品设计，想通过把产品设计得“更好看、更好用”来获取消费者的青睐。只有在这个时候，在产品设计过程中，销售方和设计方才会想到客户和消费者的需求，才会去做市场细分、市场调查工作，形成“以产品为中心—生产产品—产品完善(工业设计)—了解消费者需求—以消费者为中心”的转变。两种思路虽然相反，但有一点却很确定，即不论是正向还是逆向的运动，其核心环节始终是以产品为主的工业设计。可以说，工业设计在这一系列的整合营销传播运动中始终是理念与产品转换的核心部分。

在商品日趋“同质化”的市场上，工业设计使那些在技术、质量和价格上相差无几的商品拉开档次和差距。同时，由于消费者求新意识的增强，新技术含量高、款式设计好的商品，在销售价格上拉开了与技术过时、款式陈旧的商品之间的距离。而且从消费心理上看，优良的外观设计与外观加工质量，更可以大幅度提高消费者对产品整体品质的信任度。

包装也一样，不同的包装方法、不同的组合形式和不同的包装材料，可以带来不同的消费者认同效果。就包装方式的变化而言，其随着市场销售竞争的激烈化，信息化时代企业经营战略的革新，顾客购买习惯的改变而不断发展。在过去，包装只是作为保护产品使其在运输过程中和储藏时不被损坏的一项措施而已。如今，由于生产力的发展，商品在销售市场中的激烈竞争，包装的外形能否直接抓住顾客的注意力，将直接关系到产品的销量。从这个意义上说，商品包装的重要性不亚于商品广告。消费者在购物时，往往会通过包装设计的外表形象去推测其内装产品的质量。商品的包装反映了社会的发展水平，包装设计总的趋势是由繁到简。在今天这个大量生产和大量销售的时代，现代包装是沟通生产者与消费者的最好桥梁。各式各样的产品，应有不同的包装方法、不同的组合形式和不同的包装材料，参见图11－10。

图11－10　酒的包装设计别出心裁

设计产品、包装产品的最终目的都是为了销售，现代包装设计艺术也是因为销售目的的存在而产生存在的。包装的色彩、样式、字体、图案等各个方面的因素，都有可能影响到消费者的购买心情和购买欲望。按照消费心理学理论，消费者的购物行为,在很大程度上都是由冲动引起的。而引起购买冲动的很大一部分因素就是产品的外观包装和造型。因为在购买产品之前无法体验到产品所带来的实际效用,那么外观包装就很大程度上决定了消费者对产品所产生的兴趣。举个最简单的例子,在食品的包装上运用诱人的食物做宣传,能起到好的引导效果,刺激消费者的购买欲望。又比如说,家庭清洁用品的外包装上运用家庭主妇的形象,或者干净的厨房、卫生间等,能引起家庭主妇们的共鸣,从而达到引导消费的目的。总之,现代包装设计艺术是基于销售的目的而产生的,它能使消费者仅从外观上就对产品产生兴趣,进而出现购买行为。

二、产品设计在整合营销中的作用

1980 年,国际工业设计协会理事会(ICSID)给工业设计所作的定义如下:“就批量生产的工业产品而言,凭借训练、技术知识、经验及视觉感受,而赋予材料、结构、构造、形态、色彩、表面加工、装饰以新的品质和规格。”工业设计要凭借现有的原材料、制造技术和工艺,通过产品的造型质量,赋予产品完善而统一的结构和功能。通俗地讲,工业设计就是为了实现或增加某一产品的功能,考虑材料、技术、工艺、环境、市场、文化、心理等诸多因素,从而决定产品的造型外观,使结构和功能融为一体,创造出一个完美的新产品,参见图 11 - 11。良好的功能、结构和外观设计,使消费者易于接受,乐于使用,增强了产品的竞争力,扩大了产品的销量;优秀的设计可以增加产品的附加价值;合理的结构设计,使产品易于装配和运输;等等。而对产品包装、宣传、展示、市场开发等问题的解决,也属于工业设计的范畴。优秀的产品设计不仅能提升产品的销量,而且能带给企业良好的形象。

多年前有关研究机构曾对长沙冰箱市场进行问卷调查,当问到“您购买冰箱时最注重哪些因素”时,有 51.1% 的消费者投了“外观造型”的票,仅次于“产品质量”的得票率。可见,国内消费者正逐渐从经久耐用的初级消费阶段发展到对外观造型的重视。一般来说,消费者认识商品的普遍规律是“技术知识不足,感性认识先入”,所以往往先从产品外观设计的好坏判断产品,而对于产品内在品质的优劣,则是买回去之后在较长的使用过程中才能了解。因此,优秀的工业设计从市场营销角度来看是至关重要的,影响到在多种同类产品激烈竞争的市场上,能否将消费者吸引到你的产品面前,并引起好感,使其下决心购买你的产品。

格伦·厄本曾提出,我们可以将设计过程看作一组管理责任和一组顾客分析。管理方面的子过程代表了新产品团队必须做出三个阶段的决策——市场(机会界定),产品、技术与营销(改进),还有就是商业机会(评价)。也就是说,设计本身就是一个产品的营销管理过程,因此它必然也是对顾客和目标市场的一种分析。可以说在现代营销中,任何产品设计都是一种营销信息的设计,因此作为工业设计主体的产品设计,必然也体现了营销传播价值。

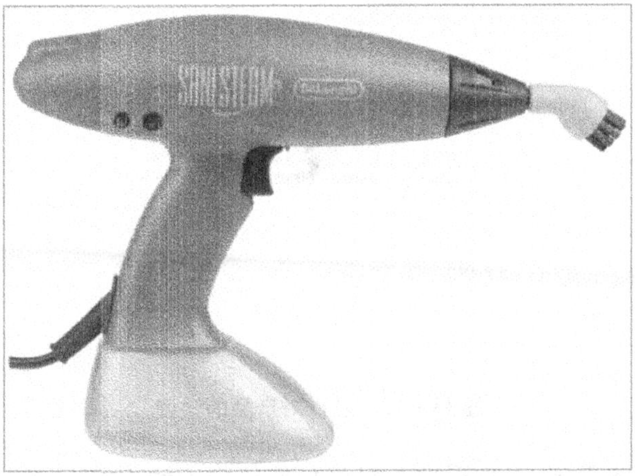

图 11－11　工业设计中的产品造型

工业设计在整合营销传播中的主要作用体现在三个方面:其一,开发贴近消费者需求的产品品种。产品作为企业与消费者联系最主要的传播中介之一,可以与用户进行直接的传播与交流,企业形象在很大程度上是由产品建立的。其二,它可以形成较为广泛的品牌认知度和良好的企业声誉,极大地促进企业品牌的广泛认知,并产生巨大的市场影响力。其三,运用产品设计可以将市场需求和产品生产有机结合,为营销传播提供全新的起点,真正发挥整合营销传播的优势。

三、通过设计吸引注意,抓住消费者的目光

设计师必须在有限的时空里捕捉到顾客的兴趣。尽管人眼可以浏览宽广的区域,但在一瞬间焦点所对准的视觉区域部分却小得惊人,大概仅限于一臂长远,手握一枚硬币这么小的范围。人们一直自以为清晰地看到每样东西的体验,实际上是一种由眼球不停转动所产生的错觉:大约平均一秒钟内更替 4 ~ 5 次新观察点。尽管色彩或多或少可以直接通过整个视野来搜索感知,但只有凝视中央一个限定区域内,才可以清楚地读到一个字或者形状符号。其结果是当观看一个广告、海报、包装或展览时,色彩常常第一个抓住人的眼球,其次是图片,然后是一些符号、标志及文字(参见图 11－12)。

单色或组合色彩均可被迅速解读,无须经过翻译,并且比形状、文字或图案

图 11－12　设计对产品的强调

更能从远距离感受到；多色形象一般可预期得到大约 40% 的刺激，而且比黑白或单色更感性、有趣。在琳琅满目的超市货架上，包装设计竞相斗艳以争夺顾客的注意力，楚楚动人的色彩因其联觉作用产生超前销售效应，从而减少销售阻力，尤其是由于现代零售业的标准化已经大大减少了包装尺寸、形状和比例的多样性，因此，产品包装色彩连同销售点背景色，特别能够帮助人们从一组相似商品中挑选出自己熟悉的产品来，这也就是现代包装大多“以色诱人”的原因了。只有在第一眼就抓住顾客的视线，才有可能引导消费者进一步看下去，而色彩就能很好地做到这一点，达到抓人眼球的效果。

一般来讲，如果我们不能在 6 秒之内找到正在观察的东西，就很有可能迅速转移视线去追寻另一目标，而色彩正可以给人们留下这片刻的印象。产品一旦进入成熟期，内在技术含量的竞争力就会下降，继续维系其质量优势的便是外观形色，而购买者对于形状或机能需经反复玩味才能做出决断，只有色彩印象才是最本能、下意识的一次性视觉选择。以橙色为首的原色最具强迫性，易使人产生冲动性购买欲，然而，那种认为高鲜艳度色彩组合最具能见度的观点未必正确：诸如黄与紫、红与蓝等强对比色组合也许在视觉上互相抵消并导致不适刺激和排斥，而在以明度差异为特征的色彩设计中，往往呈现出更引人入胜的视觉面貌和可读性，就像交通道路标识和信号那样。

在白昼，色觉通常对黄色光最敏感，这便是黄色在彩虹中作为最浅、最明亮颜色显现的缘故。黄与黑并置呈现最高的能见度，其余则依次为蓝底白字、绿底白字、橙底黑字、黄底黑字、白底黑字、红底白字、黄底红字、白底绿字以及浅绿背景上的深红文字。发光或者荧光涂料呈现出比普通表面色更高的能见度,因而在危险处或发出救生指令时特别管用。这类颜料具有一种从太阳中吸收不可见紫外线光能量以及可见光形式慢慢释放的能力——之所以能在黑夜中闪闪发光都是因为这个。磷光橙色救生设施和救生衣在黎明和黄昏时分尤其看得清楚,因为深蓝色的海洋为其提供了最高的对比度。在吸引观者注意力这一点上,商业和非商业性用途都很广的色光要比表面色更有效,如旅馆招牌霓虹灯和交通信号灯设计。总之,色彩固然能起到抓住眼球的效果,但是最重要的还是在运用上,并不是所有的高鲜艳度色彩都可以,要注重色彩的总体搭配,以及色彩与产品之间的关系。如果在食品的包装上运用了影响食欲的颜色,那么相信就算颜色再鲜艳,也无法引起顾客的购买欲望。

在成功拦截观者原本不停扫描的视线后,若嫌其逗留时间太短,那么,设计师的第二个目标便是维持其兴奋点和兴趣,直到消费者读取完所有相关信息为止。仅仅由于色彩的存在便可产生视觉愉悦:尽管尺寸、字体、位置以及纸质、印刷质量是显而易见的附加因素,色彩图文要比黑白图文更能持续提供吸引力和个性魅力,如彩色邮寄广告可比无色传单拉动更多的回邮率。据估计,超级市场货架上的包装设计欲捕获顾客的注意力,必须在不到 1 秒的时间之内完成这项工作;同样,一则彩色杂志广告,读者通常平均保持 2 秒的注意力,在如此短暂有限的时间内,色彩及其组合的简洁性是在任何设计中都要绝对需要遵循的法则。

但在简洁的同时,更要注意运用色彩的组合跟搭配,来维持消费者的注目点。只有在吸引注意的基础上做到保持注意,那么才有可能最终达到引导消费者购买的目的。斯沃奇表(Swatch)就已经把产品设计转型为艺术形态,把艺术风格融入品牌定位、包装和促销活动中。颜色、重量、风格和形状都能传递出模糊的讯息,这就像消费者只要看到某种特定形状的瓶子,虽然瓶子上一点记号都没有,但大多数消费者还是能够辨认出那是可口可乐的瓶子。因此,设计作为一种营销传播,本身就具有把消费者引向购买的意义。

另外,设计在续购上扮演着极重的角色。如果啤酒瓶盖很难打开,消费者的续购意愿就会大为降低;在长途旅行时,汽车座椅若会令人产生疲劳,汽车厂商很快就会在汽车杂志/报纸的抱怨下,业绩大为下滑。如何实现广告营销传播与工业产品设计的互动,很大程度上取决于各方对现代整合营销传播的理解。不论是设计方还是广告方,都不可能独立地将一个新产品推向市场,重要的是广告方通过营销手段对设计进行必要的管理,而设计方可以从广告商那里得到更多的市场信息。在以资料数据库为基础的整合营销传播中,提供数据的广告方无疑是设计方的基础。而另一方面,广告可以将推出策略、执行创意的起点落在工业设计上,真正实现产品满足客户需求,从而输出合理的广告营销方案。

营销和设计都必须以人为本。工业设计也是技术和生活的桥梁。可以想象,高科技产品即便具有强大的功能,若不配合关于造型、色彩、材质及操作方面的人性化设计,终难以为消费者带来相对便利的生活。只有当工业设计师为高技术赋予适当而亲切的设计,消费者才能真正享受到高科技所带来的舒适生活。这就需要工业设计师的大胆创新,创新也是整合营销传播的重要内容。现代工业生产给我们带来了丰富的产品,不论是生活的哪个方面,都能找到足够的产品来进行选择,而现代产品设计和包装设计艺术则是给产品穿上了漂亮的外衣,以达到吸引消费者的目的。俗话说“爱美之心,人皆有之”,漂亮的外形和包装已经成为影响产品销售的一大关键。

第三节 环境设计与场景再现

设计不仅表现在产品和包装之中,而且体现在营销环境和各种促销展示之中。前者主要是就各种商业卖场以及陈列设计而言,后者则体现为一种专业性的宣传展示。经济社会的发展和各种信息的大爆炸,使原来一成不变的单调设计方式受到人们多元化需求的冲击。求新、求变的新生代人群从思想上为这一时期的设计发展提供了未曾有过的选项。人们对于视觉传达设计的态度已经不再是基本功能、属性上的满足,而更多地希望其能够日新月异,并更加个性化,更加关注自我心理层面上的需求。这就要求我们以顾客或者读者的需求为前提,而不是以自我为中心。

一、环境设计

环境设计与产品设计的区别是:环境设计创造的是人类的生存空间,而产品设计创造的是空间中的要素。广义来说,生存空间泛指我们生存的整个世界。所有生物包括人类,都无法脱离这个空间,因此,基础环境设计包容量是极大的。按照生活层次的组织关系,环境设计逐渐分化,对不同的研究对象进行了分类:建筑、园林、城市……这种现代学科研究的分类是人们的认识由混沌走向明晰的演变结果,也是环境设计不断深化过程的表现。

(一)环境是对人类生存空间的设计

由于设计理念中对设计责任的重视程度大幅度提高,造成了在传统设计基础上的各种新设计的萌发。同时由于物质上的极大丰富,消费水平的大幅度提高,人们对于精神方面的需求也发生了转变。相应的,视觉传播设计也逐渐走出了过去一味追逐功利性的阴影，关注人类的生存环境与状态成为其新的课题。人们期待新的文明社会能够充满活力，人类在自身的生存状态、自然环境与技术之间寻求平衡。人们认识到了科技所扮演的角色，就是充当人类与自然相生相伴的工具，而设计的意念是可以驾驭它的重要元素。因而出于对生存环境的眷顾，在商业设计中对绿色设计、人文设计的呼声越来越高涨。与此相对应的是，以生存和生命为背景的设计课题与学科也相继不断涌现出来，参见图 11－13。

图 11－13　绍兴柯桥人文景点"未庄"

众所周知，希腊神庙采用的是简单石材和落后的施工方法，却给人类创造出了灿烂的文化奇迹。中国古典宫殿、寺庙、民居、园林建筑也多是采纳砖、木、瓦、石等一般材料建造的，其空间组合和细部处理不仅在东方大放异彩，在世界上也是闻名的。设计师犹如裁缝，既能做高档料子的服装，也能做低档面料的衣裳，其关键在于"巧于设计"。只有设计师肯于苦心经营、反复推敲、巧于构思，才能把握住不同标准的要求，既能创造出富丽堂皇的效果，也能创造出清幽淡雅的效果。这要依建筑空间的性质确定其设计构思意图，绝不能本末倒置，使设计构思意境受到人为的局限。

现代展示是一个有着丰富内容，涉及广泛领域并随着时代发展而内涵不断充实的课题。展示环境的设计也是一个以环境艺术设计学科为主，涉及其他多种相关学科的设计领域。在设计方法和设计程序上，展示环境设计具有环境艺术学科相关的领域（如室内设计、公共空间设计、景观设计及视觉传达设计等方面）的特点，同时兼有自身的专业特征。从 1851 年伦敦"水晶宫"世界博览会到 2000 年德国汉诺威世界博览会，世界性的博览会已经有 150 年的发展历史，并出现了各种世界规模的交易会；从迪斯尼乐园到各类商业性的娱乐场所、商品展销会、各种商品陈列等，都是我们熟悉的现代展示设计实例。尽管这些展示在规模和性质上有着很大的差别，但在设计的性质上有着相近的特点。

近十年来，世界各国许多文化性的展示都呈现出高投入、长期化的趋势，一些著名的博物馆，如伦敦维多利亚和阿尔伯特博物馆（Victoria and Albert Museum）、海沃德画廊（Hayward Galary）、纽约大都会艺术博物馆（Metropolitan Museum of Art）和现代艺术博物馆等都不惜巨资，投入大量人力物力，运用最新科技成果，使展示成为一种融合尖端科技和密集信息的艺术性的文化活动。与此同时，旅游业的发展使各国都认识到这项“无烟工业”带来的巨大经济效益，这也促使各国举办各种介绍当地人文历史、风土人情的展览，组织各种传统的节日庆典活动，展示具有历史意义的建筑和景观，想方设法以各种方法吸引旅游观光的客人。而用现代的展示手段形象地再现各种失传的传统手工技艺、风俗人情，更是现代旅游文化的重要方面。

（二）商业和购物场所中的环境设计与展示设计

商业和购物场所既是人的生存空间，也是不同品牌的商业竞争空间。商业环境设计指各类商场、商店、超级市场、售货亭等商业销售环境的展示设计。作为一种以视觉传播为主的顾客接触空间，以大型百货商场、超级市场和各类专卖店、连锁店为代表的商业购物场所，为了在激烈的商业竞争中取胜，都不惜把巨大的财力和物力花费在广告和展示上。各种购物环境设计、橱窗陈列、POP设计等，每每标新立异，推陈出新。成功的商业环境设计既体现了人性化的环境需求，也表达了相应的商业推广意义。

由于现代化的购物环境往往采用开放式的销售方式，因此，购物环境的设计就必须与商店的室内装修相协调，采用适合于销售商品的陈列、展示方式。灯光照明、货架、货柜、展台、柜台等要方便顾客选购；广告招贴布置既要醒目，又要协调。在一些现代化的大型商场里，还可能设有快餐、酒吧、银行、邮电等设施，这些空间的设计，也都和展示环境的设计有关。

广告橱窗的设计也是购物环境的一部分，橱窗是商业的窗口，也是一个城市中最重要的都市景观之一。在市场经济高度繁荣的都市，橱窗也是商业竞争的阵地。商店橱窗没有固定的规格和模式，多取决于商店建筑的格局和布置，通常有封闭式、开敞式和半开敞式等形式。橱窗的设计除了充分展示商品的功能外，还要充分考虑到多维空间的关系、立面构图、色彩调配、照明等诸方面的因素。橱窗设计是展示中与市场经济关系最密切的设计活动，它的设计成功与否与商品的营销效果有直接的关系；同时，它既是商品的广告媒介之一，又是城市整体景观的组成部分。商店的条件和周围的环境都制约着橱窗设计的效果。

此外，商品的类型也使橱窗的展示形式有很大的不同。因此，在橱窗的设计中必须注意以下几方面的问题。

（1）根据商品的特点来决定陈列的形式，准确地表达商品的特点。如服装的陈列，最佳的方式是立体展示，即以模特儿穿着的形式来展示。而同样是服装，又以系列展示效果为好。

（2）橱窗的展示要符合商品使用的逻辑和规律，避免出现反常和违反逻辑的现象，以免引起顾客的反感。作专题展示或场景式展示时，道具的选择也要合理。

（3）橱窗陈列所用的道具和配景物必须与展品的色彩、造型等方面谐调，避免喧宾夺主。橱窗陈列在设计上要注重“创意”，注重设计的“人格化”和情节性。

（4）要利用商品和道具的特点，营造一种能够引起顾客好感的气氛，并在这种气氛中使商品的特点得到有效的展示。

（5）如果橱窗是开放式的，即橱窗与商场之间没有屏障，要注意处理好橱窗本身与背景的关系。

二、展会设计

展览会和交易会已经被普遍看作一个企业与大量预期顾客进行面对面接触的有效途径。无论是从其成本还是传播效应来说，它都远远低于人员推销的成本。由于通过一种特殊方式将买方和卖方聚集在一起，它也许是现代商务与传统市场最为接近的地方，在现代营销和营销传播中已经被视为理想的营销实践范例。

（一）展会设计是商业展示与营销事件的结合

随着展会形式的不断推进，营销和营销传播中的大量资金正在向形形色色的展会汇集。在英国，1997 年仅仅是用于商贸会、消费品及农产品展示会的投入大概是 8.49 亿英镑，这大约是电台广告投入（3.39 亿英镑）的两倍，这个数字也超过了各种消费杂志的广告数额（6.60 亿英镑）。如果再加上各种企业和私人展示会的投入，那么用于展览会的投入总额几乎可以和全国的报纸广告经费投入一较高下。① 显然作为一种有效的营销传播形式，展会的一个突出之处就在于它是展示艺术与营销事件的完美结合，因此，设计和视觉传达在展会中就具有特别的意义。

展会的设计已经成为一项极其重要的内容，在一些世界性的交易会上更是

① ［英］吉姆·布莱恩：《营销传播经要》，北京：电子工业出版社 2003 年版，第 143 页。

如此。比如,1992 年的西班牙塞尔维亚世界交易会曾聚集了无数的展示设计师,他们在 94 个展区为 100 多个国家工作,在这个人口不到纽约 1/20 的城市举办的这次交易会,在 6 个月中吸引了 4 000 多万观众。原来以经济和贸易为主题的世界博览会,如今已经发展成为以进行国际文化交流、展示技术进步、促进共同繁荣为宗旨的世界性活动。2000 年汉诺威世界博览会更与往届世博会着重展示高新技术不同,其主题是"人类—大自然—科技:一个新世界在诞生",通过倡导新的生活方式,使地球的明天变得更好。主办者认为这是一次全新的世界博览会,它展示了技术的进步是如何为实现人类与自然和谐相处的新目标而服务的。在这次世博会 170 公顷(相当于 300 个足球场)的展场上,主题公园、展馆、全球性项目以及丰富的文化娱乐活动应有尽有。有 173 个国家和地区以及 14 个国际组织参展,其从展示设计的角度而言,设计的目的并不是展示本身,而是通过设计,运用空间规划、平面布置、灯光控制、色彩配置等手段,营造一个富有艺术感染力和艺术个性的展示环境;并通过这一环境,有计划、有目的、合逻辑地将展示的内容展现给观众,力求使观众接受设计者计划传达的信息。从这个意义上说,商业化的展示也是一种特殊形式的广告。

在中国,展览业已成为第三产业的一个重要方面,并以每年 20% 的平均速度递增。展览会之所以发展如此迅速,很大程度上是被其给商业贸易带来的巨大商机所拉动。据英联邦展览会联合会的调查,通过一般渠道找到一个客户需要的成本是 219 英镑,而通过展览会寻找客户的成本仅为 35 英镑;而国际上组织展览会本身的利润率可超过 25%,是高利润、无污染的"环保产业",同时对相关的住宿、旅游、运输等产业也起到了良好的带动效应。举办展览会本身的利润只占综合利润的 10%,其带动的产业利润高达 90%。展示活动的另一个方面,即各类博物馆(包括科技馆、美术馆、主题公园等)作为一个国家或地区文化建设的重要方面顺势而起,这些在完成展会任务的同时,也成为一种重要的文化资源,在旅游等第三产业中担负着重要的角色。随着国家经济结构的调整、旅游资源的开发以及国家对文化建设的投入,各地博物馆的兴建和更新都对展示设计提出了更高的要求。这些对展示设计科学和艺术的发展是一种直接的推动。

展览业的兴起是展示艺术和展示科学化发展的前提。随着计算机科学、材料科学、建筑科学、照明科学及其他相关技术的突破性发展,展示设计艺术也获得了相应的进步。科学和技术上的进步与突破,往往先通过展览等方式向企业和大众传达信息,并谋求推广和转化为新的生产力。因此,新技术往往就是科学展示手段的直接提供者。建筑观念和建筑技术上的进步也往往先通过会展场馆的建设体现出来,从"水晶宫"博览会的展馆到巴黎蓬皮杜艺术文化中心的建筑，都体现了时代建筑发展的新趋势。从展示设计的角度看，艺术风格的变化和流行的时尚也会通过展示艺术的设计传达给公众，甚至在一定程度上，展示设计对各种时尚的流行还起着引导作用。有关信息显示，展示设计就是围绕如何有效地提高展览活动效率和质量进行的。

（二）展会的设计原则与总体设计要求

除了展示环境本身的设计之外，展示对象陈列形式的设计也是展示设计的重要内容。因此，研究展会设计除了研究一般空间设计的基本法则外，研究人在观赏展示对象时的视觉生理和心理过程是展示设计的基本前提。展示品的集合将形成多种视觉因素，这些因素在不同程度上会对视觉产生影响。人类观察事物的方式具有一定的共性，视觉心理和艺术心理方面的研究成果被广泛运用到现代展示的设计之中，基于在视觉行为方面的共性，展示设计中引入了许多平面构成、立体构成和色彩构成方面的原理，并在展示设计的实践中形成相对完整的设计原理和法则。

直线在视觉中是最常见的现象，也是展示设计中运用最广泛的视觉元素之一。直线在几何学中表示两点之间最短的距离，具有较强的视觉张力。展示中出现的不同类型的直线，分别呈现出不同的视觉效果。有序地排列的直线具有明显的秩序感，并能有效地统一整个展示面；由于人的视觉习惯作用，水平的直线与垂直的直线具有不同的效果。水平的直线具有引导视线、吸引观众的作用，中心点有辐射状的直线，视觉的吸引效果最强；而垂直的直线则更多地具有分隔画面、限定空间的作用。

实际上，展示设计几乎贯穿了整个展示活动的全过程。就其性质而言，展示设计主要包括两方面的工作：一是文案工作，主要包括展览的计划安排、文字脚本的编辑工作；二是艺术上和技术上的设计。前者主要决定展示的主题及内容，确定展示的目的和宗旨、对环境气氛的设想，以及编排展示的程序、撰写文字说明等。这项工作的成果主要以文案的方式提交给有关部门审核，并为后期的设计工作提供有关依据，保证设计工作的开展。后者的工作则集中在确定整个展示活动的空间形态、平面布局、参观流线，以及设计整个展示活动的色彩、版式、装饰风格与形式，决定照明和道具的形式，规定展示的艺术手法以及展示品陈列布置的方法等，并在设计完成后，以图纸等表达方式将设计结果传达给施工制作部门。作为展示设计的两大内容，这两方面的工作在开展过程中并不是截然分开的，它们甚至在大多数时间还需要互相交叉、彼此合作。一项展示活动的成功与否，展示效果的好坏，艺术性的高低，既取决于这两方面工作的成效，也取决于从事这两方面工作的专业人员的配合与合作。

就整个展示设计规划而言，主要可以分为总体设计和具体设计，其中总体设计对展示设计具有主导意义。所谓总体设计是在一个宏观的水平上对整个展览的空间布局、艺术风格、整体形象及重点表达方式所进行的设计,是一种规划性和对具体设计起到指导性作用的设计活动。强调展示空间的变化,是总体设计的主要目的之一。展示的总体设计在空间的设计方面,实质上是一项展示环境的空间规划设计。空间的设计首先就必须以空间的变化和空间的形象来引人入胜,在形象上、结构上、色彩上要新颖,有个性、有变化、有对比,同时又要合理。可以说,空间关系的设计是展示总体设计的基础。展示设计是艺术的设计,在艺术的表现形式上要不断创新,才能使展示活动富有艺术吸引力,因此,艺术形式上的新颖也是设计所要追求的目标之一。所谓形式上的新颖,除了空间形象、总体色调等方面的独特外,在总体的平面布置、展区的组合方式以及照明方式上一般也都有充分的设计余地,因此,总体设计师可以尽可能地在这些方面发挥新的创意,创造出更多的艺术形式。在总体设计的过程中要形成展示活动的整体形象。

现代展示设计往往都引入了“企业形象系统”(CIS)概念,即将整个展示活动视为一个系统的活动,在这个系统的活动过程中应当有一个统一的形象,以利于整个展示活动的对外宣传和推广。这个形象系统往往由统一的可视化形象或形象化的规则组成,如标志、符号系统、色彩系统、吉祥物和口号形式等,还包括这些内容的应用规定等,而这个系统的形成对后期的具体设计实施都有限定作用。此外,展示活动是一项面向公众的社会活动,其传达信息的科学性和真实性必然具有社会影响,要使展示活动产生良好的社会效益,必须保证展示内容的科学性和真实性。而在展示设计中采用的各种手法也应当确保这种科学性和真实性的传达,并使现实的科学性与真实性转化为观众喜闻乐见的形式。设计者必须对展示的内容、观看展示的对象、展示所要达到的目的等都十分明确,才能主持好总体设计,绝对不能以个人的偏好来进行主观臆想。

展示活动的艺术设计也称为图式设计,这是展示设计师将自己的设计意图诉诸表达的过程,是使展示主题和内容形象化,使展示活动从脚本变成现实的必要步骤。艺术设计贯穿在总体设计和单项设计之中。艺术的总体设计涉及整个展示活动的总平面布局,展示空间的组织与变化,总体的色调与各局部的色彩对比关系,统一的版式设计,照明形式的确定,装饰形式的确定以及与展示有关的其他项目,如会徽、宣传品、纪念品、票证等的设计。总体设计师在这一过程中必须以整体的观念来从事设计活动,全面统筹,以保证展示设计的完整性,这一过程还必须以形象的方式表达出来。一般总体的艺术设计包括平面布局示意图、展示空间预想图、色彩效果预想图、版面设计示意图以及照明效果预想图等一系列表现图。因此,作为总体设计师,掌握娴熟的效果图技法是必需的。

（三）展会设计在视觉传达上的技术追求

技术设计工作是艺术设计的补充，也是整个展览的技术保障工作。为了艺术设计效果的实现，必须解决在艺术设计过程中提出的技术上的问题，还必须用技术性的表达方式来进一步陈述设计的意图，这项工作就是技术设计。技术设计需要进行的工作包括：出具与展览建筑相符的、并标有精确尺寸的平面图、立面图，照明、动力电和线路设计图，道具制作图以及其他特殊设计的施工图等。这些技术性的设计工作，有的必须由总体设计者承担，有的则必须在总体设计师的具体指导下由具体实施的设计师完成。这些技术性的设计是整个展示设计艺术效果的保障，对后期的具体设计实施都有限定作用。

与其他建筑的空间感受不同的是，在展示空间中，观众只有在运动中将各局部的空间艺术把握后才能综合地得出整个展示艺术特征的总体印象。对展示的观赏必然是一种动态的观赏，艺术的组织侧重于动态，在于流动之美的创造，在三维空间的基础上充分运用时间这第四维，是创造动态空间形式的根本。在视觉艺术中，时间是一种心理体验，它具有很大的不定性，视觉艺术家一直在尝试运用暗示的方法来表现这种体验。对展示艺术来说，它的表现具有特定的艺术语言和手法，综合起来看，这些语言不外乎下列几方面。

1. 视觉暗示。展示形式是一种视觉艺术，在视觉的诸种造型因素之中，有许多方面具有与时间艺术相仿的特征，如节奏与韵律、渐变与特异；造型艺术中线的长与短、点的聚散、光的强弱、色的冷暖等均以一定的比例构成各种节奏与韵律。在展示空间中的这种节奏变化和韵律呈现等在一定的条件下也会暗示时空的变化。因此，有意识地利用这些视觉艺术特征，也是构成时空暗示的手法，如在展示中经常用线条构成节奏变化，通过色彩的渐变和其他手法构成韵律感来暗示时空的推移。

2. 心理提示。即在展示过程中，通过展示的内容引导观众联想起时间的变化、年代的变迁、事物的演变等，使思维逻辑上的延伸与时间形成一种心理上的时空变化。例如，展品陈列采用年代上的分期排列，呈现事件发展过程等，因为其形象化的展示可使观众沉浸在一种虚构的真实之中，这种虚构的时空变化可以使观众体验到一种时空艺术的魅力。

3. 动态展示形式。随着现代科技的发展，许多博物馆的展示形式已打破了以往静态陈列的格局，出现许多动态展示的形式。这种动态展示的形式就不仅仅是点、线、面、色的结合，而是运用了现代科技的手段，利用视频、音响、激光全息摄影、数码技术、计算机模拟仿真技术等方法，在展示现场中创造一个更为逼真的场景，使观众完全置身于一个更为真实、更为可信的“虚幻”空间中，仿佛形成一个跨越时空的“时光隧道”。这样时间和空间的距离被改变了,在这种动态的时空和以时空变化延续的时间中,观众用自己的心理变化来体验运动的客观世界。

三、场景再现

网络和信息技术的发展,通过现实与虚拟的叠加,把原本纯粹物理形态的空间展示延伸为一种更加丰富的数字化网络形态,于是人们的目光再次聚焦于一个传统而富有新意的概念——场景。这是一个既有多重含义,又极具创新性和认知价值的概念。因此,我们将结合对这一概念的认识,进一步介绍场景要素和场景思维。

(一)场景概念

场景(scene)这个术语原本来自于影视戏剧,指的是情节中的某一情景片段,或者是某种场面、背景,具有较为明显的视觉和动态展示特征。这一概念常常也被引申到文学创作的描写中,同时在其他的语境中其所指则更加宽泛。随着数字化网络信息技术的日益发展,尤其是在移动互联和社会化媒体时代,这一概念被赋予了新的意义。

网络信息技术语境中的场景(context),是一个既有继承性又有原创性的全新概念,它脱胎于影视戏剧术语,但又不是简单的影视戏剧创作术语。正如逻辑思维联合创始人吴声所说:“当这个词被应用在互联网领域时,场景通常表现为与游戏、社交、购物等互联网行为相关的,通过支付完成闭环的应用形态。我们通常称之为应用场景。”①这种对场景的理解,大大拓展了对传统影视、戏剧乃至于文学创作等语境中的场景的认识,在这里场景不仅仅是一个视觉性转化形态,更是一个叠加了视觉与行为逻辑的存在方式,几乎就是移动互联状态以及社交媒体和网络共享中现代人生存环境的全部可感知性表达。由简单的视觉传达和设计展示,拓展为更加广阔丰富的场景,实际上也代表了我们对这一传统营销传播方式的反思和重构。

场景是移动互联状态中的进入切口,也是各个不同的个体和群体相互之间的连接方式,由这种连接所创造的独特价值就形成了体验,促动了消费,甚至创造了生存的意义,所有这些在网络营销中更为具体的表现就是应用场景和支付场景。比如,你通过手机软件直接进行线上打车,通过微信扫描完成订单,通过大众点评点外卖,等等。所以场景不仅仅是一种应用工具,也是一种能力的体现,更是一场代表了思维方法论的认知革命。场景是最真实的以人为中心的

① 吴声:《场景革命:重构人与商业的连接》,北京:机械工业出版社 2015 年版,第 28 页。

体验细节，它是一种连接方式、价值交换方式和新生活方式的表现形态。场景的构成堪比新闻五要素——时间、地点、人物、事件、连接方式。同时，场景本身特有的存在形态，又真正实现了线上与线下、虚拟与现实、时间与空间的融汇与叠合，从而引导了传统视觉展示从以现场设计为主，走向更加多样化和深邃化的全面更新。譬如一场视频会议或者一个商业展示，就包括了运用什么样的现场、在什么时间、有什么人参加、音频或者网络连接入口、会议中心问题的精确描述，或者是展示中即时交易的完成等。基于网络和移动互联的场景形态，几乎不存在对人数进行限制，人流控制更多是数据采集需要，这些都可以说是场景的集中体现。

（二）场景要素

所谓场景要素，主要是指构成场景的基本技术支持。全球科技创新领域最知名记者，也是美国最多人阅读的企业博客作者，被称为“科技大神”的罗伯特·斯考伯（Robert Scoble）认为场景时代的到来取决于五种技术力量，即“场景五力”：移动设备、社交媒体、大数据、传感器和定位系统。① 由于它们的联动效应，未来25年互联网将进入新时代——场景时代。当然除了这五种技术力量的共同作用，也离不开人也就是用户的交互。

1. 移动设备。早在2012年，全球手机的拥有量就已经超过世界人口总量，平板电脑也数量激增。移动设备的发展不仅仅是智能手机，谷歌眼镜也已经不是什么新鲜玩意，日新月异的可穿戴设备正在被应用于诸多领域，深入到人们的工作、生活、商业、娱乐、健康、安全等多个方面。而且这种应用正在随着技术和人性的融合，向我们无法想象的领域不断延伸。

2. 社交媒体。当十多年前 Web 2.0 引导我们进入博客、播客时代时，“社交媒体”和“社交网络”的概念还没有出现，尽管我们也有微博，也有诸如 MSN 和 QQ 这样的即时通信工具。但是，如今这些已经构成了一个巨大的用户交互网络，几乎所有的移动互联中都包含了社交媒体的功能，比如我们手机上的微信软件，其功能已经远远超出简单的信息传输。社交媒体对场景而言，其重要性就在于正是通过在线交谈，我们明确了自己的喜好、所处的位置以及所寻求的目标，它与其他技术要素的结合势必成为场景个性化的内容之源。

3. 大数据。只要想到牛顿时代剑桥大学三一学院的图书馆藏书只有300余册，而现在全球每天的数据量就相当于70个美国国会图书馆的数据量，我们就会意识到这个时代的数据之“大”。大数据改变了过去可感知的小数据状态

① ［美］罗伯特·斯考伯、谢尔·伊斯雷尔：《即将到来的场景时代》，北京：北京联合出版公司2014年版，第14页。

下人的思维、决策和行为方式,但大数据同时也远远超出了人自身的承载能力和分析能力,所以现代人必须借助于数字技术认识数据,从充斥在各种网络空间、社交媒体和移动设备的数据中,提取那些对自己有意义的数据。最简单的如我们寻常使用的数据搜索,运用谷歌或者百度搜索引擎,可以迅速简单地获取自己所需要的数据信息。

4. 传感器。传感器是人类接受外在信息并形成信号转化的技术设置,其被广泛运用于各种运作系统中。2007 年 1 月史蒂夫 · 乔布斯推出苹果手机,使得传感器迅速进入人的个体生活。现在以智能手机为代表的移动终端传感器,不仅具有一般的移动互联功能,而且可以定位,记录我们的行踪,提醒我们上班的时间和交通,还监控我们的健康,帮助我们完成各种定制购买,等等。所有这些,都超出了人们的自我能力,而且随着物联网和智能化的发展,传感器将成为人类实现接触的不可或缺的感官。

5. 定位系统。所谓定位系统,就是以确定空间位置为目标而构成的相互关联的一个集合体或装置。不论是谷歌地图还是百度导航,今天的数字定位系统的普及和便利化应用,已经大大超越了人类过去的想象,而各种技术软件的不断提升又使得定位系统更加具有场景价值。一个典型的说法是"无定位,不场景"。定位对空间位置的确定,可以准确地完成场景现实与虚拟的结合,而且帮助人们完成现实中无法叠合的场景。比如,一个商业展示可以把不同国家的不同用户集中到一起,还可以借助于大数据对不同时期的不同形态进行对比等。

(三)场景思维

以色列天才学者尤瓦尔 · 赫拉利在《未来简史》中谈到,就目前而言,人类所感知到的所有事物,几乎都可以采用"算法"来解构。① 毫无疑问,我们处在这样一种发展格局下,技术的力量正在重新塑造人类,营销交换乃至于人的存在形态,都将受到场景的影响甚至为场景所支配,所以我们必须要学会场景思维。一位专注于互联网数据分析运营的网络工程师袁帅,曾在网络社区"知乎"上分享了他对场景思维的认识。他认为场景化思维注重用户体验,产品设计更多围绕用户的实际情况和消费习惯展开;通过行业间的跨界融合和由此衍生的社群效应,对消费市场递次迭代,达成商家与消费者之间的黏性互动。我们结合有关认识思考,归结场景思维具有以下几大特点。

1. "场景"无处不在。特定的时间、地点和人物存在特定的场景关系,延伸到商业领域便会引发不同的消费市场。传统电商,一般是把消费者的购买从

---

① [以色列]尤瓦尔 · 赫拉利:《未来简史》. 北京:中信出版集团 2017 年版,第 75 页。

线下实体搬到线上，但在移动互联网时代，智能设备的广泛应用把人们的时间碎片化分割，消费者不再局限于PC端的鼠标点击，信息渗透无处不在，消费行为变得移动分散。

2. 个性化体验。体验是场景化思维需要考虑的要素。无论是企业的营销宣传，还是产品的实际使用，体验始终是人们首先接触并且最关心的。这一点在虚拟的网络世界中尤其突出。人们除了工作，还会接触其他多种场景，如超市、影院、公园等。保持品牌黏性，维护好消费者关系的最好办法就是融入他们的生活。生活由一系列的场景组成，所以要超越以往程序化的思维定式，充分利用碎片化时间，串联各种生活场景，最大限度地激发人们的消费欲望。

3. 跨界性融合。多元化的网络特征，使不同行业多点多领域地连接在一起，跨界融合与创新由此成为可能。跨界不仅是用户的特点和消费多元化的需要，也是技术发展自身所生成的逻辑。比如，阿里巴巴从简单的商业交易跨入金融支付，从一般机票订购延伸到旅行定制，等等。

4. 社群化特点。社群是市场细分在社交媒体的一种折射，具有相同特征和需求的用户聚到一起，就酝酿出一种亚文化，形成社群效应。而消费黏性的提升构成了场景价值的最大化。借助于各种场景技术要素的支持，可以对消费者的消费频率和分布特征进行场景区分，比如对应频繁/间歇、密集/广域两组概念的场景特点，频繁场景如餐饮，规模大、重复性高；而间歇场景如美容护理，短时间内消费重复率低，因而相对地市场小、价格较高。

5. 场景记忆和识别。场景记忆需要不断被触发才能实现商品属性的转化，这意味着每个品牌都面临记忆反射链被消失的危险。移动互联网时代，也许最初的APP大多依据场景记忆培养消费者的条件反射，如微信、高德地图、大众点评等，但绝大多品牌并非类似微信这样基于社交的高频消费品，比如通常的会议展览等，因此就必须设法提升用户的场景记忆和识别。除了传统的频繁刺激手法外，最重要的还是要实现更加人性化的场景综合服务，以此引导消费者主动识别和发现场景，并对场景保持记忆。

场景再现是一个全新的视角，它突破了我们传统的视觉传达和商业展示，把线下与线上相融合，其最根本点就是对网络文化的认同。当传统的视觉设计、环境设计、展会设计借助于网络建构的场景再现时，其所体现的整合营销传播能力，以及对品牌关系和品牌价值的促动，都将爆发出前所未有的魅力。

卖点展示高手欧莱雅

卖点展示对化妆品而言尤为重要和突出。就像每一季度的最新服装通过模特、T型台、镁光灯向成千上万的观众展示一样，对于化妆品来讲，精致的柜台、柔美的灯光无疑是它们的最佳T台。在众多的化妆品品牌当中，法国欧莱雅集团堪称展示中最具有代表性的品牌。欧莱雅的事业遍及150多个国家和地区，在全球拥有283家分公司及100多个代理商。欧莱雅旗下拥有500多个优质品牌，产品包括护肤防晒、护发染发、彩妆、香水、卫浴、药房专销化妆品和皮肤科疾病辅疗护肤品等。

欧莱雅在中国市场上的成功可以归因于其有效的市场细分即定位策略上，由于欧莱雅集团属于世界顶级品牌，因此欧莱雅集团引入中国时其品牌定位于中高档，主要分为大众品牌和高档品牌。它的十大品牌（高端市场包括兰蔻、赫莲娜、碧欧泉，中端市场有薇姿、理肤泉、巴黎欧莱雅专业美发和巴黎卡诗，以及大众市场的巴黎欧莱雅、美宝莲、卡尼尔几个品牌）分别覆盖中国市场中高低三大消费区间，满足不同的美容需求，同时又充分发挥集群优势，强化欧莱雅金字塔战略的整体影响力。针对其产品的不同层次，欧莱雅运用不同的销售渠道和展示风格活跃终端销售市场。

欧莱雅集团为它的高档产品精心选择销售点，而对于大众化的产品则尽量保证在消费者能找得到的地方都可以找到。欧莱雅品牌定位之下，稀有的专卖渠道决定了消费者如要购买兰蔻这样的高端品牌需要费点周折。21个城市当中最好的百货商店，为兰蔻开辟了42个专柜，在没有开设专柜的城市生活的消费者，有时必须坐飞机去别的城市购买。同样也是100%在百货公司销售的碧欧泉，仅在12个城市的20家大型百货公司设有专柜。而最具专业性的高档品牌赫莲娜则只有6个专柜。大众彩妆品牌以美宝莲为例，价格容易让大众接受，销售渠道十分广泛，消费者随时能看到，随时能买，好比能随处可买到可口可乐一样方便。现在美宝莲已经有11万多个门店分布在627个城市，可谓无处不在；处于大众市场较高端的巴黎欧莱雅则遍布中国118个城市，共有505家百货商店的503个专柜。

具体到产品的陈列摆放上，欧莱雅认为产品的展示不仅是形象，同时也是产品性格和氛围的极大展露。兰蔻作为高价位化妆品，它的柜台陈列以引起消费者的视觉冲击为目的，因此其陈列便以专柜形象岛出现，设计简单、突出，以显示其端庄大方、高雅华贵的品质。我们看到的它的终端形象简约、时尚，犹如搞顶级时装展览一般。对于这样的高端品牌，往往以独特的空间位置进行展示，可谓是艺术思维与实用性相结合。让产品与形象完美结合，能有效地吸引消费者的眼球。

与此同时，欧莱雅的产品陈列同时也以促销为目的，注重顾客的开放式体验。以美宝莲为例，其陈列就全部是开放的接触式，产品尽可能占位和跳跃，以"满柜满架"为原则，把所有的产品罗列出来，或者用重复陈列，以给消费者留下产品结构丰富的印象，便于实现中国消费者的满足心理。另外，美宝莲让产品尽可能细化，单就口红而言，就可以按照颜色、款式、使用年龄等进行细分，品种达到150种之多，而且基本保持每1~2个月就推出新的款式，使得消费者总能在其中找到适合自己的一款。这些新产品都在其柜台展示上得以体现。一旦美宝莲推出新品，其柜台必然会附以醒目的招贴广告进行宣传，同时提供免费试用服务。这在很大程度上激发了消费者的购买欲望。

欧莱雅为每一个消费需求区提供不同的品牌，把各个品牌之间的界限划得很清楚，并强调每一个品牌的产品都有自己的特色，每个品牌都有单独的销售渠道和展示风格。市场细分策略与展示策略的完美结合，有效地突出了欧莱雅各品牌的市场定位。同时，成功的柜台展示风格也让欧莱雅集团在中国大陆化妆品市场越来越潇洒自如，独占鳌头，雄视各方（参见图11－14）。

图11－14　欧莱雅产品柜台

整合营销传播理论认为，传播管理最基本的一个要求是保持一致性，即要以"一个声音，一种形象"，它要求企业在进行营销运作时要表现出同样的面貌，给消费者以同样的感觉。这样一来,彼此之间的信息就会进一步强化。欧莱雅的品牌优势来源于市场细分策略,而其品牌展示与该策略的配合说得上是相得益彰,更有效地传达了欧莱雅的品牌信息。与此同时,在柜台陈列上欧莱雅也有它的独到之处,在树立品牌形象的同时,也可起到促进产品销售的作用。

一、市场细分策略与展示策略的结合

随着营销环境的日趋复杂,各种接触方式所形成的信息以及各种信息的内涵往往出现混乱甚至抵牾,因此必须采用某种方式使信息具有一致性。一致性不仅可以降低不同营销传播过程中的自我消耗,而且在减少营销成本的同时还能够使品牌信息更加清晰。通过市场定位策略,欧莱雅集团在国内的化妆品市场上已经是无孔不入,而其展示策略差异化与不同的市场定位有效地结合在一起,使得欧莱雅旗下每个品牌都非常准确地瞄准一个细分市场,不同产品间极少有交叉地带:高端产品只在高档的商场设立专柜,并以简单、稳重的展示风格突出其端庄大方、高雅华贵的品质,无疑增加了高端产品在消费者心目中优雅高贵的品牌形象;而以“满柜满架”为原则设计的低端产品展柜则可以给消费者活泼和平易近人的形象。可以说,欧莱雅在陈列方面在做出了自己的特色的同时,也做出了同其他品牌之间的差异,即符合产品的定位,符合产品类别的要求,从而能够带给消费者更一致且强烈的品牌信息。

二、突出了品牌形象

整合营销传播理论认为品牌的终端形象是无处不在的,成功的品牌通过千变万化的终端传播手段,使得其品牌的外观形象得以实现良好传达与塑造,这些手段在潜移默化中影响着人们的认知,消费者不管是被动接受还是主动接受,都会无所遁形。美宝莲就是通过策略性的终端形象传播手段来建立品牌与顾客的联系,延伸了人们的体验。按照整合营销传播理论,对消费者和相关利益者形成传播影响的接触点几乎是无处不在的,一切可能的接触状态能使产品或品牌得到延续。直接面对消费者的卖点展示环节无疑是各种接触点中最为重要的一部分,欧莱雅的柜台陈列恰恰是以引起消费者的视觉冲击力为目的,以各品牌独特的展示风格树立其品牌形象:唯美高贵的兰蔻,“美容界的科学先驱”赫莲娜,解决问题皮肤的理肤泉,“健康之源美于自然”的卡尼尔,明快、时尚、青春的美宝莲,均有一组独特的符号组合,确保与目标消费群体建立密切关系。

三、起到了鼓励消费者购买产品的作用

欧莱雅的展示策略与促销的完美结合为其带来了丰厚的回报。其专柜醒目的招贴广告,扑面而来的满柜的精致产品,以及柜台所提供的诱人的免费试用服务,促使消费者产生强烈的消费冲动。许多消费者走进零售终端时可能并不打算购买欧莱雅的化妆品，但是当其看见这些精心设计的展台时，会提醒了他们购买这些产品，再加上体验式服务，很容易造就未经思考的购买行为。出于即兴购买对快速消费品的重要性，欧莱雅公司的销售人员在生动化的产品陈列方面做出了最大的努力，确保消费者能看到、得到他们所陈列的欧莱雅产品。与此同时，以与各品牌不同的展示风格，吸引消费者在千百种商品中选择欧莱雅的产品。

案例来源：卫军英：《整合营销传播典例》，杭州：浙江大学出版社 2008 年版。

思考题

1. 设计的视觉元素包括哪些？它们对设计效果各有何影响？
2. 结合具体设计案例，分析提高视觉传递效率的途径有哪些？
3. 为什么说设计可以提高产品的附加价值？
4. 工业设计在整合营销传播中的作用主要体现在哪些方面？
5. 产品设计中必须遵循哪些原则？
6. 商业场所的环境设计包含哪些要素？
7. 结合实例，分析如何将展会设计与事件营销相结合？
8. 怎样把场景思维与展会设计融合以形成创新？

第十二章

营销即传播的整合之道

【本章重点及学习要求】

1. 整合营销传播观念的基本内涵
2. 整合营销传播观念的创新应用
3. 营销并不是整合营销传播的重点
4. 整合营销传播障碍与文化重构
5. 价值共享的全面整合理想
6. 整合营销传播的未来发展可能

第一节 整合传播是一种观念

在本书的第一章，我们就曾经介绍了整合观念，其目的在于强调整合营销传播的本质与精髓所在。实际上自从舒尔茨教授在1993年正式提出整合营销传播概念后，20多年来我们对整合营销传播的认识也在不断地发展和深入。虽然现在营销及营销传播界已经普遍接受了这种观点，但是这并不意味着整合营销传播已经成为一种完备的理论模式，恰恰相反，它表明整合营销传播理论体系正在经历不断变化适应和自我创新。因此，再一次强调整合营销传播是一种观念，也就是从本体论的角度确立整合营销传播理论的基本坐标。

一、作为一种观念的整合营销传播

早在20世纪80年代，当时有远见的营销人员发现传统广告很难奏效，而各种促销工具并用又难免彼此发生冲撞，因此力图把各种营销传播手段协调运用以便创造更好的传播效果。受其影响，广告代理商根据企业需要也开始改变自己的工作方式，由简单地拼装各种促销工具发展成为专门化追求。作为一种全新的理论观察视角，整合营销传播这个在20世纪90年代经过舒尔茨等人努力建立的理论构架，已经基本得到了营销传播界的普遍认同。与此同时，在应用层面上整合营销传播也在寻找一些具有独特价值的操作模式，但遗憾的是不论是舒尔茨还是邓肯以及其他整合营销传播学者，在模式应用上的创新远远不及这个理论概念所引导的思想开拓。事实上直到今天，这个极具价值的理论体系在操作上仍旧不尽如人意。许多号称整合营销传播的运作方法，撇开在操作上除了信息时代与之俱来的技术进步因素之外，其具体的应用手段似乎与传统广告及营销传播手法并无二致。

理论上的认同与实践中的欠缺难免引起一定的困惑，于是也有不少赞同整合营销传播的人试图在此基础上对其加以延伸，甚至在此前提下提出貌似更进一步的观点，诸如整合品牌传播（IBC）、360度品牌管理等，以便能在操作层面上拥有更加规范的实践体系。广告学家甚至认为整合营销传播虽然更加行之有效，但“实际上只是一种旧概念的新表达方法”。① 为什么一个得到了普遍认同的新型理论观念，却在实践应用模式上留下了如此巨大的空白？这个看似难解的问题，答案其实非常简单：整合营销传播与其说是一种操作方法，还不如说

① ［美］朱丽安·西沃卡：《美国广告200年经典范例》，北京：光明日报出版社2001年版，第532页。

是一种操作观念，而且从应用层面上讲，它首先不是方法而是观念。整合营销传播所带来的首先是观念的变革，而不是具体操作手段的变化，这种观念转化几乎改变了长期以来所形成的有关营销传播的各种思维定式。

虽然对整合营销传播概念的认识并不完全一致，但值得注意的是，无论是最初的舒尔茨，还是后来的邓肯，都明确无误地指出整合营销传播是一个过程，而这个过程所追求的一个重要工作内容就是品牌关系。所谓过程，也就意味着整合营销传播的实施与完成，未必就是要遵循一种既定的操作模式，在这个过程中完全存在多重性选择的可能性，这也就是舒尔茨所说的"可能为其接受的一切沟通方式"，和邓肯所指的"交叉作用过程"。当整合营销传播被作为一个过程看待时，我们再回过头来审视所谓"营销即传播，传播即营销"这一命题，至少可以得出这样一些结论。

其一，整合营销传播超越了以往对营销与传播的认识，其直接表现是把"营销"与"传播"综合成一个完整的概念。所谓整合，在这里的基本含义就是"完整"和"统一""协调"，它意味着在实现营销传播的过程中，必须与消费者实现系统的、充分的接触与沟通。从这个意义上说，整个营销传播过程中的每一个环节都在与消费者沟通，让消费者了解这项产品的价值，以及它是为什么样的人而设计。众所周知的广告、公关、促销、直效行销等，都是不同形式的沟通传播。但与此同时，商品设计、包装、店堂陈列、店头促销及零售店头广告，也是沟通传播，是整个流程中的一环。甚至当产品售出之后，售后服务也成为一种传播。从传统到现实，广告和促销虽然依旧存在，不过他们的任务已经有所转变。过去广告是利用大众传媒实行单向诉求和灌输，促销的重心放在激发和诱使，现在却要求实施双向沟通。双向沟通意味着厂商和消费者在进行某种资讯交换的活动，意味着在双方之间存在源于资讯交换与分享共同价值的关系。

其二，营销过程本身就是传播过程，同样的传播过程也是营销过程。一个显而易见的事实是：随着营销范畴的扩张，营销中的每一个步骤都包含着传播因素，而传播也同时成为实现营销的依据。在这种状态下，实现营销价值的核心指向已经发生了根本转变，不再是传统的基于产品主体的通路促销模式，而是消费者对产品或者品牌的认同与关系。如果说传统的营销是开发出好的产品，并给予适当的定价，辅以相应的销售渠道并配合强有力的促销，营销价值就可以基本实现，那么现在这些则远远不够，甚至难以行通。因为消费者所面对的产品或者品牌大都很少具有差别性，它们在功能和使用价值上同质化的程度，与其促销和广告上的雷同模式无出二致。消费者也许注意到了产品或者品牌的信息，但是在购买的最后一刻也许又放弃了这种产品或品牌；也许消费者已经购买并且使用产品，但是使用体验和接触感觉导致再次购买时的重新选择。甚至有时候依靠大量广告和促销所建立的消费者认可,很可能由于消费者亲友之间轻描淡写一句话便打消了购买念头。种种迹象揭示了一个事实:按照消费者需求形成产品、价格、通路和促销信息,这些似乎都不难完成,但是仅仅凭借这些,如果没有与消费者实现良好的沟通,营销价值也就无法实现。因此,营销在很大意义上取决于传播,正所谓"营销即传播,传播即营销"。

其三,整合营销传播的终极目标指向了品牌资产,而与顾客以及相关利益人之间的关系则成为实现品牌资产的核心价值。这种认识促使企业纷纷从简单的交易性营销转向关系营销,即在企业与顾客和其他利益相关者之间,建立、保持并稳固一种长远关系,进而实现信息及其他价值的相互交换。这一切在认识上都揭示了一个不同以往的事实:对于大部分企业而言,首要的市场任务是维护目前现有的顾客。过去大多数营销和广告努力都集中在售前活动中,希望获得更多的新客户;现在成熟的企业将更多的资源转而投入到售后活动中,将保持客户作为自己的第一道防线。显然他们已经发现了重视关系带来的主要利益:扩大保有量,提高顾客终身价值。原始的营销所关注的是简单的交易关系,而整合营销传播则以建立伙伴关系为最高追求,稳定的关系构成品牌资产的核心,在整合营销传播过程中完整地包含了各种关系形式。

二、整合营销传播中的观念转换

可以说,整合营销传播在继承传统营销传播观念的同时,扬弃了传统营销传播思想中的许多固有价值观念。正如我们已经论及的,这种观念转变的基础首先来自于概念的引导。由于关系、接触等一系列全新概念的引入,在整合营销传播过程中,观察视角和交流方式的变化所带来的观念转变,在某些情况下几乎是对传统营销传播观念的彻底颠覆。一些在以往广告和营销传播理论中被推崇备至的观点,甚至是一些由广告大师们所建立的经典理论也受到了挑战。我们至少可以从以下几个方面对此加以归纳。

(一)营销传播的目的发生了改变

以往的广告和营销传播,不论出于怎样考虑,其基本目的无外乎销售。这一点被传统广告大师们一再强调,从克劳德·霍普金斯、罗斯·瑞夫斯、大卫·奥格威一直到威廉·伯恩巴克莫不如此。霍普金斯认为:"广告的唯一目的是实现销售。广告是否赢利,取决于广告引起的实际销售。"[①] 以注重表现形式强调引起注意而著名的广告天才伯恩巴克也是持同样的看法,他坚定地认为:"广

① [美]克劳德·霍普金斯:《科学的广告》,北京:新华出版社1998年版,第180页。

告界中的任何人如果说他的目的不是销售所广告的商品，他就是一个骗子。”[①]但是在整合营销传播过程中，这个多年来被坚信不疑的理念受到了严峻的挑战，销售仍然是广告和营销传播唯一正确的目的吗？回答似乎并不肯定。其实早在20世纪60年代，作为创意革命的旗手，伯恩巴克虽然也和瑞夫斯、奥格威等人一样坚持广告的销售理念，但有所不同的是，他认为仅仅靠“独特的销售说辞”远远不够，销售说辞只是广告的起点而不是终点。在广告表现中“还有什么东西比广告所得到的注视更加实际？还有什么东西比一项信息用有用的文字与图画来刺激推动它的读者采取行动更重要”？[②] 针对有关内容和形式的“说什么”与“怎样说”，他引用罗曼·罗兰在《约翰·克利斯朵夫》中的名言：“一个病人说这几个字，什么也不会发生；一个健康的人说这几个字，却可能震撼世界。”认为广告的处理方式与你所说的内容同样重要。后来在定位理论创始人艾尔·里斯和杰克·特劳特那里，二人从信息传播和受众接受角度对营销传播加以延伸，如其所言，定位不是要对产品做些什么，而是要对消费者的认识做些什么。[③] 在实践中导致广告创意的目的发生变化已经十分普遍，早在1984年，BBDO广告公司副总裁和创意总监菲里浦·杜森伯瑞（Philip Dusenberry）因运用著名摇滚歌星迈克尔·杰克逊为百事可乐拍摄电视广告，而备受广告及娱乐新闻界的关注。虽然也有批评认为杜森伯瑞的广告过于依赖明星作用，而忽视了产品本身的属性，但作为一种娱乐和激情的尝试，杜森柏瑞获得了极大的成功。这一广告突破了BBDO公司多年以来相对比较保守的广告风格。对此，BBDO公司董事长、总裁艾伦·罗森认为：

> 相似的产品在开发创意战略时，风格都大致相同，利用广告词来拓展和进行市场细分也解决不了问题。所有的创意都旨在使别人相信为什么一种产品好于其他产品，并以此使自己显得权威、果断，具有竞争力。BBDO公司很清楚地知道不能进行理性推销。我们认为广告实际上是消费者与品牌的一次接触，我们很谨慎小心地使这一接触尽可能愉快、温暖、富于人情味，而从营销战略的角度上看也很恰当。[④]

显然，这种见解具有极大的预见性，它明确地意识到广告作为一种接触，必须要有利于促成品牌与消费者之间的和谐关系。进一步说，广告乃至于任何营销传播从战略意义上讲，已经不再是简单围绕销售的促销手段了，而是一种保持和消费者接触并达成沟通关系的传播手段。

---

① ［美］丹·海金斯：《广告写作艺术》，北京：中国友谊出版公司1991年版，第6页。
② ［美］汤·狄龙：《怎样创作广告》，北京：中国友谊出版公司1991年版，第62页。
③ ［美］艾尔·里斯、杰克·特劳特：《定位》，北京：中国财经出版社2002年版，第2页。
④ ［美］R. Batra，等：《广告管理》，北京：清华大学出版社1999年版，第302页。

（二）实施传播的方向发生了变化

几乎所有的经典广告以及营销传播理论，无一例外的都是首先强调信息本身的价值，其基本出发点是立足于产品和营销者自身进行信息设计，主要采用“推”的手法向消费者进行信息灌输。这方面具有代表性的是罗斯·瑞夫斯和大卫·奥格威。罗斯·瑞夫斯提出了著名的 USP 理论，即通常所说的“独特的销售说辞”。他认为广告及营销传播必须要找到产品的某种超越性事实，“消费者只从一则广告中记取一件东西——一个强有力的许诺，或者一个强有力的概念”。① 在他的强销方式中，广告的腔调似乎非常简单，只要平平地说明“购买此物，你将得到特别的实惠”就可以了，因此他的广告往往看上去很没有品位。同样在广告及营销传播的信息内容和表达方式之间，大卫·奥格威的看法是内容具有决定性因素，他索性直截了当地认为，广告“说什么”比“怎样说”更重要。概括而言，传统营销传播的突出特点，就是把营销信息传递作为一种单方面的传达：广告立足于诉求，也就是说服潜在顾客；公关旨在宣传，侧重于对受众进行某种灌输；促销更是从当前利益出发，满足于一种简单的短程刺激。显然这些都不能和顾客达成相互之间的交流，并进而建立稳定的顾客关系。因此，整合营销传播的一个关键所在，就是对这种信息传播模式加以改变，致力于达成一种互动性交流，注重于建立客户关系以实现营销目标。因此在整合营销传播过程中，通常采用的是从外到里的传播发生方向，即首先了解对象的特征和需要，然后根据对象的具体状况配置营销传播中的各种要素。在这种背景下，过去首屈一指格外强调的信息内容让位于信息通道与信息整合方法，至少可以说，传播的形式因素的重要性并不亚于信息内容。

（三）接触概念大大超越了传统媒体的时空限制

接触意味着整合营销传播过程中价值判断和价值选择的改变：一方面，接触打破了传统信息传播管道所设置的信息沟通壁垒和沟通障碍，拓宽了传播沟通的形式；另一方面，接触展示了营销传播过程中信息的自我属性，信息除了有目的的设计之外，还具有自我传播的属性，这就是所谓的“计划内信息”和“计划外信息”。在邓肯提出的整合三角模型中，计划内信息是企业的自我介绍和宣传，如广告、销售推广、人员推销、销售材料、新闻发布、活动赞助等；产品和服务信息是企业的具体行为，诸如由产品、价格或者各种流通元素传递出来的信息，以及来自于员工与顾客之间的相互关系信息。计划外信息是他人对企业言行的肯定或者否定，诸如闲话流言、小道消息、商界评论、竞争对手评论以及重大灾害引起的各种难以预料的信息等。问题是传统营销传播信息基本上都属于

---

① ［美］罗斯·瑞夫斯：《实效的广告》，呼和浩特：内蒙古人民出版社 1999 年版，第 33 页。

计划内信息，这些信息影响力最小，因为大家都将其看作企业宣传自我的工具；而产品和服务信息虽然表现力度极为强烈，但是在传播现实中，这部分信息很可能在消费者做出行为决策之前就被忽视了。而最需要注意的倒是那些来自于各种无法控制的传播途径的计划外信息，这些计划外信息对消费者态度影响巨大。对于品牌信息传播而言，一个不可逆转的前提是：企业的任何作为（或者不作为）都会传递出某种信息。因此，整合营销传播中的接触管理，很大意义上不仅仅是要设计和管理计划内信息，更重要的是必须对那些可能形成的计划外信息进行可控性处理。

三、整合营销传播观念的理论张力

毫不夸张地说，整合营销传播作为一种系统性观念，其对营销传播思想的发展直接导致了我们认识的演变和深化。当然这种转变并不是说对以往给予彻底的否定，而是意味着观察和思考的视觉更加宽泛，更加符合信息时代的市场背景。与此同时，相应的媒体观念也发生了彻底改变，整合营销传播作为一种从外往里的实施方法，所谓整合，既包含对各种媒体的综合运用和发挥集合影响，也不排除在营销沟通中选择最适合自己的传播沟通形式。从这个意义上说，大众媒体传播运作未必是最佳手段，对于很多产品很可能还是效益成本最高的一种手段。因此，整合营销传播在保持各种沟通渠道协调一致的过程中，都在选择属于自己的最佳传播沟通手段，对这一点很多卓有成效的公司已经取得了相当成功的经验，比如领先科技创新的谷歌、苹果，运用网络和信息技术整合传统产业的阿里巴巴、小米等公司，另外还包括许多具有品牌创新意识的制造业公司品牌，如中国的华为、美国的特斯拉（Tesla）等。尤其值得注意的是，许多新型公司在营销传播过程中，其品牌传播的基本渠道已经不再是大众传媒和广告。找到属于自己的最佳沟通传播形式，以此为主导并与其他沟通传播形式完整结合，进而达成与消费者稳定的关系，实现营销中传播，传播中营销，这才是整合营销传播的根本所在。

正是由于在对整合营销传播内涵的理解中保持了这种极大的包容性和宽泛的广延性，因此在对它进行单纯界定或者是一如既往按照传统营销传播手段看待，并简单地将其应用于操作层面上时，难免会有一种力不从心的感觉。一种渐趋明显的事实便是：或者这种手法只是传统营销传播工具的一种简单拼装，到头来无外乎是促销和媒介组合的改头换面；或者是一种完全与传统营销传播模式相悖的改弦易辙，但是由于失去传统营销传播基础而难以独立支撑。对此我们丝毫也不奇怪，在大多数情况下这个看上去全然一新的理论在操作过程中，即便是在舒尔茨等人那里，各种基本手法还是没有摆脱传统的广告和营销传播手法，以至于很多人难免产生一种误解，以为整合营销传播不过是多种营销传播工具的简单叠加，或者是集合运用。

实际上正如我们前面所讲到的，整合营销传播究其本质而言，既是对传统营销传播观念的延伸而又有所扬弃，甚至是颠覆了传统营销传播的许多基本追求。它在继承传统营销传播手段的同时，也改变了我们对营销传播的许多传统看法，甚至是一些由广告大师们所建立的经典理论也受到了挑战。可以确切地说，整合营销传播本身所采用的沟通工具与传统营销传播并无二致，而其在营销促动和信息传达层面上，又与传统营销传播所追求的诸如一致性、集中性等信息目标极为相似，正是因为这种严格的继承性引发了二者之间表层意义上的相似性，但是其间的核心差异不容忽视。

四、整合营销传播观念的继承与创新

提出整合营销传播首先是一种观念，其目的就是要摆脱以往机械式的思维方式，避免简单地对传统广告、公关和其他促销方式予以否定。同时也避免对整合营销传播的理解堕入概念的怪圈，这样就可以使各种营销传播工具在新的观念中得到有效整合。正是从这个意义上，很多在传统营销传播那里显得非常自然的操作观念，在整合营销传播视野里却未必合适。比如，广告立足于诉求，也就是说服潜在顾客；公关旨在于宣传，侧重于对受众进行某种灌输；促销更是从当前利益出发，满足一种直接的短程刺激。显然这些都很难和顾客达成相互交流，并进而建立稳定的顾客关系，所以要在整合中得到改造。整合营销传播的一个关键所在，就是对这种关系模式加以改变，把营销传播转向一种互动交流，所以它的任务就是通过与客户之间建立稳定关系以实现营销目标。

在对整合营销传播观念的宽泛理解中，有一个认识也许必须明确，那就是整合营销传播作为一种从外往里的实施方法，所谓整合既包含对各种媒体的综合运用和发挥集合影响，也不排除在营销沟通中选择最适合自己的传播沟通形式。从这个意义上说，大众媒体的广告运作未必是最佳手段，对于很多产品很可能还是效益成本最高的一种手段。因此，整合营销传播在保持各种沟通渠道协调一致的过程中，都在选择属于自己的最佳传播沟通手段，这一点很多卓有成效的公司已经取得了相当成功的经验。比如，世界500强公司沃尔玛，它的基本沟通传播渠道显然就不是媒介运作和广告。品牌价值位居领先地位的微软也是如此，它们都根据自己的特点找到了属于自己的传播整合途径，而且比之于那些运用传统营销传播手段所建立的品牌，其传播沟通效果似乎更加具有价值。因此可以说，找到属于自己的最佳沟通传播形式，以此为主导与其他沟通传播形式完整结合，进而实现与消费者稳定的关系，这才是整合营销传播的根本所在。

整合营销传播旨在运用各种手段建立企业及品牌与顾客的良性沟通关系，它在观念上也是把营销与传播彼此交融在一起，虽然有关的营销传播手段在整合营销传播中都会涉及，但是这些方法发展形成的方向却截然不同甚至相反。同样是一种营销传播手段，或者是一个广告，出于促销和出于维护消费者与品牌关系，其关注点和判断标准很可能截然不同。比如，按照广告界盛行的USP理论，只要有了独特的销售说辞，那么在营销传播过程中只需要不断重复便可以达成效果；而定位理论虽然是出于对消费者心理需求的考虑，但是其在本质上却排斥了产品本身的传播属性，单纯认为“定位并不是要对产品做什么事情”①。其他诸如传统促销认为促销的特性在于短程刺激，因此并不利于品牌形象的建设，这种观点在整合营销传播观念中显得毫无根据，而整合营销传播甚至相反，更加注重通过灵活运用各种促销手段，达成消费者与品牌的直接对话。

凡此种种都表明，整合营销传播观念的确立并不是对传统广告理论的全面否定，相反，它是对传统营销传播观念的一种延展和综合，其间既有对传统营销传播模式的继承，同时也表现出了自己前所未有的创新价值。也许对整合营销传播的浅层次理解——统一声音、统一形象——并没有脱离以往的营销传播模式，而且这也是很多有远见的公司实际上早已在实施的方法。但是这种方法说穿了还只是关注于公司的可控性因素，即邓肯所说的计划内信息，将各种媒体或非媒体传播形式进行简单协调以获得协同效果；只有当整合营销传播进入更深阶段时，具有革命意义的观念变革才开始展现出它的魅力，可以说正是这种观念的变革，最终引导营销传播从价值到方法的根本转变。虽然所运用的手段也许并不超乎以往，但是其间所蕴含的要义却截然不同。

第二节　整合的终点不是营销

整合营销传播如此广泛而又深刻地影响着市场营销和营销传播，而观念变革的进一步延伸和深化，在某种意义上会带来具有革命性的反思。当我们指出整合的终点不是营销时，实际上就是对以销售为根本的传统营销思维的颠覆，它必然涉及营销传播运作中的目标指向，以及应用手段的全面整合与重构。

一、从工具理性走向价值理性的整合目标

这里引入源自马克斯·韦伯的工具理性（instrumental rationality）和价值

① ［美］艾尔·里斯、杰克·特劳特：《定位》，北京：中国财经出版社2002年版，第2页。

理性(value rational)术语,并不是想从形而上意义上对整合营销传播观念进行解释,也不是如法兰克福学派那样以批判的视角进行道德判断。整合营销传播在宏观上所反映的是一种对品牌与人、公司与大众、市场与社会的看法。在微观和中观层面,当然直接涉及具体的利益关系。但是从宏观层面看,它超越了简单的物质利益关系,成为品牌与社会的全面对话,汤姆·邓肯所说的整合营销传播的最高层次就是“世界公民”,实质上表达的也就是这个意思。所以在这里,工具理性侧重于表明通过实践所确认的工具(手段)的有用性,这种有用的工具适合于相对短期的自利性目标;而价值理性所引导的,则是基于价值观和信仰的行为选择,具有相对的恒定性和长期性。

因此,当我们提出整合营销传播是一种观念时,就无异于明确表示整合营销传播观念所代表的,是一种具有基于根本价值的思维导向和思想方法,而不仅仅是简单的营销概念,甚至也不是停留在更具概括力上的营销模式。这里所谓的思维方法,指的就是人们思考问题和看待事物的角度、方式和基本方法,而不局限于具体问题处理过程中的工具性操作指导。正是在这个意义上,我们说整合营销传播观念是从工具导向走向价值导向,这种价值导向是由其本质所决定的。多年来,我曾不止一次扬弃过自己对营销哲学的表述。20世纪90年代中期为了使表达更加简洁,我在课堂上将营销哲学表述为六个字“需求对应模式”;大约2005年前后,又用六个字表述整合营销传播的本质是“关系创造价值”;而在今天,我则对学生说技术和观念都在不断延伸,理论和思维也随之变化,现在我们对营销的理解虽然仍旧是六个字,不过这六个字却是“价值转化形态”。[①] 这种关于整合目标的认识来自于三个方面的思考。

其一,汤姆·邓肯提出整合营销传播的终极价值是品牌资产,这不但提升了整合营销传播的高度,而且促进了整合营销传播理论的普遍认同。品牌资产并不等同于由简单销售价值代表的传统营销的核心要素,它是基于品牌认同所形成的全方位品牌关系的总和。从狭义营销的角度看,就是品牌偏好的提升,以及忠诚顾客群体的增强,并把这种面对顾客、员工等核心相关利益群体的倾向,延展到整个社会不同的相关利益者层面。

其二,品牌作为一种价值形态,处在各种相关利益者的网络化连接之中,而现代社会的网络化呈现,使得品牌与顾客以及相关利益者的关系表达,已经超越了传统营销时代简单的品牌自我诉求。品牌关系意识在充分社会化的市场时代,在社交媒体和网络信息技术飞速发展的今天,得到了更进一步的认同与强化。网络化营销传播形态中,营销传播场域本身就是整个社会场域的集约

---

① 卫军英:《媒体创新:营销即传播》,杭州:浙江大学出版社2017版,后记。

化，每一个连接对象都是一个相应的关系节点，因此品牌价值的体现不仅仅是销售的可能，更重要的是共同价值导向的关系维护。

其三，整合营销传播赋予组织和品牌的最高期待境界是"世界公民"，这本身就超越了狭隘的工具理性追求，把品牌价值和营销追求融入人类社会发展的进步和谐之中。显然这种追求包含了邓肯所说的"终极价值"，它是长远利益与现实追求的统一。在这种观念指导下，显然整合营销传播就不是简单的营销，而是更深层次上的价值追求，以这种观念指导整合营销传播的具体操作，也就是说，作为终极价值追求的品牌目标，并不等于简单以销售作为主要考量的营销目标。

二、实现整合目标意味着文化的重构

整合营销传播如此广泛而又深刻地影响着市场营销和营销传播，推而广之也影响了人们的思维，所以整合营销传播观念也是对传统营销传播观念，乃至于传统的组织行为方式的重新思考，并因此导致了营销传播过程中的文化重构。整合营销传播首先是一种观念，正是在继承舒尔茨、邓肯等人观点的同时，扬弃了他们思想中僵硬的一面。所谓观念，就是说整合营销传播作为具有价值理性的观察方法和指导思想，在具体应过程中只要从整合营销传播观念出发，随时随地都可以将其贯彻到具体操作中。①

文化显然更加具有终极价值属性。在对整合营销传播观念的思考中，相关学科研究成果有时候会产生意想不到的启发。我们惊奇地发现来自进化论领域的思想，对解释整合营销传播观念的发展具有极大帮助。著名的进化生物学家乔治·威廉(George C. Williams)教授在他的研究中明确指出："基因是信息包，而不是实体。DNA 分子碱基对构成的式样指定了基因的成分。但 DNA 分子只是媒介，不是信息。注意区别对待媒介和信息，这对于清理进化思想绝对是不可少的。"② 这个思想对我们的启发是，整合营销传播作为一种观念并不是一种实体意义上的具体操作工具，它实际上无异于一种"基因信息包"，在它的天然属性中拥有作为可复制的信息基因元，一切用于整合营销传播的工具事实上都是传递整合营销传播观念的"媒体"。牛津大学具有影响力的进化思想家理查德·道金斯(Richard Dawkins)的观点似乎进一步给我们提供了支持。

道金斯在他著名的《延伸的表现型》一书中提出了"觅母"的概念，这个概念指的是影响人们行为的文化信息。觅母不像是基因，它没有可以存档的单一介质。比如，可以把《唐·吉诃德》当成是印有墨迹的纸，也可以把它制成光盘、

---

① 卫军英：《整合营销传播：观念与方法》，杭州：浙江大学出版社 2005 年版，第 438 页。

② ［美］约翰·布罗克曼《第三种文化》，海口：海南出版社 2003 年版，第 13 页。

磁带,或者是让盲人听的声波,但是不管其内容进入何种媒体,它仍旧是同一本书,同一种信息。在进化论学者看来,这几乎可以被看作一个涵盖文化领域任何方面的真理。一种文化觅母可以在许多不同的媒介中记录,但不论它出现在哪种介质之中,其觅母总是相同的。这个思想对我们的启发就在于,对于作为观念形态的整合营销传播来说,在具体认识和操作应用中,关键是要把握其实质所在,所谓整合营销传播观念也就是文化觅母,它帮助我们将任何一种操作性的理性工具应用都整合到品牌价值的追求中,也由此我们将完整地建构出一种新型的整合文化。这正如已故"人工智能之父",麻省理工学院媒体艺术与科学教授、数学和计算机专家马文·明斯基(Marvin Minsky)所说的那样:"在达尔文理论看来,我们只能在基因层次上进化;有了觅母,思想体系本身不需要生物性的变化也能进化。""觅母的繁殖与达尔文进化论的相互作用已经导致了事物产生新的秩序,特别是它使得'群选择'这种缺乏简单物种证据的现象成为可能。"①

从这里回到我们的研究命题上看,就很容易解释这个具有价值的理论体系在操作上并不尽如人意,那个曾经长期困惑我们的疑问(即:为什么一个得到普遍认同的全新理论,在实践模式上却留下了巨大的空白)如果从基因信息包和文化觅母角度看,答案似乎非常简单:整合营销传播与其说是一种操作方法,还不如说是一种价值观念。它本身所包含的文化觅母,使得它从应用过程中可以超越简单的方法模式,这种根本性的变革所带来的首先是观念的变革,而不是具体的操作手段,这种观念转化几乎改变了长期以来所形成的有关营销传播的各种思维定式。

三、整合的障碍及其表现和原因

整合营销传播是一项涉及广泛的系统工程,与一般营销传播不同的是,它不仅仅是单一的营销传播管理,还关联到整个组织构架以及与各种内外关系的系统协调问题。可以说,整合营销传播在具体操作执行中,对于多种复杂的障碍和不同方向的困扰,大多数并不是因为其观念和本身属性的不同,而是由于传统的组织构架存在很大的难以适应性,因此增加了整合营销传播协调执行的难度。同样,外在环境的变化,以及来自于社会文化和道德法律层面的约束,也对整合营销传播提出了特别的要求。

(一)社会文化的多元趋势及隐喻的转变

整合营销传播产生的背景是急剧变化的世界。传统的建立在强权统治之

---

① [美]约翰·布罗克曼:《第三种文化》,海口:海南出版社2003年版,第13页。

下的社会结构开始解体，导致了权力的下移和分散。与之相对应的是，长期以来统治者思想就是整个社会主导的文化思想，这一定势也受到了严峻挑战。从社会结构到文化形态都在趋于多元化发展，传统上由家庭与工作所形成的群体，开始出现化整为零的“社会零碎化”过程。人与人也越来越疏离，社会上充斥着哈佛社会学家李斯曼所谓的“孤独的人群”。消费和文化需求打着个性化的旗号，表现出越来越多的差异，消费者的零碎化也越来越严重。即使是消费者的年龄、教育程度、收入都一样，其生活习惯和性格也有可能是千差万别的。

媒体在追随这种变化的同时也加剧了这种变化，尤其是信息技术革命不仅开创了媒体新时代，而且开创了一个人类自我生存的新时代。正如以研究后结构主义著称的历史学家马克·波斯特(Mark Poster)教授所说的那样：“如果考虑到遍及不同阶层、不同收入群体的人们有多少时间是花在媒体上的，那么历史学家和社会理论家给予媒体的关注就不算多。”① 在这种情况下，长期形成的隐喻形式和社会符号体系发生了变化。波斯特这样描述这种变化：

> 通常情形下，一个符号由一个词和头脑中的一个图像组成，它联系着一个指涉物，即“真实”世界中的一个“物”(thing)。当个体之间进行符号交换时，符号就变成象征性的了；它们的意义在个体间含混地流动，这种意义必然与彼此的关系相联系。……广告中的消费客体改变了这一切。广告占据一个能指，亦即占据一个词，这个词与广告所促销的物体并不具有传统意义上的关系，但却被附加在那个物体上。广告构建了一个新的语言及传播现实。在广告中，这些流动能指的语境被重建，而它们的作用正是源于这种语境重建。②

一个不能忽视的现实是，一方面人们生活在媒体和广告的虚拟世界中，另一方面却力求摆脱媒体和广告的影响。这一现实导致的结果是，媒体和商业传播本身所具有的两种相反的作用力，使得每一个单独的个体在自我生存中都可以找到自己的依据。然而一切却正如社会学家沃夫指出的，无论如何个人主义，人类还是需要群体归属感。寂寞的群众开始拥抱各种次文化，借由产品与体验的消费，来向外求取共同的渴望。显然这种背景下实现营销传播比以往更难，并且更加具有挑战性。因为每一个接收者都可能是一个独立的个体，他们具有独立的生存状态和独立的决定权，也完全可能独立地构建自己的文化归属，这就使其可能形成一种自我的隐喻形式，至少是转向不断分化甚至是互不

---

① ［美］马克·波斯特：《信息方式——后结构主义与社会语境》，北京：商务印书馆 2001 年版，第 61 页。

② ［美］马克·波斯特：《信息方式——后结构主义与社会语境》，北京：商务印书馆 2001 年版，第 81 页。

关联的小型群体隐喻。

这就更要求我们在进行营销传播时必须知道"向谁传播,对谁接触",让人从"我"扩大成"我们",赋予人们企盼的分享与归属感。整合营销传播在这里找到了自己独特的发挥天地,同时也遭遇了最根本的挑战。之所以说整合营销传播可以独特发挥自己,那是因为面对这个分化的社会和支离破碎的群体,面对自相矛盾的媒体世界和形形色色的隐喻形式,以往的各种营销传播手段难免显得捉襟见肘,只有整合营销传播才有可能实现一致性协同。然而整合营销传播也受到多元化和分崩离析现实的挑战,信息技术和传播的普遍性改变了基于等级制度所形成的社会差异,过去更加明显的群体"位置感"现在变得模糊了,每个人几乎都属于某一种次文化,这无疑增加了传播整合的难度。一个简单的例子是,作为社会中间力量的中年一代,往往掌握着主要的社会资源以及对这些资源的分配权,但是当其与最具有活力的青少年一代进行沟通时,却发现存在于彼此之间的已经不仅仅是所谓代沟,首当其冲的是来自语言和表达方式上的障碍。这些无疑是整合营销传播所遭遇的一个普遍社会问题。

(二)道德法律层面的困惑与现实局限

反过来,由于营销传播永远处在一个社会经济的大环境中,任何技术性因素都不可能将经济与社会割裂。所以整合营销传播作为一种社会属性和商业属性全面融合的价值追求,它的许多功能势必要影响社会秩序及其运行准则;同样,这些社会秩序和运行准则也会反过来影响整合营销传播。由于整合营销传播是一项公开行为,因此它与各种社会价值观所形成的比较就成为一个非常敏感的话题。来自不同方面的评价经常会对其加以审视,以确定其是否加强或者破坏了相关的社会价值观。因此在整合营销传播执行中,必须对其社会角色以及相应的法律和道德问题有所认识。

正如汤姆·邓肯所说的那样:"整合营销传播的目标是告知、引导并聆听所有相关利益者。聆听元素使整合营销传播成为营销传播中比广告和直接营销更具有社会责任的一种形式。"①但是整合营销传播所借重的许多传统营销传播工具显然缺乏这种功能,比如广告。在社会学家看来,广告作为一种营销传播工具,就是将真实的人类情境简化为固定的模式,利用人的渴望,使用强烈的说服技巧来操纵人的行为。正如社会学家玛丽·琼斯认为:

> 广告信息的主旨是这样一个假设的前提:只要我们得到了某种东西,就能满足我们的内在要求和渴望。一个人面临的种种难题,会因

① [美]汤姆·邓肯:《整合营销传播:利用广告和促销建树品牌》,北京:中国财政经济出版社2004年版,第635页。

为一种外在力量而立刻消失，只要你使用某种产品！生活中的各种困难都依赖于外部力量得以化解……而我们无须任何努力，无须任何技巧和负担，仅凭借物质的方法就能解决所有问题。①

可以说，对广告的批评在大部分情况下也是对所有传统营销传播方式的批评，因为这些营销传播工具都有一个非常一致的追求目标，即影响购买决定。正因为这一点，很多社会批评家包括许多消费者，对营销传播都持有一种怀疑和不信任的态度，而营销传播中的许多负面因素也因此被夸大。除了上面所说的物质主义倾向之外，另外关于营销传播，尤其是广告中在妇女问题上的不良影响，对有害物质的促销，违背绿色环保以及对不正当竞争的推波助澜，等等，都是备受关注和责难的话题。这些势必引导出进一步的问题：营销传播究竟是一个什么社会角色？整合营销传播作为一种具有影响力的社会活动，其是否反映或者塑造了社会？回答这个问题似乎很难，因为社会学家和营销传播学家所关注问题并不在一个层面上，或者说他们所关注问题的侧重点有所不同。对营销传播学家来说，不论是做肯定还是否定回答，都面临一个两难选择：如果营销传播没有产生作用，那就意味着那些委托的企业每年要浪费数额巨大的营销传播投入；而如果说营销传播发生作用，那是否就意味着它强迫消费者改变了自我意愿？

所以，无论怎样回答都无法摆脱道德的陷阱。这就需要整合营销传播在执行过程中认真对待有关社会道德问题。社会道德是在一定社会发展中所形成的价值规范，是处于社会结构活动中的每一个组织和每一个人所必须遵循的行为准则。它不同于政府颁布的具体法律法规，却存在于组织和团体的意识之中。道德规范虽然没有强制性，但是受到公众态度和情感的支配，同时也对公众态度和情感予以限制。对于整合营销传播而言，道德规范提供了个人或者组织与其他人交往的道德选择基础。营销和营销传播活动首先受到组织的道德规范引导，必须要考虑品牌信息和整合计划是否与顾客以及相关利益者的相关道德规范一致。如果不一致，就必然削弱彼此之间的利益关系，而违背道德的品牌信息也会对信息设计者和信息传播者产生负面影响。但是在营销传播中的一个很大的困惑是，建立道德信念并不容易，许多情况下对于道德与不道德的判断也很模糊。因为道德原则具有很大的主观性，不同对象出发点不一样，就很可能评价截然相反。比如，中央电视台曾经播放过一个安全套广告，本意是预防艾滋病、提倡健康生活，这本身具有公益色彩和积极的社会意义。但是有关方面反应却很强烈，认为它不符合中国特色，违背了社会道德规范。安全套

---

① ［美］Rajeev Batra，等：《广告管理》，北京：清华大学出版社 1999 年版，第 420 页。

广告虽然停播了，但是留给社会以及营销传播的道德困惑并没有消失。人们无法理解也难以做出正确判断，究竟提倡预防艾滋病和坚持传统伦理习惯，哪一个更具有道德意义？

正因为这样，营销传播中的许多行为规范需要靠法律来监管。随着社会监督和市场体系的健全，商业信息的传播受到法律和各种行业制度的严格监控，那些黄色、欺诈、不正当竞争，以及其他不符合环保和危害公众利益的营销传播信息，都可能受到有关管理部门根据法律法规所给予的惩处。其监管方式主要是行业自律、行业标准、内部政策以及媒体审查。政府也为此设立了专门的管理机构，依法进行协调管理。有鉴于此，自20世纪90年代以来，一种被称之为“绿色营销”的营销传播活动开始渐渐成长，这种营销传播从主张环保开始，除了对绿色产品的宣传外，还延伸到了各种包装、认证活动以及事业导向型的传播沟通。虽然营销传播专家们怀疑，绿色环保是否真的可以打动消费者，也有不少品牌是在假借绿色之名，但是不容置疑的是，绿色的概念在不断扩大，它已经渐渐显露出与社会公益诉求的融合，因此可以相信它将会长期地持续下去。

（三）变幻的心理版图：战略与创造的贫乏

舒尔茨等人提出要“重新认识消费者心理图像”。社会变迁和科技发展在很大程度上改变了人类的认识方式和心理图像，在媒体传播中从口语转向视觉，进而导致了一大批新生的“近似文盲”的出现。传统文盲指的是无法阅读文字资料，新的近似文盲却不一样，“愈来愈多的人只能读一些字，却无法理解简单的句子”。[①] 这就涉及传播符号的意义建构，从技术层面上看，这些近似文盲虽然具有单词的阅读能力，可以理解单个语词的含义，但是缺少把这些文字组合成有意义的结构的能力，而这种能力却是在日趋复杂的社会中生存的一种必备能力。但与此相反的是，传播接触中视觉社会的发展，改变了以往文字至尊的文化传播传统，又显然在增加近似文盲的生存可能，因为一些简单的符号、象征、图片或者声音，同样可以传达相应的信息。

于是营销传播需要关心的就是，处于心理和认知变化中的消费者，在传播接触中是如何处理信息并认识事物的。通常情况下，对消费者心理起直接作用的是两种不同的营销传播信息影响模式，即“取代”还是“累积”。所谓取代模式认为，营销传播信息在进入消费者大脑时，往往是以新的信息取代原有信息。这就是所谓取代模式，类似于我们经常说的以新换旧。很多营销传播者都倾向于相信，其传播只需要凭借信息本身的力量，就可以把消费者头脑中的竞争品牌信息驱逐出去。事实上，取代模式是大众传播主导下的错误假设，这种方法

---

① ［美］舒尔茨，等：《整合营销传播》，呼和浩特：内蒙古人民出版社1999年版，第33页。

把定位作为制胜的法宝。然而不幸的是，在新的背景下，实际情况却很少如此，大多数营销信息传播对于消费者的心理而言，都是一种累积的形式。也就是说，新的信息并不能取代原有的信息，而是和原有信息结合起来相互并存。因此，营销传播成为一个累积过程，在这个过程中，消费者对产品和品牌信息不断地储存、处理和回想，最后整合成一种适合于自己的信息概念。这种累积模式具体如图 12－1 所示。

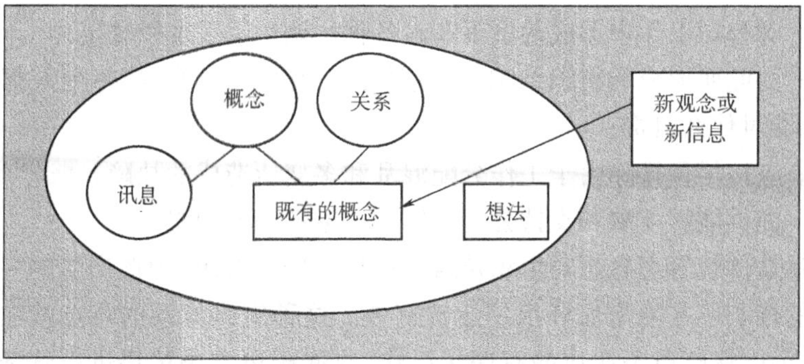

图 12－1　营销传播信息累积模式

显然，相对于过去的取代模式，累积模式不但复杂，而且易于变化，更加具有不确定性，它对营销传播提出了更高的要求。但是与消费者心理变幻相对应的是，营销传播执行者们的心理版图也出现了变化。所谓心理版图，在这里只是一个比喻，它是指引导营销传播管理者们行为决策的思维方式。就好像是在旅行中所携带的地图，习惯上我们总是会按照地图寻找路径和前进方向，但是当地图已经过期时，它就不能提供新的信息，营销传播也无法借以到达自己的目的地。这种心理版图的范围往往十分有限，它以传统的取代模式为基础，导致了营销传播管理的顾客驱动思维模式。而现实却是，战略命令不能根据从前的东西加以驱动，昨天有效的形式今天未必有效。因此对于感觉而言，创造力变得尤其重要。任何成功的营销传播，都是一种全新的创造，整合营销传播更加要求具有创造性的信息组合。但是由于传统的思维定式，营销传播管理者自我准备不足，面对消费者的心理变幻，创造性的获得成了整合营销传播管理中一项非常贫乏的资源。

（四）难以克服的组织性障碍

除了来自社会文化方面的障碍之外，多年来已经习以为常的组织形式，也不适合整合营销传播的执行。这种组织形式的一个很大特点是，各个职能部门之间处于并行状态，它们各自独立向上负责，每个部门都把自己既定的工作任务，当作至高无上的追求目标。为了完成给定工作任务，彼此之间很少协作交流，甚至由于各自的利益而形成了部门之间的藩篱。这是因为任何一个正式组织的组织形式，都是从对职务结构的构想中形成的。如果对组织和组织结构加以剖析，我们就可以清晰看出：

——把为达到目的所需的各种业务加以分类组合；

——把监督每类工作及业务活动所必需的职权授予管理此类工作的主管人员；

——对公司工作中形成的上下左右各种协调性关系加以规定；

——由此而形成的组织结构，在设计上应当职责分明，使每个人都知道该做什么，谁对什么负责；

——应该尽量排除由于工作分配混乱和多变所造成的故障；

——提供能够反映和支持公司目标的决策和沟通网络。

这就是传统管理思想对组织及组织结构的职能要求，由此产生的一切原则和规范的核心所在就是保证组织运转有效。这种组织体系的特点就在于它职责明确，可以保持条条块块的有序化运作，也便于更高决策层进行管理。但是在整合营销传播执行过程中，这种传统的组织体系显然很难适应。因为整合营销传播是一个全面协调职能，它意味着任何部门的工作，必须超越狭隘的部门利益，把一切工作的追求建立在整体效应的实现之上。这样一来势必对原有的组织体制形成强烈的冲击，这种冲击主要表现在以下几个方面。

其一，以部门职责为基础的组织形式，具有一个非常明确的可以具体细化的工作标准，每个职能部门只要参照这个标准，就可以有序地运作。从某种意义上说，传统的组织形式具有便于展开工作的优势，它对程序化的工作模式要求超过对创造性工作价值的追求。而整合营销传播虽然不排除每个部门进一步细化工作，但是作为一种超越单一部门的工作目标，它更强调的是组织的整体意识和具有创造性的工作价值。

其二，由于每个部门工作责任非常明确，这种像是流水线一样的工作模式，基本上可用标准化来加以规定。因此，考核各个职能部门的指标清晰而又具体，大多数情况下都运用量化形式计算，这使得每个部门的工作成绩一目了然。但是在整合营销传播中，很多协同组织虽然目标一致，工作标准却很难确定。这是因为无法简单地确定每个部门或者是每个职员的具体工作对象，而且其工作价值的判断通常无法具体量化。

其三，在传统的组织形态中，各个部门之间是一种并行关系，它们各自垂直隶属于自己的主管，部门与部门之间的业务范畴并不交融，因此它们往往缺少相互之间的协调，工作程序所需要的协调主要由更高一层来决定。但是整合营销传播是一项对协调性非常重视的工作，它要求部门之间相互协调和不断沟通，如果没有紧密的协调整合，工作就很可能脱节；但是这些部门不仅缺乏协调经验，而且也不适应同级之间的协调。

其四，来自观念上的障碍。传统的组织模式是在传统管理和传统营销思想指导下形成的，传统管理思想的核心是通过明确职责，提高工作效益来维持组织有序运转。在这种观念指导下，衡量工作价值的一切标准都是物化形态的：资金、生产线、产品、分销渠道、销售额等。但是整合营销传播认为顾客和相关利益者的关系是最重要的追求，而顾客以及相关利益者关系不同于过去的物化标准，这显然是原有组织形态难以适应的。

（五）变幻莫测的消费环境

种种迹象表明，市场营销环境已经发生了巨大的转变，而且由于全球化和信息化，这种转变的概率和速度大大加快。比之于过去那种相对恒定的状态，新的消费环境似乎越来越难以确知，这使得运用传统手法进行营销传播已经很难奏效，当然整合营销传播的执行也同样更加艰难。对于整合营销传播而言，如果不理解环境的变化，不能适应这种变化，则很难取得相应的效果。

所谓消费环境，是指“消费者外部世界中所有物质和社会要素的总和，包括有形的物体（商品和商场）、空间关系（商场的位置和商品在商场中的位置）和其他人的社会行为（周围是什么样的人，他们在做什么）。”①简而言之，这种环境可以分为物质环境与社会环境，物质环境在我们的不同叙述中已经多所涉及，而社会环境广义上则是指人与人之间所有社会意义的相互作用，我们所指的环境变化的不可知性更多的是就此而言的。社会环境本身有宏观和微观之分，宏观环境指的是大规模人群中人与人之间直接或者间接的相互作用；微观社会环境是指在小群体（如家庭和相关群体）中人们之间的直接相互作用。这种社会环境相互影响的作用如图 12 – 2 所示。

在社会环境构成中最为突出的就是文化因素，正如前面所说，文化已经呈现出充分的多元化趋势。文化多元化主要是就各种亚文化和次生文化而言的，其来源无非是消费者自身属性变化的结果。可以说，消费者自我选择的主导性，不同传播渠道的相互并存，多种信息的共生状态，这些都加剧了环境的变化，并反过来使得过去更加一致的文化认同呈现出多棱形态。因此在某种意义上，消费环境的变化，更多取决于小部分群体（甚至是消费个体）所产生的亚文化或者是次生文化。正是由于这些文化属性的更进一步细分和更加具有个

① ［美］J. 保罗·彼得，等：《消费者行为与营销战略》，大连：东北财经大学出版社 2000 年版，第 295 页。

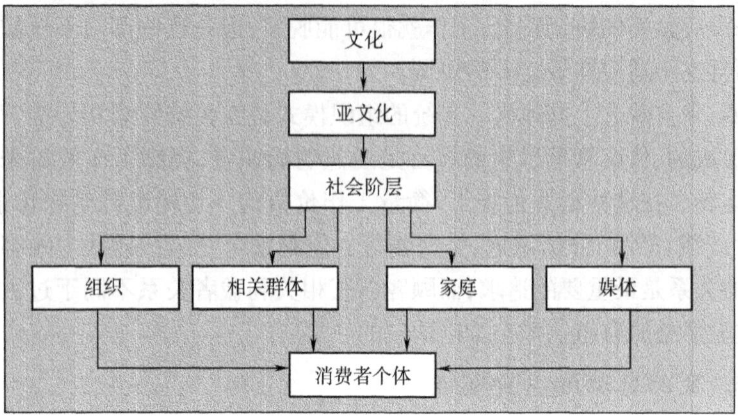

图 12－2　社会环境之间相互影响的流程图

体特征,因此其不可知性也就更加突出,尽管研究者已经汇集了越来越多的数据,但是数据并不能表明必然的理解。

尽管在整合过程中形形色色的障碍如此之多,但是这并不妨碍整合所造就的必然趋势。这是个技术和观念都在创新的时代,所有的羁绊和束缚都注定将如尘埃般剥落,驱动价值转化的动力和渠道只有沟通。也许这不仅是营销的法则,也是社会进步的信念。

第三节　价值共享的整合理想

整合营销传播被看作21世纪获得市场优势的战略性武器,尤其是在网络信息化日趋发展的社会背景下,似乎还没有哪种营销理论比之于整合营销传播更加具有广泛的适应力。我们必须用一种发展的眼光看待其价值,整合营销传播不仅是一种可以简单对应的工作模式,还是一个具有广阔包容性的思想体系,它在纷纭变幻的市场格局中,通过与现实的融合适应而不断丰富完善自己,并因此显示出其开放包容和持续影响的生命力。

一、全面沟通的整合营销传播

现在几乎可以肯定地说,整合营销传播理论创建者舒尔茨教授20世纪90年代即已提出的"营销即传播",不仅是概念和提法上的创新,而且堪称营销传播观念演变的革命性跃升。这在理论上铺路的舒尔茨教授,其原始表述是"营销即传播,传播即营销,二者合而为一"。在20世纪的营销广告理论体系中,如果单纯从逻辑层次上看，营销作为一级概念，其下才涉及以 4P 为主的次级概念营销组合（marketing mix），进而在营销组合之下才出现了一个再次级概念“促销”（promotion）。那时候促销的几大要素也被称作促销组合：广告、公关、促销与人员推销等。后来具有市场远见的营销和广告专家们意识到，带有明显强销色彩的促销尤其是广告，似乎与现代营销对需求价值的强调正在渐行渐远，于是逐步开始用“营销传播”或“营销沟通”（marketing communications）取代促销。这个集合式概念的出现，意味着传统以广告为主体的促销时代正在走向没落。而将营销与传播并举，认为二者合而为一密不可分，更是一种卓越的洞察。

虽然最先提出这一概念的学术前辈并没有特别梳理这一理论断言，但我一直认为“营销即传播，传播即营销”的提出具有划时代意义。在这种概念的梳理与比对中，我们发现营销与传播原来具有如此高的重合性，因此也就很容易理解“营销即传播，传播即营销”这一命题的意义所在。而当营销与传播并行而出时，我们自然认识到传统营销中处于第三层级的促销，事实上已经成为一种正在为市场和技术演进所扬弃的历史。我们不得不正视一个严峻的现实：这些年来有意无意间传统广告似乎越来越被疏远。导致这种现象的一个很重要的原因，就是传统的广告形态正在经历一种脱胎换骨式的更新甚至是替代。营销即传播所强调的是，营销价值的实现是沟通过程中共识的达成，没有沟通无法达成共识，当然也就谈不上共享，更遑论实现价值转化与交换。如果说过去大众传媒的单向度妨碍了沟通，那么在信息技术和网络媒体无限延伸的今天，无论用什么理由推脱营销沟通都只是一种借口。正是在这个意义上，我们特别关注媒体技术的创新，这种创新使得营销传播从单纯的信息传递走向更为广阔的沟通领域，互动与共享、场景的呈现、体验式参与，这一切在消弭营销与传播固有边界的同时，也推动营销与传播跨越时间与空间的融合。这也正是我们强调“媒体创新：营销即传播”的实质所在。

二、变化的市场永远没有终极结论

营销传播界从来都不缺少各种新的概念和理论，这从 20 世纪早期霍普金斯等人开始就已经得到了验证。多年来具有代表意义的各种营销传播理论纷至沓来，从早期的“预先占有权”“独特的销售说辞”“形象至上”“创意革命”等理论模式，一直到后来的定位理论、CIS 理论、品牌理论以及整合营销传播理论，乃至今天各种标新立异的品牌传播理论，诸如“360 度”甚至是“720 度”的品牌管理理论。几乎每一种新的理论都在标榜自己的推陈出新，甚至有的观点为了凸显自己的个性，会表现出唯我独尊的排他性，往往认为过去的理论已经不足以概括现实，只有自己才具有适应现实的不可替代性。

然而事实并不是这样。即便从广告本身而言,那些古老的理论并没有因为新理论的提出而就此结束自己的使命,相反它们仍旧在新的理论中表现出自己顽强的生命力。正如今天的广告策划中,预先占用权和独特的销售说辞仍旧受到广泛运用和普遍认同一样,定位思想作为一种策略形式,在品牌推广和整合营销传播中依然是一个不可或缺的法宝。这一切都说明,在营销传播的观念追求中,有个一脉相承的共同目标,其在本质上包含着严格的一致性因素,即以特别价值作为普遍性的追求。过去艾尔·里斯和杰克·特劳特将这种营销传播观念发展过程划分为三个时期,似乎过于简单并且有种割裂感。[①] 我们认为,从克劳德·霍普金斯到罗斯·瑞夫斯和大卫·奥格威,完成了对这种追求从里到外的理论构建,定位理论和整合营销传播观念则是注重于由外到里实现一种策略体系。

任何理论作为一种从实践中总结出的真知灼见,尽管具有极大的概括力和包容性,但是就其本身而言,理论所代表的永远只是相对真理。因此不能奢望一种理论可以包罗万象,否则世界岂不变成了单一形态,营销传播也只需要简单重复便可以无往而不胜。需要认识到的是,许许多多的理论都是并行发展、共同存在的,它们甚至相互矛盾,都是在不同条件下表现自己的价值。不同的理论在发展过程中并不是相互排斥的,而是彼此交融、有所扬弃。任何一种新观念的产生都不是突如其来的,而是在渐进过程中逐步明晰化。之所以这种观念在明晰之际特别具有爆发力,很重要一个原因,就是催生这种观念的基本动因成为外在环境的主导力量,在此背景下新观念就具有对环境的最大适应性。从这点而言,市场千变万化,理论也是不断延伸的,永远不会有一个终极结论,所以整合营销传播只是一个新的开始。十多年来整合营销传播理论的不断发展、充实和深入,正好说明了这个具有价值的理论正在不断焕发出它适应时代需要的生机。因此,与其说整合营销传播是一种操作模式,我们更加赞成将其看作一种观念。

三、对整合营销传播的发展前瞻

在本书的第二章,我们曾提及在网络信息场域中审视整合营销传播,整合将主要指向三个基本层面:空间整合与时间整合、技术整合与观念整合、价值共享与多元表达整合。这实际上就是整合营销传播在应用层面将要面对的现实,这种应用现实必然深刻涉及作为品牌关系中枢的人,因此无论是从深度还是广度上,都进一步强化了对品牌与社会、品牌与人性等宏观问题的理性思考。

① [美]艾尔·里斯、杰克·特劳特:《定位》,北京:中国财经出版社 2002 年版,第 27－29 页。

所以对整合营销传播的前瞻，实际上就是对品牌与人多维沟通中价值关系的审视。

在任何情况下讨论未来都不是一件轻松的事情，因为预言式的论证很有一种风险的味道：它要么是一种不着边际的夸夸其谈，要么可能坠入一种错误的假设之中。何况整合营销传播作为一种理论形态，从其提出算起才经过十多年的历程，这比起100多年来历史上任何一种营销传播理论从发端到被普遍接受的时间都要短暂。比如，自第二次世界大战以后，罗斯·瑞夫斯就有意识地在实践中开始推广USP理论，直到1961年才完成了他的代表性著作《广告中的现实》；定位理论创始者1971年开始发表系列文章，但完成《定位》一书，标志着理论的建立却是在1980年，而十多年后这种理论又以“新定位”的名义被不断调整和更新。相比之下，整合营销传播观念的发展，确实令人感到一种日新月异般的欢欣鼓舞。因此对整合营销传播进行前瞻，我们必须将其置之社会和市场发展的趋势中加以审视。当然任何归纳都不可避免地局限于一种不全面之中，但是它至少代表了某种可能性倾向。

已经成为21世纪社会发展基本动力的网络信息技术，必将进一步对整个社会结构、文化模式以及人与人的关系产生根本性的影响。而伴随着新材料、基因工程、大数据、物联网、人工智能的发展，任何一种科技的突破，都可能导致整个人类认识的颠覆性革命。就目前来看，对于营销传播而言，网络信息技术并不仅仅代表了一种新型媒体，而且代表了在以需求为导向的市场趋势中，营销和营销传播中消费者权利最终回归的现实可能。网络平台的发展已经可以方便用户查看各种资料、文档、商业信息、虚拟商店、电子公告以及其他信息资源，而且社交媒体的运用提升了传播中的角色平等，并增加了用户的话语权，用户也可以在互动中自主地控制信息流量，诸如运用搜索引擎、服务器、电子邮件、微博、微信等。但是相对于这些不断变化发展的新技术来说，我们的认识还存在广阔的未知领域，而这些在未来营销和营销传播中都将发挥无穷的威力。显然这种基于信息技术所带来的营销传播发展，只能从整合营销传播中得以实现。正如我们所说的，信息技术的发展远远不止是营销传播工具的扩展，网络带来了消费环境和消费文化的变化，也带来了前所未有的用户意识的改变。所有的用户都是消费者，用户不但可以随时随地在网上实现信息的自我选择，而且可以通过网络完成各种交易和交换，在某种意义上，所有顾客关系都构建在这个覆盖全球的巨大社区中。

这种新的营销和营销传播模式也营造了新的市场环境。由于这个环境比之于现实营销具有更多的自由性和更大的开放程度，而相应的游戏规则和法律规范尚没有系统形成，因此营销和营销传播在带来新转机的同时，也为传统营销秩序中的各种诱惑提供了可乘之机。有鉴于此，在以信息技术支持的市场环境中，介入营销和营销传播过程之中的，也许不仅仅是传统的营销者和消费者那些简单角色。除了来自于法律和管理层面的监控之外，各种环保组织、慈善机构、自助组织等社会利益群体也成为营销和营销传播中的干预角色，这就导致了市场营销中对社会营销观念的进一步重视。可以说，在未来的整合营销传播中，社会营销是一个不可回避的话题。在整合营销传播中发展社会营销的另一个理由是，市场经济的发展正在昭示一个可能，那就是所有社会结构的变革都是基于不断增加的财富所带来的对个人主义的重视。按照马斯洛的需求层次理论，随着整个社会和个人的更加富有，其在社会和经济生活中的安全感也会不断提升，于是他们开始更多地寻求自我实现，更加强调自己的个性特点。而总的人口变化也预示着年轻人的市场正在缩小，处于灰色年龄区域或者老龄区域的市场正在增加，社会分化与单亲家庭在上升；而诸如雾霾等环境污染对中国社会的警示，气候变暖已经成为一个世界性的话题，等等，所有这些都提出一个深刻的命题：整合营销传播也许不只是一种单纯的市场营销行为，它也是一个负有更多历史使命的社会营销行为。

正因为如此，为了适应整合营销传播的发展需要，传统的组织模式和组织结构都面临一个必然性的转变。从微观上说，作为整合营销传播主体的企业和各种组织，必须适当地调整自己的内部结构，使其整个运行方式朝着有利于形成协调和统一方向迈进。因此，各种职能部门也许不应该成为一个自我满足的封闭系统，而应该成为一个彼此交错的交换系统，进而实现不只是垂直方向，而且是在平行方向上的互相融合。从宏观上说，随着企业和各种组织团体的协调和与顾客以及相关利益者的直接对话，其开放性和透明性也大大增加，社会在认同其存在的同时也必然逐步形成与之相适合的对话系统。当然不论如何变化，信息内容和信息流量都会呈几何数级增长，营销和营销传播将更加需要整合。因此，未来发展就是整合，整合也将是一个永远的话题。

案例分析

华为的世界角色

经历了2018年以来越来越激烈的中美贸易战，身陷其中的华为几乎是以一己之力，抵抗美国政府的极限施压。几年过去了，华为不仅没有倒下，而且2020年的营业收入接近9 000亿元，扣除各项开支和高达数百亿元的研发投入后，其净利润达646亿元。与此同时，华为在世界500强中的排序，也由2016年的第129位，上升到2020年的第49位。华为在中国和世界的影响力稳步提升，就品牌形象和世界影响力而言，它几乎成为中国高科技制造业的代名词，华为的形象也成为中国产业崛起的一种象征。分析华为，离不开分析它的核心人物任正非。在贸易战的激烈冲突中，这位一向低调的华为精神领袖，不仅从后台走到前台为华为制定策略，而且多次对媒体和整个世界发声，表明华为的态度。任正非的睿智和坚定，有力地震慑了中美贸易战中的挑衅者。

《经济学人》称它是“欧美跨国公司的灾难”，《时代》杂志称它是“所有电信产业巨头最危险的竞争对手”，爱立信全球总裁卫翰思（Hans Vestberg）说“它是我们最尊敬的敌人”，思科执行长钱伯斯（Chembers）在回答《华尔街日报》提问的时候说“25年前我就知道我们最强的对手一定来自中国”。这些话都在形容一家神秘的中国企业——华为。如果没有华为，西伯利亚的居民就收不到信号，非洲乞力马扎罗火山的登山客无法找人求救，就连你到达巴黎、伦敦、悉尼等地，下飞机后之所以能接通信号，都是因为华为的基站在提供服务。在海拔8 000米以上的珠穆朗玛峰，在零下40℃的北极、南极，都见得到华为的足迹。

许多人将华为的成功，归于中国政府的支持。实际上，最支持华为创始人任正非的是15万华为员工。因为任正非用了中国企业中史无前例的奖酬分红制度，98.6%的股票都归员工所有，任正非本人所持有的股票只占了1.4%，造就了华为式管理的向心力。作为中国最国际化地的企业，在《财富》世界500强企业中，华为也是唯一的一家没上市的公司。根据《财富》的报告，它在2013的年营收达到349亿美元，超过爱立信的336亿美元，成为全球通信产业龙头。华为的营收中七成来自海外，比联想集团的4.2成还要高。《经济学人》指出，华为在150多个国家拥有500多家主要客户，超过20亿人每天使用华为的设备通信，也就是说，全世界有三分之一的人口在享受华为提供的服务。即使在4G技术领先的欧洲，华为也有过半的市场占有率。

它的技术研发能力，超越了一般人对中国企业的想象。华为拥有3万项专利技术。《经济学人》指出，华为已是电信领域的知识产权龙头企业。中国的世界500强企业中，有90%的上榜企业是靠原物料、中国内需市场等优势挤入排行的，但华为却是靠技术创新能力，以及海外市场经营绩效获得今天的地位的。当过去的通信产业巨擘摩托罗拉、阿尔卡特朗讯、诺基亚、西门子等都面临衰退危机时，它却在过去10年间逐年成长。在华为的身上，我们看到了企业对品牌走向极致的追求，看到了企业对社会和相关利益者的命运共同体的认同，以及一种正在致力于成为世界公民的努力。

一、环境设计:展示厅如美术馆,餐厅供应五国料理

华为园区绿意盎然,犹如一座大型森林公园,绿化程度高达40%以上。园区中心有一个湖。

设计得有如度假别墅般的员工训练中心、博物馆般的办公室、美术馆般的展示厅,以及提供三大洋、五大国料理的员工餐厅,容易让人误以为来到了美国硅谷,路上的员工边走边热烈地讨论,整个园区充满了活力与干劲。

二、员工关系与客户关系:"生命共同体"

(一)"肯给":养出最拼团队,有员工一年就拿120万元股利

华为没有上市,而是把98.6%的股权开放给员工,创办人任正非只拥有公司1.4%的股权。除了不能表决、出售、拥有股票之外,股东可以享受分红与股票增值的利润。并且,每年所赚取的净利,几乎是百分之百分配给股东。

2010年,华为净利达到有史以来最高的238亿元,配出了一股2.98元的股息。以一名在华为工作10年、绩效优良的资深主管为例,其配股可达40万股,该年光是股利收益就将近120万。这个数字,甚至比许多外国企业的高级经理人还要高。

如何分辨你是老板级的员工还是打工仔级的员工?在华为,你的薪资账户就说明了一切。

"我们不像一般领薪水的打工仔,公司营运好不好,到了年底会非常感同身受,"2002年从日本最大电信商NTTDoCoMo跳槽加入华为的LTETDD产品线副总裁邱恒说,"你拼命的程度,直接反映在薪资收入上。"

以他自己为例,2009年因为遭遇金融海啸,整体环境不佳,公司成长幅度不如以往,他的底薪不变,但分红跟着缩水。隔年,华为的净利创下历史新高,他的分红就是前一年的1倍。

这等于把公司的利益与员工的个人利益紧紧绑在一起。在华为,一个外派非洲的基础工程师如果能帮公司服务好客户,争取到一张订单,年终获得的配股额度、股利,以及年终奖金总额,会比一个坐在办公室但绩效未达标的高级主管还要高。

事实上,即使一个刚入职公司的本科系菜鸟,起薪也比一般企业高,以第一年月薪9 000元换算,加上年终奖金,年薪至少15万元。

工作两三年,就具备配股分红资格。在华为有"1+1+1"的说法,也就是工资、奖金、分红比例是相同的。随着年资与绩效增长,分红与奖金的比例将会大幅超过工资。这在即使是号称重视员工福利的欧美企业都很罕见,然而这个源头,竟然只是为了三个字"活下去"。

（二）坚持26年利益共享：一块饼大家分，“要活大家一起活”

出身贵州贫寒家庭，家中有七个兄弟姊妹，身为老大的任正非，从小就学会要与父母一同扛起责任。高中那年，一家人穷到得去山上挖野草根煮来充饥。偶然有一块馒头，父母也会切成九等份，每个人只有一口，为的是让每个人都能活下去。

当时任正非的父母，把粮食存在一个个瓦罐中，没有孩子会去动。即使高三拼考试、饿到受不了的时候，任正非也只会放下书本，自己跑到郊外去采野菜充饥。

“我们家当时是每餐实行严格分饭制，是控制所有人欲望的配给制，保证人人都能活下来。不这样，总会有一两个弟妹活不到今天。”任正非回忆道。无论是每天要辛苦工作十几个小时养活一家人的父母，还是年幼的弟妹，也从来不会多吃一口。

“要活，大家一起活！”这意念从此深植在任正非心中，成为他创业后坚持利益共享的基础。

（三）不只是员工与公司的利益绑一起，连客户也成为其生命共同体

华为的企业文化中，第一条就是“以客户为中心”。“华为作为一家百分之百的民营企业，26年来生存不是靠政府，不是靠银行，客户才是我们的衣食父母。”华为的第五位员工，现任三位轮值执行长之一的郭平接受采访的时候说。

通信产业会因为技术标准、频率波段不同，会衍生出不同的产品。为了满足消费者需求，电信商可能需要用到三种技术标准，采购三套不同的机台，其中安装与后续维修费用，甚至高过于单买机台本身。

对制造商而言，当然希望客户买越多套产品越好，因为这样才能赚取更多服务费，这个算盘连小学生都会打，但华为走了一个逆向的路：我来帮客户省钱！华为站在电信商的角度思考，主动研发出把三套标准整合在一个机台的设备，帮客户省下了50%的成本。

“短期来看，我们是傻是亏，但长期就不见得。”邱恒说。客户省下的钱，可以用于其他投资，研发出更新的产品，从消费者端赚来更多的钱，再回头来跟你合作，双方一起成长。“当他只能赚一块钱的时候，肯定无法分给你一块五，他若能赚五块钱，你才有机会分到两块甚至三块。”邱恒道出一个简单的商场互利逻辑。

许多技术创新是从这个过程中得来的。“华为是第一个把2G、3G、4G打通的人，靠一套设备就能提供多面相的服务。”郭平说。当客户提出问题或需求后，华为的工程师会回过头去从基础科学中找寻解答，由此产生源源不绝的新产品与专利。

华为的员工都把自己当成老板，待得越久，领的股份与分红越多，所以大部分人不会为了追求一年两年的短期业绩目标而牺牲掉客户利益，而是会想尽办法服务好客户，让客户愿意长期与之合作，形成一种正向循环。

三、把客户服务做到透，就是华为的胜出关键

“国际大厂比较容易耍大牌，不会愿意配合客户要求去量身定做产品，反正我给你什么就吃什么，美其名曰教育市场，实际上是怕麻烦。”观察通信产业达10年的资深分析师杨敬宇说。

他指出，一般公司派四五个工程师到客户端驻点就算是大手笔，华为却可以一口气送上一组12人的团队，与客户一起讨论，研发出最适合的产品。若产品出问题，即使地点远在非洲乞力马扎罗火山，华为也是一通电话立刻派工程师到现场，与客户一起解决问题，不像其他企业为了节省成本，多半用远端视频遥控。

能做到这程度，固然归因于中国有全世界最便宜的优质人力，但能让这群高级知识工作者心甘情愿地为公司和客户卖命，除了配股分红的激励机制外，也与华为强烈的企业文化有关。

“你们脑袋要对着客户，屁股要对着领导”，这是任正非反复不断对底下人说的话。他认为，大部分企业会腐败，就是因为员工把力气花在了讨好主管上，而非思考客户需求。

因此，他明文禁止上司接受下属招待，就连开车到机场接机都会被他痛骂一顿：“客户才是你的衣食父母，你应该把时间力气放在客户身上！”

（一）拼海外，自愿者多到要筛选：无畏福岛核灾，一天抢通300基站

在华为总部，我们遇到的每一位员工，不论是任职超过10年的资深主管，还是刚加入不到7个月的菜鸟工程师，甚至只是负责接送的司机，都把“以客户为中心”挂在嘴边。

华为的另外两个文化是“以奋斗者为本”和“持续而艰苦地奋斗着”。

2011年，在日本福岛核灾的恐怖威胁下，华为员工仍然展现了服务到底的精神，不仅没有因为危机而撤离，反而加派人手，在一天内就协助软银、E-mobile等客户抢通了300多个基站。自愿前往日本协助的员工，甚至多到需要经过身体与心理素质筛选，只有够强壮的人才能被派到现场。

软银LTE部门主管非常惊讶：“别家公司的人都跑掉了，你们为什么还在这里？”“只要客户还在，我们就一定在，”当时负责协助软银架设LTE基站的专案组组长李兴回答得理所当然，“反正我们都亲身经历过汶川大地震。”

在华为，员工接到一通电话就飞到利比亚、阿尔及利亚、委内瑞拉等世界各个角落是常有的事，往往一去就是3个月到半年，而且是在最落后的环境中做

最艰苦的事。员工当然也可以选择不去。“去,就是给你一个舞台,让你有机会学习、成长;年底绩效好,还可以多认股,多分红,为什么不去呢?”邱恒说。

事实上,“只有最优秀的人才能被外派到基层”,郭平说。过去在讲究辈分的日本企业,往往等上七八年还轮不到升迁,但在华为奋斗10年,已是一个统管4 000名研发工程师的中阶主管。这就是任正非的“少将连长”哲学。

“华为的领导班子,都是一路从基层打拼上来的,只要有战功,30岁当少将,管几十亿美金的合同,都是很常见的事。”《活下去,是最大的动力!》一书的作者田涛说。田涛是任正非的密友,也是华为的顾问,他分析“能者多劳,多劳者多得”就是华为的企业精神。任正非虽然大量导入了IBM、GE、惠普等西方公司的管理制度,却对华尔街的金融体系非常不以为然。

在他眼中,搞金融的人光靠数字游戏就能获得大笔财富,真正卷起袖子苦干的人却只能赚取微薄的工资,这是全世界最不合理的事。所以他坚决不让华为上市,宁可选择把利润分享给员工。

(二)拼活化,革除元老级“障碍”:两次新陈代谢致七千人辞职再回聘

华为的薪酬制度并非无懈可击,设计这套制度后,任正非还是时时刻刻在找组织内部的“黑洞”。很多人在华为工作十年,就已经赚到可以退休的钱,这就造成了一批阻碍公司成长的“沉淀层”,工号20000之前的,被称为公司内的“贵族”,享有职位与年资上的特权。为此,华为分别在1996年与2007年,由董事长孙亚芳及任正非本人各发起了一次“集体辞职”的大运动,两次涉及的人数都将近七千人。

以2007年为例,年资八年以上员工,只要自愿提辞呈,就可获得与年资相对应的赔偿金,最低人民币20万元。辞职后如愿意继续留在公司,华为也会再次聘用,虽然既有股份不变,但职位与年资均按照该年的绩效重新计算。

这种激进的做法引起当时舆论哗然,中国官方甚至介入调查华为此举是否有违法之嫌,但出乎意料的是,华为员工竟然没有出现激烈的抗争行动,辞职再回任的概率甚至高达九成。

这是因为不回任者必须在离开前将股份卖回给公司,而重聘者可能被降阶降薪,但持有股数不会因此稍减,只要公司继续成长获利,他依然可靠持股享受分红好处。

这个做法,让华为一方面保全了资深者作为股东的利益,另一方面又促进了新陈代谢,让一批更年轻、更有能力的人上来,担当与其绩效相符的职位。华为遇到的成长瓶颈与人事困境难题,再一次靠“让员工当老板”的原则解决了。

任正非在一次访问日本后,体会到日本经历过大萧条的处境,他自行撰述的一篇文章《北国之春》描述了华为的处境:“华为像一片树叶,有幸掉到了这个

潮流的大船上，是躺在大船上随波逐流到今天，本身并没有经历惊涛骇浪、洪水泛滥、大堤崩溃等危机的考验。因此，华为的成功应该是机遇大于其素质与本领。""什么叫成功？是像日本那些企业那样，经九死一生还能好好活着这才是真正的成功。华为没有成功，只是在成长。华为经过的太平时间太长了，在和平时期升的官太多了，这也许会构成我们的灾难。泰坦尼克号也是在一片欢呼声中出的海。"

在任何一个值得为华为鼓掌的关头，任正非都采取这种当头棒喝的做法，让每个华为人头脑清醒，因为他知道天道循环的道理，生与灭其实只在一线之间，唯有如此，华为才能在更多的挑战中找到下一个惊喜。

四、华为成功的简单逻辑

决定一家企业成败的因素很多，如战略问题、老板问题、管理问题、核心业务问题等，其中的任何一个问题，既可以让企业迅速壮大，也可能让企业走向衰败。作为常青树的华为，成功的秘诀又是什么？笔者觉得除了上述问题之外，还有一个最根本的问题，那就是利益共享机制的建立，这也是其他企业既不想做又不愿做的，而恰恰是这一点奠定了华为发展的坚实基础。

（一）建立与员工的利益共享机制

华为创立之初只有两万的资金和租赁的几间房子。在当年盛行倒买倒卖的深圳，类似的企业多如牛毛。但是，这些企业、这些老板，早已消逝得毫无踪影。

任正非到底有什么高招，让华为不仅不倒，还能快速成长，成为现在的世界电信行业巨头？很简单，任正非不贪财，他把企业98.6%的股份分给了员工，仅把1.42%的股份留给了自己。华为员工持股的普惠制，让所有员工都成为"奋斗者"，成为在世界上攻城略地的"主攻手"，从而成就了华为的伟业。

利益共享机制的建立，反映了任正非对员工利益的基本态度，体现了任正非对员工的真正尊重，因为人的最基本诉求首先是利益获取的问题。

（二）建立与对手的竞争合作关系

基辛格说："世上没有永远的敌人，也没有永远的朋友，只有永远的利益。"这句话，不仅适用于政界，更适用于商界。对企业而言，不仅要考虑内部员工的利益分配问题，也要考虑企业、客户、供应商三者之间的利益分配问题。

在世纪更替之际，任正非就提出了"友商"的理念，他认为"竞争对手也要手拉手，也要走向合作"，从此开始了华为与国际电讯巨头的既竞争、又合作得新局面。在竞争中合作，在合作中壮大，为华为的国际化奠定了基础。

在华为创立初期的岁月里，任正非特别强调与客户、供应商之间的利益共享。为了打开国内市场，华为与全国很多地方的电信部门成立了合资公司。成立合资公司有什么好处？一是电信职工入股，当然生意就会好做得多；二是货款收回及时，因为其中有电讯部门的利益啊。从此，华为的企业规模迅速扩大，国内市场地位得到了巩固。

（三）明确谁是华为发展的中坚力量

华为把员工分为三类：第一类是普通劳动者；第二类是一般奋斗者；第三类是有成效的奋斗者。华为针对三类不同的群体提出不同的管理要求，并给予不同的薪资待遇。任正非明确提出华为所重视的是那些有成效的奋斗者，他们才是华为事业发展所依赖的核心力量。

但是，任正非并不排斥前两类人员的存在，这样的定位是理性的。对于一个生产型的企业来讲，涉及人财物、产供销各个方面，需要方方面面的人去完成不同的任务。有些岗位是需要高投入、高学历、高智慧的，那就安排想奋斗的人去做；而有些简单的勤务岗位，普通的劳动者就完全可以胜任。

对前两类人员，华为给予稍高于当地水平的薪资待遇，对第三类人，华为不仅给予高的薪资待遇，还为他们分配华为的内部股权，让他们分享企业发展带来的利益。

华为员工差别化管理的意义，在于不再采用以岗位性质进行员工类别划分的传统做法，而根据员工的个人能力、职业态度、敬业精神来判断员工对企业的价值，给员工提供了广阔的支持平台。今年不奋斗，并不意味着明年不奋斗；今年奋斗着的人，也并不意味着明年还会继续奋斗。

案例来源：http://www.360doc.com/content/。

思考题

1. 整合营销传播实施中的主要障碍有哪些？
2. 为什么说整合营销传播是社会属性和商业属性的统一？
3. 比较分析营销传播信息取代模式和累计模式的区别。
4. 如何理解“营销即传播，传播即营销”这一命题？
5. 整合营销传播为什么是对传统观念的一种延展和综合？
6. 整合营销传播要求传统的组织模式和结构如何转变？
7. 你同意“未来发展就是整合”的说法吗？为什么？
8. 结合华为的案例谈谈对整合营销传播使命的看法。

主要参考文献

[1][美]舒尔茨,等．整合营销传播[M]．呼和浩特:内蒙古人民出版社,1999.

[2][美]特伦斯 A 辛普．整合营销沟通[M]．北京:中信出版社,2003.

[3][美]沃纳·赛佛林,小詹姆斯·坦尔德．传播学理论:起源、方法与应用[M]．北京:华夏出版社,2000.

[4][美]舒尔茨,凯奇．全球整合营销传播[M]．北京:中国财政经济出版社,2004.

[5]卫军英．整合营销传播:观念与方法[M]．杭州:浙江大学出版社,2005.

[6][美]唐·舒尔茨,海蒂·舒尔茨．论品牌[M]．北京:人民邮电出版社,2005.

[7][德]曼弗雷德·布鲁恩．传播政策[M]．上海:复旦大学出版社,2005.

[8][美]菲利普·科特勒．营销大未来[M]．北京:华夏出版社,1999.

[9][美]威尔伯·施拉姆,威廉·波特．传播学概论[M]．北京:新华出版社,1984.

[10][英]吉姆·布莱恩．营销传播精要[M]．北京:电子工业出版社,2003.

[11][美]朱丽安·西沃卡．美国广告 200 年经典范例[M]．北京:光明日报出版社,2001.

[12][美]菲利普·科特勒,凯文·凯勒．营销管理[M].12 版．上海:上海人民出版社,2006.

[13]卫军英．整合营销传播中的观念变革[J]．浙江大学学报,2006(1).

[14][美]威廉·阿伦斯．当代广告学[M]．北京:华夏出版社,2002.

[15][美]汤姆·邓肯,桑德拉·莫里亚蒂．品牌至尊[M]．北京:华夏出版社,2000.

[16][美]汤姆·邓肯．整合营销传播:利用广告和促销建树品牌[M]．北京:中国财政经济出版社,2004.

[17][美]乔治 E 贝尔齐,麦克尔 A 贝尔齐．广告与促销:整合营销传播展望[M]．大连:东北财经大学出版社,2000.

[18][加]马歇尔·麦克卢汉．理解媒介：论人的延伸[M]．北京：商务印书馆，2003.

[19][美]E M 罗杰斯．传播学史：一种传记式的方法[M]．上海：上海译文出版社，2002.

[20]张雷．公共关系学派[M]．杭州：浙江大学出版社，2013.

[21]卫军英．现代广告策划[M].3 版．北京：首都经济贸易大学出版社，2012.

[22][美]詹姆斯·柯林斯，杰里·波拉斯．基业长青[M]．北京：中信出版社，2002.

[23][美]大卫·奥格威．一个广告人的自白[M]．北京：中国友谊出版公司，1997.

[24]卫军英．整合营销传播作为一种观念[J]．中国传媒报告（香港），2004(4).

[25]卫军英．营销的律动：卫军英谈营销传播[M]．北京：首都经济贸易大学出版社，2014.

[26][美]R Batra，等．广告管理[M]．北京：清华大学出版社，1999.

[27][美]Larry Percy. 整合行销传播策略[M]．台湾：远流出版事业股份有限公司，2004.

[28][美]约翰·布罗克曼．第三种文化[M]．海口：海南出版社，2003.

[29][美]大卫·艾克．品牌领导[M]．北京：新华出版社，2001.

[30][美]大卫·艾克．品牌经营法则[M]．呼和浩特：内蒙古人民出版社，1998.

[31][美]迈克尔·波特．竞争优势[M]．北京：华夏出版社，1997.

[32]邵培仁．传播学导论[M]．杭州：浙江大学出版社，1997.

[33][美]迈克尔·波特．竞争战略[M]．北京：华夏出版社，1997.

[34][英]M 艾克森主编．心理学：一条整合的途径[M]．上海：华东师范大学出版社，2001.

[35][美]J 保罗·彼得，等．消费者行为与营销战略[M]．大连：东北财经大学出版社，2000.

[36]卫军英．网络营销传播的价值三原则[J]．杭州师范大学学报，2015(5).

[37]吴声．场景革命：重构人与商业的连接[M]．北京：机械工业出版社，2015.

[38][美]罗伯特·斯考伯，谢尔·伊斯雷尔．即将到来的场景时代[M]．

北京:北京联合出版公司,2014.

[39] 段淳林. 整合品牌传播:从 IMC 到 IBC 理论建构[M]. 广州:世界图书出版公司,2014.

[40][美]凯文·凯勒. 战略品牌管理[M]. 3 版. 北京:中国人民大学出版社,2009.

[41][英]大卫·佩克顿,阿曼达·布劳德里克. 整合营销传播[M]. 北京:经济管理出版社,2009.

[42]卫军英. 整合营销传播研究的历史反思与发展走向[J]. 中国传媒报告,2015(3).

[43]卫军英. 整合营销传播典例[M]. 杭州:浙江大学出版社,2008.

[44][英]维克托·迈尔舍恩伯格,肯尼·斯库克耶. 大数据:时代[M]. 杭州:浙江人民出版社,2013.

[45][美]马克·波斯特. 信息方式:后结构主义与社会语境[M]. 北京:商务印书馆,2001.

[46][美]马文明斯基. 情感危机:人类思维与人工智能的未来[M]. 杭州:浙江人民出版社,2016.

[47][英]理查德·道金斯. 自私的基因[M]. 北京:中信出版社,2012.

[48][美]E M 罗杰斯. 创新的扩散[M]. 北京:电子工业出版社,2016.

[49][以色列]尤瓦尔·赫拉利. 人类简史[M]. 北京:中信出版社,2014.